종종 미국의 대중매체에서 "치명적인 7가지 죄"(seven deadly sins)라는 기독교의 고전적 영성이 가볍게 풍자되는 모습을 보곤 한다. 그만큼 현대의 개인주의와 자유주의 문화에서 진지한 도덕성을 위한 자리는 위축되고 있다. 은혜로 말미암은 구원을 핵심교리로 삼는 복음주의 개신교 문화는 영적 수덕의 깊이를 끌어올리는 데 본의 아니게 적극성을 갖지 못했다. 그러나 점점 기독교와 멀어지는 이 시대의 풍조는 인간의 삶을 견고하고 의미 있게 해주는 도덕적 기반도 상실해가고 있다. 도덕적 혼란을 겪고 있는 현대 사회에 기독교 영성의 유산과 그리스도를 따르는 제자도가 얼마나 대안적인 길을 제시하는지 이 책은 잘 보여준다. 매혹적인 악덕을 분별하며 영적 미덕을 습관화하고 실천할 수 있는 지침을 제공하는 저자의 완숙한 논의는 너무도 고맙고 소중하다.

김선일 웨스트민스터신학대학원대학교 선교학 교수

영성의 이름을 걸고 어설프게 포장된 아류가 넘치는 이 시대에 기독교 영성의 진수를 제시한 책을 만나게 되었다. 영성 신학의 아버지인 에바그리오스의 『실천학』부터 C. S. 루이스의 『스크루테이프의 편지』에 이르기까지 악덕론(혹은 마귀론)은 오랜 기독교 전통을 갖고 있는데, 캘빈 대학교 교수인 저자 레베카 드영은 이 책을 통해 이를 현대적으로 풀어냈다. 치명적인 죄의 현상을 분석하고 종합하는 데에 영화와 음악, 경제와 정치까지도 예로 제시하여 이해하기도 수월하다. 이 책을 진지하게 대한다면 우리의 시대가 어떤 지점에서 삐뚤어져 있는지, 나 자신이 어디에 위치하는지를 깨닫게 될 것이다. 은혜 안에서 성장하기를 원하는 자, 옛사람을 벗고 새사람을 입기를 바라는 자들은 이 책에서 보물을 발견할 것이다.

남성현 서울한영대학교 신학과 교수

성공과 번영, 값싼 용서와 상한 감정의 심리적 치료에 몰입하는 현대적 교인들에게, 종교적 죄와 도덕/윤리적 덕(악덕과 미덕)을 하찮고 사소한 것으로 치부하는 이 세대의 평범한 교인들에게, 묵중한 기독교 전통의 7대 죄악에 관한 이야기가 먹혀들어 갈 것인가? 글쎄다. 하지만 어떻게 이야기하는가에 달려있겠다. 이 책은 덕(virtues)에 관한 토마스 아퀴나스 연구로 박사학위를 취득하고 지난 20여 년을 미국 캘빈 대학교에서 고대 중세 철학사와 윤리학을 가르쳐온 저자가 깊고 생동감 있는 유려한 글쓰기로 그리스도인의 덕성 형성(virtue formation)의 중요성을 갈파한다. 반짝거리는 금덩이처럼 악덕들 역시 그렇다고 말하는 저자는 현대인들에게 악덕들이 왜 매혹적인지 그 이면을 심도 있게 파헤친다. 날카로운 수술칼로 그 가면을 벗겨내는 탁월한 솜씨는 독자의 입을 다물게 한다. 고대와 중세로 시작된 전통적 7대 악덕들의 근본에는 교만이 들어 있다는 저자의 마지막 관찰은 결국 교만한 자는 하늘을 쳐다볼 수 없다, 교만은 모든 죄들의 어머니라는 성경의 근원적 가르침으로 수렴한다. 새로운 인간으로의 회복을 배경으로 악덕을 조사하는 저자의 연구 방법에 고개를 끄덕인다. 성찰하는 그리스도인들이라면 이 책의 정독을 강력하게 권한다. 재미있고 진지하고 반전이 있고 매력적이다. 그리스도인의 제2의 본성으로 옷 입기를 바란다면 이 책을 집어 드시라. 심오한 학문성을 이처럼 친절하게 풀어주어 공감하게 하는 저자의 노력에 경의를 표한다.

류호준 백석대학교 신학대학원 은퇴 교수

이 책은 오늘날 교회에서 빛바랜 가르침으로 도외시되는 악덕 목록이 자기성찰을 통한 영성 훈련과 성화에 얼마나 요긴하고 중요한 틀로 작용하는지를 새롭게 조명해준다. 허영, 시기, 탐욕, 나태, 정욕 등이 더 풍요롭고 행복한 삶을 위한 고기능성 기제로까지 매력적으로 미화되는 현대사회에서 이런 악덕이 어떻게 개인과 공동체와 사회에 파괴적인 세력으로 은밀히 작용하는지 그 복잡한 죄의 미로를 세밀하게 추적했다. 그리하여 악덕이 깊이 배어 있는 우리의 습관과 성향, 삶의 방식을 드러내 우리를 뼈아픈 자기성찰로 인도한다. 그러나 이런 고통스러운 자기 발견이야말로 치유의 시작이며, 미덕으로 새롭게 창조되는 길임을 밝힌다. 악덕의 목록이 우리의 추악함만을 보여준다면 우리를 더 비참하게 할 것이다. 그러나 그 가르침은 우리를 탁월한 선함과 아름다움을 머금은 미덕의 얼굴, 그리스도의 형상을 보는 거울 앞에 서게 한다. 저자는 그리스도 안에 우리를 사로잡은 악덕이 미덕으로 변할 수 있는 복음의 약속과 그것을 가능케 하는 성령의 능력이 있기에 자기성찰을 통한 영적 훈련은 가치 있고 효력 있음을 역설한다. 매 장마다 기독교 전통에 맥맥히 흐르는 지혜의 강에서 길어 올린 신선한 아이디어와 번득이는 통찰, 설교에 활용할 수 있는 실천적인 지혜와 자료로 가득하다. 목회자뿐 아니라 일반 교인들에게도 적극적으로 추천하고 싶은 책이다.

박영돈 고려신학대학원 교의학 명예교수

흔히 "일곱 가지 치명적인 죄"로 알려진 "7대 죄악"을 천주교나 정교회 같은 고대교회 전통에서는 "칠죄종"(七罪宗), 혹은 "칠종죄"(七宗罪)로 공식 표기한다. 천주교와 정교회에서는 이 일곱 가지 죄에 대한 가르침이 고대 사막 수도원 전통에서부터 시작되어, 교부 시대와 중세의 스콜라주의 신학을 거쳐 현대에 이르기까지 이론적으로도 다양하게 논의되고, 무엇보다도 실천적인 지침으로 제시되었다. 그러나 16세기 이래 개신교 전통에서는 고대와 중세의 교회가 강조하고 전통으로 체계화했던 이런 죄악, 악덕에 대한 논의를 상대적으로 무시하거나 간과하는 경향이 있었다. 한편, 그리스도교 전통이 역사적, 신학적으로 강조한 죄, 악, 벌과 같은 개념을 현대의 여러 철학과 심리학, 예술과 문화는 고리타분한 시대착오적 개념이자 도덕으로 간주하면서 폐기하려 한다.

그러나 개신교 개혁파 전통에 속한 역사학자이자 철학자인 레베카 드영은 개신교 전통이 상대적으로 관심을 보이지 않았던 주제, 또한 현대 세속 사회가 아예 무시하고 폐기한 죄와 악덕들에 대한 이 전통을 탐구하고 적용하는 것이 현대 개신교인에게 지극히 유익하다고 주장한다. 첫째, 7대 악덕을 연구하면서 현대 예술, 문학, 영화가 창조한 이야기에 담긴 다양한 의미를 파악하고 이해할 수 있다. 둘째, 이야기와 서사, 예술을 넘어, 그리스도인이 배경으로 두고 살아가는 사회와 문화에서 행해지는 관습과 행위를 이해할 수 있다. 셋째이자 가장 중요한 것으로서, 성경이 요구하는 거룩한 성화의 길을 걸어갈 수 있는 통찰과 방향성을 얻게 된다. 즉 영적 유익을 누릴 수 있게 된다. 결국 성령의 아홉 가지 열매라는 미덕, 그리고 그 열매의 정점이자 성화의 완성인 사랑에 이르기 위해서는 악덕의 존재와 실체, 그 작동방식을 제대로 알고 대응방안을 찾아야 한다는 것이 저자의 판단이다. 드영은 그 성화의 길을 안내하는 유능한 가이드다.

이재근 광신대학교 신학과 교회사 교수

이 새롭고 확장된 『매혹적인 악덕들』에서 레베카 코닌딕 드영은 역사에 뿌리를 두고, 성경적으로 건전하며, 외과 의사처럼 정확한 지혜롭고 자비로운 영혼 돌봄을 제공한다. 숙련된 철학자이자 재능 있는 교사인 드영은 적실한 문화적 참고자료와 정직한 개인적 사례를 통해 현대 청중이 광야의 지혜를 접할 수 있도록 하며, 우리가 어디에 사로잡혀 있고 속고 있는지 파악하여 우리를 그리스도의 형상을 닮아가는 성령의 사역에 더 잘 협력할 수 있도록 초대한다. 나는 오랫동안 드영의 팬이며, 자기 성찰의 과정을 구성하는 은혜와 악덕의 중력에 대항하는 데 도움이 되는 영적 실천을 더욱 깊이 강조한 이 개정판은 자유롭고 즐겁게 읽을 수 있는 책이다.

샤론 갈로 브라운 『감각적인 신발』 시리즈, 『빛의 그늘, 나를 기억하라』의 저자

이 훌륭한 책의 초판은 지적 명료성과 영적 깊이가 놀랍게 통합되어 있다는 점에서 널리 찬사를 받았다. 이번 개정판은 우리의 영적 여정을 위한 심오한 지침을 추가하여 더욱 탁월해졌다. 드영은 의심할 여지 없이 기독교적 인격 수양에 관한 가장 재능 있는 작가 중 한 명이다.

리처드 마우 풀러 신학교 전 총장

『매혹적인 악덕들』 개정판은 초판의 통찰력을 바탕으로 하나님의 소중한 형상을 지닌 모든 사람을 감염시킨 질병의 본질을 깊이 있게 탐구한다. 드영은 다양한 양상으로 우리를 괴롭히는 질병을 능숙하게 분석하고 고전적인 영성 훈련에 대한 그녀의 저서에서 치유 해독제를 훌륭하게 제공한다. 이 책은 지난 100년 동안, 아니 그 이후에도 악덕과 그 치유에 관해 쓰인 최고의 책 중 하나라고 확신한다.

크리스 홀 레노바레 회장

『매혹적인 악덕들』의 개정판은 이제 고전이 된 드영의 예리하고 정직하고 자기 성찰적인 독자들에게는 겸손한 악덕에 대한 분석과 함께 그 악덕에 대응하는 영성 훈련에 대한 감동적인 설명을 보완한다. 단순한 자조 프로젝트와는 거리가 먼 드영의 작품은 하나님과 인간의 선택에 대한 신학적으로 미묘한 설명을 제공하여 모든 학자적인 신학자를 만족시킬 뿐만 아니라 고전적인 영적 대가들이 자랑스러워할 만한 지속적인 경계와 지속적인 성장의 필요성에 대한 현명한 조언을 제공한다. 『매혹적인 악덕들』은 악덕과 미덕에 대한 도덕 신학으로서, 그리고 영성 훈련 그 자체로서 똑같이 유익하게 읽힌다.

윌리엄 C. 매티슨 3세 노터데임 대학교

『매혹적인 악덕들』은 치명적인 7대 악덕에 대해 명쾌하고 역사적으로 풍부한 정보를 제공하며 잘 묘사된 탐험서다. 드영의 책은 의심할 여지 없이 교사, 학생, 일반인들이 자기 성찰이라는 소크라테스적, 기독교적 목표를 향해 나아가는 데 도움이 될 것이다. 자기 이해, 영적 성장, 철학적 통찰력을 추구하는 모든 이에게 귀중한 안내서다.

W. 제이 우드 휘튼 칼리지

레베카 드영은 악덕과 그 악덕이 매혹적인 이유에 대해 깊이 있고 유익하며 종종 매혹적인 시각을 제시한다. 신자에게 있어 그녀의 글을 읽는 것은 그 자체로 영성 형성의 행위가 될 것이다.

필리스 티클 『탐욕』의 저자

이 책은 기독교 전통에서 거의 사라져버린 부를 회복하고 다듬어주는 마음의 치료제이자 영혼을 위한 강장제다. 이 책만큼 지적으로 깊고 날카로우면서도 독자가 창조된 사람이 되도록 돕는 강렬한 실용성을 지닌 작품을 읽는 일은 흔치 않다.

C. 스티븐 에반스 베일러 대학교

자본의 악, 즉 치명적인 죄의 배후에 있는 기독교 심리에 대한 이 생생한 소개는 아퀴나스, 그레고리오 1세, 카시아누스의 지혜를 살피면서 현대 영화와 소설을 끌어들인다. 드영에게서 자본의 악이라는 렌즈를 통한 자기 성찰의 풍부한 전통은 충실하고 지혜로운 현대적 옹호자를 만났다.

로버트 B. 크루쉬비츠 베일러 대학교 기독교윤리센터 소장

The Glittering Vices

A New Look at the Seven Deadly Sins and Their Remedies

Rebecca Konyndyk DeYoung

Copyright © 2009, 2020 by Rebecca Konyndyk DeYoung
Originally published in English under the title
Glittering Vices by Brazos Press
A division of Baker Publishing Group
PO Box 6287, Grand Rapids, MI 495166287, U.S.A.
All rights reserved.

Used and translated by the permission of Baker Publishing Group through rMaeng2, Seoul, Republic of Korea.

This Korean edition © 2024 by Holy Wave Plus, Seoul, Republic of Korea.

이 한국어판의 저작권은 알맹2를 통하여 미국 Baker Publishing Group과 독점 계약한 새물결플러스에 있습니다. 신저작권법에 의하여 한국 내에서 보호받는 저작물이므로 무단 전재와 무단 복제를 금합니다.

치명적인 7대 죄악과
그 치유책에 대한 새로운 관점

The Glittering Vices

매혹적인 악덕들

레베카 코닌딕 드영 지음
홍수연 옮김

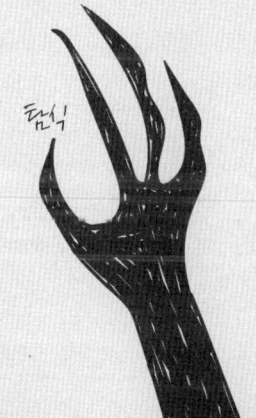

새물결플러스

서문 13

감사의 말 17

1장	왜 악덕을 공부하는가?	19
2장	사막에서 온 선물: 악덕 전통의 기원과 역사	59
3장	허영: 보이는 모습이 전부다	101
4장	시기: 남들이 더 잘나갈 때 느끼는 씁쓸한 기분	153
5장	나태(아케디아): 사랑의 요구에 대한 저항	195
6장	탐욕: 소유와 지배	245
7장	분노: 거룩한 감정인가, 지옥 같은 열정인가?	297
8장	탐식: 얼굴은 살찌우고 마음은 굶기기	351
9장	정욕: 벗겨진 성욕	401
10장	남은 여정: 자기 성찰, 근원적인 7대 악덕, 영성 형성	459

에필로그 497

서문

이 책은 죄와 자기 성찰에 관한 책이지만, 죄가 우리를 설명하는 첫 번째 단어나 마지막 단어가 되어서는 안 된다.

그리스도인의 삶은 사랑으로 시작하고 사랑으로 끝을 맺는다. 궁극적으로 우리를 깨어짐(brokenness)과 속박에서 벗어나게 하는 것은 사랑의 힘, 즉 하나님의 사랑이다. 헨리 나우웬(Henri Nouwen)의 영감을 빌려 말하자면, 우리가 사랑 받고 있다는 것과 복을 받았다는 사실은 우리의 깨어짐을 직면하는 데 있어 매우 중요한 맥락을 이룬다고 말할 수 있다.

광고주들이 우리가 어떤 것들을 거부해야 하는지를 알려주는 경우는 거의 없다. 그들은 인간의 본성에 대한 중요한 통찰력을 바탕으로 그들이 전달할 메시지를 만든다. 그들은 인간의 마음을 사로잡고 그 마음에 활력을 불어넣는 것은 무언가 선한 것을 사랑하는 것임을 알고 있다. 우리는 진심으로 더욱더 갈망하게 되는 무언가를 눈앞에서 보게 될 때 감동하고 힘을 얻으며 그것에 사로잡힌다. 그들이 우리 앞에 펼쳐 보이는 이미지는 선하고 아름다운 삶(또는 적어도 그것을 닮은 모형이나 그럴듯하게 보이는 환상)을 약속한다. 요컨대 광고는 우리가 원하는 것에 대한 통찰력에서 출발한다. 이것이 효력이 있는 이유는 그것이 하나님이 우리를 위해 행하시는 것을 모방하는 싸구려 모조품이기 때문이다. 그분은 우리 앞에 풍요로운 삶을 펼쳐 보이신다. 우리는 바로 그러한 삶을 살기 위해 지음 받았다. 그 어떤 것도 당신이 그런 삶을 살지 못하도록 방해하게 내버려 둬서는 안 된다. 마치 자석이 쇠붙이를 끌어당겨 긴밀한 유대감을 형성하듯, 하나님은 당신을 사랑으로 충만한 그분의 마음속으로 이끌기 원하신다. 이 책을 통해 이러한 이미지가 당신의 영적 여정에 활력을 불어넣을 수 있기를 바란다.

내가『매혹적인 악덕들』(Glittering Vices)의 초판을 썼을 당시, 나는 아퀴나스의『신학대전』(Summa theologiae)과 악덕 전통에 대한 철학적 연구를 하던 중이었다. 나는 1차 자료가 개념적으로 풍부할 뿐만 아니라—놀랍게도—개인적으로도 유용한 내용을 담고 있다는 것을 발견했다. 나는 이러한 책들이 내 자신의 깊은 영적 갈망에 대해 말하고 있을 것이라고는 예상하지 못했다. 하지만 이런 반응은 나 혼자만의 것이 아니었다. 나의 학생들은 내가 한 강의를 책으로 엮어볼 것을 권유했는데, 그 이유는 그들이 대학에서 공부한 것 중 가장 실용적인 내용을 담고 있다고 여겼기 때문이다.

그들은 다음과 같은 질문들의 답을 알고 싶어 했다. 나는 어떻게 살아야 하는가? 나는 어떤 종류의 선과 어떤 유형의 인간관계에 헌신하며, 이를 내 삶의 중심에 두어야 하는가? 나는 어떤 생각과 욕망의 습관에 빠져 있기에 그러한 선한 삶을 사는 데 방해를 받고 있는가? 내가 그것을 알아차릴 수 있는 방법은 무엇일까? 회복과 자유는 어떤 느낌일까? 나는 어떻게 새로운 실천과 새로운 삶의 방식으로 나아갈 수 있을까?

내가 이 책을 가장 잘 설명하는 표현을 고른다면, 이 책은 나보다 앞서 지혜의 삶을 살았던 제자들과 성인들의 고대 사상을 나의 경험으로 채색하여 해석한 책이라고 말할 수 있을 것이다. 『매혹적인 악덕들』은 현대 그리스도인들과 악덕에 대해 공부하는 다른 학생들이 이 자료를 좀 더 쉽게 접하고 이해할 수 있도록 하기 위한 나의 시도라고 할 수 있다.

이 책이 암묵적으로 담고 있는 주제는 성화, 즉 성령께서 우리가 예수 그리스도의 성품을 더욱 닮아가도록 우리의 삶 속에서 역사하시는 방식이다. 하나님은 우리를 위해, 우리와 함께, 우리 안에서 일하고 계신다. 악덕이 자기 성찰과 반성을 불러일으킬 때 그것은 죄책감이나 절망으로 인도하는 길이 아니다. 오히려 당신이 이 책에서 자신에 대해 발견하는 모든 깨달음은 당신으로 하여금 자유를 누리게 하는 초대장이다.

나는 원래 좀 더 철학적인 틀에서 이 책을 구상하면서 악덕으로 말미암는 인격의 변형과 미덕으로 말미암는 인격의 변화를 마음속으로 짝지어 생각했다. 물론 그것이 완전히 틀린 것은 아니지만, 이제 나는 이 프로젝트를 다른 도식으로 생각하는 것을 선호한다. 악덕은 우리가 버려야 할 것들을 가리킨다. 이것이 우리의 출발점이다. 반면에 미덕은 목적 또는 목표를 나타내며, 그리스도를 닮은 충만한 삶의 모습을 우리에게 보여준다. 그렇다면 이 둘 사이를 잇는 교량 역할을 하는 것은 무엇일까? 고대 철학자들은 "미덕의 습관화"라고 말할 것이다. 실천하기를 시작하라. 더 열심히 노력하라.

보다 더 적절하고 효과적인 대응책은 "은혜로운 훈련", 즉 악덕에 사로잡힌 삶과 아름다운 미덕으로 빛나는 삶을 이어주는 매일의 제자도의 리듬을 만들어내는 것이다. 인격의 변화는 단순히 우리 자신의 노력만으로는 이루어지지 않는다. 물론 우리가 무언가를 해야 하고, 그것을 의지적으로 해나가야 하는 것은 사실이다. 그러나 우리는 또한 우리 안에서 어떤 일이 일어나고 있으며, 그것이 항상 우리가 예상하거나 의도한 것과는 다르다는 것도 종종 발견한다. 바로 이 순간에 우리가 기울여야 할 노력은 최선을 다해 성령의 변화시키는 사역에 우리의 삶을 열고 복종하는 것이다. 영성 훈련은 휴식, 일, 말하기, 듣기, 소비하기, 기부하기부터 오락과 축하, 잔치와 금식, 예배, 기도, 고독, 침묵에 이르기까지 모든 것을 포함한다. 성령의 목표는 당신의 삶과 인격의 모든 면을 변화시키고 활력을 불어넣는 것이다.

이 책의 목적은 당신이 그런 유형의 삶을 더욱 전심으로 살아가도록 도울 수 있는 지혜를 나누는 것이다.

감사의 말

나는 많은 사람들과 여러 기관의 아낌없는 지원으로 이 책을 집필했다. 칼빈 대학교(구 칼빈 칼리지)는 초판 작업을 위해 나에게 2005년에 안식년을 허락했고, 2007년에 칼빈 기독교 장학 재단(Calvin Center for Christian Scholarship)은 개정판 집필을 위한 재정적 지원을 했다. 나는 또한 2006년에 케임브리지 대학교에서 열린 인문학을 위한 국가 기금(National Endowment for the Humanities)이 주최한 악덕에 관한 세미나에 참석했다. 초판의 편집에 도움을 준 로드니 클랩(Rodney Clapp)과 리사 앤 코크렐(Lisa Ann Cockrel), 그리고 기도해 준 메리 반덴 버그(Mary Vanden Berg)에게도 감사를 표한다.

2018년 가을, 칼빈 대학교는 개정판 출간을 위한 연구 기금을 제공했는데, 이는 앨빈 플랜팅가(Alvin Plantinga)의 아낌없는 후원으로 가능했다. 나는 다수의 전 세계 기독교 철학자들과 마찬가지로 그에게 감사의 빚을 지고 있다. 나의 학생 크리스틴 룬드버그(Kristen Lundberg)는 칼빈 대학교의 우수 연구자 프로그램(Honors Research Fellows program)의 지원을 받아 나의 연구 조교로 일했다. 레노바레(Renovaré)의 이사회와 직원들은 그들의 독서 모임에서 『매혹적인 악덕들』을 소개했고, 나와 내 연구를 위해 기도해주었으며, 개정판 집필에 도움이 되는 영성 형성에 관한 자료들을 나에게 알려주었다. 나는 샤론 갈로 브라운(Sharon Garlough Brown)이 보여준 우정에도 깊은 감사를 표한다. 나는 그녀의 영성 형성 강의에서 학생들의 이야기를 들으면서 악덕이 우리 시대와 맥락에서 어떻게 해석되고 있는지 더 깊이 생각하게 되었다. 마지막으로 개정판 출간을 가능하게 해준 브래저스 출판사의 모든 분들께 감사드린다.

  이 책은 본래 내가 강의한 내용을 바탕으로 집필한 것이며, 여전히 그것에 기초하고 있다. 비록 초판 출간 이후 다른 많은 강의실과 대화에서 이 책이 활용되는 것을 보게 되어 매우 기뻤지만, 이 책은 여러 가지 중요한 의미에서 칼빈 대학교 학생들을 위해 쓴 것이다. 내가 2002년부터 2019년까지 미덕과 악덕에 대해 가르친 강의들이 이 책 대부분의 내용에 영감을 주었다. 나는 학생들이 역사적 기독교의 도덕 전통을 이해하도록 돕고자 노력하는 과정에서 학생들이 이 전통이 지닌 실용적 가치에 얼마나 큰 감명을 받았는지 금방 깨닫게 되었다. 한 학생은 이 과목에 "영성 형성 101"이라는 별명을 붙였는데, 이는 이 전통이 그들 속에서 살아 숨쉬며 그들에게 도덕적·영적 지침을 제공했음을 보여주는 하나의 증거다. 나의 학생들은 과거에도 그랬고 지금도 여전히 내 연구에 가장 큰 영감을 주고 있으며, 학생들의 영성 형성은 나의 가르치는 소명에 있어 항상 가장 중요한 부분이다. 따라서 나는 이 악덕에 대한 고찰을 그들에게 헌정한다.

The Glittering Vices

악덕에서 떠나는 것이 미덕의 시작이다.

호라티우스, 『시학』

내가 철학을 전공하기 시작한 대학원 첫해에 정말 내가 있어야 할 곳은 여기가 아닌 다른 곳이 아닐지를 놓고 고민했다. 내 눈에는 같은 과에서 공부하던 학생들은 모두 똑똑하고, 재치 있고, 박식하고, 열성적이고, 영리하고, 통찰력 있는 질문을 던지는 것처럼 보였기 때문이다. 나는 내 자신이 사기꾼처럼 느껴졌다. 나는 그들보다 분명히 열등한데, 어떻게 내가 **이런 사람들과** 함께 입학할 수 있었을까? 그들은 나의 진짜 정체를 금방 알아차리지는 않을까, 창피하게 나를 뒷문으로 조용히 내쫓지는 않을까? 내가 겪었던 어려움은 부분적으로는 정말 이해하기 어려운 철학책들과 녹록치 않은 삶의 환경 때문이었지만, 가장 큰 고민은 나 자신이 이곳에서 공부할 만한 역량을 갖추지 못한 것은 아닌가 하는 생각이었다. 그래서 나는 강의 중에 진행되는 토론에 참여하고 나 자신을 발전시킬 기회를 찾는 대신, 내가 기여할 것은 별로 없다고 생각하면서 아무도 나의 바보 같은 글이나 말에 주목

하지 않기를 바라며 대학원 첫해를 음지에 숨어 지냈다.[1]

몇 년 후, 용기의 미덕에 관한 토마스 아퀴나스의 책을 읽다가 나는 우연히 "영혼의 왜소함"을 뜻하는, 그가 소심함(pusillanimity)이라고 칭한 악덕을 우연히 발견하게 되었다. 아퀴나스는 이 악덕으로 인해 고통받는 사람들은 하나님이 그들에게 주신 모든 소명으로부터 위축된 삶을 산다고 말했다. 그들은 자신이 해낼 수 있는 큰일을 이루기 위해 자신의 역량을 최대한 발휘해야 하는 수고와 난관에 직면하면 움츠러들며 "나는 할 수 없다"고 말한다. 그들의 소심함은 위대한 하나님 나라의 사역(스스로 꿈꿔왔던 것 이상의 일)을 할 수 있도록 준비시키시는 하나님의 은혜를 의지하는 대신, 보잘것없는 자신의 능력에 의존하고 실패할 가능성에 초점을 맞추는 것에서 비롯된다. 아퀴나스는 불타는 떨기나무 앞에 있는 모세를 상상해보라고 말한다. 이스라엘 역사상 가장 위대한 사건 중 하나인 출애굽 사건에서 이스라엘 백성들을 인도하는 소명을 받은 미래의 지도자는 자신은 자격이 없으므로 대신 아론을 보내시라고 하나님께 간청하며 말을 더듬는다.

나는 아퀴나스가 말하는 소심함이라는 악덕에 관한 이야기를 읽으면서 처음으로 거울에 비친 내 모습을 보는 것 같았다. 그것은 나의 내적 갈등에 이름을 붙여주었고, 나의 불안과 무가치함을 이해할 수 있게 해주었다. 동시에 성경에 등장하는 모세의 모습은 하나님의 능력과 은혜가 우리의 가

---

[1] 이 이야기는 나의 저서에 처음 실린 것이다. "Aquinas's Virtues of Acknowledged Dependence: A New Measure of Greatness," *Faith and Philosophy* 21, no. 1 (April 2004): 214-15.

장 연약하고 두려운 모습까지도 변화시킬 수 있다는 감동적인 증거를 제시해주었다.[2] 모세의 소심함이 그의 인생을 결정지은 것이 아니라 하나님께서 그의 인생을 결정지으신 것이다.

조금 아이러니한 것은, 내 안에 있는 이 **악덕**을 발견한 것이 나에게 깨달음을 주었을 뿐만 아니라 해방감을 안겨주었다는 점이다. 마침내 나는 무엇이 내 발목을 잡았는지 비로소 이해하게 되었다. 그것에 이름을 붙일 수 있게 된 것은 나에게는 그 손아귀로부터 점차 벗어나기 위한 작지만 유의미한 첫걸음이었다. 대학원에서 실패하리라는 나의 두려움이 나의 가장 큰 문제가 아니었고, 나의 소심함이 하나님에 대한 신뢰의 부족에서 비롯된 증상이었음을 깨닫게 된 것은 용기와 힘을 북돋아 주는 아퀴나스의 말 한마디 덕분이었다. 이렇게 기본적인 것을 어떻게 알아차리지 못했을까? 하나님의 은혜와 힘을 의지하지 않아서 하나님의 부르심에서 멀어졌고 내 자신의 능력을 부적절하다고 판단했다는 이러한 통찰은 너무도 당연해서 나 스스로 마땅히 깨달았어야 했다. 하지만 우리 자신을 명확하게 보는 것은 종종 어려운 일이다. 때때로 우리는 다른 사람으로부터 정확한 진단을 받고, 그것을 특정한 시점에 들어야 할 필요가 있다.

나는 아퀴나스를 읽을 때마다 내가 이전에 미처 깨닫지 못했던 다른 악덕을 발견한다는 농담을 종종 하곤 한다. 어쩌면 당신은 매일 새로운 죄

---

2   N. T. Wright는 하나님이 가장 자주 하신 명령은 "두려워 말라"라고 지적한다. N. T. Wright, *Following Jesus: Biblical Reflections on Discipleship* (Grand Rapids: Eerdmans, 1994), 66.

를 짓는 자신을 발견하는 도덕적 건강 염려증 환자가 될 위험에 처해 있지 않을 수도 있다. 하지만 내가 대학원에서 경험한 것처럼 우리 대다수는 좀 더 깊은 도덕적 성찰과 자기반성을 통해 유익을 얻을 수 있으리라고 생각한다.

    만약 개인의 악덕에 대한 연구가 영성 형성의 맥락에서 이루어진다면 이 연구는 영적 성장을 촉진할 수 있다. 사실 기독교 전통은 처음부터 그런 방식으로 악덕 연구의 틀을 잡았다. 나는 아퀴나스를 통해 그 전통을 접하게 되었다. 영성 형성에 대한 연구가 아퀴나스의 연구 속에 자연스럽게 자리를 잡은 것은 그가 도덕적 삶에 관한 그의 주요 저작을 악덕을 중심으로 구성하지 않고 미덕과 영적 은사를 중심으로 구성하고 있기 때문이다. 아퀴나스의 초점과 틀은 우리가 지향해야 할 선한 인격을 갖춘 사람을 가리킨다. 우리의 주된 임무는 우리의 연약함과 죄에 집착하는 것이 아니라 의와 도덕적 탁월함을 추구하는 것이다. 미덕과 악덕을 다룬 『신학대전』(*Summa theologiae*)의 2부는 그리스도를 다룬 3부에서 비로소 그 절정을 이루는데, 그리스도는 미덕의 온전한 모범이 되시고 우리에게 그의 성령을 부어주심으로써 우리가 그의 모범을 본받을 수 있게 하신다. 따라서 본 연구는 아퀴나스와 그에게 통찰력을 제공한 기독교 전통의 다른 많은 사람들과 더불어 영성 형성의 맥락에서 악덕들을 살펴볼 것이다. 사고와 실천이 풍부한 이 공동체의 지혜에서 영감을 얻은 본서는 우리의 개인적인 이야기를 조명하기 위한 개념적 도구를 제공하고, 악덕과 싸우는 우리의 투쟁에 통찰력 있는 진단을 가능하게 하며, 무엇보다도 우리에게 죄의 덫에서 벗어난 삶과 미덕을 엿볼 수 있는 기회를 제공한다.

치명적인 7대 죄악에 대한 현대의 논의

내가 아퀴나스를 읽으면서 발견한 것은 악덕이 무언가를 드러내고 조명하는 힘을 갖고 있다는 사실이다. 반면에 현대의 다양한 견해는 이를 무시하거나 재정의하거나 심리학적으로 분석하거나 하찮은 것으로 치부한다.

어떤 이들은 악덕이 도덕적으로 전혀 문제가 되지 않거나 더 이상 문제가 되지 않는다는 근거로 이를 무시한다. 네비게이토 출판사(NavPress)에서 재출간한 소책자에서 제임스 스토커(James Stalker) 목사는 "나는 전체적으로 볼 때 탐식은 이미 문명인들이 벗어난 죄이며, 그것을 더 이상 강단에서 거의 언급할 필요가 없다고 말해야 할 것 같다"고 주장한다.[3] 프랜신 프로스(Francine Prose)도 마찬가지로 "탐식의 위대한 순간들"이라는 장에서 탐식과 마음껏 음식을 즐기는 것을 혼동하고 있으며,[4] 로버트 솔로몬(Robert Solomon)은 마치 나태함은 단지 침대에서 일어나지 못하는 사람, 정욕은 「플레이보이」(Playboy) 화보를 지나치게 많이 보는 사람, 탐식은 젤리 도넛을 세 개나 더 먹어치우는 사람을 묘사하는 것처럼 치부하며 "치명적인 죄"

---

[3] James Stalker, *The Seven Deadly Sins and the Seven Cardinal Virtues* (New York: American Tract Society, 1901-2; repr., Colorado Springs: NavPress, 1998), 81. Stalker는 대신 탐식을 다룬 장에서 술 취함의 죄에 초점을 맞춘다.
[4] Francine Prose, *Gluttony: The Seven Deadly Sins* (New York: New York Public Library/Oxford University Press, 2003), 85-86.『탐식』, 민음인 역간.

가 정의의 저울추에 거의 영향을 미치지 않는데 왜 하나님은 이 악덕들에 거룩한 눈살을 찌푸리고 계신지 의문을 제기한다.[5] 기업과 철학자들은 모두 시기심이 경쟁력을 높이고 더 큰 야망을 불러일으킨다며 찬사를 보낸다.[6] 만약 이러한 것들이 나태, 정욕, 탐식 등의 전통적 개념들과 큰 관련이 있다면 이러한 악덕을 전혀 문제가 되지 않는 하찮은 것으로 치부하는 행위는 정말 심각한 문제라고 할 수 있다.

다른 저자들은 7대 악덕을 미덕으로 재정의하고 이를 권장하려는 시도를 한다. 이럴 때 대다수의 경우 그들이 말하는 것은 원래의 악덕과는 거의 또는 전혀 관련이 없다. 예를 들어 마이클 에릭 다이슨(Michael Eric Dyson)은 교만의 악덕을 다룬 책에서 "흑인의 자긍심"을 칭송한다.[7] 그리고 웬디 와서스타인(Wendy Wasserstein)은 나태에 대한 유쾌한 패러디를 통해 더 나태해지기 위한 엄격한 "자기 계발계획"을 제시한다.[8] 책 표지에서 약속한 것처럼 "이 책은 당신이 나태함이 가져다주는 더할 나위 없는 완벽한 행복의 상태에 도달하도록 돕는 풍부한 보조 자료들을 제공한다. 이 책에서 독

---

[5] Robert Solomon, ed., *Wicked Pleasures: Meditations on the Seven "Deadly" Sins* (Lanham, MD: Rowman & Littlefield, 1999), 2-3.
[6] 예를 들면 철학자 Aaron Ben Ze'ev의 연구(4장 30쪽 인용)와 펜실베이니아 대학교 와튼 경영대학원의 경영 조언을 보라. "Can Envy Be a Virtue? Taming the Green-Eyed Monster at Work," June 10, 2014, http://knowledge.wharton.upenn.edu/article/can-envy-virtue-taming-green-eyed-monster-work/.
[7] Michael Eric Dyson, *Pride: The Seven Deadly Sins* (New York: New York Public Library/Oxford University Press, 2006). 『자만』, 민음인 역간.
[8] Wendy Wasserstein, *Sloth: The Seven Deadly Sins* (New York: New York Public Library/Oxford University Press, 2005), xiii. 『게으름』, 민음인 역간.

자들은 나무늘보 노래책, 나무늘보 시리얼 바(설탕, 각종 첨가물, 맛있는 암비엔[Ambien, 졸피뎀]이 약간 함유된), 나무늘보 다큐멘터리(토마스 아퀴나스에 대한 저자의 12시간짜리 서사시 같은), 나무늘보 네트워크, 어떻게든 자극이나 도전을 주지 않으려고 기획된 채널 823 등을 만나볼 수 있을 것이다.

마틴 마티(Martin Marty)는 프랑스가 이 목록에서 나태함을 삭제하도록 요청하기 위해 바티칸에 사절단을 파견했다고 말하는데, 그 이유는 **라 구르망디즈**(la gourmandise, 보통 "탐식"으로 번역된 프랑스 용어)가 탐식이 아니라 "좋은 사람들과 음식을 통해 즐거움을 주고받는 식탁에 대한 따뜻한 마음을 지닌 태도"를 의미하기 때문이다.[9] 지나치게 바쁜 미국인들에게 나태하고 게으른 수면 습관을 권장하는 기사들은 더 많은 휴식이 우리의 생산성을 높일 수 있다고 주장한다.[10] 더 심각한 문제는 사이먼 블랙번(Simon Blackburn)이 정욕에 관한 저서에서 무질서한 성욕이라는 개념을 완전히 거부했다는 점이다. 그는 "모든 것은 괜찮다"고 우리를 안심시킨다. "욕망을 있는 그대로의 모습으로 이해함으로써 우리는 인간에 대한 욕망을 되찾을 수 있으며, 욕망의 자유로운 발산을 방해하는 나쁜 철학과 이데올로기, 거짓, 통제 등의 방해를 받지 않을 때 욕망이 가장 잘 커나갈 수 있다는 사실을 배울 수 있다."[11]

---

9 Martin Marty, "Glittering Vices," *Christian Century*, April 5, 2003, 47.
10 Joel Frohlich, "Down with the Larks: On the Virtues of Sleeping Like a Sloth," *Aeon*, July 27, 2018, https://aeon.co/ideas/down-with-the-larks-on-the-virtues-of-sleeping-like-a-sloth.
11 Simon Blackburn, *Lust: The Seven Deadly Sins* (New York: New York Public Library/Oxford University Press, 2004), 133. Blackburn이 비난한 "나쁜 철학과 이데올로기"는 5장 "The

다른 곳에서는 악덕이 심리학적으로 설명되기도 한다. 우리는 탐식을 다양한 섭식 장애를 지칭하는 구식 이름으로 이해하기도 하고, 때로는 분노를 다루기 위해 분노 관리 세미나를 찾기도 한다. 교만에 대한 진지한 성찰은 자존감과 자기 가치에 대한 이야기로 대체되고, 허영은 자아도취적 행동이나 소셜미디어 중독으로 축소되며, 우리는 나태를 단순한 미루기와 꾸물대기부터 심각한 우울증에 이르는 다양한 스펙트럼으로 간주한다. 심리학자 솔로몬 쉬멜(Solomon Schimmel)은 정욕으로 어려움을 겪고 있던 한 가톨릭 환자와의 상담 내용을 다음과 같이 회상한다. "어떤 치료의 효과가 있었을까? 나의 의뢰인은 결혼 예정자이기도 했던 사랑하는 연인과 가진 혼전 성관계에 대한 불쾌한 감정을 극복했다.…치료는 그녀를 훨씬 더 행복하게 만들었다."[12] 따라서 일반적으로 여기에 담겨 있는 함의는 우리가 시대에 뒤처지는 고대 기독교 수도원의 종교적 조언에서 벗어났으므로 이제는 우리가 이러한 "악덕들"이 진정한 도덕적인 또는 영적인 문제를 일으킬 만큼 위험하거나 중요하다는 개념을 안전하게 폐기할 수 있다는 것이다. 나는 우리의 내면에는 심리적인 것과 영적인 것이 복잡하게 얽혀 있다는 점을 더 진지하게 고려할 필요가 있다고 주장하고자 한다.[13]

Christian Panic"의 더 자세한 논의에서 언급된다.

12 Solomon Schimmel, *The Seven Deadly Sins: Jewish, Christian, and Classical Reflections on Human Psychology* (New York: Free Press, 1992; repr., New York: Oxford University Press, 1997), 125-28. 전반적으로 Schimmel은 도덕 전통을 진지하게 받아들인다. 정욕에 관한 장은 주목할 만한 예외다.

13 심리 상담은 가치 있고 종종 필요하다. 나는 이미 어려움을 겪고 있는 사람들에게 불필요한 부담을 주지 않기 위해 도덕적 책임보다 정신 질환과 관련된 문제에 대해서는 주로 죄, 악덕,

만약 악덕이 심각한 문제라면 이를 그저 가벼운 농담 정도로 여기는 것은 더더욱 바람직하지 않다(설령 그렇게 취급하는 것이 **정말** 재미있다 하더라도 말이다). 에벌린 워(Evelyn Waugh)는 다음과 같이 말한다. "나태"(sloth)라는 용어는 "현대인들이 잘 사용하지 않는 용어다. 이 단어는 '게으름'(indolence)을 약간 우스꽝스럽게 변형시킨 말이며, 게으름은 분명 치명적인 죄와는 거리가 멀다고 할 수 있고, 이 세상에서 가장 친근감 있는 약점 중 하나라고 할 수 있다. 이 세상에서 발생하는 문제 중 대다수는 너무 바쁜 사람들에게서 비롯되는 것처럼 보인다. 정치인과 과학자들이 조금만 더 게으르다면 우리는 모두 얼마나 더 행복해질 수 있겠는가." 그는 이어서 이는 우리가 적어도 교만과 같이 정말 나쁜 죄를 지으려고 노력하지 않을 것이기 때문이라고 주장한다.[14] 그리고 1987년에 「하퍼스」(Harper's) 잡지는 "당신은 모든 것을 가질 수 있다! 치명적인 7대 죄악을 위한 일곱 가지 캠페인"이라는 특집을 실었는데, 거기서 매디슨가(Madison Avenue)의 일곱 개 광고 대행사가 각각 하나를 "판매"하는 지면 광고를 제작했다. 나태의 광고 문구

죄책감, 비난 등의 언어를 사용하지 않는다. 그러나 영적 질병을 심리적인 문제로 축소하는 것도 문제의 근본을 진단하거나 올바른 치료법을 제시하지 못하므로 이 역시 도움이 되지 못한다. 상담 치료 모델을 사용하여 사람들의 책임을 면피하거나 문제의 심각성을 축소하는 것 또한 훈련될 필요가 있거나 질서를 회복해야 할 필요성이 있는 욕망을 정당화하는 데 일조할 수 있다(암묵적으로든 명시적으로든). 또한 초기 기독교 전통은 (현재의 학문과 전문 분야와 달리) 신학적, 심리적, 영적 문제를 통합했기 때문에 우리가 처한 상황에서 그들의 연구를 조사할 때 이러한 경계를 정확하게 구분하기는 어려운 일이다. 더 자세한 논의는 다음을 보라. Dennis Okholm, *Dangerous Passions, Deadly Sins: Learning from the Psychology of Ancient Monks* (Grand Rapids: Brazos, 2014).

14 Evelyn Waugh, "Sloth," in *The Seven Deadly Sins* (London: Sunday Times Publications, 1962; repr., Pleasantville, NY: Akadine, 2002), 57.

에는 "만약 나태가 원죄였다면 우리는 여전히 낙원에 있었을 것이다"라고 쓰여 있었다. "세계 최고의 권위자"인 산타클로스는 냉정하게 탐욕을 지지하며 다음과 같이 말한다. "어렸을 때 당신이 나에게 갖고 싶다고 말한 것들을 모두 기억하는가? 글쎄, 당신의 목록은 바뀌었을지 몰라도 그 목록이 더 짧아지지는 않았을 것이다." 정욕을 더욱 권장할 필요가 있다고 판단한 광고는 다음과 같이 주장한다. "수 세기에 걸친 전쟁, 죽음, 역병, 기근에서 우리가 살아남을 수 있게 해준 죄를 결코 치명적인 죄라고 할 수 없다! 정욕: 그것이 없는 곳이 세상에 어디 있겠는가?"[15] 아치 맥피(Archie McPhee)의 카탈로그에서는 7대 악덕을 주제로 한 다양한 색상의 손목밴드를 판매하는데, 당신이 분노하는 날에는 빨간색, 시기하는 날에는 초록색을 착용함으로써 "당신의 치명적인 약점을 자랑스럽게 과시"할 수 있으며, 단돈 13.95달러로 일곱 가지 색깔을 모두 모을 수 있다.

치명적인 7대 죄악 웹사이트에서는 각 악덕에 대한 "개요"와 함께 우리가 그런 죄를 짓는 이유에 대한 설명을 제공한다. 예를 들어 우리가 탐욕스러운 이유는 "로마 제국 이래 가장 풍요롭고 소비지상주의적인 사회에 살고 있기" 때문이고, 우리가 교만한 것은 우리 "초등학교 선생들이 아주 좋은 의미에서 우리에게 항상 '[너 자신을] 믿으라'고 말했기" 때문이며, 우리가 시기하는 것은 "다른 사람들이 우리보다 훨씬 더 운이 좋고 똑똑

---

[15] "You Can Have It All! Seven Campaigns for Deadly Sin," *Harper's*, November 1987, 43-50.

하며 매력적이고 잘나가기" 때문이다.[16] 잡지의 기사, 광고, 웹사이트에서는 죄의 개념을 수사학적 수단으로 사용하여 주택 리모델링("버럭 화를 내지 말라"), 인재 관리, 대학 교육, 은퇴 계획부터 배낭여행, 소그룹 사역에 이르기까지 모든 분야에서 "치명적인 7대 죄악"을 이야기하고 있다. 포도주는 7대 죄악의 이름을 따서 이름을 붙인다("치명적인 일곱 가지 진"[Seven Deadly Zins]은 물론 그 유명한 포도주 진판델[Zinfandel]의 이름이다). 인터넷에서는 7대 악덕을 일곱 난쟁이, 길리건 섬의 주민들, 심지어 네모 바지 스폰지밥의 캐릭터와 연관시키기도 한다. 그리고 한 기상천외한 만화에서는 키보드 단축키(CTRL-S는 교만, INSERT는 정욕, CTRL-ALT-DEL은 분노, CTRL-C는 시기, NUM LOCK은 탐욕, ESC는 나태)를 이 악덕들과 연결하여 당신이 단 하루 동안 사무실에서 7대 죄악을 모두 범할 수 있게 한다.[17]

따라서 악덕에 대한 대부분의 현대적 접근 방식은 그 주제에 대한 수 세기에 걸친 기독교의 가르침을 인정하지도 않고 존중하지도 않는다. 악덕은 우리의 시야에서 거의 사라져버렸다. 우리가 악덕에 대해 아는 것이 전부 현대 자료에서 나온 것이라면 우리는 아마도 도덕적 문제들을 지나치게 단순화하고 정형화하며 비웃든지 아니면 그것들을 합리화할 것이다. 수 세기에 걸쳐 철학자들과 신학자들, 명상가들과 영적 지도자들이 도덕적 성찰을 통해 얻은 실제 내용을 우스꽝스럽고 천박한 패러디로 대체하는 것은

---

16 Adam Shannon, "Seven Deadly Sins," www.deadlysins.com.
17 Christiann MacAuley, "The Seven Deadly Keys," Stickycomics.com, Oct. 11, 2011, https://www.stickycomics.com/7-deadly-keys/.

너무 쉬운 일이다. 그러나 현대 사회의 다양한 견해들이 전통을 오해하거나 그 전통을 피상적으로 이해하고 무시하는 해석만을 제시한다면 우리는 우리의 과거와 우리 자신을 오해할 위험이 있다. 만약 우리가 전통적인 자료로 되돌아가서 탐식이 무엇인지, 탐식이 우리 안에서 어떤 힘을 발휘할 수 있는지를 배운다면 오늘날 훨씬 더 많은 그리스도인들이 금식보다는 다이어트를 하고 있다는 사실을 자연스럽게 받아들이면서 과연 전혀 문제가 될 게 없다고 생각할 수 있을까? 우리가 혹시 여기서 무언가를 놓치고 있는 것은 아닐까? 셀카와 소셜미디어에 관한 책이 곳곳에서 책꽂이를 가득 채우고 있지만, 우리가 휴대폰으로 찍고 편집하는 셀카에 매료된 이면에 존재하는 인정받기 원하는 인간적인 갈망에 대해서는 아무도 설명하지 않는다는 점은 참으로 아이러니하다. 현재 우리가 사용하는 어휘와 개념의 도구상자에 허영을 다시 추가할 수 있다면 우리 자신을 더 명확하게 볼 수 있진 않을까?

우리의 지성사를 정직하게 살펴보기 위해서는 과거의 지혜에 귀를 기울여야 한다. 우리의 전통이 무엇을 말하고 있는지 이해하지 못한다면 그리스도인들은 역사적으로 발전해온 악덕의 개념에 대한 현대 사회의 도전에 어떻게 대처해야 할지 알 수 없을 것이다. 과거로부터 보존하고 지켜야 할 가치 있는 것은 무엇일까? 어떤 통찰력과 이해를 통해 우리 자신의 영성 형성과 회개의 행위를 더욱 풍요롭게 할 수 있을까? 어떤 개념과 정의를 통해 우리가 놓치고 있는 것이 무엇인지를 인식하고, 이 세상과 문화의 망가진 부분들을 복구하도록 도울 수 있을까? 물론 가장 근본적으로 이 7대 악덕을 기독교적으로 이해하기 위해서는 죄와 악덕을 진정한 도덕적 범주로 받아들여야 한다. 이 책은 죄와 영성 형성을 진지하게 다루고, 동시에 이 주제에 대한 수 세기에 걸친 기독교의 지혜를 진지하게 받아들이는 것을 목표로 한다.

악덕과 미덕

악덕에 관한 책에서 우리는 먼저 악덕이 무엇인지를 명확히 알아야 한다. 뿐만 아니라 우리는 악덕과 미덕을 어떻게 구별해야 하는지, 그리고 "악덕"은 "죄"와 어떤 의미에서 다른지를 알아야 한다. 이러한 용어에 대한 이해는 다음 장에서 악덕 전통과 그 역사를 탐구하기 위한 기초를 제공할 것이며, 우리는 거기서 다음과 같은 질문에 대한 답을 얻게 될 것이다. 악덕 목록은 어디에서 유래한 것인가? 그중 일부를 "근원적인 악덕"(capital vices)이라고 부르고 다른 일부를 "치명적인 죄"(deadly sins)라고 부른다는 것은 무엇을 의미하는가? 우리는 어떤 것들을 "근원적인 악덕"으로 분류하고, 어떤 것들을 "치명적인 죄"로 분류해야 하는가? 그리고 그 이유는 무엇인가? 하지만 우리는 먼저 여기서 악덕이라는 개념부터 살펴보고자 한다.

비록 이 일곱 가지 목록을 언급할 때 우리는 대체로 "악덕"과 "죄"를 거의 동의어로 사용하지만, 이 둘을 구분하는 것은 중요하다. 우선 악덕(또는 이에 상응하는 미덕)은 습관 또는 성품을 가리킨다. 선천적으로 타고나는 것과 달리—외향적인 성격이나 콜레스테롤 수치가 높은 체질 등—미덕과 악덕은 도덕적 자질로 간주된다. 우리는 오랜 기간 반복적인 행동을 통해 습관을 기르거나 무너뜨릴 수 있다. 예를 들어 하루아침에 단순히 관대해지고 싶은 마음을 갖거나 관대한 일을 한 가지 했다고 해서 우리가 더 관대해질 수는 없지만, 우리는 의도적으로 반복적인 선택을 할 수 있고, 그러한 미덕을 기르기 위해 꾸준히 실천할 수 있다. 즉 우리는 그러한 습관에 대해 일종의 간접적인 자발적 통제력을 가지고 있는 것이다. 따라서 그리스 철학자 아리스토텔레스의 말처럼 우리는 궁극적으로 우리의 인격에 대해 책임이 있다.

비유를 들자면 여러 사람이 밖으로 나가서 갓 내린 눈을 헤치며 길을 닦는 겨울 썰매 파티를 생각해보자. 첫 번째 썰매가 천천히 내려가면서 길을 닦는다. 다른 썰매들이 계속해서 같은 길을 따라 내려오며 눈을 매끄럽게 다져나간다. 여러 번 타고 내려오면 잘 닦인 길이 만들어지고 그 길에서 벗어나기 힘들어진다. 이 길 덕분에 썰매는 방향을 잃지 않고 궤도를 유지하며 빠르고 부드럽고 쉽게 미끄러져 나아갈 수 있다. 처음에 힘겹게 내려오던 길이 점차 매끄러운 길로 바뀌면서 의도적으로 조종하지 않아도 미끄러지듯 내려올 수 있다.[18] 물론 썰매를 타는 사람은 언제든 부츠를 앞으로 내밀어 썰매가 코스를 벗어나게 할 수 있으며, 이로 인해 트랙을 훼손할 수도 있다. 우리도 이처럼 심지어 오랜 기간 습관을 들여도 인격에 걸맞지 않

---

18   미덕을 실천하는 것은 "습관적"이라는 영어 단어의 일반적인 의미처럼 기계적이거나 생각 없이 하는 것이 아니다. 미덕은 우리가 인간다운(즉 자발적인) 선한 행위를 할 수 있는 성향을 갖게 만든다.

은 행동을 할 수 있다. 하지만 일반적으로 습관은 특정 유형의 행동을 신속하고 부드럽고 안정적으로 행하도록 만드는 경향이 있다.

미덕은 우리가 훌륭한 인간으로 잘 살 수 있도록 도와주는 인격의 "탁월함", 인격의 습관 또는 기질이다. 따라서 예를 들어 우리가 용기의 미덕을 가지고 있을 때 미덕이 없는 사람이라면 도망치거나 포기할 상황에서 우리는 고난이나 어려움 속에서도 선한 목적을 위해 굳건한 태도를 보일 수 있다. 용기 있는 친구는 개인적으로 또는 업무상 자신의 명예가 훼손될 위험 속에서도 우리의 명예가 부당하게 훼손될 때 우리를 위해 나서주며, 용기 있는 어머니는 질병의 위험에 노출되어 있어도 불편하고 잠 못 이루는 밤에도 아픈 자식을 돌본다. 용기 있는 사람은 아무리 힘든 상황에서도 타인에게, 그리고 그들에게 한 약속에 대해 신실함을 지킨다. 다른 모든 미덕과 마찬가지로 용기는 훌륭한 인간의 삶에 필수적인 사랑과 신뢰와 안정감을 주는 인간관계를 가능하게 해준다.

용기 있는 사람은 심지어 자신의 선한 목적이 좌절될 때, 즉 친구의 명예가 부당하게 훼손될 때 혹은 아픈 아이가 회복하지 못할 때에도 여전히 존경받을 만한 사람으로 남는다. 우리는 희생을 감당하지 못하고 병간호의 고된 일을 포기하는 부모보다는 아픈 사식을 위해 함께 고통받는 부모가 되는 것을 여전히 더 좋은 부모라고 생각한다. 따라서 미덕은 우리가 좋은 삶을 살고 좋은 행동을 하게 만들 **뿐만 아니라** 좋은 사람이 되도록 도와준다(이 또한 아리스토텔레스의 말이다).[19] 반면에 악덕은 부패하고 파괴적인 습관이다. 이러한 악덕은 우리가 지닌 인격의 선함과 우리의 좋은 삶과 좋은 행동을 모두 훼손한다. 우리는 다음 장에서 어떻게 분노, 정욕, 탐식과 다른 모든 악덕이 우리의 삶을 좀먹는 결과를 가져오는지, 그것들이 사물을 명확하게 보고, 그것에 마땅히 감사하며, 다른 사람을 사랑하고 그들과 건강한 관계를 맺으며, 자기를 파괴하는 행동을 삼가는 우리의 능력을 어떻게 갉아먹는지를 살펴볼 것이다.

오랜 함양 기간을 통해 우리가 미덕과 악덕을 점차 내면화하는 과정에서 그것들은 우리 인격의 확고하고 확실한 일부가 된다. 습관은 흔히 주변 사람들을 모방하거나 그들의 가르침을 따르면서 형성되는 것이 일반적이다. 우리는 의도적으로 습관을 만들 수도 있고 그렇지 않을 수도 있다. 예를 들어 대다수의 어린이는 부모를 모방하는 것을 통해 습관을 형성하는데, 미덕과 악덕은 말하자면 이러한 방식을 통해 모두 그들에게 "전염될" 수 있다. 습관의 형성은 욕을 하는 습관이나 담배를 피우는 습관, 커피 한 잔이나 운동으로 하루를 시작하는 습관을 기르는 것과 마찬가지로 여러 차례 그 습관에 노출되고 작고 일상적인 선택이 누적되어 나타나는 결과다. 심리학자들은 습관을 형성하기 위해서는 40-60일 정도의 규칙적인 반복이 필요하다고 말한다. 그러나 오래된 (나쁜) 습관을 고치려면 더 진지한 반성과 자

---

[19] Aristotle, *Nichomachean Ethics* 2.6 (1106a15-25), trans. T. Irwin (Indianapolis: Hackett, 1999).

기 훈련이 필요할 수 있다. 때때로 우리는 자신에게 새로운 시각을 가져다주는 위기를 맞이한다. 우리는 마치 우리 자신을 처음 보듯이 변화를 경험하고 싶어 한다. 하지만 이러한 변화에 대한 간절한 바람을 이루기 위해서는 매일—때로는 심지어 평생—깊이 뿌리박힌 구습에서 벗어나기 위해 피나는 싸움을 해야 한다.

간단히 말해 우리는 연습을 통해—즉 우리의 인격을 함양하고 이를 더욱 능숙하게 할 수 있는 활동을 반복함으로써—미덕(또는 악덕)을 습득한다. 알래스데어 매킨타이어(Alasdair MacIntyre)는 습관 형성 과정을 설명하기 위해 체스를 배우는 아이의 모습을 묘사한다.[20] 매킨타이어는 체스에 흥미가 없는 일곱 살짜리 아이에게 체스를 가르치기 위해 만약 체스를 두면 사탕 한 개를, 이기면 사탕을 하나 더 준다고 상상해보라고 말한다. 단 것을 좋아하는 아이는 동기 부여를 받아 이에 동의한다. 처음에는 단지 사탕을 얻기 위해 게임을 한다. 이 단계에서 아이는 더 많은 사탕을 얻기 위해 게임에서 이기려고 속임수를 쓸 것이다. 그러나 아이가 더 많은 게임을 할수록 그는 점점 더 능숙하게 체스를 하게 될 것이다. 그리고 체스를 잘 할수록 그는 체스를 더 즐기게 되고, 결국에는 게임 자체를 즐기게 될 것이다. 이 단계에서 아이는 더 이상 사탕을 위해 체스를 두는 것이 아니라 이제는 체스를 즐기고 훌륭한 플레이를 통해 기쁨을 느끼기 때문에 체스를 두는 것이다. 이제

---

20 Alasdair MacIntyre, *After Virtue*, 2nd ed. (Notre Dame, IN: University of Notre Dame Press, 1984), 188. 『덕의 상실』, 문예출판사 역간.

그는 체스를 배우는 사람의 입장에서 볼 수 있는 안목을 갖게 되었기 때문에 체스 게임의 본질적인 가치와 부정행위가 어떻게 그 게임의 소중한 가치를 빼앗아가는지를 모두 이해하게 된다. 드디어 그는 체스 선수가 된 것이다.

    미덕에 있어서도 도덕성 함양은 거의 같은 방식으로 이루어진다. 자연적으로 타고난 충동과 깊이 뿌리 내린 욕망이 여전히 우리를 정반대의 행동을 하도록 이끌 때, 우리에게는 종종 그 과정의 초기 단계를 통과하기 위해 외부로부터 오는 자극과 제재가 필요하다. 하지만 격려와 훈련, 그리고 종종 롤모델이나 멘토의 도움을 받으면 연습은 결국 더 자연스럽고 즐겁게 느껴질 수 있다. 또한 우리는 이러한 연습을 통해 외적인 행동과 일치하는 내면의 가치와 욕구를 점차 발전시켜나갈 수 있다. 즉 미덕은 주로 외적인 것에서 내적인 것으로 발전한다. 그렇기 때문에 우리의 인격을 악덕에서 미덕으로 변화시키고자 할 때 우리는 주로 오랜 기간 동안 규칙적인 영성 훈련과 수련을 꾸준히 실천하며 인내해야 한다. 장기간에 걸쳐 매일 반복하는 것을 빠르고 쉽게 대체할 수 있는 방법은 없다. 우리는 먼저 기존의 경로에서 썰매를 빼낸 다음 점차 새로운 길을 만들어나가야 한다.

    거의 모든 인간의 노력과 마찬가지로 우리는 보통 혼자서 이런 일을 하지 않는다. 물론 부모도 우리의 인격 형성에 크게 기여하지만, 친구와 멘토와 사회 관계망(오프라인과 온라인), 역사적 인물, 과거와 현재의 성도 공동체도 마찬가지로 큰 영향을 미친다. 우리가 결혼을 하면 우리의 배우자가 우리의 인격을 형성하고, 우리의 선생들과 우리가 보고 읽으며 영감을 얻는 소설 속 인물들도 우리의 인격을 형성한다. 직장 동료들도 우리의 습관 형성에 영향을 미치며, 가장 많은 시간을 함께 보내는 또래 친구들도 마찬가지다. 그렇기 때문에 좋은 부모는 자녀가 누구를 친구로 선택하느냐에 많은 관심을 기울인다. 새로운 다짐을 하거나 새로운 습관을 기르려 할 때 공동체의 지지를 받거나 함께 연습하고 실천하기 위해 노력할 수 있는 상대가 단 한 명만 있어도 큰 차이를 만들어낼 수 있다.

결국 미덕과 악덕은 모두 우리에게 "자연스럽게" 습관이 될 수 있다. 철학자들(아마도 『국가』[Republic]를 쓴 가장 유명한 플라톤처럼)은 미덕의 완전한 성취를 내면의 조화와 온전함(integrity)을 낳는 것으로 묘사한다. 예를 들어 다음의 두 부부를 비교해보라. 첫 번째 인물을 제인(Jane)이라고 하자. 제인은 남편 이외의 남성에게 성적인 감정을 느끼는 문제로 인해 자주 어려움을 겪지만 그녀는 이를 억제한다. 두 번째 인물은 조(Joe)라고 하자. 그는 결혼생활 30년간의 우여곡절 속에서도 아내에 대한 열렬한 애정을 유지해왔다. 두 사람 모두 신실한 사람인가? 적어도 엄밀한 의미에서는 그렇다. 제인은 자신의 그릇된 욕망을 억제하기 위해 훌륭한 자제력을 발휘한다. 하지만 정절을 **미덕으로** 구현한 사람은 오직 조(Joe)뿐이다. 그의 신실함은 그의 인격에 깊이 뿌리내렸다. 물론 우리는 제인의 노력에 대해서도 도덕적으로 점수를 줄 수 있지만, 그녀의 신실함은 불편한 양심의 목소리가 그녀의 그릇된 성향에 맞서 그녀의 행동을 억제하는 역할을 하면서 표면상으로만 유지되고 있다.²¹ 대조적으로 조의 욕망은 그의 신중한 판단력과 완벽하게 조화를 이루고 있다.²² 제인의 자제력과 조의 정절을 놓고 생각해볼 때 조의 정절을 가진 배우자를 원치 않을 사람이 어디 있겠는가?

아리스토텔레스는 이를 미덕에 **따른**(according to) 행동(즉 우리가 원하든 원치 않든 우리가 해야 할 일을 알려주는 외부의 기준에 따른 행동)과 미덕에서 **나온** (from) 행동(즉 미덕에 부합하는 행동을 자연스럽게 낳는 내면화된 성향에서 나온 행동)의 차이점이라고 칭했다.²³ 미덕에서 **나온** 행동을 하는 사람은 자신의 내면의 인격에 정확하게 부합하는 행동을 한다. 따라서 미덕의 확실한 징표가 되는 것은 평화롭고 즐거운 마음으로 옳은 일을 하는 것이다. 당신에게 있어 제2의 천성처럼 느껴지는 것은 무엇인가?²⁴ 이것이 바로 당신의 인격을 나타내는 징표다.

---

21 만약 제인이 계속해서 양심에 귀를 기울이고 꾸준히 남편에게 사랑스럽고 신실하게 행동한다면 그녀는 현재 자제력 문제로 갈등하는 상태에서 미덕의 정절을 지닌 상태로 성숙할 수 있을 것이다.
22 따라서 Josef Pieper는 미덕의 중요성을 다음과 같이 주장한다. "두 사람이 같은 행동을 할 때 그것이 반드시 같은 행동이라고 할 수 없기 때문에 사람의 행동만 보고 그의 존재는 고려하지 않는 도덕 교리는 항상 행동의…동일성만 보고 더 깊이 존재하는…중요한 차이를 놓칠 위험이 있다." Josef Pieper, *The Four Cardinal Virtues* (Notre Dame, IN: University of Notre Dame Press, 1966), 163.
23 Aristotle, *Nichomachean Ethics* 2.4 (1105b5-10).
24 Aristotle, *Nichomachean Ethics* 7.10 (1152a30-35).

미덕과 고귀한 인격

앞서 언급한 사례에서 분명히 알 수 있듯이 우리가 단순히 고귀한 사람이 되기를 **원하거나** 우리의 동기와 우리의 행동이 더 잘 조화되기를 바라는 것만으로는 충분하지 않다. 우리는 고귀한 인격을 소유한 좋은 사람이 되고 싶어 하거나 부패하거나 나약해지지 않기를 막연히 바랄 수는 있지만, 아직 이러한 목표에 도달할 수 있는 방법을 확실히 알지 못한다. "훌륭한 인격을 함양하라"는 말에서 훌륭한 인격이 무엇이고, 어떻게 그것을 함양할 수 있는지 모른다면 무의미한 처방에 지나지 않을 것이다. 우리는 자신의 부족한 점을 정확히 파악하고, 구체적인 목표를 설정할 수 있어야 한다. 미덕을 기르고 악덕을 피하는 것이 도덕성 형성의 핵심이라면 우리는 먼저 무엇이 미덕이고, 무엇이 악덕인지를 알아야 한다.

내가 나의 학생들과 친구들에게 다양한 미덕을 나열해달라고 요청하면 그들은 항상 정직, 용기, 긍휼, 관대함 같은 것들을 말하며, 악덕에는 주로 비겁함, 탐욕, 이기심 같은 특성을 언급한다. 「뉴스위크」에 게재된 인성 교육에 관한 어떤 기사에서는 미덕의 목록에 속하는 것으로 "신중함, 존중, 충성심, 사랑, 정의, 용기, 희망, 정직, 긍휼, 공정성, 절제" 등을 세시했다.[25] 이 두 가지 목록은 심리학자들이 "성격의 강점"(character strengths)과 "핵심 덕목" 등으로 지칭하는 특징을 담고 있으며, 피터슨(Petersen)과 셀리그만

---

[25] Howard Fineman, "The Virtuecrats," *Newsweek*, June 13, 1994, 28-40.

(Seligman)이 만든 유명한 목록 역시 이와 유사하다.

> 지혜와 지식: 창의성, 호기심, 열린 마음, 배움에 대한 사랑, 통찰력, 혁신
> 용기: 용감함, 끈기, 청렴함, 활력, 열정
> 인간애: 사랑, 친절, 사회적 지능
> 정의: 시민 의식, 공정성, 리더십
> 절제: 용서와 자비, 겸손, 신중함, 자제력
> 탁월: 아름다움과 탁월성에 대한 인식, 감사, 희망, 유머, 영성[26]

이것들은 대체로 올바른 답변이다. 비록 현대 사회가 미덕과 악덕에 초점을 맞춘 윤리에 대한 전통들과는 시대적 거리감이 있지만, 우리는 무엇을 중요하게 여겨야 하는지를 잘 알고 있다. 그렇다면 왜 우리는 어떤 목록을 다른 목록보다 더 중시할까? 어떤 목록은 무작위 모음으로 여기고 다른 목록은 잘 정돈된 모음으로 간주하는 기준은 무엇일까?

나의 학생들과 현대 심리학자들이 열거한 이 목록들은 대개 기독교 미덕 전통에서 유래한 목록들과 하나의 중요한 특징을 공유한다. 우리가 미덕(과 악덕)의 목록을 만드는 과정은 영웅, 성인, 문화적 아이콘(또는 악당) 속에 구현된 도덕적 이상에 관하여 생각해보는 것에서 암묵적으로 시작한다.

---

26 Christopher Petersen and Martin Seligman, *Character Strengths and Virtues* (New York: Oxford University Press; Washington, DC: American Psychological Association, 2004), 29-30.

우리는 암묵적으로 도덕적 탁월함(또는 부패)의 모범으로 우리가 존경하는 (또는 경멸하는) 누군가를 머릿속에 그리면서 목록을 작성한다. 도덕적 이상을 구현하는 롤모델들은 우리의 도덕 교육이 미덕(또는 악덕)에 기반을 두게 하는데, 이는 일반적으로 우리가 다른 사람을 관찰하고 모방함으로써 인격적 특성을 배우고 습득하기 때문이다.[27] 우리는 이러한 롤모델이나 모범적이고 이상적인 인물을 통해 그 사람의 인격에서 존경할 만한 점이나 불명예스러운 점을 더 구체적으로 분석할 수 있다. 미국 해병대는 명예, 용기, 충성심을 구현하고, 올림픽 선수는 불굴의 의지와 희망을 구현하며, 건강을 돌보는 가정의는 긍휼과 지혜를 구현하고, 마더 테레사와 같은 성인은 겸손과 자비의 모델이며, 마틴 루터 킹 주니어와 에이브러햄 링컨과 같은 시민들의 영웅은 정의와 용기를 상징하는 인물이다.

    기독교 전통은 또한 모든 인간이 본받아야 할 하나의 주요한 롤모델, 즉 완전한 인간성의 모습, 구속받고 회복된 하나님의 형상, 모든 인간이 본받아야 할 사람을 명시적으로 지목한다. 아퀴나스의 말처럼 "우리의 구원자이신 주 예수 그리스도는…진리의 길을 **자신의 인격을 통해 우리에게 보여주셨다**."[28] 그리스도의 삶과 사역은 우리에게 미덕의 모범이 된다. 우리

---

[27] 모범을 보인 인물들은 우리가 미덕을 정의하도록 돕는다. 다음을 보라. Linda Zagzebski, "Exemplarist Virtue Theory" (Gifford Lectures, University of St. Andrews, 2015), https://www.giffordlectures.org/lectures/exemplarist-virtue-theory.

[28] Aquinas, prologue to *Summa theologiae* III, trans. Fathers of the English Dominican Province (New York: Benziger Brothers, 1948; repr., Westminster, MD: Christian Classics, 1981); 이하 약칭 *ST*. 이 인용문에서 강조는 덧붙여진 것임.

는 성령의 은혜와 능력에 의지하여 그분을 본받는 데 있어 진보를 이루어야 한다(예. 벧후 1:3-11).

그리스도의 모범과 은혜의 사역은 미덕과 악덕에 대한 기독교적 관점을 어떻게 형성하는가?[29] 예를 들어 절제에 대한 기독교적 관점은 건강과 사회적 통념 때문에 음식에 대한 욕구를 절제하는 것뿐만 아니라 금식과 절기에 대한 종교적 이유도 포함해야 한다. 이와 마찬가지로 용기의 미덕은 사랑을 위해 고통을 견디고 하나님의 능력에 의지하여 심지어 순교까지 각오할 것을 우리에게 도전한다. 이것은 총을 들고 홀로 적진을 향해 돌격하는 용감한 사람들에 대한 현대의 묘사와는 극명한 대조를 이룬다. 그리스도께서는 온유함과 겸손이 어떻게 의분(義憤)의 바탕이 되어 불의의 판을 뒤집고 다른 뺨을 돌려댈 수 있게 하는지를 우리에게도 가르쳐주신다.

이 전통은 결국 세 가지 신학적 미덕(믿음, 소망, 사랑)과 네 가지 기본 덕목(실천적 지혜, 정의, 용기, 절제)으로 이루어진 일곱 가지 미덕을 선정했다. 그리스도를 닮기를 원하는 **모든 사람은** 자신의 문화와 소명에 관계없이 이러한 인격적 자질을 함양하기 위해 노력해야 한다. 이 일곱 가지 미덕은 다함께 인간의 온전함에 대한 전체적인 그림을 제시한다. 이 미덕들은 우리의 생각에서부터 우리의 의지와 우리의 감정에 이르기까지 우리 성품의 모

---

29 아우구스티누스(기원후 354-430)와 아퀴나스(기원후 1224/25-74)는 그리스와 로마의 미덕에 대한 설명을 인용할 때 이 질문에 답해야 했다. 다음의 예를 보라. "Power Made Perfect in Weakness: Aquinas's Transformation of the Virtue of Courage," *Medieval Philosophy and Theology* 11 (2003): 147-80, and *Aquinas's Ethics* (Notre Dame, IN: University of Notre Dame Press, 2009), 7-9장.

든 면을 아우르고, 이 모든 면이 하나님과의 관계 속에서 번영하는 삶을 향해 나아갈 수 있도록 인도한다. 기독교 전통에 따르면 우리는 모두 하나님이 우리에게 의도하신 인간으로서의 모든 면모를 갖추기 위해 믿음, 소망, 사랑뿐만 아니라 실용적인 지혜, 정의, 용기, 절제를 필요로 한다. 물론 용기는 상황에 따라 다른 방식으로 나타날 수 있지만—전장에서 혹은 응급실에서—용기 없이는 그 누구도 고통과 어려움에 맞서 선을 굳건히 지켜낼 수 없다. 절제의 일부분인 순결(정절)은 결혼, 독신 또는 수년간의 독신생활을 통해 유지할 수 있지만, 모든 사람은 사랑과 신실함에 부합하도록 성욕을 다스리도록 부름을 받았다.

이와 유사하게 7대 악덕은 우리가 반드시 끊어내야 할 성품의 특성을 묘사한다. 우리는 그것들을 내려놓고 버릴 때만 잘 다듬어진 성품과 그리스도를 닮은 미덕을 가진 사람으로 성장하고 발전할 수 있다.

오늘날 왜 악덕을 공부해야 하는가?

단순히 악덕에 대한 역사적 관심이나 호기심 때문에 인터넷을 검색하는 것 외에도 악덕에 대한 전통적인 기독교적 관점을 되찾고자 노력해야 할 타당한 이유가 있는 것일까? 나는 그리스도인들이 우리 자신과 세상을 이해하고 우리의 실천과 기도가 새롭게 변화되는 과정에서 지적 유익과 실천적 유익을 둘 다 얻게 될 것이라고 주장하고자 한다. 그러나 비그리스도인들에게도 악덕에 대한 전통적인 관점은 세상을 새롭게 조명하는 힘을 가지고 있다. 이러한 전통은 서구 문화에 깊은 영향을 미쳤다. 우리가 그것을 받아들이든 거부하든 그 영향력을 이해한다는 것은 결국 우리 자신을 더 잘 이해하기 위함이다. 지금부터 나는 신자와 비신자 모두가 관심을 가져야 할 몇 가지 이유를 설명하고자 한다.

첫째, 영화, 문학, 연극, 음악, 미술에 반영되어 있듯이 7대 악덕은 인간 본성의 영원한 특징과 더불어 그 약점과 유혹을 드러낸다. 우리는 이 악덕에 대한 연구를 통해 그 시대의 대표적인 이야기와 문화에 내포되어 있는 다양한 차원의 깊이와 의미를 발견하는 데 도움을 얻을 것이다. 이아고에서 샤일록에 이르는 셰익스피어의 인물들은 시기심의 추악한 얼굴과 탐욕의 냉담한 모습을 보여준다. 톨킨의 작품에 등장하는 모르도르부터 셰익스피어의 『맥베스』(Macbeth)와 현대의 "왕좌의 게임"(Game of Thrones)에 등장하는 살인 음모에 이르기까지 모든 이야기는 교만과 권력에 대한 욕망을 묘사하고 있는데, 이는 성 아우구스티누스가 이미 천 년 이상 전에 로마 문화에서 발견한 것과 매우 유사한 **지배욕**(libido dominandi)을 보여준다. 좀 더 가벼운 내용이지만 결코 덜 악의적이지 않은 예로는 "인크레더블"(The Incredibles)을 꼽을 수 있는데, 본래 줄거리는 슈퍼히어로의 조수를 꿈꾸는 조수 지망생 버디(Buddy, 나중에 자기 스스로 슈퍼히어로 신드롬이 된다)의 시기심을 소재로 한 것이다. 버디는 경쟁을 없애고 공정한 경쟁의 장을 만들어 복수함으로써 "모두가 슈퍼히어로가 되면 **아무도** 슈퍼히어로가 될 필요가 없다"를 실현한다. 고전 동화 『백설 공주』(Snow White)에서 사악한 여왕은 허영이 어떻게 교만과 시기심을 먹고 자라는지를 우리에게 보여주는데, 이

세 가지 악덕은 6세기 그레고리오 1세가 묘사한 악덕의 불경한 삼위일체와 동일하다. 여왕은 가장 아름다운 사람이 되고 싶어 했지만, 그녀에게는 자신의 지위와 아름다움을 확인하고 인정해줄 거울이 필요했다. 결국 그녀는 최고의 자리를 확보하기 위해 경쟁자를 죽이고 만다. "캐리비안의 해적: 블랙 펄의 저주"(Pirates of the Caribbean: The Curse of the Black Pearl)에서 바르보사 선장이 말하는 아스텍 황금에 관한 이야기는 탐욕이 지닌 공허한 불안감을 정확하게 포착하여 대형 스크린에 담아내고 있다.

> 우리는 그걸 찾아냈어. 우리가 그 일을 해냈단 말일세. 거기에는 상자가 있었지. 그 안에는 금이 있었어. 그리고 그걸 모두 우리 손에 넣었다네! 우리는 그것들을 다 써버리고 일부는 팔기도 했지. 그리고 술과 음식을 먹고 마시며 유쾌한 친구들과 어울려서 다 탕진해버렸지. 하지만 술을 마시면 마실수록…술로는 만족할 수 없다는 걸 깨닫게 되었다네. 음식은 입안에서 재로 변했지. 그리고 세상의 모든 유쾌한 친구들도 결국 우리의 욕망을 만족시킬 수는 없었다네. 우리는 저주받은 인간들이야.…탐욕에 눈이 먼 우리는 이제 탐욕에 잡아먹히게 되었다네.[30]

에벌린 워(Evelyn Waugh)는 그의 소설 『브라이즈헤드 리비지티드』(Brideshead

---

30 Gore Verbinski가 감독한 영화 "캐리비안의 해적: 블랙 펄의 저주"(Burbank, CA: Walt Disney, Jerry Bruckheimer Films, 2003) DVD.

Revisited)에서 나태라는 악덕을 종교적 언어를 사용하여 노골적으로 묘사하고 있으며(비록 불가지론자인 한 등장인물의 해설을 통해 한 것이지만), 소설에서 그가 선택한 플라이트(Flyte)라는 성(姓)은 나태의 가장 흔한 증상 중 하나인 도피 또는 도주를 의미한다. 오늘날 포르노가 지닌 중독성에 대한 수많은 증언이 나오기 훨씬 이전에 앨런 패튼(Alan Paton)의 소설『너무 늦은 팔라로프』(*Too Late the Phalarope*)는 정욕이 우리를 옭아매고 우리 눈을 멀게 하는 힘과 그것이 인간관계를 파괴하는 힘에 대한 중요한 사례 연구를 제공했다. 그리고 가수 레이디 가가(Lady Gaga)는 허영심을 그녀의 앨범 전체의 테마로 삼아 그것의 극단적인 모습을 파격적인 의상을 통해 보여주며 화려한 커리어를 쌓아왔다.

또한 이러한 악덕들은 일반적인 문화적 관행을 설명하고 평가할 수 있는 틀을 우리에게 제공한다. 시기심과 그 산물인 **샤덴프로이데**(*Schadenfreude*, 남의 불행을 즐거워하는 마음)는 부유한 유명인들의 셀룰라이트가 드러난 아름답지 못한 몸매와 형편없는 패션을 폭로하고 비웃는 타블로이드 잡지의 인기를 설명하는 데 도움을 준다. 성형수술 붐을 일으킨 성형 리얼리티쇼는 허영의 힘과 이를 뒷받침하는 이미지 중심의 광고산업에 찬사를 보낸다. 액션 모험 영화의 흥행 성공 공식은 의분으로 가장한 분노에 사로잡힌 복수를 소재로 삼고, 황금시간대의 예능 프로그램과 정치 논평은 경멸을 소재로 삼는다. 기업의 일 중독 문화는 세속화된 나태의 개념에 의존하고 있으며, 광적인 부지런함을 나태에 반대되는 미덕으로 삼고 그릇되게 미화한다. 현대인의 탐식은 점점 더 많은 양의 초대형 음식 메뉴를 소비하면서 아무런 죄책감 없이 마실 수 있도록 다이어트 탄산음료와 같은 것을 발명하게 만들었다. 10대 초반을 대상으로 판매하는 비디오게임에는 과장되고 외설적인 신체적 특징을 가진 아바타가 등장하여 그들의 상상력과 기대를 왜곡하는 한편, 심야 인터넷 사용 습관은 점점 더 폭력적인 영화에서 묘사하는 섹스에 대한 욕구를 자극하고 있다.

그러나 여기서 가장 중요한 것은 우리가 이 악덕들을 이해함으로써 개인적 유익과 영적 유익을 얻을 수 있다는 점이다. 이 책에서 다루는 기독교의 역사적 인물들—에바그리오스, 카시아누스, 테오도라, 싱클레티카, 그레고리오 1세, 아퀴나스—은 노골적인 문화 비판을 거의 하지 않았다. 대신 그들은 다른 사람들에게 기독교의 의도적 제자도라는 잘 점검된 삶을 가르치기 위해 글을 썼다. 예를 들어 아퀴나스는 미덕을 그리스도인의 삶을 구성하는 중요한 요소로 삼지만, 악덕은 우리가 가진 가장 큰 도덕적·영적 위험으로 묘사한다. 거룩해지는 것은 우리의 악한 본성, 즉 악덕을 벗어버리고 미덕의 온전한 모범이신 그리스도의 성품으로 "옷 입는 것"을 의미한다.[31] 기독교 전통은 우리의 인격이 악덕에서 미덕으로 변화하는 것을 설명할 때 사도 바울이 사용한 옛 자아/새 자아의 구분을 따른다.

> 너희는 유혹의 욕심을 따라 썩어져 가는 구습을 따르는 옛사람을 벗어 버리고

---

31 예를 들어 사막 교부 폰토스의 에바그리오스도 엡 4:22-24을 인용한다. 다음을 보라. *On Thoughts* 3 and 39, in *Evagrius of Pontus: The Greek Ascetic Corpus*, trans. and ed. Robert E. Sinkewicz (Oxford: Oxford University Press, 2003).

오직 너희의 심령이 새롭게 되어 하나님을 따라 의와 진리의 거룩함으로 지으심을 받은 새 사람을 입으라(엡 4:22-24).

그러므로 땅에 있는 지체를 죽이라. 곧 음란과 부정과 사욕과 악한 정욕과 탐심이니 탐심은 우상숭배니라.…너희도 전에 그 가운데 살 때에는 그 가운데서 행하였[느니라].…너희가 서로 거짓말을 하지 말라. 옛사람과 그 행위를 벗어 버리고 새 사람을 입었으니 이는 자기를 창조하신 이의 형상을 따라 지식에까지 새롭게 하심을 입은 자니라.…너희는 하나님이 택하사 거룩하고 사랑받는 자처럼 긍휼과 자비와 겸손과 온유와 오래 참음을 옷 입고…이 모든 것 위에 사랑을 더하라. 이는 온전하게 매는 띠니라(골 3:5-14).

다시 말해 이 기독교 도덕 프로젝트는 옛사람에 대해서는 죽고 그리스도 안에서 새 생명을 얻어 다시 살아나기 위한 것이다. ("도덕"이라는 단어는 라틴어 어원에서 유래한 것으로, 우리에게 이미 익숙해진 것을 가리킨다.) 죽고 다시 살아나는 것, 즉 제자의 삶의 패턴은 우리가 점점 더 그리스도를 닮아가는 삶에 익숙해지는 과정을 일컫는 말이다. 기독교가 출현하기 수 세기 전에 아리스토텔레스는 미덕과 악덕은 우리에게 제2의 천성이 되어버린 인격의 여러 측면을 묘사한다고 말했다. 따라서 악덕은 우리의 악한 옛 본성을 묘사하는 데 특히 적합하고, 미덕은 그리스도 안에서 우리의 새 성품을 묘사하는 데 적합하다. 따라서 아우구스티누스로 시작해서 아퀴나스에 이르는 기독교 사상가들은 그리스도인들의 도덕적 삶과 인격의 발전을 설명하기 위해 미덕과 악덕이라는 그리스어를 압도적으로 사용했다.[32] 로마서 12:1-2은 경건한 인격으로 변화될 것을 권면하면서 과거에 이 세상 풍조를 따랐던 삶에서 돌이키라고 촉구하고, 그 장의 나머지 부분에서는 이러한 변화에는 새로운 생각과 전체적인 삶의 방식이 모두 포함된다는 점을 분명히 밝히고 있다. 이 본문들은 모두 악덕으로 표현된 우리의 옛 본성을 벗어버리고 그리스도를 닮은 성품, 즉 미덕을 옷 입으라고 가르친다. 따라서 도덕성과 영성 형성을 위한 인격 변화 모델은 "옛사람"에서 새롭게 변화된 성화된 사람, 즉 그리스도의 형상을 따라 성령에 의해 재창조된 "새 사람"으로의 변화라는 신학적 개념에 잘 부합한다.

성화의 과정에서 우리는 먼저 죽는 과정으로 초대받는다. 주기적인 죄의 고백을 통해 우리는 깨어지고 비통해하며 이기적으로 저항하는 자아로부터 단호히 돌아서는 "죽는" 과정을 평생 실천하게 된다. 우리는 마치 자신의 무덤 앞에 선 것처럼 옛사람과 그 습관 및 행동들을 포기한다. 그러나 새로운 삶의 시작인 이러한 포기는 먼저 우리의 죄를 깨닫는 것을 필요로 한다. 기독교 전통은 이러한 통찰에서 시작했다. 사막 교부들과 교모들은 4세기에 자기 성찰과 영성 지도를 위한 기독교 프로그램에서 처음으로 이러한 악덕을 분류했다. 이 악덕들은 이후 15세기까지 고해성사 지침서에서 고해성사를 위한 거의 보편적인 항목이 되었다. 이렇게 오랜 시간 동안 계속되

---

[32] 다음의 예를 보라. Augustine, *On the Morals of the Catholic Church against the Manichees* 15.25. 다음도 보라. *ST* II-II 23.

었다는 것은 참회와 회개, 갱생과 영적 성장을 위한 영적 도구로서의 진단 능력을 입증하는 것이다. 우리가 악덕을 연구하면 우리가 죄로 가득한 우리의 본성 중 어떤 부분과 씨름하고 있으며, 어떤 부분을 끊어내야 하는지를 더 잘 표현하는 법을 배우게 된다. 이 전통은 하나의 악덕이 우리의 감정과 행동에서 어떻게 다양하게 드러나는지 인식하도록 가르친다. 이러한 전통의 도움을 받아 우리는 악덕의 목록을 사용하여 우리의 삶에서 죄가 그물처럼 연결되어 있는 구조를 파악하고 이전에 인식하지 못한 죄의 여러 지층을 확인할 수 있다. 여러 악덕에 각각 이름을 붙이면 우리의 고백이 더욱 명확해지고 구체화된다. 주로 죄의 용서를 구하거나 모든 죄를 교만이나 포괄적인 이기심으로 축소하여 기도하는 대신, 구체적인 죄를 하나님 앞에 내어놓고 그 죄를 뿌리 뽑을 수 있는 은혜를 구하며 개인적으로나 공동체적으로 그것을 목표로 삼아 매일 훈련에 임할 수 있다. 우리가 짓는 죄에 이름을 붙이는 것은 우리가 받은 축복을 세어보는 것에 상응하는 회개의 행위다. 우리의 기도와 참회는 이렇게 표현하는 것을 통해 더욱 풍성하고 새로워질 수 있으며, 우리가 영성 훈련에 더 깊이 참여할 수 있게 한다.

미덕과 악덕의 전통을 회복하면 우리는 성경을 읽을 때 새로운 시각을 갖게 되고 새로운 차원의 의미를 발견할 수 있다. 내가 나태에 관한 아퀴나스의 글을 읽기 전에는 이 악덕을 게으름뱅이에 관한 몇몇 속담이나 달란트 비유와 연결하여 이해했을 것이다. 나는 나태를 면밀히 연구하면서 약속의 땅에서 새로운 삶의 터전을 받아들이지 않으려는 이스라엘 백성의 저항에서, 그리고 천사들이 구출하려 할 때 소돔의 친숙한 환경으로 다시 돌아가려 했던 롯의 아내에게서 이러한 나태함을 발견할 수 있었다. 그리고 나는 시편 119편에서 이 문제에 대한 하나의 해결책을 발견했다. 이와 마찬가지로 우리가 격노(wrath)와 의분(righteous anger)의 차이를 이해하면 예수가 어떻게 정의와 사랑을 통합하셨는지—어떻게 예수가 바리새인들의 굳어진 마음을 보고 불같이 노하셨다가도 나중에 자신을 십자가에 못 박는 이들을 용서하실 수 있었는지—를 이해하는 데 도움이 된다. 탐욕에 대한 연구는 사르밧 과부의 이야기부터 예수의 산상수훈에 나오는 염려에 대한 권면에 이르기까지 성경 전반에 걸쳐 나타난 공급과 신뢰라는 더 깊은 주제를 밝혀준다. 시기심과 자비의 연관성을 이해하면 우리는 야곱이 가장 아끼는 아들 요셉에 대한 형들의 적대감의 깊이와 예수와 당대 종교 지도자들 간의 상호작용에서 나타난 예언자적 울림에 대한 새로운 통찰을 얻는다.

마지막으로 만약 우리가 우리 죄를 더 정확하게 파악할 수 있다면 우리 주변의 세상을 더 잘 성찰하고 그것과 더 나은 관계를 맺게 될 것이다. 우리의 삶 속에서 우리가 도덕적으로 무언가를 공모하거나 타협하면서도 인식하지 못하고 무심코 지나치는 영역은 무엇인가? 정치 영역에서 정의에 대한 우리의 열성이 실제로는 두려움을 감추기 위한 기만이나 통제에 대한 분노의 표출은 아닌가? 우리의 몹시 흥분된 발언 뒤에 숨겨져 있는 진짜 속마음이 드러나도록 도움을 주는 단서는 무엇인가? 심지어 교회 안에서조차 전혀 문제없는 완벽한 모습을 보여주려는 우리의 욕구에 대해 허영은 우리에게 무엇을 가르쳐줄 수 있을까? 한편으로는 쉴 줄 모르는 일 중독과 다른 한편으로는 여가를 극대화하려는 강박 사이에서 갈등하는 현대의 미국 문화를 생각해보라. 어떤 강박감이 이러한 문화적 분위기를 부추기는 것일까? 그리스도인들은 쉼이 없는 노동을 추구하는 행위를 이타적인 근면과 경건한 근면성으로 여기고 이를 지지해야 할까? 아니면 이러한 생활 방식에서 통제와 자급자족에 대한 갈망 및 하나님을 의지하고 그분 안에서 안식을 누리기를 거부하는 모습에 대한 증거를 발견할까? 어쩌면 심지어 우리가 추구하는 여가 생활보다 우리의 진취적인 모습이 미덕보다 악덕에 더 가까울지도 모른다.

어쩌면 그럴지도 모른다. 인간의 문화와 동기는 정말로 우리가 간파하기가 무척 어려운 것이 사실이다. 심지어 그것이 우리 자신의 것일지라도 말이다. "만물보다 거짓되고 심히 부패한 것은 마음이라. 누가 능히 이를 알리요마는"(렘 17:9) 그렇다면 기독교 전통의 역사적 관점과 집단적 지혜를 활용하여 우리 자신을 더 진실하게 들여다보고 이해하기 위해 도움을 받는 것은 어떨까? 그리스도를 닮아가는 프로젝트는 우리 인생에서 가장 중요한 과제다. 이 과제를 잘 수행하기 위해서는 우리에게 주어진 모든 자원을 활용하는 것이 바람직하다. 인간의 죄와 실패에 대한 모든 이야기는 우리 동시대 사람들에 의해 포괄적으로 전해지거나 우리의 상상력에 의해 새롭게 창조될 수 없다. 우리는 분명 동시대적 성찰과 우리 자신의 통찰력을 소중히 여겨야 한다. 그러나 도덕적 조언을 구할 때 더 폭넓은 관점에 주의를 기울이면 우리의 근시안적인 시각이 놓칠 수 있는 것들을 발견하는 데 종종 도움이 된다. 과거 수 세기 전에 살면서 많은 경험을 한 사람들, 경건한 신자들, 성인들과 현자들의 말에 귀를 기울일 때 오늘날에도 우리는 여전히 우리의 길을 밝혀주는 지혜와 통찰을 얻을 수 있다.

C. S. 루이스는 이런 말을 한 적이 있다. "우리는 바닷가에서 휴가를 보내자는 제안이 무엇을 의미하는지 상상할 수 없어 빈민가에서 진흙 놀이나 계속하며 놀고 싶어 하는 무지한 어린아이처럼 우리에게 무한한 기쁨이 주어져도 술과 섹스와 야망에 사로잡혀 어리석게 허송세월하는 소극적이고 불성실한 피조물이다."[33] 우리의 악덕을 있는 그대로 인식할 때 우리는 바다로 향하는 첫걸음을 내딛게 된다. 생기 없고 칙칙한 빈민가를 있는 그대로 직시할 때 우리는 활기차고 아름다운 해변을 더 선호하는 마음을 가질 수 있다. 일단 우리의 도덕적 타락을 우리가 벗어나고 싶은 진흙탕으로 인식하면 우리는 우리의 습관을 악덕에서 미덕으로 바꾸는 도전과 마주하게 된다. 우리는 먼저 발을 모래사장에 담그고 수영을 배울 수 있을 만큼 멀리 나가야 한다. 바다의 광활함과 힘과 아름다움을 바라보면서 우리는 결국 은혜를 갈망하는 우리 내면의 깊은 욕구와 불가피하게 마주하게 된다.

단테 알리기에리는 그의 『신곡』(*Divine Comedy*)에서 동일한 과정을 묘사한다. 죄인들은 옛 습관에서 벗어나기 위해 고안된 수행을 통해 새로운 삶을 받아들이고 살아갈 준비를 한다. 자기 죄의 본질을 파악하게 되면서 그들은 자신의 그릇된 욕망에서 점차 벗어날 수 있다. 이 과정은 기쁨에 찬

---

[33] C. S. Lewis, *The Weight of Glory* (New York: HarperCollins, 2001), 26.

삶 속에서, 그리고 하나님과의 사랑의 관계 속에서 열매를 맺는다.[34]

다음 장에서는 미덕의 목록과 악덕 목록의 역사와 기원을 추적한다. 이러한 역사는 왜 이 악명 높은 목록이 기독교의 독특한 공헌인지를 일러준다. 또한 우리는 특정 악덕이 왜 이 목록에 포함되었는지, 왜 우리가 그 악덕을 "치명적"이라고 부르기보다는 "근원적"이라고 부르는지, 그리고 그 악덕들이 왜 왜곡되었음에도 매혹적인 방식으로 행복을 추구하는지를 설명하는 공통된 주제가 무엇인지를 이해하고자 한다. 무엇보다도 이 흥미로운 이야기는 우리에게 악덕을 이용한 자기 성찰이 영성 형성의 틀 안에서 어떤 효과를 발휘하는지, 수 세기가 지난 지금도 어떻게 여전히 그 목적을 달성할 수 있는지를 보여줄 것이다.

더 깊이 성찰하기

1. 당신의 마음과 생각과 삶을 "거울"로 들여다보면 당신은 무엇이 보이는가? (이 질문은 에필로그에서 다시 다룰 것이다.) 당신에게 지속적인 갈등과 어려움을 초래한 당신의 성품(저자의 대학원 시절의 소심함과 같은)은 어떤 것인가?

---

[34] 단테의 『연옥』(*Purgatorio*, cantos 9-27)에 묘사된 일곱 개의 지옥은 치명적인 7대 죄악을 교정하는 각각의 형벌을 제시한다. 이 형벌은 죄의 무게를 덜어주는 효과가 있다(예. 12.115-26). 마찬가지로 아우구스티누스는 『고백록』(예. 2.2)에서 하나님께서 죄의 결과를 형벌로 사용하셔서 그 공허함을 보여주고 그러한 악덕들에서 벗어나도록 인도하신다고 말한다(8.12-9.1).

2. 당신은 미덕과 악덕이라는 표현이 얼마나 익숙한가? 인격의 형성이나 영성 형성에 대한 이야기는 "옛사람"과 "새 사람"에 대해 생각해볼 수 있는 낯선 방식인가, 아니면 익숙한 방식인가?

3. 그리스도를 닮거나 미덕을 갖춘 인격을 마음속으로 상상해볼 때 당신은 누구를 떠올리는가? 당신의 삶에서 "모든 것이 완벽하게 조화를 이루도록 하나로 묶어 주는 사랑"(골 3:14)을 보여주는 모델로 삼고 있는 그리스도인은 누구인가? 우리가 고귀한 삶에 대한 긍정적인 비전을 소유하는 것이 우리의 인격 형성에 중요한 이유는 무엇인가?

추가로 읽을 만한 자료

Rebecca K. DeYoung, "Aquinas's Virtues of Acknowledged Dependence: A New Measure of Greatness," *Faith and Philosophy* 21, no. 2 (2004): 214-27. On pusillanimity.

M. Robert Mulholland Jr., *Invitation to a Journey: A Road Map for Spiritual Formation* (Downers Grove, IL: InterVarsity, 1993; expanded ed., 2016). 『예수를 닮아가는 영성 여행 길라잡이』, 살림 역간.

The Glittering Vices

미덕과 악덕의 간략한 역사

오늘날 우리가 알고 있는 근원적인 7대 악덕은 어떤 전통, 즉 기독교의 도덕적 성찰, 영적 지침, 목회적 지혜가 함께 어우러져 있는 전통에서 발전한 것이다. 그것이 제공하는 귀중한 통찰을 무시하고서는 악덕을 진지하게 연구할 수 없다. 안타깝게도 오늘날 악덕을 다루는 많은 사례에서 나타나는 혼동과 무지는 (의도적이든 의도적이지 않든 간에) 대부분 역사를 무시하거나 진지하게 받아들이지 않으려는 태도에서 비롯된 것이다. G. K. 체스터턴(G. K. Chesterton)은 한때 "기본적인 미덕 중 하나를 사수하는 것이 오늘날에는 한 가지 악덕이 주는 모든 짜릿한 기쁨을 맛보는 것과 같다"고 말했는데,[1] 이는 부분적으로 미덕에 대한 진지한 옹호와 악덕에 대한 진지한 책망이 극도로 부족하기 때문이다. 헨리 페어리(Henry Fairlie)는 W. H. 오든(W. H. Auden)과 에벌린 워(Evelyn Waugh) 등이 『런던 선데이 타임스』(*London Sunday Times*)에 기고한 치명적인 7대 죄악에 관한 일련의 글을 언급하면서 심지어

---

1   G. K. Chesterton, *The Defendant*, ed. Dale Ahlquist (London: R. Brimley Johnson, 1902; repr., Mineola, NY: Dover, 2012), 60.

편집자조차도 다음과 같이 놀라움을 표했다고 말했다. "내가 소개하는 이와 같은 일련의 글에서 죄에 대한 맹렬한 비난과 유황불의 위협을 언급하는 것은 부적절한 일일 것이다.…전체적으로 [저자들이] 치명적인 죄를 가볍게 대하는 태도는 매우 놀랍고 의미심장한 일로 여겨질 수 있다."[2] 중세 교회가 악덕을 너무 심각하게 받아들였다면 현재의 접근 방식은 그 반대 방향으로 너무 기울어진 경향이 있다. 이러한 이야기에서 현재 기독교에 겨우 남아 있는 것은 "새터데이 나이트 라이브"(Saturday Night Live) 쇼에서 데이나 카비(Dana Carvey)가 연기하는 "교회 아줌마"처럼 우스꽝스러운 풍자적인 인물뿐이다.

이와 동시에 죄에 대한 현대의 많은 설교와 기독교적 성찰은 자신들의 역사로부터 유래한 죄에 관한 개념들을 전혀 알지 못할뿐더러 이를 활용하지도 못한다.[3] 수 세기에 걸쳐 이어져 온 그리스도인들의 영적 통찰과 실천은 그들의 후손들에게조차 알려지지 않은 채 남아 있다. 더 심각한 문제는 그리스도인들이 은혜로 충만한 자유와 새로운 삶의 모델을 제시하기보다는 TV 쇼에 등장하는 교회 아줌마처럼 **타인을** 죄인으로 비난하고 수치

---

[2] Henry Fairlie, *The Seven Deadly Sins Today* (Washington, DC: New Republic, 1978; repr., Notre Dame, IN: University of Notre Dame Press, 1979), viii.

[3] 다음을 보라. William White, *Fatal Attractions* (Nashville: Abingdon, 1992); Billy Graham, *The Seven Deadly Sins* (Grand Rapids: Zondervan, 1955); Anthony Campolo, *Seven Deadly Sins* (Wheaton, IL: Victor Books, 1987); 다음에 나오는 간략한 소개는 예외에 해당한다. Donald Capps, *Deadly Sins and Saving Virtues* (Philadelphia: Fortress, 1987). 다음은 대표적인 예외에 해당한다. Os Guiness's *Steering through Chaos: Virtue and Vice in an Age of Moral Confusion* (Colorado Springs: NavPress, 2000).

심을 주는 비판적인 도덕주의자적 말투를 사용하는 경우가 많다는 점이다. 그러나 이 전통이 가르치는 것이 사실이라면 그것은 우리 모두에게 해당하는 이야기다. 우리는 모두 엉망진창이다. 사실 나도 어렸을 때는 이런 사실을 잘 몰랐다는 점을 먼저 고백하고 싶다. 내가 배운 모든 은혜의 신학으로 인해 나의 삶은 "온전하고" "더 나은 사람"이 되기 위해 열심히 노력하는 사람의 이야기를 들려주었다. 하지만 그 계획이 막다른 골목에 다다르면 어떻게 될까? N. T. 라이트(N. T. Wright)는 그 선택지를 이렇게 완벽하게 요약한다. "오늘날 그리스도인들은 두 부류로 나뉘는 것 같다. 첫 번째 부류는 [우리 문화와 마찬가지로] 아무튼 죄는 별로 중요하지 않다고 생각하는 부류이고, 두 번째 부류는 죄가 중요하다는 것을 잘 알지만 여전히 습관을 버리지 못하는 부류다."[4]

다음 장에서 각각의 악덕을 살펴보기 전에 나는 먼저 역사를 무시하거나 역사가 가르치는 바를 진지하게 받아들이지 않는 오류를 바로잡고자 한다. 우리는 4세기의 이집트 사막을 잠시 살펴보면서 이 악덕 목록을 탄생시킨 오랜 가르침과 실천의 전통을 다시 검토할 것이다. 우리가 물려받은 역사적·문화적 유산을 명확히 알면 우리 자신이 처한 도덕적 곤경을 분명히 이해할 수 있다. 이 책의 접근 방식은 악덕이 생겨난 역사적 맥락과 전통**뿐만 아니라** 악덕에 대한 가장 적절한 이해를 제공하는 기독교의 도덕적·신

---

[4] N. T. Wright, *Following Jesus: Christian Reflections on Discipleship*, 2nd ed. (Grand Rapids: Eerdmans, 1994), 89. 『나를 따르라』, 살림 역간.

학적 범주에도 적절한 비중을 두려고 한다.

아이러니하게도 치명적인 7대 죄악에 대한 연구는 "치명적인 7대 죄악"이 왜 잘못된 명칭인지를 설명하는 것으로 시작하는 것이 가장 좋을 것 같다. 왜 처음에는 여덟 혹은 아홉 가지 악덕을 목록에 포함했다가 나중에 일곱 가지로 줄였을까? 왜 치명적인 죄가 아닌 "근원적인" 죄라고 부르는 것일까? 그리고 왜 "죄"보다 "악덕"이라는 이름이 더 적절한 것일까?

미덕과 악덕 목록의 기원을 대조해보면 악덕의 수가 얼마나 유동적인지를 더 잘 이해할 수 있으며, 이는 우리가 악덕이 계승된 과정을 혼란스럽게 생각하는 이유를 설명하는 데도 도움이 된다. 근원적인 일곱 가지 미덕은 7대 악덕 목록과 달리 명백한 성경적 근거와 중요한 철학적 근거를 모두 지니고 있다. 아마도 이러한 이유로 미덕의 목록은 역사상 거의 변동이 없었을 것이다. 믿음, 소망, 사랑이라는 세 가지 신학적 미덕의 목록은 고린도전서 13장에 나오는 사도 바울의 유명한 사랑시에서 유래했다. 그러나 바울은 믿음, 소망, 사랑을 묘사하는 고린도전서 본문에서나 사랑은 인내, 친절, 온유 등 미덕과 유사한 자질들을 "온전하게…묶는다"고 말하는 골로새서 3:14에서 미덕(*aretē*)이라는 그리스어 용어를 사용하지 않는다.

지혜서 8:7에는 실천적 지혜, 정의, 용기, 절제라는 네 가지 기본 미덕이 언급되어 있다. 이 책은 기원전 300년경 디아스포라 유대인들을 위해 기록된 것으로 보이는데, 이 시기는 네 가지 기본 미덕이 그리스 철학 윤리의 독특한 특징으로 나타났던 시대다(플라톤은 이미 기원전 4세기에 『국가』 [*Republic*]에서 이 네 가지 미덕을 언급했고, 그 후 아리스토텔레스와 스토아 철학자인 키케로도 이것들을 언급했다). 70인역의 지혜서 8장에서는 그리스어 **아레테**(*aretē*, "탁월함")를 사용했는데, 라틴어 불가타 성경에서는 이를 **비르투스**(*virtus*, "미덕")로 번역했다. 성경 저자들도 후대의 교부들처럼 자신들이 묘사하는 도덕적 성품의 탁월함을 설명하는 데 고대 그리스어 개념이 유용한 범주라고 생각했을 것이다. 우리는 고대와 중세의 모든 윤리 체계가 도덕성에 관한 문제들을 일생에 걸쳐 진행되는 인격 또는 인성의 완성이라는 틀 안에서 이해했다는 점에 결코 놀랄 필요가 없다. 이러한 이해의 틀은 훌륭한 인격의 구성 요소로서 미덕을 천 년이 넘는 기간의 도덕적 사고와 실천에서 **가장** 핵심적인 윤리적 범주로 자리 잡게 했다.

그들의 (철학적 또는 성경적) 목록의 궁극적인 출처가 무엇이든 간에 교부들은 네 가지 기본 미덕의 목록을 명시적으로 승인하고 그것을 기독교 윤리에 통합시켰다. 예를 들어 아우구스티누스(354-430)는 이것을 하나님에 대한 사랑의 표현으로 재개념화했다. 그는 『보편적 교회의 도덕에 관하여』(*On the Morals of the Catholic Church*)에서 이렇게 설명한다,

> 나는 미덕이란 다름 아닌 하나님에 대한 완전한 사랑이라고 생각한다. 이제 미덕이 네 가지로 분리된다고 말하는 것은, 내가 이해하는 바에 따르면, 사랑의 다양한 모습에 따른 것이다.…그러므로 우리는 이 미덕들을 다음과 같이 정의할 수 있다. 절제는 하나님을 위해 자신을 온전히 그리고 부패하지 않게 보존하는 사랑이고, 용기는 하나님을 위해 모든 것을 기꺼이 감수하는 사랑이며, 정의는 오직 하나님만을 섬기고 따라서 인간에게 속한 다른 모든 것을 잘 다스리는

사랑이고, 신중함은 하나님께 도움이 되는 것과 방해가 되는 것을 잘 분별하는 사랑이다.[5]

아우구스티누스는 이 네 가지를 모두 기독교적 사랑으로 규정함으로써 본래 자기완성(self-perfection)이라는 그리스 윤리의 일부였던 이 네 가지 철학 개념을 의도적으로 하나님의 은혜에 의존하는 그리스도인의 미덕으로 탈바꿈시켰다.

성경이나 그리스 철학이 아닌 기독교적 실천과 성찰에서 유래한 이 악덕 목록은 수 세기에 걸쳐 변화했다는 점에서 일곱 가지 미덕 목록과 대조를 이룬다.[6] 역사학자들의 추론에 따르면 이 악덕 목록은 초기 기독교 교회의 사막의 교부 중 한 명인 폰토스의 에바그리오스(기원후 346-399)가 작성한 것이다. 그가 속한 이집트 알렉산드리아 남부의 수도사 공동체는 권력, 부, 세속적 성공, 명예를 미화하는 문화적 생활 양식에 동화되도록 그리스도인들을 유혹하는 세상과 의도적으로 거리를 두었다. 첫 번째 단계로 사막 교부들과 교모들은[7] 유혹과 죄에 정면으로 맞서기 위해 성령의 인도하

---

[5] Augustine, *On the Morals of the Catholic Church against the Manichees* 15.25, Servais Pinckaers, *Morality: The Catholic View*, trans. Michael Sherwin (South Bend, IN: St. Augustine's Press, 2001)에서 인용됨.

[6] 간략한 역사를 이해하기 위해서는 다음을 보라. Richard Newhauser, introduction to *In the Garden of Evil: The Vices and Culture in the Middle Ages* (Toronto: Pontifical Institute of Medieval Studies, 2005).『선악의 정원』, 황금나침판 역간.

[7] Laura Swan, in *The Forgotten Desert Mothers: Lives, Sayings, and Stories from Early Christian Women* (Mahwah, NJ: Paulist Press, 2001).『우리가 몰랐던 사막 암마 이야기』, 신앙과지성사 역간. Swan은 사막에서 여성이 남성보다 2대1 비율로 더 많았으리라는 점을 지적한다. 보존

심을 받아 사막으로 들어가 그리스도의 모범을 따랐다.[8] 그곳에서 그들은 "마음의 순수함"과 "순수한 기도"를 통해 명상을 위한 정신을 길렀다. 유혹에 맞서기 위해서는 "분별력", 자기 성찰, 경계심(로욜라의 이냐시오가 영을 분별하기 위한 검사와 기준에서 더 발전시킨 개념)이 필요했다. 에바그리오스는 사막의 고독 속에서 영적 진보를 추구한 고행자들의 구전 전승과 훈련에서 지혜를 추려냈다. 그는 일반적으로 사막의 은둔자를 괴롭히는 여덟 가지 "생각"(logismoi) 또는 "조짐"[9]을 목록으로 정리했는데, 그 목록은 다음과 같다. "탐식, 불순함[즉 정욕], 탐욕, 슬픔, 분노, **아케디아**[나중에는 나태로 불림], 허영 그리고 마지막으로 교만이다."[10] 에바그리오스는 그의 글에서 악덕을 항상 체계적으로 정리하진 않았지만, 후대의 저자들이 이 여덟 가지를 육체적 악덕에서부터 영적 악덕—탐식, 정욕, 탐욕, 분노, 슬픔, 나태, 허

되어 있는 몇 안 되는 그들의 말은 후대의 작가들이 남긴 간접 보고 자료에 등장한다. 다음도 보라. Pseudo-Athanasius, *The Life of Blessed Syncletica*, trans. Elizabeth Bryson Bongie (Toronto: Peregrina, 1995).

8 Evagrius, *On Thoughts* 1, in *Evagrius of Pontus: The Greek Ascetic Corpus*, trans. and ed. Robert E. Sinkewicz (Oxford: Oxford University Press, 2003); Cassian, *Conferences* 5.6, trans. Boniface Ramsey, OP, Ancient Christian Writers 57 (Mahwah, NJ: Newman, 1999).

9 "에바그리오스에게 있어 '생각'((logismoi)과 '환상'(phantasiai)은 매우 부정적인 의미를 지니며, 후자는 현대 심리학적 의미를 상당 부분 내포하고 있다. 에바그리오스는 '생각', '악마', '악령'이라는 용어를 자주 혼용해서 사용할 정도로 각 생각의 배후에는 악마가 작용하고 있었다"(Sinkewicz, introduction to *Evagrius of Pontus*, xxv; 다음도 보라. xxv-vi). 다음도 보라. Columba Stewart, OSB, "Evagrius Ponticus and the Eight Generic Logismoi," in Newhauser, *In the Garden of Evil*.

10 Evagrius, *Praktikos* 6, in Sinkewicz, *Evagrius of Pontus*. 에바그리오스는 또한 에니어그램(추가 강박으로 공포와 기만을 포함한 아홉 가지 목록)의 원조다. 그리스어로 악덕은 *gastrimargia*, *porneia*, *orgē*, *lupē*, *akēdia*, *kenodoxia*, *hyperēphania*(또는 *hubris*), *phthonos*(시기, 나중에 추가됨) 등이다.

영, 교만[11]—에 이르는 연속 선상에 배치했으며, 수도사나 수녀는 이를 통해 영적 진보를 이루어나갔다.[12] 우리는 에바그리오스의 공동체를 그리스도인의 삶을 지도하는 숙련된 영적 지도자와 상담자 집단이라고 생각할 수 있다. 그들은 수십 년 동안 목회적 돌봄 활동을 통해 다양하고 풍부한 경험을 했을 것이다. 이 악덕 목록은 그리스도인들이 제자로서 성숙해가면서 전형적으로 그리고 영원히 갈등하는 유혹과 약점의 열 가지 목록과도 같다. 에바그리오스는 포괄적인 이론적 체계를 계발하기보다는 마귀들이 어떻게 위장하고 나타나는지를 설명하고 그들과 싸우는 방법을 설명하는 데 더 많은 관심을 보였다.[13] 그가 묘사한 마귀의 모습은 C. S. 루이스의 『스크루테

---

[11] 라틴어 이름의 약자는 GLAIT(I)AVS—*gula, luxuria, avaritia, ira, tristitia(invidia*, 나중에 추가됨), *acedia, vana gloria, superbia*—였다. 이 목록의 역사에 대한 자세한 논의는 다음을 보라. Carole Straw, "Gregory, Cassian, and the Cardinal Vices," in Newhauser, *In the Garden of Evil*, 38; and Richard Newhauser, *The Treatise on Vices and Virtues in Latin and in the Vernacular* (Turnhout, Belgium: Brepols, 1993), chap. 6.

[12] 카시아누스는 이를 하나의 교육적인 발전 과정으로 제시한다. 초심자는 육체적 쾌락에 초점을 맞춘 탐식과 정욕이 쉽게 숨길 수 있는 영적인 악덕으로 간주되는 허영과 교만보다 상대적으로 싸우기 쉽다는 것을 알게 된다. 이와는 대조적으로 그레고리오 1세는 이 악덕들을 교만에서 시작하는 일련의 퇴행적인 악덕들로 제시한다. 일단 우리가 교만한 불순종을 통해 하나님과 분리되면 우리는 은혜로부터 멀어져 점점 더 인간답지 못한 상태로 전락하고 결국에는 탐식으로 끝을 맺는다. 다음을 보라. Straw, "Gregory, Cassian, and the Cardinal Vices," in Newhauser, *In the Garden of Evil*. 아퀴나스는 이를 순차적으로 설명하지 않는다.

[13] 아마도 그의 설명은 부분적으로 플라톤 심리학에 근거한 것일 것이다. 다음을 보라. William Harmless, SJ, *Desert Christians: An Introduction to the Literature of Early Christian Monasticism* (New York: Oxford University Press, 2004). Sinkewicz는 "[에바그리오스는] 다양한 개인과 그 성격에 따라 수행 경험에 차이가 있다는 것을 알고 있기 때문에 자신의 이론에 경직되어 있지 않다.…에바그리오스는 [사고] 체계의 질서가 비록 사고의 작동 방식을 분별하는 데 유용한 보편적 타당성을 가지고 있다고 주장하지만 이를 모든 사람의 수행 경험에 엄격하게 적용하려는 의도는 없다"고 말한다. Sinkewicz, introduction to *On the Eight Thoughts*, in *Evagrius of Pontus*, 71.

이프 편지』(*Screwtape Letters*)를 상기시킬 수도 있다. 예를 들어 나태라는 "정오의 악마"는 한낮의 무더위 속에서도 공격을 감행하여 태양이 멈춰 있는 것처럼 보이게 만들고, 오후는 "50시간이나 되는" 것처럼 보이게 만들어 우리를 유혹하는 매혹적인 합리화로 우리의 마음을 가득 채운다.

이 악마는 [수도승으로 하여금] 우리 삶 속에서 필요한 것들을 더 쉽게 구할 수 있고, 일자리를 더 쉽게 구할 수 있으며, 자신을 위해 진정한 성공을 이룰 수 있는 다른 장소를 갈망하게 만든다. 그는 이어서 결국 주님을 기쁘시게 하는 것은 장소가 아니라고 말한다. 하나님은 어디에서나 경배를 받으실 수 있는 분이다. 그는 이러한 생각을 [수도사가] 사랑하는 사람들에 대한 기억과 그의 과거의 삶의 방식에 대한 기억과 연결한다. 그는 마치 삶이 오랜 시간 계속되는 것처럼 보이도록 묘사하고, 수행자의 고된 노고를 마음속에 떠올리게 하며, 속담에서 말하듯이 수도사가 그의 [사막의] 방을 버리고 싸움을 중도에 포기하도록 유인하기 위해 온갖 수단을 다 동원한다.[14]

에바그리오스의 제자 요하네스 카시아누스(360-430)는 『제도집』(*Institutes of the Monastic Life*)[15]과 『담화집』(*Conferences*)을 통해 서방 교회에 이 악덕 목

---

14 Evagrius, *Praktikos* 6.12. 『폰투스의 에바그리오스 실천학』, 새물결플러스 역간.
15 Cassian, *The Institutes of the Cenobia and the Remedies for the Eight Principal Vices*, trans. Boniface Ramsey, OP, Ancient Christian Writers 58 (Mahwah, NJ: Newman, 2000). 『요한 카시아누스의 제도집』, 은성 역간.

록과 이에 수반되는 금욕 훈련을 도입했다. 이후 이 악덕 목록에 대한 지식은 수도원 전통 안에서 제도적 표준이 되었다. 여덟 가지 "근원적인 악덕"(principia vitia)에 대한 카시아누스의 기록은 그것들을 사막 수도사와 수녀들의 고독한 생활에서 수도원의 공동체 생활에 맞게 수정한 것이다.[16] 예를 들어 교만의 악덕에 대한 해독제로 쓰인 성 베네딕토(St. Benedict)의 『규칙서』(Rule)는 6세기에 기록된 것으로, 수도사들이 서로 미덕을 지닌 삶을 사는 방법에 관한 적극적인 가르침을 제공했다. 이 규칙서에는 침묵과 영적 권위에 대한 복종이라는 영성 훈련을 포함하여 겸손을 기르는 12가지 방법이 열거되어 있는데, 이는 모두 "수도원의 공통 규칙"의 일부다.[17] 카시아누스는 때때로 이 악덕 목록을 여섯 가지(탐식, 정욕, 탐욕, 분노, 슬픔, 나태)와 두 가지(허영, 교만)로 나누면서 마지막 두 가지는 지금까지 이룬 앞의 여섯 가지의 진보를 모두 무너뜨릴 잠재력이 있음을 지적했다. 즉 전형적인 수도자는 처음 여섯 가지 악덕과 관련하여 자신이 이룬 영적 진보가 주목받고 정당하게 찬사를 받기 원하게 될 것이며(허영), 마찬가지로 그것에 대해 지나치게 인정을 받으려는 경향을 보이게 될 것이다(교만). 카시아누스는 이러한 함정에 유의해야 한다고 경고한다. "원수는 이토록 영리하고 교활하기 때문에 본인의 강력한 무기로는 도저히 이길 수 없는 그리스도의 군사가 스스로 자신의 무기에 의해 쓰러지도록 만든다."[18]

---

16 카시아누스는 이러한 "악덕들", 특히 principia vitia에 처음으로 명칭을 붙였다.
17 Aquinas, ST II-II 161.6에서 인용됨(역순으로). 다음도 보라 The Rule of St. Benedict, 7장.
18 Cassian, Institutes 11.7.

에바그리오스와 카시아누스 시대보다 몇 세기 후, 교황 그레고리오 1세("그레고리 대제", 540-604)는 나태를 슬픔 안에 포함하고,[19] 시기심을 정식 구성 요소로 채택하며, 교만을 그 뿌리로 따로 분리함으로써 근원적인 악덕 목록을 기존의 여덟 개에서 완전함을 상징하는 성경적 숫자인 일곱 개로 줄였다. (아래 차트에서 변경 사항은 볼드체로 표시한다.)

에바그리오스 (4세기경)*	카시아누스 (4/5세기경)†	그레고리오 1세 (6세기경)	아퀴나스 (13세기경)
1. 탐식	1. 탐식	**교만 = 뿌리**	교만 = 뿌리
2. 정욕	2. 정욕	1. 허영	1. 허영
3. 탐욕	3. 탐욕	2. **시기**	2. 시기
4. 슬픔	4. 격노‡	3. **슬픔**	3. 나태
5. 분노‡	5. 슬픔	4. 탐욕	4. 탐욕
6. 나태(아케디아)	6. 나태	5. 격노	5. 격노
7. 허영	7. 허영	6. 정욕	6. 정욕
8. 교만	8. 교만	7. 탐식	7. 탐식

* 에바그리오스는 자신의 목록에 일관된 순서를 유지하지 않았다.
† 카시아누스의 목록은 에바그리오스의 목록과 동일하지만, 육적인 것에서 영적인 것 순으로 나열되어 있다.
‡ "분노"(anger)와 "격노"(wrath)는 동일한 그리스어와 라틴어 용어를 번역한 것으로, 이는 또한 격분 또는 노여움의 감정을 가리킨다.

그레고리오 1세는 적어도 600년 동안 도덕적·신학적 성찰을 위해 널리 사용된 그의 저서 『모랄리아』(*Moralia*)에서 일곱 가지 미덕 및 그 부산물, 성령

---

19 슬픔 또는 낙담(그레고리오 1세의 *Moralia*에서는 *tristitia*)은 수도사나 수녀가 이전의 세속적인 삶과 모든 쾌락과 보물을 불완전하게 포기한 후 내면에서 오는 슬픔을 가리키는 전문 용어였다. 현대의 임상적 우울증이나 비통할 혹은 일반적인 슬픔과 혼동해서는 안 된다.

의 일곱 가지 은사를 나열했다. 그레고리오 1세는 교만을 에바그리오스나 카시아누스처럼 여덟 가지 악덕에 포함하지 않고, 근원적인 7대 악덕(여전히 허영을 포함한 목록)의 뿌리로 규정했다. 그는 이렇게 기록한다.

> 우리를 유혹하는 악덕들은 보이지 않는 싸움에서 우리와 맞서 싸우는데, 그 악덕들은 군대처럼 자신들을 지배하는 교만을 대신하여 어떤 것은 대장처럼 먼저 앞서 나아가고, 어떤 것은 그 뒤를 따른다.…죄의 여왕인 교만이 이미 정복한 마음을 완전히 장악하게 되면 그녀는 마치 몇몇 장군들에게 하듯이 그 마음을 황폐하게 만들도록 즉시 근원적인 7대 죄악에 그것을 넘겨준다.…교만은 모든 악의 뿌리이지만, 그 근원적인 7대 악덕은 교만의 첫 번째 산물로서 의심할 여지 없이 그 독한 뿌리에서 생겨난 것들인데, 그것은 바로 허영, 시기, 분노, 우울, 탐욕, 탐식, 정욕이다.[20]

그레고리오 1세는 뿌리가 되는 악덕들과 그 파생 악덕들에 대해 카시아누스의 유기적인 은유를 채택한 것 외에도 영적 전투의 이미지를 사용했는데, 근원적인 악덕에서 파생된 각각의 악덕들은 교만을 총사령관으로 둔 장군들의 보병 역할을 한다.[21] 그러나 미덕과 악덕의 목록은 동일한 숫자임

---

[20] Gregory, *Moralia on Job* 31.45.87-88, Patrologia Latina 76:0620C-0621D.
[21] 간략한 개요는 다음을 보라. Paul Jordan-Smith, "Seven and More Deadly Sins," *Parabola* 10, no. 4 (1985): 34-45. 카시아누스는 수도사가 그리스도의 운동선수로서 악덕에 맞서 경기장에서 싸우고 있다고 묘사한다(다음의 예를 보라. *Institutes* 5.17-18).

에도 불구하고("일곱 개로 이루어진 세트") 서로 상관관계가 없으며, 그렇게 의도된 것도 아니다. 교만은 목록에 있지만, 그 반대되는 미덕인 겸손은 그 목록에 없고, 분노는 악덕이지만 온유나 인내는 미덕 목록에 없으며, 희망과 용기는 모두 미덕 목록에 있지만 절망이나 비겁은 악덕 목록에 없고, 절제는 미덕 목록에 있지만 악덕 목록에 있는 탐식과 정욕, 그리고 어쩌면 분노에 반대된다.

13세기에 이르러 토마스 아퀴나스(1224/25-74)는 철학과 신학 분야에서 놀랍도록 다양한 선조들의 지혜를 종합했다. 그는 악덕을 설명할 때 아리스토텔레스, 신플라톤주의자, 스토아학파로부터 시작하여 아우구스티누스, 그레고리오 1세 및 다른 교부들에 이르는 모든 이들의 말을 인용한다. 특히 그는 그레고리오 1세의 『모랄리아』(*Moralia*)를 일곱 가지 미덕과 악덕의 최종 **목록**을 위한 그의 주요 신학 자료로 삼는다. 그레고리오 1세가 열거한 목록은 실천적인 조언으로 널리 인정받았던 성경 주석에서 나온 것이었지만, 아퀴나스의 설명은 매우 체계적이고 철학적으로 정교한 설명이었다. 그 결과, 그의 논의는 그레고리오 1세보다 더 이론적이며 덜 목회적인 느낌을 준다. 그럼에도 도미니코회에 소속된 동료 수도사들을 가르치기 위해 커리큘럼으로 집필된 그의 『신학대전』(*Summa theologiae*)은 기독교 전통에서 가장 위대한 윤리 신학 저서 중 하나로 꼽힌다. 미덕과 악덕을 다룬 광범위한 부분은 나머지 글들과 독립적으로 분리되어 회람되었고, 아퀴나스의

죽음 직후 몇 세기 동안 『신학대전』에서 가장 많이 활용된 부분이 되었다.²²

또한 악덕 목록은 신학 체계와 도덕 논문에서 그것이 수행한 역할 이외에도 실천적인 매력을 지니고 있었다. 고해성사와 보속을 위한 안내서들은 이 악덕 목록을 하나의 기준이 되는 지침으로 삼았다. 윌리엄 페랄두스(William Peraldus)의 『미덕과 악덕 대전』(Summa of Virtues and Vices)의 한 판본에는 나태의 악덕에 관한 내용만 무려 27장에 달한다!²³ (어쩌면 그것은 일종의 시험이었을지도 모른다. 당신이 실제로 그것을 모두 읽었다면 당신은 자신에게 나태라는 악덕이 없다는 것을 깨달았을 것이다.) 다른 참회 지침서와 마찬가지로 페랄두스의 저작은 학자보다는 성직자를 대상으로 한 것이었다. 그는 1215년 제4차 라테라노 공의회의 명령에 따라 사제와 설교자가 고해성사를 들을 뿐만 아니라 죄에 대한 설교를 작성할 수 있도록 돕기 위해 이 책을 썼다. 따라서 중세 시대에는 신학자와 성직자뿐만 아니라 평신도들도 이 악덕들을 알고 있었다. 페랄두스가 쓴 것과 같은 고해성사 안내서들은 일반적으로 각 악덕을 열거하고 "악덕을 피해야 하는 이유, 그것에서 파생되는 세부적인 악덕들과 이에 대한 해결책"을 함께 제시했다.²⁴ 악덕 목록은 주로 이론적 산물이 아니라 실천적·목회적 도구로 계속 남아 있었다. 만약 이 악덕

---

22 다음을 보라. Leonard E. Boyle, OP, "The Setting of the *Summa theologiae* of St. Thomas—Revisited," in *The Ethics of Aquinas*, ed. Stephen J. Pope (Washington, DC: Georgetown University Press, 2002), 10-11.
23 이것은 1587년 판본에 실린 것으로, 원본은 13세기 중반까지 보급되었다.
24 내가 사용한 페랄두스 자료의 출처는 다음과 같다. Siegfried Wenzel, *The Sin of Sloth: Acedia in Medieval Thought and Literature* (Chapel Hill: University of North Carolina Press, 1967), 75-77.

목록이 이러한 유용성을 갖지 못했다면 대중성과 지속력을 결코 얻지 못했을지도 모른다.

그러나 우리가 이 목록을 물려받게 된 것은 역사적으로 몇 차례의 우여곡절과 변화를 더 거친 후에야 가능했다. 후대 학자들은 체계적이지 못한 이 목록의 성격에 불만을 가졌고, 종교개혁자들은 이 목록에 대한 성경적 근거가 의심스럽다고 생각했다. 이 일곱 가지를 제외한 다른 죄를 근원적인 죄에 포함하지 않은 이유에 대한 아퀴나스의 설명에는 일관성이 결여되어 있었다. 카시아누스는 정복 대상이었던 가나안의 일곱 민족에 대한 성경 이야기를 죄에 대한 비유적 근거로 제시했지만, 이 역시 부적절해 보였다.[25] 비록 그레고리오 1세와 페트루스 롬바르두스(Peter Lombard, 1100-1160) 같은 권위자들로부터 지지와 인정을 받고 죄악 목록이 포함된 롬바르두스의『명제집』(Sentences)이 당대의 **가장 대표적인** 신학 교과서로 꼽혔지만, 7대 악덕은 성경에서 **하나의 목록으로** 존재하지 않는다. 따라서 목록에는 적절한 신뢰성이 결여되어 있었다. 자기 성찰을 위한 고해성사 관행이 악덕의 기준을 만들고 그것을 일상생활의 지침으로 삼았던 의도적인 금욕 공동체 밖으로 더 널리 확산되면서 도덕적인 삶에 대한 이야기의 강조점이 바뀌었다. 한편 체계적으로 만족할 만하거나 직접 성경에 근거한 다른 도덕적 기준들, 예를 들어 십계명이나 성령의 열매에 근거한 기준들이 생겨났다(출 20장; 신 5장; 갈 6장을 보라). 더 나아가 비록 성직자들은 목회와

---

25 Cassian, *Conferences* 5.16-19.『요한 카시아누스의 담화집』, 은성 역간.

회개의 목적으로 일곱 가지 목록을 계속 사용했지만, 윤리 이론들은 미덕과 악덕을 강조하던 것에서 벗어나 점차 법과 결의법(casuistry), 의무와 복종을 강조하는 방향으로 전환했다.[26]

종교개혁 이후의 "행위 의"에 대해 고민하던 개신교 신자들은 미덕의 실천에 대한 권면을 점점 더 경계하게 되었다. 이와 유사하게 오직 믿음과 은혜로만 의롭다 함을 얻는다는 그들의 강조점은 우리의 삶에서 악덕을 제거하려는 인간의 노력에 의구심을 품게 했다.[27] 그렇다면 개신교 신자들은 종교개혁 신학의 핵심 교리를 훼손하지 않으면서 어떻게 악덕 전통을 수용할 수 있을까? 악덕과 미덕의 역할을 평생에 걸친 성화 과정의 관점에서 이해하는 것이 가장 확실한 방법이다. 물론 미덕을 함양하는 데는 우리의 노력이 필요하지만, 베드로후서 1:3-8의 말씀처럼 우리의 모든 노력은 성령의 능력을 힘입는다.

그의 신기한 능력으로 생명과 경건에 속한 모든 것을 우리에게 주셨으니 이는 자기의 영광과 덕으로써 우리를 부르신 이를 앎으로 말미암음이라. 이로써 그 보배롭고 지극히 큰 약속을 우리에게 주사 이 약속으로 말미암아 너희가 정욕 때문에 세상에서 썩어질 것을 피하여 신성한 성품에 참여하는 자가 되게 하려 하셨느니라.

---

26 다음을 보라. Servais Pinckaers, *The Sources of Christian Ethics* (Washington, DC: Catholic University of America Press, 1995).
27 참회 행위에서 학대는 분명 큰 장애물이었다.

그러므로 **너희가 더욱 힘써 너희 믿음에** 덕을, 덕에 지식을, 지식에 절제를, 절제에 인내를, 인내에 경건을, 경건에 형제 우애를, 형제 우애에 사랑을 **더하라**. 이런 것이 너희에게 있어 흡족한즉 너희로 우리 주 예수 그리스도를 알기에 게으르지 않고 열매 없는 자가 되지 않게 하려니와(강조는 덧붙여진 것임).

최근 수십 년 동안 "은혜 안에서 성장하는 것"을 추구하는 이들 사이에서는 평생 실천하는 영성 훈련에 대한 관심이 되살아났고,[28] 개신교 신자들은 영성 형성에 대한 인식을 회복하기 시작했다. 이러한 발전은 미덕과 악덕에 대한 논의를 처음부터 그랬던 것처럼 은혜의 맥락에 제대로 녹아든 그리스도인의 제자의 삶으로 되돌릴 수 있는 새롭고 유익한 기회를 제공한다.[29] 에

---

[28] 다음의 예를 보라. Richard Foster, *Celebration of Discipline: The Path to Spiritual Growth*, anniversary ed. (San Francisco: HarperOne, 2018); Dallas Willard, *The Spirit of the Disciplines: Understanding How God Changes Lives* (San Francisco: HarperSanFrancisco, 1990); Dallas Willard, *Renovation of the Heart: Putting on the Character of Christ* (Colorado Springs: NavPress, 2002). 『마음의 혁신』, 복있는사람 역간.

[29] "모든 은혜는 위로부터 오며, 이는 심지어 죄인들에게도 미혹하는 자들의 계략을 보여주시고, '네게 있는 것 중에 받지 아니한 것이 무엇이냐'(고전 4:7)라고 말씀하시면서 확신을 주시기 때문에 한편으로는 선물을 받은 우리가 선물을 주신 분께 감사하고 다른 한편으로는 선물을 소유한 우리가 마치 선물은 거부하듯이 어떤 명예에 대한 자랑도 우리 자신에게 귀속시키지 않을 수 있다"(Evagrius, prologue to *On the Vices*, in Sinkewicz, *Evagrius of Pontus*). 카시아누스도 이에 동의한다.

그러므로 실제 경험을 통해 증명받는 것은 우리에게 좋은 일이며, 또한 수많은 성경 구절을 통해 우리 자신의 힘으로는, 그리고 전적으로 하나님의 도우심이 뒷받침되지 않고서는, 그토록 강력한 적을 이길 수 없다는 것과 매일 우리가 얻는 승리의 전부를 항상 하나님께 돌려야 한다는 교훈을 받는 것도 우리에게 좋은 일이다.…나는 우리가 행하는 모든 일을 우리 자신의 자유 의지와 우리 자신의 노력에 귀속시키고자 하는 우리의 불경한 사상과 무례함에 대항하여 이보다 더 분명하게 어떤 말을 할 수 있을지 묻고 싶다(*Conferences* 5.15).

바그리오스가 말했듯이 "은혜로부터 고행의 수고를 감당할 힘을 받은 이들은 자신의 힘으로 이 능력을 소유하고 있다고 생각하지 말라."[30]

달라스 윌라드(Dallas Willard)는 그리스도인들에게 영성 훈련을 다시 진지하게 생각해볼 것을 독려하면서 다음과 같이 주장한다.

> 물론 우리는 은혜로 구원받고 오직 은혜로만 구원받는 것이며, 구원받을 자격이 있어 구원받는 것이 아니다. 그것이 바로 하나님께서 우리를 받아들이신 근거다. 그러나 은혜는 필요한 순간에 즉시 충분한 힘과 통찰력이 우리 존재 안에 자동으로 "주입"되는 것을 **의미하지 않는다**.…적절한 육체의 훈련을 하지 않고 경기에서 뛰어난 기량을 발휘하기를 기대하는 야구선수는 경건한 삶에 대한 적절한 훈련 없이 시험을 당했을 때 그리스도의 방식으로 행동할 수 있기를 바라는 그리스도인보다 덜 어리석다.[31]

우리는 우리의 의지나 행동 없이도 성령께서 마술처럼 우리를 변화시켜 주실것이라고 가정하고 아무것도 하지 않음으로써 은혜를 "값싼 것"(디트리히 본회퍼가 사용한 용어)으로 만들 수 있다. 윌라드는 행위의 의라는 함정에 빠지지 않으려는 개신교 신자들에게 쓴 글에서 우리가 구원 또는 칭의의 은혜를 받을 때 그것은 우리 그리스도인의 이야기의 결말이 아니라 그저 시

---

30 Evagrius, *Eulogios* 14, in Sinkewicz, *Evagrius of Pontus*. 또한 다음을 보라. Cassian, *Institutes* 12.4-5.
31 Willard, *Spirit of the Disciplines*, 4-5.

작에 불과하다고 말한다.³² 그리스도께서는 우리에게 그분의 영을 주셔서 우리가 성장하고 성숙할 수 있도록 하신다. 그리스도인으로 살아가려면 훈련과 연습이 필요하며, 이러한 활동은 그리스도의 구원 사역을 대체하는 것이 아니라 오히려 그 구원 사역을 통해 가능해진다.

해석 과정에서 길을 잃다

악덕 전통에 관한 이야기를 다루는 다음 장에서는 중세와 종교개혁 이후 서구 세계가 근대를 향해 나아갈 당시에 악덕 전통이 처해 있던 운명을 추적한다. 계몽주의 운동과 그 후 급속도로 진행된 산업화 시기에 가장 분명하게 나타난 이러한 움직임은 악덕을 더 철저히 배제했다. 악덕은 기독교 고해성사에서 배제되었을 뿐만 아니라 신학적 맥락에서 더욱 밀려나 세속화되었다. 데이비드 흄(David Hume, 1711-1776)은 특히 현대적 느낌의 미덕 목록, 즉 "분별력, 조심성, 모험심, 부지런함, 근면, 검소, 절약, 식견, 신중함, 통찰력"을 제시했고, 사회적 "유용성"을 근거로 이를 높이 평가했다.³³ 이와 유사하게 그는 악덕을 다루면서 다른 이들이 불쾌하게 여긴다는 이유로 허영을 자제할 것을 권고했다.³⁴ 그는 자신의 견해가 전통적인 기독교 개념

---

32 N. T. Wright는 *After You Believe: Why Christian Character Matters*(San Francisco: HarperCollins, 2012)의 첫 장에서 동일한 주장을 한다.
33 David Hume, *Enquiry concerning the Principles of Morals* 6.1, 3rd ed., ed. P. H. Nidditch (Oxford: Clarendon, 1975), 199. 『흄의 도덕원리 연구』, 북코리아 역간.
34 Hume, *Enquiry* 8, 216.

에서 의도적으로 벗어난 것임을 밝히면서 "교만"은 "우리가 가진 미덕, 아름다움, 재물 또는 권력을 바라볼 때 우리 자신에 대해 만족감을 갖게 할 때 생각 속에 생겨나는 유쾌한 느낌"이라고 정의했다. "그리고…겸손이란 그 반대의 느낌을 의미한다. 전자의 느낌이 항상 악한 것도 아니며, 후자의 느낌이 항상 선한 것도 아니다."[35] 20세기에 현대 산업화의 승리를 대변하는 헨리 포드(Henry Ford)는 나태를 "게으름"으로 해석하고, "우리의 건강한 정신, 우리의 자긍심, 우리의 구원"이 하나님이 아닌 일(work)에 있다는 이유로 부지런함의 미덕과 반대되는 개념으로 해석했다. 그는 "일을 통해, 그리고 오직 일만이 결국 건강과 부와 행복을 보장할 수 있다"고 결론지었다.[36] 그리고 성 혁명이 일어난 지 수십 년 후에 윌리엄 개스(William Gass)는 다음과 같은 경솔한 말을 남긴다. "그렇다면 정욕은 어떠한가? 정욕을 탐식과 비교해보자. 그것은 좋은 출발점이 될 것이다. 충족된 정욕은 살찌지 않는다. 충족된 정욕은 두 사람이 행복하다는 것을 의미할 수 있다.…피부가 좋아지고 모든 피가 크림처럼 위로 올라간다. 그것은 팔다리의 긴장을 완화해 모든 통증을 멀리 날려 보내서 마치 과거의 일처럼 느끼게 한다. 일반적으로 연애에는 비용이 발생한다. 서로를 저녁 식사에 초대하고, 마음껏 포식하며, 돈을 지불하고, 마음은 뜨거워진다. 하지만 정욕은 아무런 지출 없

---

35 David Hume, *A Treatise of Human Nature* 2,8.7, ed. David F. Norton and Mary J. Norton (New York: Oxford University Press, 2000).
36 Henry Ford, Robert McCracken, *What Is Sin? What Is Virtue?*(New York: Harper & Row, 1966), 29에서 인용됨.

이도 쉽게 해소된다."³⁷

정욕에 대한 개스의 말처럼 악덕 목록에 대한 현대의 많은 논의는 그 악덕들 배후에 있는 종교적·철학적 전통, 특히 죄의 개념과는 거의 완전히 접점을 잃어버렸다. 최근 이 악덕에 대한 관심이 다시 살아나면서 이 목록은 인기 있는 책, 영화, 광고에서 쉽게 눈길을 끄는 수사학적 장치로 전락했으며, 이러한 현상은 악덕이 인간의 삶에 진정한 도덕적 또는 신학적 문제가 될 수 있다는 주장을 간과하고 있다.

근원적인 악덕들: 죄의 원천

따라서 악덕 목록이 사용된 첫 천 년 동안 이 일곱(또는 여덟) 가지 악덕은 자기 성찰 훈련을 체계화하고 평생을 위한 영성 형성에 촉매제 역할을 했다. 만약 우리가 역사적 또는 현실적 이유로 이 프로젝트에 여전히 관심이 있다면 왜 다른 악덕들이 아닌 이 악덕들이 공식 목록에 포함되었는지 살펴볼 가치가 있을 것이다. 7대 악덕은 단순히 일곱 가지 나쁜 습관이 아니다. 최악의 악덕이나 가장 빈번히 저지르는 악덕을 고른 것도 아니다. 비록 일부 비평가들은 이렇게 오해하면서 잔인함과 살인(가장 나쁜 것으로) 또는 술 취함과 거짓말(가장 빈번히 저지르는 것으로)이 당연히 이 목록에 올랐어야 했

---

37 William H. Gass, "Lust," in *Wicked Pleasures: Meditations on the Seven "Deadly" Sins*, ed. Robert Solomon (Lanham, MD: Rowman & Littlefield, 1999), 133-35.

다며 불만을 제기하지만 말이다.[38] 이 목록에 실린 악덕의 명칭을 살펴보면 왜 이 일곱 가지가 선택되었는지에 대한 단서를 찾을 수 있다. "근원적인 악덕"(capital vices)은 "치명적인 죄"(deadly sins)와 같은 의미가 아니다.

각 명칭은 각기 상당히 다른 의미를 갖고 있다. 그리고 각 명칭은 쉽게 오해를 불러일으킬 수 있다. 라틴어 *caput, capitis*는 "머리"를 의미하므로 우리는 언뜻 "근원적인 악"(capital vice)의 "capital"이 머리를 베는 "참수형"(capital punishment)이라는 표현에서 사용된 단어와 같은 의미라고 추론할 수 있다. 특정 처형 방법에서 참수형은 사람의 목(머리)을 베는 것이므로 치명적이다. 그러나 근원적인 악(capital vices)의 경우에는 그 단어가 인체구조에서 가장 윗부분이 아닌 원천 또는 "근원/수원"(fountainhead)을 가리킨다. 기독교 전통이 근원적인 악덕들을 선정한 이유는 그 악덕들이 끊임없이 솟아나는 다른 많은 악의 수원지 역할을 하는 "원천적인 악덕"이기 때문이다. 그 원천이 오염되면 결국에는 하류 지역의 땅을 모두 오염시킨다. 카시아누스는 이를 "근원적인 악덕들"(capital vices)이라고 불렀는데, 그 이유는 그것들이 추가적인 죄와 그 죄가 남기는 피해의 근원(*principia*), 즉 근본적 원리, 더 깊은 기원이었기 때문이다.

중세 시대에 더 흔하게 사용된 다른 비유로 설명하자면 우리는 교만을 나무의 뿌리와 몸통으로 생각할 수 있으며, 거기서 일곱 개의 큰 가지가 위

---

38 다음을 보라. Solomon, introduction to *Wicked Pleasures*. 또한 다음을 보라. J. Shklar, *Ordinary Vices* (Cambridge, MA: Harvard University Press, 1984).

로 뻗어 나가고, 각 가지가 하나의 근원적인 악덕을 나타낸다고 할 수 있다. 이 악덕들에서 또 다른 많은 가지가 자라나고, 각 가지에서 독성의 열매가 열린다. 13세기 후반까지만 해도 여전히 시집에서 악덕의 나무가 등장했는데, 이는 죄를 상징하는 이러한 이미지가 지닌 힘을 보여주는 증거다.[39] 카시아누스는 두 가지 비유를 모두 사용한다. "넓게 뻗은 독성을 지닌 큰 나무는 이를 지탱하고 있는 뿌리를 먼저 드러내거나 잘라내면 더 쉽게 시들 것이며, 위험한 물이 고여 있는 연못은 그 물을 공급하는 원천과 그 물이 흐르는 수로를 막아버리면 단번에 말라 버릴 것이다."[40] 근원적인 악덕들은 교만으로부터 자라나서 다른 죄들을 증식시키는 경향이 있는 악덕 목록을 일컫는다. 따라서 카시아누스나 그레고리오 1세와 같은 교부들의 저작과 이를 바탕으로 한 중세의 참회 지침서에는 각 악덕이 큰 가지에서 자라나는 "자식" 악덕들과 함께 열거되어 있다.

나무의 은유는 문제의 근원을 파헤쳐 뿌리 뽑음으로써 그 근원이 되는 모든 관련 악덕을 제거하는 것이 목표인 도덕 교육에 대한 그림을 그려준다. 또한 나무 그림은 가지 끝에 있는 새순과 잔가지만 잘라내는 것만으로

---

39 대영도서관 채색 필사본에는 여러 악덕 나무들과(예. https://www.bl.uk/catalogues/illuminatedmanuscripts/ILLUMIN.ASP?Size=mid&IllID=7111) 미덕 나무들(예. https://www.bl.uk/catalogues/illuminatedmanuscripts/ILLUMIN.ASP? Size=mid&IllID=7112)이 포함되어 있다. 에덴동산에서 아담과 하와의 교만한 불순종의 "아니오"는 악의 나무에 뿌리를 내리고 있고, 성모 마리아의 수태고지에서의 겸손한 순종의 "예"는 미덕의 나무에 뿌리를 내리고 있다. "좋은 열매를 맺는 것"과 사랑에 "뿌리내리는 것"은 성경의 비유다(다음의 예를 보라. 시 1편; 요 15:1-7; 갈 5:22-23; 빌 1:11; 골 2:7).

40 Cassian, *Conferences* 5.10.

는 증상을 일으키는 근본적인 질병을 해결하지 못하고 표면적인 증상만 치료할 수 있음을 암시한다. 강물의 지류에서 계속 유입되는 오염원을 해결하지 않고서는 오염된 지역을 성공적으로 처리할 수 없다. 당신이 원하는 모든 과일을 나무에서 전부 다 따먹어도 나무는 계속해서 자랄 것이다. "뿌리와 가지" 그림은 죄가 유기적이고 역동적인 관계임을 보여준다. 악덕과 죄는 마음 한 구석에 고립된 채 비활성 상태로 생기를 잃고 앉아 있는 것이 아니다. 그 나무는 성장하고 열매를 맺는다(그리스도 안에 뿌리를 둔 미덕의 나무가 성령의 열매를 맺는 것처럼 말이다). 당신이 진심으로 당신의 삶의 죄를 처리하고 싶다면 그 나무의 주된 가지들을 잘라내고, 그루터기를 도끼로 찍어내고, 뿌리까지 갈아내야 할 것이다. 따라서 이 나무 비유는 특정 죄들이 더 깊은 도덕적 문제를 나타내는 지표가 될 수 있고, 그 죄들이 가장 큰 원죄인 교만과 연결되어 있음을 볼 수 있도록 유도한다.[41]

악덕은 팔 한쪽이 골절된 것과 같이 몇 주 안에 치유되는 국소 부상이 아니고 암과 같은 것이다. 암은 몸속에 널리 퍼져 있고 숨어 있어서 치료와 박멸이 어렵고, 치료는 장기간에 걸쳐 이루어진다. 사막 전통은 일시적인 증상 완화로는 진짜 우리를 병들게 하는 원인을 치료할 수 없다는 것을 알기 때문에 악덕에 대한 진단을 진지하게 다룬다.

---

41 따라서 교만은 다음과 같은 두 가지 의미에서 첫 번째 죄이자 다른 모든 죄의 근원으로 간주된다. (1) 인류 역사상 시간상으로 가장 먼저 발생했다는 점, (2) 다른 죄의 뿌리 또는 근원적인 원리로서 그 죄들의 지속적인 원천이 된다는 점.

치명적인 죄인가, 근원적인 악덕인가?

이러한 은유가 암시하듯이 "근원적인 악덕"이라는 표현은 그 대안인 "치명적인 7대 죄악"과는 상당히 다른 의미를 지니고 있다. 먼저 "죄"와 "악덕"의 차이점에 주목하자. "죄"는 우리의 행동, 타락한 상태 또는 전반적인 본성 또는 가장 일반적으로 단 한 번의 불순종 행위("그녀가 죄를 지었을까?"와 같이)에 나타나는 죄의 패턴을 포함할 수 있기 때문에 그 범위가 더 넓다. 반면에 "악덕"이라는 용어는 좀 더 구체적인 것을 가리킨다. 악덕은 단일 행위보다는 광범위하지만 일반적으로 죄악에 물든 인간의 상태보다 좁은 의미로, 우리의 성품에 깊이 뿌리내린 습관과 관련이 있다. 또한 악덕의 범주는 독이 든 과일, 파생된 악덕들, 그 일곱 가지 근원 사이의 연관성을 더 잘 이해하게 돕는다. 예를 들어 나태에서 생겨나는 16가지 **악덕**은 한 번 짓는 죄의 행위에서 발생하는 피해의 추정치를 지나치게 부풀린 것처럼 보일 수 있다(비록 어떤 경우에는 그렇지 않을 수도 있지만 말이다!).[42] 이러한 다양한 파생 악덕은 우리 삶의 중심에 깊이 뿌리내린 강박 또는 지속적으로 행복을 추구하려는 강한 욕구가 시간이 흐르면서 우리 인격에 미치는 대표적인 영향을 더 잘 설명해준다.

"근원적인 악"과 "치명적인 죄"라는 두 명칭 사이의 더 중요한 차이점

---

42 페랄두스는 나태에 관한 27개 이상의 장에서 16개의 "아케디아에 속하는 악덕"을 열거한다 (1587년 판부터). 다음을 보라. Wenzel, *Sin of Sloth*, 76.

은 "치명적인"이 지닌 의미에 있다. 치명적인 7대 죄악의 "치명적인"은 대단히 심각한 대죄와 가벼운 소죄의 구분을 의미한다. 가톨릭 도덕 신학에서 대죄(mortal sins)는 **영적** 죽음을 초래하기 때문에 이렇게 불린다. 대죄는 영적 생명의 근원이신 성령의 내주를 거부할 경우 하나님의 은총으로부터 우리를 단절시킨다. 아퀴나스는 성령의 내주의 은사를 자비/관용의 미덕이라고 부른다. 하나님과 이웃에 대한 사랑은 율법의 완성이다(마 22:37-40; 롬 13:10). 따라서 그는 대죄를 자비에 반하는 죄로 정의한다. 이러한 관점에서 치명적인 죄 또는 대죄를 짓는다는 것은 우리의 최고선(highest good)이신 하나님을 거부하고 고의적으로 하나님과 이웃에 대한 사랑을 우리의 행위의 최우선에 두기를 거부함으로써 성령의 은혜를 상실하는 것이다. 사실상 우리의 결정은 하나님과 관계를 맺는 것보다 죄를 짓는 것을 더 선호함을 보여준다. 반면 소죄는 우리를 대죄에 빠지게 할 수는 있지만, 그 자체로 우리의 하나님과의 연합을 단절시키지는 않는다.

일부 개신교 신학은 구원(칭의)의 은혜를 받은 이후에도 누구나 대죄를 지을 가능성이 있음을 부정한다. 성도의 견인 교리에 따르면 일단 한번 의롭다 함을 받으면 그 무엇도 우리를 하나님의 사랑에서 끊을 수 없다(롬 8:38-39). 뿐만 아니라 모든 죄가 우리를 하나님과 분리시키기 때문에 **모든** 죄의 "삯"이 사망이라면(롬 6:23) 대죄와 소죄의 구분은 무너진다. 이러한 믿음을 견지하는 이들과 다른 근거에서 대죄와 소죄를 구분하는 전통적 가톨릭교회의 구분을 부정하는 이들은 "근원적인 악덕"이라는 명칭을 사용함으로써 자신들의 신학적 신념에 더 신실하게 부합한다. 아이러니하게도 대다수 개신교 신자들은 (아마도 악덕의 역사에 대해 무지하기 때문에) 이 악덕들을 "치명적인 7대 죄악"이라고 부르는 경향이 있다.

우리는 또한 "치명적인 죄"보다 "근원적인 악덕"이라는 명칭을 선호하는 다른 여러 가지 중요한 이유도 생각해 볼 수 있다. 아퀴나스는 이러한 악덕의 모든 행위가 반드시 (또는 일반적으로) 대죄는 아니라고 주장한다. 예를 들어 정욕과 탐식의 많은 사례는 (비록 시간이 흐르면서 그러한 방향으로 나아갈 순 있지만) 하나님과의 관계에 비해 쾌락에 대한 확고한 또는 의지적 선호 때문보다는 인간의 연약함이나 충동으로 인한 것으로 더 잘 설명되는 것 같다. 더욱이 "치명적"이라는 죄의 개념은 그 구체적인 파생 악덕들과의 연관성을 설명하지 못한다. 이 목록의 역사가 시작될 때부터 악덕은 **프린키피아 비티아**(*principia vitia*, "근원적인 악덕")로 명명되었고 그 특징적인 파생 악덕들과 함께 열거되었다. 카시아누스는 다음과 같이 말한다.

> 비록 이것들[파생된 악덕들]은 미덕보다 훨씬 수적으로 많지만, 만약 이 파생 악덕들을 자연스럽게 만들어낸 여덟 가지 근원적인 죄들이 먼저 극복된다면 이 모든 것은 한꺼번에 가라앉아 함께 영원히 멸망할 것이다. 왜냐하면 탐식은 과식과 술 취함으로 나아가기 때문이다. 간음은 음란하고 추잡한 대화, 상스러운 말, 허풍, 어리석은 말로 나아간다. 탐욕은 거짓말, 속임수, 도둑질, 위증, 더러운 재물에 대한 욕망, 거짓 증언, 폭력, 비인간성, 욕심으로 이어진다. 분노에서 살인, 소란, 노여움이 생겨난다. 낙심은 원한, 비겁함, 비통함, 절망으로 나아간다. 나태는 게으름, 졸음, 무례함, 안절부절못함, 방황, 심신 불안, 수다스러

움, 호기심으로 이어진다. 허영은 다툼, 이단, 자랑, 새로운 것에 대한 자신감으로 이어진다. 교만은 경멸, 시기, 불순종, 신성 모독, 원망, 뒷담화로 나아간다.[43]

또한 아퀴나스는 이 일곱 가지 목록을 묘사하기 위해 그가 유일하게 사용한 "근원적인 악덕들"이란 명칭에 대해 상세하게 설명한다. 이 목록은 중세 신학이 대죄와 소죄를 명확히 구분하고 "치명적인"이라는 명칭을 붙이기 전까지 수 세기에 걸쳐 실천의 지침이 되었다. 따라서 이러한 모든 이유에서 우리의 대죄 범주의 수용 여부와 상관없이 "근원적인 악덕들"은 일곱 가지 목록에 대한 가장 적절한 명칭으로 간주된다.

일곱 가지 목록

근원적인 악덕은 각각 어떤 것일까? 악덕의 역사에서 알 수 있듯이 심지어 초기 자료에서도 이에 대해(그리고 그 올바른 순서에 대해서도) 의견이 일치하지 않았다. 에바그리오스의 본래 목록은 여덟 가지로 구성되어 있었다. "모든 [악한] 생각의 일반적인 유형은 여덟 개의 범주에 속하며, 이 범주 안에는 모든 종류의 생각이 포함된다. 첫째는 탐식, 둘째는 간음[또는 정욕], 셋째는 탐욕, 넷째는 슬픔, 다섯째는 분노, 여섯째는 아케디아[또는 나태], 일

---

43 Cassian, *Conferences* 5.16.

곱째는 허영, 여덟째는 교만이다."⁴⁴ 카시아누스는 사막 교부들의 지혜를 체계화하면서 다음과 같이 말했다. "[인간]을 공격하는 여덟 가지 중대한 잘못이 있다. 첫째는 탐식을 의미하는 **가스트리마르기아**(*gastrimargia*)이며, 두 번째는 간음, 세 번째는 **필라르귀리아**(*philargyria*), 즉 탐욕 또는 돈에 대한 사랑, 네 번째는 분노, 다섯 번째는 낙심, 여섯 번째는 **아케디아**(*acedia*), 즉 무기력 또는 의기소침, 일곱 번째는 **케노독시아**(*cenodoxia*), 즉 과시 또는 허영, 여덟 번째는 교만이다."⁴⁵ (이 초기 목록에서 유일하게 제외된 악덕인 시기심은 나중에 추가되었다.)

    우리는 그레고리오 1세가 전통적으로 **대표적인** 원죄로 이해되었던 교만을 다른 모든 악덕의 기원 또는 뿌리로 명명함으로써 이 목록을 일곱 가지로 축소했다는 것을 이미 살펴보았다.⁴⁶ 그러나 심지어 그레고리오 1세의 권위도 교만이 다른 7대 죄악의 뿌리인지 아니면 이 목록의 일부인지에 대한 문제를 최종적으로 해결하지 못했다. 예를 들어 일곱 가지 목록의 가장 최근 버전에는 허영 대신에 교만이 포함되어 있다. 아마도 이것은 언뜻 보기에 둘의 차이를 발견하는 것이 쉽지 않고, 허영이 둘 중에 덜 친숙한 용어이기 때문일 것이다. 본서는 그레고리오 전통에 따라 교만을 7대 악덕의 원천으로 간주한다. 교만을 "원천적인" 7대 악덕의 뿌리로 삼는다는 것은 암

---

44 Evagrius, *Praktikos* 6.
45 Cassian, *Conferences* 5.2.
46 카시아누스도 이런 주장을 했기 때문에(*Institutes* 12.6.1) 아우구스티누스와 그레고리오 1세만이 이러한 주장을 했다고 인정할 수 없다. 세 사람 모두 교만을 아담과 하와의 원죄로 지목한다.

묵적으로 그것을 원천적인 악덕 자체로 간주하는 것이므로 이는 어떤 의미에서 두 전통의 장점을 모두 포함하는 것이다. 그러나 나는 또한 나태를 특정한 종류의 슬픔으로 설명한 아퀴나스를 따라 그레고리오 1세의 슬픔을 나태로 대체한다.[47] 따라서 본서에서 사용하는 일곱 가지 목록에는 허영과 함께 시기, 나태, 탐욕, 분노, 탐식, 정욕, 그들의 뿌리인 교만이 포함된다.

다음 장부터 각각의 악덕을 자세히 다룰 것이므로 여기서는 개별적으로 자세히 설명하지 않겠다. 일단 우리가 여기서 유념해야 할 점은 7대 악덕의 목록이 근원적인 일곱 가지 미덕—믿음, 소망, 자비, 실천적 지혜, 정의, 용기, 절제—에 직접 상응하지 **않는다**는 것이다. 그럼에도 우리는 역사적으로 이 악덕들을 상반되는 미덕 목록과 짝지으려는 시도가 있었음을 관찰할 수 있다. 예를 들어 프루덴티우스의 『영혼 전쟁』(*Psychomachia*)에서는 분노가 인내로, 교만이 겸손으로, 정욕이 순결로써 극복된다.[48] 일곱 가지 미덕, 주의 기도의 일곱 가지 청원, 칠복, 일곱 가지의 육체적·영적 자비의 행위,[49] 성령의 일곱 가지 은사(사 11:1-3) 등을 포함하는 더 광범위한 "일

---

47 비록 에바그리오스와 카시아누스가 이 두 가지를 모두 포함시켰지만, 그레고리오 1세의 목록에는 나태가 아닌 슬픔(*tristitia*)이 포함되어 있다. 아퀴나스의 목록에는 슬픔이 아닌 나태가 포함되어 있지만, 그는 나태를 일종의 "슬픔"으로 정의하고 있다. 특히 다음을 보라. 5장 "나태(아케디아)" 각주 17-18.

48 4세기에 쓰인 것으로 추정되는 프루덴티우스의 *Psychomachia*는 기독교의 미덕과 로마의 군사주의적 이상을 혼합한 흥미로운 책이다. 또는 에바그리오스가 *Praktikos*에서 제안한 것처럼 영적 조언자들은 미덕이 아닌 금식, 시편, 기도, 철야와 같은 영성 훈련으로 악덕에 저항할 것을 권면했을 수도 있다. 그의 저서 *Antirhetikkus*(현대 제목: 반박하기[*Talking Back*])는 그리스도께서 광야에서 유혹을 받으셨을 때 보여주신 모범을 따라 악마가 "제안"을 할 때 "반박"하는 데 사용할 수 있는 성경의 말씀을 제시한다.

49 일곱 가지 육체적인 자비의 행위는 굶주린 자를 먹이고, 목마른 자에게 마실 것을 주고, 헐벗

곱"체계가 폭넓게 표준화된 것을 고려하면 우리는 7대 악덕으로 전환된 이유를 쉽게 알 수 있다.

이와는 대조적으로 아퀴나스는 『신학대전』에서 각각의 미덕을 각각의 악덕과 대조하는 아리스토텔레스의 패턴을 따른다. 그의 주장에 따르면 모든 미덕은 양극단에 있는 두 가지 상반되는 악덕 사이의 연속 선상에 있다.[50] 예를 들어 관용은 베푸는 것을 좋아하고 돈에 대한 집착으로부터 적절한 자유를 누리는 것을 특징으로 하는 미덕이다. 한쪽 극단인 탐욕이나 인색함은 돈에 대한 **과잉** 집착으로, 필요한 사람에게 돈을 나눠주기보다는 자신을 위해 돈을 쌓아두는 것을 말한다. 다른 극단에는 **결핍**의 악덕─낭비─이 있는데, 이는 돈에 대한 애착이 부족하여 부주의하게 허비하는 습관을 일컫는다. 따라서 미덕은 이 두 양극단 사이의 어딘가에 있으며, 철학자들은 (아리스토텔레스를 따라) 이를 "중용"이라고 부른다. 아퀴나스가 그의 『신학대전』을 일곱 가지 미덕을 중심으로 구성하고, 그 구조가 일곱 가지 이상의 상반되는 악덕을 필요로 하므로 그가 전통적인 일곱 가지 미덕의 순서 또는 중요성을 크게 인식하기는 어려운 측면이 있다. 그러나 『악에 대한 논쟁적 질문들』(*Disputed Questions on Evil*)에서 그는 그레고리오 1세의

은 자를 입히고, 나그네에게 거처를 제공하고, 병든 자를 방문하고, 투옥된 자를 방문하고, 죽은 자를 매장하는 것이다. 일곱 가지 영적 자비 행위는 무지한 사람을 가르치고, 의심하는 사람에게 조언하고, 죄인을 훈계하고, 우리에게 잘못을 저지른 사람을 오래 참으며, 죄를 용서하고, 고통 받는 사람을 위로하고, 산 자와 죽은 자를 위해 기도하는 것이다.

50 신학적 덕목(믿음, 소망, 사랑)은 여기서 예외인데, 그 이유는 아퀴나스가 하나님을 지나치게 믿거나 소망하거나 사랑하는 것은 있을 수 없다고 주장했기 때문이다.

목록과 순서를 모두 채택하고, 각 악덕을 특정 미덕과 대조시키지 않았다.⁵¹ 예를 들어 이 저서에서 탐욕은 (방금 설명했듯이) 관용의 미덕과 대조되지 않고 정의에 반하는 죄로 간주된다.

이 악덕 목록(과 이와 짝을 이루는 미덕들)이 영적 조언과 영성 형성이라는 실천적 경험에 그 뿌리를 두고 있음을 고려하면 이 목록이 보다 체계적으로 정리되거나 표준화되어 있지 않다는 사실에 놀랄 필요는 없다. 이러한 역사는 일곱 개의 목록을 공식으로 만들거나 체계적으로 접근하려는 후대의 시도가 왜 때로는 서로 불일치하거나 기존의 관행에 대한 창의적인 해석처럼 보이는지를 설명한다. 이러한 배경을 고려할 때 여전히 더 설명이 필요한 부분은 이 목록이 왜, 그리고 어떻게 그토록 오랫동안 놀라운 힘을 발휘했느냐는 것이다.

매혹적인 악덕들: 그릇된 행복 추구

아퀴나스는 『신학대전』에서 각 악덕을 추구할 경우 어떤 선이 위태롭게 되는지를 명확하게 밝힌다. 그가 7대 악덕과 관련지은 미덕을 살펴보면 다음과 같은 결론을 얻을 수 있다. 자비는 하나님과 이웃에 대한 사랑인 반면, 나태와 시기는 이에 저항하고 이를 약화한다. 정의와 관용은 돈, 소유물, 안

---

51 Thomas Aquinas, *Disputed Questions on Evil*, trans. Richard Regan, ed. Brian Davies (New York: Oxford University Press, 2003).

전에 관심을 갖는 반면, 탐욕은 이를 지나치게 갈망하고 추구한다. 아량은 명예와 존경을 중시하는 반면, 허영은 이를 그릇된 방식으로 추구한다. 절제는 먹는 것과 마시는 행위와 성행위와 관련된 쾌락을 겨냥한 반면, 정욕과 탐식은 각각 나름의 방식으로 이러한 것들을 더 많이 그리고 즉각적인 자기만족을 위해 추구한다. 다시 말해 세 가지 큰 유혹에 관해 설명한 리처드 포스터(Richard Foster)의 저서 『돈, 섹스, 권력』(Money, Sex, and Power)은 우리 대다수가 짓는 죄를 잘 요약하고 있다고 말할 수 있다.[52]

왜 이 일곱 가지가 악덕의 주된 원천이자 가장 열매를 많이 맺는 악덕으로 간주되는 것일까? 아퀴나스는 이 악덕들이 인간을 가장 유혹하는 것, 즉 우리가 가장 소유하고 싶어 하는 것들을 겨냥하기 때문이라고 설명한다.[53] 위에서 나열한 것들은 각각 인간의 성취감과 밀접한 연관이 있기 때문에 우리는 우리의 삶의 목표인 진정한 만족을 그것들로 대체하려는 유혹을 끊임없이 받는다. 이 악덕들은 우리가 흔히 "행복"이라고 부르는 인간 선의 충만함을 교묘하고 거짓되게 모방한다. 정욕은 쾌락을 제공하고, 탐욕은 자급자족을 약속하며, 시기심과 허영은 우리의 가치와 인정을 보장하고, 나태는 안락함으로 유혹의 손짓을 보내고, 분노는 통제력에 집착하게 하고, 교만은 지위, 우월성, 권력 제공이라는 유혹의 미끼를 던진다. 한 현대 작가의 말을 빌리자면 "중독의 가장 간단한 정의는 오직 하나님께만 귀속되는 우

---

[52] Richard Foster, *Money, Sex, and Power* (San Francisco: Harper & Row, 1985).
[53] *ST* I-II 84.3-4.

리 안의 빈자리를 채우기 위해 우리가 사용하는 모든 것이다."[54] 아우구스티누스도 그의 『고백록』(Confessions)에서 이렇게 성취감을 대체하는 죄의 패턴을 언급한다. "나의 죄는 내가 쾌락, 아름다움, 진리를 [하나님]이 아닌 나 자신과 그분의 다른 피조물에서 찾았다는 사실이며, 그렇게 찾았던 노력은 오히려 나를 고통과 혼란, 오류에 빠뜨렸다."[55]

악덕들은 행복을 아주 잘 모방하기 때문에 우리의 마음을 끌어당기는 상당한 매력을 가지고 있다. 그들이 약속하는 것들은 우리에게 참된 인간의 온전함과 매우 흡사해 보인다. 아우구스티누스가 말하듯이 "그럴듯하게 보이는 악덕들은 아름다움의 왜곡된 모습을 반영한다."[56] 그 악덕들은 스스로 만들어낸 만족감을 얻기 위한 쉬운 지름길과 비결을 제공한다. 우리가 비뚤어진 방식으로 악덕을 추구하는 것은 사랑과 우정, 물질적 공급과 안전, 인정과 칭찬, 편안함과 기쁨, 지위와 가치와 같은 선을 전부 우리 자신의 힘으로(그리고 종종 전부 우리 자신을 위해) 얻으려는 우리의 모습을 보여준다.

악덕들이 우리의 인격을 왜곡할 때 우리는 이러한 것들—사실 이것들

---

54 Barbara Brown Taylor, *Home by Another Way* (Cambridge, MA: Cowley, 1999), 67.
55 Augustine, *Confessions* 1.20, trans. R. L. Pine-Coffin (London: Penguin, 1961).
56 Augustine, *Confessions* 2.6, trans. Henry Chadwick (New York: Oxford University Press, 1991). "교만은 고상한 것을 모방합니다. 하지만 오직 당신만이 만물 위에 가장 높으신 하나님이십니다.…호기심은 지식에 대한 열심처럼 보입니다. 하지만 당신은 모든 것을 가장 잘 알고 계십니다.…게으름은 조용한 삶에 대한 갈망으로 보입니다. 하지만 주님을 떠나서 안식을 보장받을 수 있겠습니까? 사치는 풍요와 포만감이라고 불리기를 원합니다. 하지만 당신은 충만하시며 썩지 않는 기쁨의 영원한 보배이십니다.…탐욕은 많은 소유를 원합니다. 하지만 당신은 모든 것을 소유하고 계십니다. 시기심은 탁월함에 대해 다툼을 벌입니다. 하지만 당신보다 더 뛰어난 것이 무엇이겠습니까? 분노는 복수를 꿈꾸고 있습니다. 하지만 누가 당신보다 더 큰 정의로 복수하겠습니까?"

은 정말로 좋은 것들임—을 잘못된 방식으로, 잘못된 시간과 장소에서, 너무 과도하게 또는 더 가치 있는 다른 것을 희생시키면서까지 잘못된 방식으로 혹은 심지어 우상 숭배적인 방식으로 추구한다. 이것이 악덕을 사악하게 만든다. 우리의 가치는 우선순위가 어긋나 있다. 또는 아퀴나스가 사용한 아우구스티누스의 용어를 빌리자면 우리의 사랑은 "무질서"하다. 이러한 것들을 향한 우리의 욕망과 추구는 진정한 가치의 올바른 우선순위를 존중하지 않는다. 아이들이 파티에서 접시의 과자를 한 주먹씩 집어먹을 때 달콤한 과자를 먹는 즐거움에 대한 그들의 욕망은 다른 사람(또는 자신의 건강)에 대한 배려보다 우선한다. 쾌락에 대한 사랑이 이웃에 대한 사랑을 능가한다. 그러나 우리 대다수는 올바른 장소에서 적절하게 추구할 때 음식과 쾌락은 진정한 선임을 인정할 것이다. 어떤 직원이 동료들에게 자신을 멋지게 보이려고 자신의 업적을 과장한다면 그는 진실이나 신뢰보다 타인의 인정을 더 중시하는 것이다. 다른 사람을 존중하고 인정하는 것은 대인관계에서 진정한 선이다. 하지만 이를 달성하기 위해 기꺼이 다른 사람을 속이고 다른 선을 전복시키려 한다면 그것을 추구하는 행위는 잘못된 것이다.

아우구스티누스와 아퀴나스가 지적하듯이 궁극적으로 악덕은 우리의 창조주이신 하나님의 선하심 대신에 유한한 피조물을 추구하는 것을 말한다. 우리는 한없이 선하신 하나님과의 연합을 위해 지음 받았다. 작은 선이 만족을 주지 못하는 것은 당연하다. 이러한 역학관계는 왜 악덕이 우리를 과도한 욕망으로 자주 이끌어 가는지를 설명한다. 창조물이 우리를 만족시키지 못하면 우리는 계속해서 더 많은 것을 추구하게 된다. 그러나 좋은 것을 너무 많이 갖는 것도 우리에게 좋지 않다. 좋은 것을 잘못된 방식으로 추구하면 결국 죄가 발생한다. 그리고 죄가 쌓이면 우리의 인격도 뒤틀리고 일그러진다.

치명적인 7대 죄악에 대한 새로운 시각

역사의 온갖 우여곡절 끝에, 목록에 어떤 악덕을 포함하고 왜 그래야 하는지에 대한 논쟁과 악덕에 대한 종교적 개념과 비종교적 개념 간의 모든 논쟁을 거친 후에도 이 근원적인 일곱 가지 목록은 여전히 우리 곁에—대중문화와 학문적·목회적 맥락에—남아 있다. 인간의 상상력을 사로잡는 악덕의 지속적이고 변함없는 힘을 무엇으로 설명할 수 있을까? 사람들이 계속해서 이 악덕들에 매료되는 이유는 무엇일까?

    수년 전 내가 직접 경험한 나 자신의 소심함과 오늘날 내가 가르치는 학생들의 반응을 통해 확인한 나의 대답은 간단하다. 이 목록은 인간의 깊은 욕망의 일그러진 모습을 강력하게 표현하기 때문에 여전히 그 매력을 유지하고 있다. 우리는 우리 자신, 우리의 마음, 우리 자신의 깨어진 삶에서 이러한 악덕을 발견한다. 고대 철학의 여러 학파가 이해하고, 현대의 상담 치료 문화에서도 알고 있듯이 인간은 자신을 더 잘 이해하기를 갈망하는 것 같다. 우리는 더 현명하고 더 가치 있으며 더 평화롭게 살 수 있도록 우리를 이끄는 것이 무엇인지를 이해하기 원한다. "너 자신을 알라"는 델포

이의 비문에서 알 수 있듯이 고대 및 중세 철학자들은 윤리적 삶을 살기 위한 일환으로 이러한 형태의 자기 이해를 추구했다. 마찬가지로 도덕적·영적 자기 이해를 위한 탐구는 에바그리오스부터 아퀴나스에 이르는 기독교 사상가들의 사명에 동력을 불어넣었으며, 이들은 모두 "영혼을 돌보는 일"에 평생을 바쳤다.[57] 자아에 대한 현대인의 큰 관심은 때때로 더 피상적이거나 자기도취적일 수 있지만, 때로는 우리에게 무언가 더 깊은 문제가 있다는 막연한 느낌에 자극을 받아 과거에는 보지 못했던 우리 자신에 대한 무언가를 조명하려고 애쓴다. 그리고 그들은 여전히 표면적으로 이런저런 유형의 자기 계발을 지향한다. 이러한 인간의 기본적 본능이 편재해 있음을 고려할 때 악덕의 전통은 오늘날 우리 자신과 우리의 동기를 더 잘 이해할 수 있는 풍부하고도 유용한 틀을 제공한다.

우리 안에 존재하는 무질서에 대한 깊은 이해는 악덕의 전통과 역사를 되짚어봐야 할 또 하나의 이유를 제공한다. 이 목록은 하나님의 은혜에 의지하여 매일의 실천과 영적 진보를 이루었던 그리스도인 공동체에서 개발한 것이다. 그들은 악덕을 분별하고 이에 맞서 싸우는 것이 인간의 노력만으로는 전적으로 불가능하며, 이 목록은 개인주의적 자기계발 프로그램으로서도 성공할 수 없다는 것을 우리에게 가르쳐준다. 대신 우리가 악덕에 대한 연구를 통해 자기 이해를 추구하려면 예수 그리스도를 더욱 닮아가기 위해 함께 노력하는 은혜 충만하고 훈련된 신자들의 모임이 형성되어야 한

---

57   다음을 보라. Boyle, "Setting of the *Summa theologiae*," in Pope, *Ethics of Aquinas*, 2.

다. 카시아누스의 수도사들처럼 자기 이해는 이러한 방식으로, 그리고 이러한 목적을 위해 추구하는 것이 가장 바람직하다.

그들은 [자신들의 고난을] 거울처럼 바라보며 자신들이 괴로워하는 악덕의 원인과 그 해결책을 터득한 후, 미래의 시련이 닥치기 이전에 그것들을 어떻게 경계하고 직면하며 맞서 싸워야 하는지에 대해서도 가르침을 받게 될 것이다.
가장 숙련된 의사들은 현재의 병을 치료할 뿐만 아니라 예리한 전문 지식으로 미래의 질병에 맞서 적절한 처방과 특효약으로 그것들을 미리 예방하듯이 이 참된 영혼의 의사들도 천상의 의술과 같이 영혼의 회의를 통해 마음의 질병이 생겨나려 할 때 그것들이 젊은이들의 마음에서 자라지 못하게 하고, 그들을 위협하는 정욕의 원인과 건강을 얻는 수단을 그들에게 알려주어 그 질병들을 파괴한다.[58]

우리는 앞으로 일곱 장에 걸쳐 근원적인 악덕을 각각 차례로 살펴볼 것이며, 그 악덕에 대해 배우면서 우리 자신에 대해서도 배울 수 있을 것으로 기대한다. 가장 이상적으로 바라는 바는 우리가 기독교 전통이 제공한 거울을 통해 우리 자신의 인격을 살펴봄으로써 카시아누스가 의도한 대로 영성형성에 진보를 이루고 하나님의 은혜를 힘입어 악덕에서 벗어나 더 큰 미덕을 향해 나아가는 것이다.

---

58 Cassian, *Institutes* 11.17.

더 깊이 성찰하기

1. 우리의 희망과 꿈뿐만 아니라 가장 강렬한 감정(특히 두려움, 실망, 슬픔, 분노, 절망과 같은 강렬한 부정적 감정)에 대해 성찰하는 것은 우리의 과도한 애착을 발견해낼 수 있는 좋은 방법이다. 이 테스트를 자신의 악덕과 교만의 양상을 진단하는 도구로 사용해보라. 당신은 행복을 대체하는 것으로 어떤 좋은 것에 시선을 돌리는가?

2. 당신의 공동체나 문화가 어떤 악덕(들)을 가장 많이 조장한다고 생각하는가? 이 경우, 당신은 이러한 것이 당신이 개인적으로 이 악덕과 싸우는 것을 더 힘들게 만든다고 생각하는가? 그 악덕에 저항할 수 있도록 당신을 돕는 당신의 다른 롤 모델이 있는가?

3. 각 악덕을 잘 보여주는 영화, 소설, TV 프로그램, 광고 또는 노래를 찾아보라. 어떤 사례를 찾기가 가장 쉬웠나? 하루 또는 일주일 동안 이러한 무질서한 사랑의 패턴이 널리 퍼져 있는 것에 대해 경각심을 가져보라. 그것은 어떤 열매를 맺고 있는가?

추가로 읽을 만한 자료

Henri Nouwen, *The Way of the Heart: Connecting with God through Prayer, Wisdom, and Silence* (New York: Seabury, 1981; repr., New York: Ballantine, 2003).

The Sayings of the Fathers: The Alphabetical Collection, trans. Benedicta Ward, SLG (Kalamazoo, MI: Cistercian Publications/Liturgical Press, 1975). 『사막 교부들의 금언』, 은성 역간.

The Glittering Vices

나는 인정받기를 갈망하고, 내가 종사하는 분야에서
온갖 시시한 훈장과 트로피를 받기 위해 필사적이며,
나는 이 세상에서 어느 유능한 청소부 아주머니보다도 쓸모가 적다.

개리슨 케일러, 「크리스천 센추리」

영광은 덧없지만 무명(無名)은 영원하다.

나폴레옹 보나파르트

현대 문화에서 허영이라는 악덕은 사람들에게 매우 인기를 얻고 있다. 미국의 모든 대기실에는 "멋진 사람들"을 숭배하는 잡지들이 진열되어 있다. 그들은 우리의 마음을 사로잡고, 우리는 그들에게 찬사를 보내며, 그들의 외모와 삶의 방식을 모방하기 위해 노력한다. 어린 시절부터 광고와 소셜미디어는 우리 안에 있는 허영이라는 욕망을 자극하고 조장한다. 우리는 TV를 보면서 멋진 패션과 음식을 접하고, 청소년들은 자신이 유명해지기 위해(그리고 이를 통해 기업 스폰서를 얻기 위해) 조회 수가 높은 YouTube 채널 갖기를 꿈꾸고, 성인들은 LinkedIn과 Facebook에 성공한 전문직 종사자로 보이기를 원하며 프로필 사진을 올린다. 그러나 허영은 교회에서도 나타난다. 예배 인도자와 목회자들은 다양한 문화적 배경을 가진 회중이 멋진 예배를 기대하며 찾아올 것을 우려하면서 스포트라이트를 받는 위치에 선다. 세간의 주목을 받는 공인들에게 (그리고 우리 역시 마찬가지로) 지지율에 걸맞은 이미지를 유지하는 것은 하나의 삶의 방식이자 존경받을 만한 일이다. 비록 우리가 셀카를 많이 찍진 않아도 록밴드 R.E.M.이 한때 "빛나고 행복한 사람"이라고 부른 그런 사람이 되고 싶어 하거나 그렇게 보이고 싶어 하는 우리 자신의 모습을 볼 수 있다.

내가 학생들에게 유명 인사들의 이름을 말해보라고 하면 그들은 순식간에 스무 명은 거뜬히 떠올릴 수 있다. 내가 그들에게 그들의 개인적인 영웅이 누구인지 말해보라고 하면 그들은 당황한 듯 침묵하다가 고민하듯 미간을 찌푸린다. 그들은 한참을 생각하다가 조부모님이나 부모님, 청소년 목회자나 멘토를 존경하거나 닮고 싶은 사람으로 꼽는다. 하지만 바로 옆 동네에서도 이 영웅들의 이름을 아는 사람은 아무도 없고, 그들이 전국 뉴스에 등장하여 화제가 된 적도 없다. 유명인의 명성과 우리의 개인적 영웅들이 받는 존경을 비교해보면 일반적으로 이 둘—실제 가치보다 훨씬 더 큰 영광을 누리는 사람들과 실제 가치가 그들이 누리는 영광보다 훨씬 더 큰 사람들—사이에는 엄청난 차이가 있다. 이 차이를 잘 생각해보면 허영이라는 악덕이 주목을 받는다.

우리는 잘 알려지고 호감을 얻고 대중의 인정과 박수를 받으려는 목표를 이루기 위해 유명해질 필요가 없다. 따라서 허영이라는 악덕과 맞서 싸우려면 관심과 찬사에 대한 욕구가 우리의 삶을 얼마나 지배하고 얼마나 그것에 피해를 줄 수 있는지에 대한 성찰이 필요하다.

허영의 다른 이름들

우리는 대부분 이 악덕을 금방 알아차릴 수 있다. 다소 옛스러운 이 용어(vainglory)를 한 번도 들어본 적이 없을 수도 있지만, 우리는 이 악덕을 고통스러울 정도로 친숙하게 느낄 수 있다. 허영은 타인의 인정과 칭찬을 지나치게 받으려는 무질서한 욕망을 말한다. 우리가 이러한 인정을 받든 못 받든 우리는 모두 우리 자신이나 우리의 업적에 대해 인정받으려는 열망이 어떤 것인지 잘 알고 있다. 우리 마음속 깊은 곳에서는 자신을 알리고 사람들의 인정을 받으며 또 이것을 공개적으로 인정받기를 갈망한다. 예를 들어 집에 틀어박혀서 전적으로 자녀만 돌보는 부모의 일상적인 수고, 해외에서 오랫동안 외롭게 사역을 신실하게 감당하는 선교사, 저명한 사업가나 정치 지도자의 보좌진 등을 생각해보라. 그들이 하는 일은 대부분 다른 사람들에게 보이지 않는다. 때로는 그것이 일로 여겨지지 않아서 "당신은 일을 하시나요, 아니면 그냥 집에서 아이들과 지내시나요?"라는 말을 듣는 경우도 있다. 그들은 자신이 하는 일이 중요하고 자신의 헌신이 가치 있다고 생각하지만, 그것을 인정하는 사람은 자신뿐이라고 느낀다. 그들이 하는 일이 눈에 보이지 않고 당연하게 여겨진다는 사실이 그들에게 고통으로 느껴진다는 것은 그들 자신도 누군가에게 보이고 싶고 인정받고 싶어 하는 인간의 욕구를 갖고 있다는 사실을 증언한다. 아이는 놀이터에서 부모에게 "나 좀 봐!"라고 외치고, 어떤 친구의 조용한 포옹은 그녀가 자기 생일을 기억해줘서 고맙다고 말하며, 교도소의 수감자는 자신의 이름을 기억해주고 불러주기를 갈망하고, 요양원 입소자는 자신의 이야기를 들어줄 방문객이 있을 때 얼굴이 밝아진다. 아퀴나스는 이러한 사례들을 보며 이렇게 말한다. "어떤 사람이 자신의 선함이 알려지기를 바라는 것은 자연스러운 욕구에 해당하는 것 같다." 뿐만 아니라 그는 "우리는 마땅히…다른 사람들을 기쁘게 하려는 욕망을 가질 수 있다"고 주장한다.[1] 그러나 이러한 욕망은 너무나 쉽게 왜곡된다. 윌리엄 이언 밀러(William Ian Miller)는 타인에 대한 아첨은 "마약과도 같고 중독성이 있다. 그것은 다른 사람에게 좋은 평가를 받고 싶고 자신도 스스로를 좋게 평가하려는 두 가지 절박하고 피할 수 없는 욕망을 먹이로 삼는다.…우리는 위조화폐를 기꺼이 진짜 돈으로 받고 싶어 할 정도로 너무나 인정받기를 원하고 또 그것을 필요로 한다."[2]

허영의 악덕에 사로잡히면 우리는 칭찬을 지나치게 바란다. 사실 우리가 마땅히 받을 자격이 있는지와 상관없이 그 칭찬을 모두 받아들일 것이다. 가정, 학교, 운동장, 직장, 심지어 교회까지도 허영에 대한 엄청난 유혹이 부족한 곳은 없어 보인다. 다른 한편으로는 초기 교회 교부들이 지적했듯이 우리는 미덕과 좋은 인격을 지녔을 때 특히 허영에 취약할 수 있다. 왜

---

1 Thomas Aquinas, *Disputed Questions on Evil* 9.1 ad 3과 9.2 ad 9, trans. Richard Regan, ed. Brian Davies (New York: Oxford University Press, 2003). 그는 다른 곳에서 우리 자신의 영광을 그 목적 자체로 추구해서는 안 된다고 지적한다(*ST* II-II 132.1 ad 3).

2 William Ian Miller, *Faking It* (New York: Cambridge University Press, 2003), 96-97.

냐하면 이 악덕은 우리의 미덕이 널리 알려질지 아니면 우리가 마땅히 인정받아야 할 가치가 다른 이들에게 간과될지를 두고 계속해서 우리를 끈질기게 괴롭히기 때문이다.

아우구스티누스는 그의 『고백록』(*Confessions*)에서 자신의 십 대 시절에 대한 유명한 이야기를 들려준다. 어느 날 밤 아우구스티누스와 몇몇 친구들은 할 일이 없어 빈둥거리고 있었다. 그들은 이웃집에서 맛있는 배를 훔치기로 마음먹었다. 그들은 배가 필요하지도 않았고 그것을 특별히 원하지도 않았기 때문에(결국에는 배를 모두 돼지에게 던져주었다) 단지 재미로 배를 훔친 것이다. 아우구스티누스는 나중에 자신의 죄를 뉘우치면서 무엇이 죄를 짓고 싶은 욕망을 불러일으켰는지 깊이 상고하게 된다. 아우구스티누스는 고백록의 중요한 부분에서 자기 혼자서는 결코 그런 짓을 하지 않았을 것이라고 말한다. 그는 친구들에게 깊은 인상을 심어주고 싶었다. 그는 "'가서 해보자'라는 말이 떨어지자마자" "부끄러운 일들을 아무렇지도 않게 저질렀다"고 고백한다.[3] 인정받고 싶은 욕망과 이에 상응하는 수치심에 대한 두려움이 아우구스티누스로 하여금 학교에서 뛰어난 성적을 거두고 뛰어난 수사학자가 되도록 이끈 원동력이었다. 그러나 그때도 그는 법정에서 하는 자신의 변론이 진실을 전달하거나 사활이 걸린 인간의 삶에 정의를 구현하는 데 관심을 두기보다는 박수갈채를 받을 만한 언변과 해박한

---

3   Augustine, *Confessions* 2.9, trans. Henry Chadwick (New York: Oxford University Press, 1991).

지식을 갖추었는지에 더 신경을 썼다.⁴

허영은 오늘날에도 이와 비슷한 양상을 띤다.⁵ 예를 들어 청중을 감동시키기 위해 자신이 한 일을 과장하거나 자신에 대한 이야기를 지어내지 않는 사람을 찾아보기란 어렵다. 또는 친구들에게 자신이 얼마나 재미있고 유쾌한 사람인지 보여주기 위해 다른 사람을 깎아내리는 이야기를 하거나 거짓 이야기를 재치 있게 들려줄 수도 있다. 또는 우리는 좋은 일을 하고 다른 사람들이 그것을 알아채기를 바란다(심지어 다른 사람들이 알아챌 것을 예상하기 **때문에** 좋은 일을 한다). 반대로 우리는 좋은 일을 했는데 다른 사람들이 알아차리지 **못해** 실망하기도 한다. 심지어 우리는 특정 집단으로부터 관심을 받고 싶어서 잘못을 저지르거나 불법을 행하거나 어리석은 행동을 할 수도 있다. 우리 중 대다수는 실제보다 더 나은 사람으로 보이거나 비판을 피하고자 습관적으로 진실을 과장하거나 축소한다. 우리 가운데 어떤 이들은 우리가 이룬 성과나 우리의 업무를 평가하는 이들로부터 인정을 받는 것을 지나치게 신경 쓰기 때문에 항상 걱정한다. 우리는 시시하고 하찮은 일에 평판을 쌓는 데 시간을 투자한다. 또는 우리는 어떤 좋은 일을 하고 관심을 받은 다음 멘토나 지지자 또는 모든 선하고 완전한 선물을 주시는 하나님께는 조금도 감사하지 않고 모든 것을 자신의 공으로 돌린다. 우리는 이러한 것들을 "허영"이란 이름으로 인식하지 못할 수 있는데, 사실 우리의

---

4   Augustine, *Confessions* 1.18.
5   모든 형태의 허영에서 "[나는] 내가 도덕적 실패자일 수 있다는 사실보다 사회적 실패자일 수 있다는 사실에 더 신경을 쓴다." 다음을 보라. Miller, *Faking It*, 3.

삶은 이러한 악덕을 단적으로 보여주는 대표적인 사례다.

허영과 그 악한 동류들

허영의 이러한 사례가 우리에게 친숙할 수 있지만, 허영이 다른 수많은 관련 악덕과 구별되는 현실을 어떻게 규정하는지 이해하지 못하면 우리는 허영과의 싸움을 제대로 진단할 수 없다. 그러니 먼저 약간의 정리를 해보자.

허영은 모든 악의 근원인 교만과 혼동하기 쉽다. 특히 이 두 가지 악덕은 치명적인 7대 죄악의 목록에서 한 자리를 놓고 경쟁하는 경우가 많기 때문에 하나로 결합되는 경향이 있다. 에바그리오스와 카시아누스는 교만과 허영을 그들의 여덟 가지 목록에서 중대한 악으로 간주했다. 나중에 그레고리오 1세와 토마스 아퀴나스는 허영을 7대 악덕의 공식 목록에 포함했지만, 이 일곱 가지를 이 모든 악덕의 궁극적인 원천인 교만에 두었다. 그러나 현대의 목록은 일반적으로 교만을 일곱 가지 목록에 포함시키고 허영은 언급조차 하지 않는다. 치명적인 7대 죄악을 다룬 "20/20"이라는 텔레비전 시리즈에서는 교만을 목록에 포함했지만, 이를 "허영심"(vanity)으로 정의하여 탁월함을 추구하는 욕망과 그 탁월함을 다른 이들에게 보여주고 싶은 욕망을 혼동하게 만들었다. "치명적인 7대 죄악"(*The Seven Deadly Sins*)이라는 보드게임은 "허영심"을 목록에 포함했는데, 이는 다소 혼란스럽게 이것을 (허영과 잘 부합하는) 최근의 성형수술 열풍 및 (전통적으로 교만과 관련된) 보라

색과 연관시킨다.⁶ 우리는 초기 기독교 전통을 따라 허영을 이 목록에 남겨두려 하는데, 이는 인간의 마음속에 존재하는 큰 유혹들 안에 명예와 영광, 인정과 칭찬을 받고 싶은 욕구를 포함하는 것이 타당해 보이기 때문이다.

우리는 또한 허영과 교만을 쉽게 혼동할 수 있는데, 이는 이 둘이 "영적인" 악덕―육적인 것보다는 영적인 것을 무질서한 사랑의 대상으로 하는 악덕―으로 간주되기 때문이다. 이것들의 사랑의 대상은 이것들이 서로 밀접하게 연관되어 있음을 암시한다. 교만은 탁월함 그 자체(즉 다른 이들보다 뛰어난 나의 탁월함)에 과도하게 관심을 두는 반면, 허영은 본질적으로 나의 탁월함을 **보여주거나** 드러내는 것에 관심을 둔다.⁷ 이 둘의 관계를 좀 더 복잡하게 만드는 것은 교만과 허영이 "혼합되어" 있는 경우로, 우리의 삶에서 이 악덕들이 가장 흔하게 나타나는 형태일 것이다. "미녀와 야수"(*Beauty and the Beast*)에서 가스통(Gaston)처럼, 설령 자신이 이 동네에서 가장 훌륭하거나 가장 잘난 사람이라고 생각하더라도, 우리도 우리의 탁월함이 (어쩌면 마을사람들이 동네 술집에서 부르는 흥겨운 노래 속에서) 인정받는 것을 원한다. 이것을 각 악덕의 경우와 따로 하나씩 대조해보자. 허영 없이 단지 교만하기만 한 사람은 자신이 다른 이들보다 훨씬 우월하다고 생각하기 때문에 그들에게 자신에 대한 좋은 의견을 구하는 것에는 관심이 없다. 『오만과 편견』

---

6   Kheper Games, Inc., 2003.
7   *ST* II-II 162.8 ad 2; 132.4. 허영에 사로잡힌 사람이나 그들의 청중이 탁월하다고 인식하거나 그렇게 간주하는 것은 실제로 탁월하지 않을 수 있다(*ST* II-II 132.3). 악덕은 특징적으로 우리 자신과 우리가 사랑하는 대상에 대한 우리의 시각을 왜곡한다.

(*Pride and Prejudice*)에서 초반에 등장하는, 고상한 척하는 다아시씨를 생각해 보라. 교만하지 않고 단지 허영심만 있는 사람은 조금이라도 더 주목받기 위해서라면 자신을 조금 더 낮추는 한이 있더라도 무엇이든 할 것이다. 『해리 포터와 비밀의 방』(*Harry Potter and the Chamber of Secrets*)에 나오는 길더로이 록하트(Gilderoy Lockhart) 교수의 화려하지만 날조된 저작들을 생각해보라. 하지만 우리 중 대다수는 이 두 악덕을 함께 지니고 있는 경우가 많다. 우리의 자녀가 탁월한 스포츠팀에 소속되어 있거나 우리 자신이 로드 자전거 레이스를 완주하면 SUV 차량의 뒷좌석 유리창에 인증 스티커를 붙이듯이 우리는 삶 속의 모험들을 사진으로 찍고 공유할 때 더 만족감을 느낀다. 더 일상적인 예로 우리는 직장에서 정말 생산적인 하루를 보냈지만 그것에 관해 이야기할 사람이 아무도 없을 때 종종 맥이 빠진다.

따라서 허영을 교만과 구분하는 기준은 "보여주기"를 좋아하는 마음이다. 교만한 사람들은 그 무엇보다도 우월한 지위를 원한다. 그들은 오직 마땅히 하나님께만 속한 위대함을 추구할 정도로 "최고"가 되는 것을 가치 있게 생각한다. 반면에 허영에 사로잡힌 사람들은 가장 많은 관심과 박수를 얻는 것이라면 무엇이든 추구하려 든다. 그것이 훌륭하고 그럴 만한 가치가 있든 없든 말이다. 교만은 순수하게 높은 지위에 대한 욕망이고, 허영은 인정, 평판, 찬사에 대한 욕망이다. 예를 들어 만약 우리가 어떤 뛰어난 재능과 자질을 가지고 있지만 그 재능과 자질을 계속 숨기고 살아야 한다면 교만한 사람은 그것에 솔깃해서 유혹을 받지만, 영광을 사랑하는 사람은 즉시 그 자리를 떠날 것이다. 허영을 사랑하는 사람의 목표는 다른 사람들의 주목을 받고, 사람들이 지나가며 자신에게 고개를 끄덕이고 흐뭇한 미소를 짓게 하는 것이다. 한계에 이르게 될 경우 허영은 우리의 실제 모습보다 평판(다른 이들이 우리를 어떻게 생각하는지)이 더 중요해진다. 허영에 사로잡힌 사람에게는 보이는 모습이 전부다.

"영광"은 우리에게 다소 어려운 단어일 수 있다. 일부 그리스도인들은 영광이란 마땅히 하나님께만 돌릴 수 있는 것으로 이해한다. 어떤 의미에서 보면 그들의 생각이 옳다. 왜냐하면 모든 선은 궁극적으로 그분 안에 그 근원을 두고 있기 때문이다. 그러나 기독교 전통에서 "영광"이라는 용어는 보다 광범위한 의미를 지니며, 사람들에게 드러나고 알려진 모든 선한 것을 의미한다. 아퀴나스에 따르면 영광은 단순히 선함이 드러난 것이다.[8] 예를 들어 시편 8편에서는 영광을 두 가지 의미, 즉 하나님께 속한 영광과 인간이 가진 영광의 의미로 사용한다. 일반적인 용법은 영광을 다른 피조물에도 부여한다. 우리는 미시간 호수의 아름다운 일몰이나 숨이 막힐 정도로 아름다운 산의 경치를 "영광스럽다"고 말한다. 운동선수의 업적이나 훌륭한 명연주자의 음악 공연처럼 인간의 뛰어난 재능과 자질도 영광스러울 수 있다. 넓은 의미에서 영광이란 겉으로 드러나서 그것이 사람들에게 보일 때 우리의 주목과 감탄을 불러일으키는 모든 선함을 의미한다.

아퀴나스의 설명에 따르면 영광은 명예와도 다르다.[9] 교만한 사람이

---

8   *ST* II-II 132.4. 영광에 대한 욕망이 죄인지에 대해서는 다음을 보라. *ST* II-II 132.1.
9   다음을 보라. *ST* II-II 130-32.

추구하는 탁월함에 대한 과도한 욕망은 처음에는 명예나 영광에 대한 과도한 욕망과 구별하기 어려울 수 있는데, 이는 우리의 일상적인 용법이 중첩되기 때문이다. 아퀴나스는 이 두 가지를 이렇게 구분한다. 탁월함(어떤 우수한 자질을 갖는 것)은 어떤 사람에게 명예(판단을 잘 하는 사람들로부터 받는 존경과 존중)를 얻을 수 있는 자격과 가치를 부여하고, 그 명예를 얻는 것의 자연스러운 결과는 영광인데, "사람이 명예와 찬사를 받기 좋아하는 이유는 그가 이것을 통해 다른 사람들에게 알려지는 어떤 명성을 얻는다고 생각하기 때문이다."[10] 당신이 육상선수로서 트랙 종목에서 뛰어난 성적을 거두어 모든 대회에서 우승하는 영예를 안았다고 상상해보라. 뉴스에서 그 이야기를 보도하고 당신의 사진을 실어 모든 사람이 당신을 알고 찬사를 보낸다고 상상해보라. 악덕은 우리 자신이 열심히 노력해서 정당하게 얻은 순수한 가치를 극단으로 몰고 갈 때 끼어든다.

하지만 이 세 가지 바람직한 것도 서로 구분될 수 있다. 명예를 갈망하는 이들은 허영에 사로잡힌 이들과 달리 **아무에게서나** 명예를 구하지 않고 필요한 안목이나 전문성을 갖춘 사람에게서 명예를 구한다. 흔히 진정한 탁월성을 알아볼 줄 아는 안목을 지닌 자부심이 강한 사람들과 같이 명예를 추구하는 이들은 종종 허영에 사로잡힌 이들보다 친구를 더 잘 사귀는 경향이 있으며, "적절한 사람들"로부터 명예와 존경을 받기를 원한다. 이러한 욕구가 지나치면 우리는 다른 것들, 즉 마땅히 추구해야 할 가치 있는

---

[10] ST II-II 132.4 ad 2.

선한 것들보다 명예를 더 추구한다. 성적이 우수한 학생은 교사, 내셔널 아너 소사이어티(National Honor Society) 또는 SAT를 관장하는 칼리지보드의 높은 평가를 중요하게 여기고 이를 얻기 위해 노력한다. 하지만 그는 명예를 자신이 받은 교육보다 더 중요하게 여겨서는 안 되며, 단순히 자신의 명성을 위해 높은 점수를 추구해서는 안 된다. 이와는 대조적으로 허영은 그저 아무한테서나 큰 박수를 받으려는 경향이 강하다. 허영은 교만과도 대조를 이룬다. 교만한 사람은 지금까지 제작된 쇼 중 최고의 쇼 감독이 되고 싶어 하고, 명예를 추구하는 사람은 특정 비평가 집단으로부터 감독으로서 자신의 작품을 인정받는 극찬을 원하지만, 영광을 사랑하는 사람은 시청률만 높일 수 있다면 새로운 차원의 충격적인 볼거리를 제공하기 위해 어떤 행동도 서슴지 않을 것이다. 탁월함도, 명예도, 영광도, 그 자체로 나쁜 것은 아니다. 그러나 이것들의 연관성을 살펴보면 다음과 같은 영적 위험이 도사리고 있음을 알 수 있다. 처음에는 올바른 이유에서 진정으로 좋은 것을 추구하던 우리의 초심이 시간이 지나면서 점점 더 왜곡되고 악화되어 결국 악덕으로 치달을 수 있다. 뛰어난 운동선수가 스테로이드를 사용하거나 뛰어난 학자나 목회자가 경력을 쌓기 위해 표절을 하는 것처럼 처음에는 선을 사랑하고 진심으로 노력하여 선한 것을 이루고자 노력했던 이들도 점점 압박감이 커질수록 허영을 향해 나아갈 수 있다. 그들은 자신에게 찬사를 보내며 지속적인 탁월함을 기대하는 대중의 기대에 부응하기가 점점 더 어렵다는 것을 알게 되고, 성공을 통해 꾸준히 인정받는 것에 집착하게 되면서 자신들이 이미 얻은 찬사를 쉽게 포기할 수 없다는 것도 깨닫게 된다. 이제 허영은 거짓을 통해 그들의 명성을 유지하도록 유혹한다.

허영에 사로잡힌 사람은 교만한 사람처럼 지나친 우수함을 원하거나 뛰어난 업적으로 지나친 명예를 추구하기보다는 주로 "탁월함을 **드러내 보이기**"를 추구한다. 즉 우리는 그 무엇보다도 잘 알려지고 널리 알려지기를 원한다. 이 허영(vainglory)이라는 악덕의 이름에는 "영광"(glory)이라는 단어가 적절하게 포함되어 있는데, 이는 영광스럽게 보이는 것이 이 악덕을 가진 이들이 추구하는 최종 목적이기 때문이다.[11] 모든 것이 보여주기 위함이다. 허영에 사로잡힌 이들은 주로 관심, 인정, 박수를 원하며, 될 수 있으면 모든 사람이 그것을 보기를 원한다.

영광 받을 가치가 있는 것은 무엇인가?

물론 허영은 영광을 추구하는 모든 행위가 아니라 그것이 무질서한 형태로 나타나는 경우를 가리킨다. 영광을 추구하는 것은 여러 측면에서 잘못된 방향으로 나아갈 수 있지만, "허영"이라는 명칭은 헛되거나 공허한 방식에 주목한다. 자칭 "명성 예술의 대가"인 레이디 가가(Lady Gaga)는 그녀의 초기 앨범 "더 페임"(*The Fame*)의 "파파라치", "스타스트럭" 등의 곡을 통해 명성과 그 부작용을 패러디하고, 심지어 정교한 의상을 입고 공개석상에 나타난 자신의 모습을 통해 현대의 과도함을 보여준다. 유명 연예인들

---

11   *ST* II-II 132; Aquinas, *On Evil* 9.

은 진정한 재능뿐만 아니라 시상식의 레드카펫 행사를 통해 영광을 구하고 얻으며, 미디어는 이를 극도로 상세하게 보도한다. 경기장에서는 경기 시작과 함께 불꽃놀이와 깃발을 흔드는 행위로 선수들을 환영한다. 가까운 예를 들자면 사람들은 푸르른 잔디밭, 새 드레스나 정장의 세련된 디자인, 부엌의 청결함, 성공적인 다이어트, 사회적 지위를 나타내는 소유물, (검소함을 미덕으로 내세우는 우리 동네에서는) 비용 절감 쿠폰의 효과적인 사용 등 매우 일상적인 것에서 영광을 맛본다. 우리는 편안함과 기능성을 보고 우리의 옷을 선택하는가, 아니면 종종 편안함과 기능성을 희생하면서까지 타인의 관심과 인정을 받을 수 있는 멋진 스타일의 옷을 선택하는가? 좀 더 심각하게 말하자면 때로 우리는 "성공할 때까지 가장하고"싶은 건 아닌가? 유명인들은 차치하더라도 우리 자신을 가장하고 속이는 행위는 스스로 감당하기 어려운 집, 화려한 이력서, 훨씬 젊어 보이게 염색하는 것 등을 가리킬 수 있다.

남들에게 좋게 보이기를 바라는 욕망에 휩싸여 허영으로 가득한 이들이 등한시하는 질문은 다음과 같다. 과연 이것들은 정말 얼마나 중요한가? 우리는 감동을 주기 위해 얼마나 더 노력해야 하는가? 우리는 누구의 인정을 가장 받고 싶어 하고, 그 이유는 무엇인가?

영화 "위대한 쇼맨"(*The Greatest Showman*)에서 P. T. 바넘은 명성의 유혹이 사라진 이후 인생의 잔해 속에 무엇이 남는지를 가슴 아프게 생각해 본다. 너무 오랜 세월을 영광을 좇아 살아온 그는 그것을 추구해온 삶의 어두운 면을 인정한다. 정신을 차리고 가족에게 돌아온 그는 "이제부터 이 눈은 불빛에 눈멀지 않을 것"이라고 약속한다.[12] 현대 서구 사회의 삶에서 화장품과 패션 산업은 허영이라는 우리의 약점을 이용해 매년 수십억 달러의 수익을 올리고 있다. 그러나 이 악덕은 여성들만 괴롭히는 것이 아니다. 값비싼 스포츠카의 소유로 자신을 정의하고, 중요한 직함을 가지고 돈 많이 버는 직업을 통해 얻게 된 명성을 즐기고, 아우구스티누스의 고백을 연상시키는 허세 가득한 남성들만의 탈의실 잡담으로 남자다움을 강화하려는 성향의 배후에도 바로 이 악덕이 자리한다.

내 또래 그룹에서 성적 모험을 자랑삼아 말하는 것을 들었을 때 나는 그들과 마찬가지로 부끄러운 행동에 대해 죄책감을 느끼지 않는 내 자신이 부끄러웠다. 그들은 더 공격적이고 더 방탕한 행동을 할수록 자부심을 가졌고, 그 행위에 담긴 욕망뿐만 아니라 그 행위가 불러일으키는 감탄에서 쾌락을 얻었다.… 나는 멸시당하지 않기 위해 더 깊은 악덕에 빠져들었고, 나의 타락한 동료들과 경쟁할 수 있는 행위를 내가 미처 해보지 못했을 경우에는 내가 전혀 하지 않은 일을 마치 한 것처럼 꾸며내곤 했는데, 이는 나의 순진함 때문에 동료들이 내 용기가 부족하다고 비웃지 못하게 하고, 내 순결을 열등함의 표시로 받아들이지 않게 하기 위해서였다.[13]

---

[12] "위대한 쇼맨"(*The Greatest Showman*)이라는 영화에서 Paul과 Benj Pasek이 부른 노래의 가사 "이제부터"(From Now On, Sony/ATV Music Publishing LLC, Kobalt Music Publishing Ltd., Fox Music, Inc., 2017).

[13] Augustine, *Confessions* 2.3.

과거 운동선수들의 위업에 대한 전형적인 설명이 사실보다 허구에 더 가깝게 느껴지는 이유는 무엇일까? 우리는 허영에 사로잡혀 실체는 없는 반쪽짜리 진실과 일시적인 최신 유행에 열광한다. 외모와 운동 능력은 나이가 들면서 금방 사라지고, 최신 유행의 패션은 이성을 무시한 제멋대로의 성격을 띠며, 직책은 허세 가득한 미사여구로 치장되어 있고, 완벽하게 꾸며진 깨끗한 집은 편안하고 안락한 주거 공간이 되지 못한다. 그런데도 허영에 사로잡힌 이들은 마치 자신의 가치와 행복이 거기에 달려 있기라도 한 듯이 이런 것들을 추구한다. 교묘한 마케팅으로 가득 찬 현대 사회의 광고 문화는 영광을 연료로 삼아 달리고 있으며, 그 매연을 마시며 달리도록 우리를 부추긴다. 잠시 한 발짝 물러서서 생각해보면 우리가 가지고 있지 않거나 별로 중요하지 않은 자질 때문에 다른 사람들에게 잘 보이기 위해 얼마나 많은 시간을 외모를 가꾸는 데 소비하고 있는지 당황스러울 수 있다.

오직 하나님께 영광을(*Soli Deo Gloria*)

아퀴나스는 허영과 반대되는 미덕을 "아량"(magnanimity)이라고 부르는데, 아량은 허영과 마찬가지로 현대인에게는 생소한 덕목이다.[14] 아량을 지닌

---

14   그것은 고대 그리스와 로마 문화에 잘 알려진 미덕이었다. 아퀴나스는 이 아리스토텔레스의 미덕을 크게 수정해야 했는데, 이는 모든 참되고 완전한 미덕이 오직 우리가 은혜로 받은 능력에 의존하기 때문이다(*ST* II-II 23.7). 다음도 보라. Jennifer Herdt, *Putting on Virtue: The Legacy of the Splendid Vices* (Chicago: University of Chicago Press, 2008), 3장.

이들은 감동적인 미덕의 행위를 실천하기 위해 힘써 노력하며, 이를 하나님께서 자신에게 주신 소명으로 여긴다. 그들이 이룬 성취는 진정으로 존경받아 마땅하며, 은혜 없이는 누구도 할 수 없는 일이기 때문에 우리로 하여금 하나님의 영광을 생각하게 만든다. 아량 있는 이들은 빛을 발하고, 하나님의 아름다움과 선하심으로 가득 차 있다.[15] 그들이 하는 일은 그러한 영광, 즉 그 사람과 그 사람의 행위보다 더욱 빛나는 영광에 주목하게 만든다. 우리는 이와 같은 놀라운 위대함을 목격할 때 말없이 감사하는 마음으로 인간의 행위 안에 현존하시는 하나님의 임재 안으로 인도함을 받는다. 빅토르 위고(Victor Hugo)의 『레미제라블』(Les Misérables)은 아량을 지닌 두 인물의 삶을 소개한다. 먼저 장발장(Jean Valjean)을 기꺼이 용서해준 주교와 그 은혜의 순간부터 희생적으로 다른 사람을 돌본 장발장은 우리에게 이러한 아량을 보여준다. 이러한 미덕의 행위는 공적으로든 사적으로든, 크든 작든, 헛된 영광이 아닌 진정한 경외심을 불러일으킨다. 아량 있는 행동은 세상 사람들이 보기에 대단한 것(예. 영웅적인 행동, 박애주의의 삶, 자비의 선물)일 수도 있고, 파파라치들이 의아해할 만한 것(예. 큰 고통이 만들어낸 은혜, 희생, 용서의 행위 또는 수태고지 때 마리아가 보여준 조용한 결단[눅 1:26-38 참조] 또는 "큰 사랑을 갖고 작은 일을 하라"는 마더 테레사의 유명한 조언)일 수도 있다. 아량의 미덕은 인간의 능력을 한계 이상으로 확장한다. 그것은 "산 위에 있는 동네가

---

[15] 비록 내가 여기서 충분한 지면을 할애하여 이 주장을 옹호할 수는 없지만, 아름다움과 영광은 서로 연관성이 있으나 동일하진 않다.

빛을 발하는"(마 5:14) 순간을 우리에게 허락하며, 그 안에서 우리는 여명처럼 어둠을 뚫고 나오는 은혜로운 순종과 샬롬을 엿볼 수 있다. 이에 반해 허영에 사로잡힌 이들은 사람의 이목을 끄는 인위적인 조명과 시트콤 시청자들의 박수갈채를 받기 위해 노력한다. 그들은 진정한 아량의 얄팍한 겉껍데기만 얻을 뿐이다. 허영은 우리에게 미덕이라는 실질적인 보상 대신 일시적인 도취감에 빠지게 한다.

허영과 아량을 대조하면 허영의 문제점을 더 명확히 알 수 있다. 영광 자체의 선함도, 탁월함과 명예 자체의 선함도 문제가 되지 않는다. 매년 우리 대학의 졸업식에서는 마지막 학생이 졸업장을 받아 들고 자리에 앉은 후 총장이 청중에게 졸업생들을 축하해 달라고 요청한다. 졸업생들을 둘러싼 학부모와 친구들은 환호성을 지르고, 관중석을 두드리고, 기립박수를 치며 우레와 같은 기쁨의 소리로 축하를 보낸다. 졸업생들은 우수한 성적을 거두기 위해 열심히 노력했다. 그들은 교수진으로부터 높은 점수와 인정을 받았으며, 4년을 마무리하는 시점에서 그들을 사랑하고 격려해준 교수진과 가족들은 많은 박수와 환호, 진심 어린 기쁨, 심지어 눈물을 흘리며 공개적으로 그들의 성취를 인정하며 기쁨을 만끽한다. 우리가 교만과 허영을 악덕이라고 부르는 이유는 그것이 우리가 선을 추구하는 노력을 방해하기 때문이다. 우리가 항로를 이탈하여 허영이라는 잘못된 방향으로 빠지는 이유는 인정과 찬사를 받고자 하는 인간의 욕구를 소유하고 있기 때문이 아니라, 이러한 욕구를 충족시키려는 과도하고 헛된 방식 때문이다. 영광 자체가 주된 문제가 아니라 영광을 추구하는 방법과 그 속에서 영광을 찾으려는 허영심이 문제다.

허영의 무질서함은 다른 많은 악덕과 마찬가지로 잘못된 대상에게 잘못된 방식으로 또는 잘못된 목적을 위해 영광을 갈망하는 데 있다. 하지만 이보다 더 심각한 문제는 우리가 한꺼번에 여러 가지 무질서한 방식으로 영광을 추구할 수 있다는 점이다.

첫 번째 범주, 즉 부적절한 것을 위해 영광을 추구하는 경우에 우리가 추구하는 영광은 "헛된 것들"에 초점에 맞추어지는데, 여기서 "헛된"은 문자 그대로 "영광의 공허"를 말한다. 허영에 사로잡힌 이들은 일반적으로 덧없는 것이나 피상적인 것—주로 큰 영광을 받을 만한 가치가 없는 것(예. 화려한 매니큐어나 멋진 머리 모양)이나 지금은 찬사를 받지만 영원한 관점에서 볼 때 큰 가치가 없는 것들(예. 좋은 직업이나 아이비리그 학위와 같은 사회적으로 존경받는 세속적인 것)—에 대한 인정과 찬사를 추구할 수 있다. 그들은 심지어 자신이 실제로 소유하지 않은 재능에 대한 영광을 추구할 수도 있다. 가짜 영광을 추구하는 것은 가장 공허한 형태의 영광의 추구임에 틀림없다. 왜냐하면 그 안에서 우리는 다름 아닌 선의 겉모습 또는 겉으로 위장된 선을 즐거워하기 때문이다. 때때로 우리는 (반역자, 추앙받는 마피아, 극도의 위험을 감수하는 이들과 같이) 악한 것으로 영광을 얻고자 한다. 권위에 반항함으로써 또래 친구들에게 신뢰를 쌓는 청소년이나 친구들에게 자신의 (실제 또는 꾸며낸) 성적 위업을 자랑한 아우구스티누스처럼 이러한 유형의 허영은 "악명 높은 허영"이라는 꼬리표를 충분히 얻을 수 있다. 우리가 헛된 영광을 추구하면 심지어 악한 것을 가지고도 잘못된 군중에게 올바른 종류의 신뢰를 얻을 수도 있다.

두 번째 범주—부적절한 방법으로 찬사를 구하는 경우—는 우리가 인정과 박수갈채를 간절히 원하기 때문에 다른 선한 것을 악용하거나 다른 사람을 오도해서라도 그것을 얻기 위해 무슨 일이든 할 수 있을 정도로 영광에 대한 욕구가 과도해지는 경우를 말한다. 예를 들어 불법적인 방법을 통해 영광을 얻거나 다른 사람을 속여 과분한 인정을 받으려고 할 수 있다. 우리의 욕망의 대상이 영광을 얻을 만한 가치가 있든 없든 우리가 그것을 추구하고 갈망하는 방식은 과도하고 그릇되고 무질서한 것이다. 이런 부류의 영광 추구 유형에는 동료들의 인정을 받기 위해 자신의 무능함을 상사의 탓으로 돌리는 직원이 포함될 수 있다. 또는 더 좋은 성적을 얻어 부모나 선생의 인정을 받기 위해 시험에서 부정행위를 하는 학생이 포함될 수도 있다. 흔히 데이트와 연애는 종종 사람의 인정과 자신의 매력을 높이는 대가로 진실을 값싸게 취급한다. 심지어 예배에서 진행되는 세련된 음악 공연도 예배처럼 위장하면 칭찬을 구하거나 평판을 쌓으려는 동기를 "은폐"할 수 있다. 우리가 **무엇을** 드리는지가 문제가 아니라 그것을 **어떻게** 드리는지가 문제일 경우에 허영은 우리의 여러 동기에 독을 섞어 교회와 그 밖의 모든 곳에서 우리를 진정성과 멀어지도록 유혹할 수 있다.[16]

또한 우리가 영광을 얻으려 하는 대상에게 문제가 발생하면 영광의 추

---

16   John D. Witvliet는 "The Mysteries of Liturgical Sincerity," *Worship* 92 (May 2018): 196-203에서 이러한 어려움에 대한 통찰력 있는 논의를 제공한다.

구도 왜곡된다. 비록 이 증상은 종종 처음 두 가지 유형에 해당하는 문제들을 알리는(그리고 그것과 겹치는) 경향이 있지만 말이다. 우리가 어떤 대상으로부터 인정과 박수를 받으려 하는지가 우리의 동기를 드러내는 단서를 제공한다. 예를 들어 오늘 하루의 업무 성과에 대해 칭찬 받은 것을 배우자와 공유하는 것은 지극히 당연한 일일 수 있지만, 소셜미디어에 수천 명의 다른 친구에게 자신의 성과나 칭찬받은 것의 목록을 자주 올린다면 그 동기가 의심스러울 수 있다. 카시아누스는 심지어 우리가 마음속으로 상상하는 가상의 청중을 대상으로도 연주하는 것이 가능하다고 말한다.[17] 따라서 대중의 시선을 피해 사막으로 떠난다고 해서 허영을 이겨낼 수 있다는 보장은 없다. 실제로 박수를 받을 수 있는 상황이 아니더라도 상상 속에서 박수를 만들어내어 재현하고 반복하지 못할 이유가 없지 않은가?

그러나 아퀴나스와 다른 이들에 따르면 최악의 허영은 우리의 선의 근원이신 하나님께 합당한 영광을 돌리지 못할 때 생겨난다.[18] 우리는 이것을 "헛된" 영광이라고 부를 수 있는데, 이는 이럴 때 우리가 잘못된 목적, 지향, 의도를 가지고 영광을 추구하기 때문이다. 이러한 부류의 영광 추구자들은 자신이 소유한 선의 궁극적인 원천이 자신이 아니며 그들은 단지 그것을 받는 수혜자이자 청지기로서 맡은 역할이 있다는 사실을 인식하지 못한다. 그들의 영광은 전적으로 자신의 것이 아니며 반드시 그들 자신을 넘어 하

---

17 Cassian, *The Institutes of the Cenobia and the Remedies for the Eight Principal Vices* 11.16, trans. Boniface Ramsey, OP, Ancient Christian Writers 58 (Mahwah, NJ: Newman, 2000).
18 *ST* II-II 132.3; Aquinas, *On Evil* 9.1.

나님께로 향해야 한다.

이 마지막 형태의 허영은 더 자세히 살펴볼 필요가 있는데, 이는 사람들이 진정으로 영광 받을 만한 일로 영광을 받으면서도 여전히 무질서한 욕망에 빠져 있는 것을 발견할 때 생겨나는 경향이 있기 때문이다. 게다가 카시아누스부터 아퀴나스에 이르기까지 모든 이들이 이러한 형태의 허영을 가장 도덕적으로 심각한 유형의 허영으로 꼽았다. 하나님께로부터 좋은 은사를 받아 다른 사람들에게 인정과 칭찬을 받을 때 허영에 사로잡힌 이들은 그 은사를 주신 분과 그 근원을 잊은 채 그 은사를 자랑하거나 하나님의 인정보다 다른 사람들의 인정과 칭찬을 더 기뻐한다. 예를 들어 아우구스티누스는 정말 뛰어난 지적 통찰력과 칭찬받을 만한 수사적 기술을 가지고 있었지만, 그가 이 재능을 사용한 방식은 하나님의 칭찬 대신 다른 이들(부모, 친구, 동료)의 인정을 얻고 싶은 그의 욕망을 드러낸다.[19] 아우구스티누스와 마찬가지로 우리도 이 세상의 지지율을 높이려는 욕망이 너무 강한 나머지 우리의 선택과 행동에서 그 은사를 만드시고 그 은사를 사용하게 하신 분을 무시하거나 업신여기는 결과를 가져온다.

아우구스티누스는 말년에 『하나님의 도성』(*The City of God*)을 집필하면서 로마인들의 참으로 경탄할 만한 행동 배후에 있는 궁극적인 무질서를 지적하기 위해 허영이라는 단어를 사용한다. 그는 "그들이 가장 열렬히 사랑한 것은 영광이고, 그들은 그것을 위해 살기를 원했으며, 그것을 위해 죽

---

19 Augustine, *Confessions* 2.

기를 주저하지 않았다"고 기록한다.[20] 로마인들의 고귀한 미덕 추구조차도 결국에는 허영의 희생양이 되었다. 로마인들이 미덕을 함양한 목적은 궁극적으로 자신의 명성을 높이고 지키기 위해서였다. 그들은 하나님의 영광이 아닌 자신의 영광을 위해 선함을 추구했다.[21] 사람들을 기쁘게 하는 대부분의 선한 행동과 마찬가지로 로마인들의 허영은 사람들이 더 큰 미덕을 위해 노력하도록 유도했다. 그러나 우리가 하나님을 인정하지 않고 그분의 영광을 가로채 자신에게 돌리든, 하나님의 인정보다 인간의 인정을 더 중시하든 그러한 영광을 추구하는 결과는 모두 헛된 것이다.

그러나 허영을 드러내는 모든 표현 속에는 어떤 수단을 동원해서라도 우리 자신이 영광을 얻고자 하는 욕망이 숨어 있다. 따라서 하나님이 우리에게 주신 참된 것들에 대해 하나님께 영광을 돌리지 않을 때 우리는 단순히 또 다른 유형의 허영이 아니라 **모든** 형태의 허영 이면에 있는 무질서를 마주하게 된다. 이러한 우리의 실패는 우리가 불의하고 배은망덕한 존재임을 보여주는데, 이는 우리의 선함을 드러내기에 너무 바빠서 그 선함의 근본적인 근원과 원천을 부정하거나 무시하기 때문이다. 은사를 찬양하는 행위는 마땅히 그 은사를 주신 분께 영광을 돌린다. 아우구스티누스는 이 진리를 부정하려는 이들과, 모든 선함이 그들을 하나님과 연결하는 여러 가지 방식을 인정하며 사는 이들을 다음과 같이 구분한 것으로 유명하다.

---

20 Augustine, *City of God* 5.12, trans. Marcus Dods (New York: Modern Library, 1950).
21 Augustine, *City of God* 14.28.

따라서 두 도성은 두 가지 사랑으로 이루어졌다. 지상의 사랑은 하나님을 경멸하기까지 자기를 사랑하고, 천상의 사랑은 자신을 경멸하기까지 하나님을 사랑한다. 한마디로 말하자면 전자는 자신을 영화롭게 하고, 후자는 주님을 영화롭게 한다. 전자는 [인간]에게 영광을 구하지만, 후자에게 가장 큰 영광은 양심의 증인이신 하나님이다. 전자는 자기의 영광을 위해 머리를 들지만, 후자는 하나님을 향해 "나의 영광이시요 나의 머리를 드시는 자"[시 3:3]라고 말한다.[22]

따라서 허영을 포기하려면 우리가 선을 추구하고, 종교 행위를 하고, 일터와 여가생활에서 일상적인 성취를 이룰 때 관심과 주목을 받을 수 있는 우리의 자리를 내려놓아야 한다. 처음부터 끝까지 우리는 이것은 "내가 한 일이 아니다"라는 것을 인정해야 한다. 요한 제바스티안 바흐(Johann Sebastian Bach)는 아름다운 음악을 작곡했을 뿐만 아니라 모든 악보에 **솔리 데오 글로리아**(하나님께만 영광)라고 쓴 것으로 유명하다. 우리의 은사와 다른 사람의 은사를 인정하고, 어디서든 발견하는 진정한 선함에 감사하며, 크고 작은 아름다움과 장엄함에 경탄하는 등 진정한 가치를 지닌 것을 찬양하는 모든 행위는 궁극적으로 우리를 다시 하나님께로 인도해야 한다.

자녀가 태어났을 때 우리가 보이는 전형적인 반응은 미덕을 드러내는 또 다른 예를 우리에게 제공한다. 부모는 아이가 태어난 직후에 깊은 감사의 물결에 휩싸이고 품에 안긴 작은 아이의 기적 같은 경이로움에 압도된

---

22 Augustine, *City of God* 14.28.

다. 이 얼마나 놀라운 선물인가! 이 얼마나 놀라운 축복인가? 우리는 적어도 그 순간만큼은 우리 자신을 완전히 잊고 눈물을 흘리며 감사하고 감격에 겨운 목소리로 영광의 찬양을 드릴 수 있다. 그때 그 순간의 마음가짐은 그 후 몇 년간 우리의 귓가에 허영의 속삭임이 들려오고, 우리 자녀의 수려한 외모가 우리의 공로라도 되는 듯이 그들의 잘생긴 모습의 사진(하지만 잘생기게 나온 사진들만)을 자랑하고 싶은 유혹을 받는 수많은 순간과 극명한 대조를 이룬다. 첫 번째 경우에는 아이의 놀랍도록 아름다운 선함이 우리의 관심을 모든 완벽한 선물을 허락하신 분께 집중시키는 반면, 두 번째 경우는 전략적으로 그 선물을 과시함으로써 우리 자신이 주목을 받게 한다. 이 예는 어떻게 허영이 우리로 하여금 창조된 선함을 모든 축복의 원천이신 하나님의 선물로 온전히 받아들이기보다는 우리의 시선을 우리 자신에게 집중시키고 선함에 대한 우리의 시야를 좁히는지를 잘 보여준다.

위선과 양파

예수는 산상수훈에서 허영과 정면 대결을 벌인다. 예수는 유명 인사들과 같은 쉬운 표적을 고르는 대신, 특히 종교적 허영을 경고하면서 이 악덕의 실체를 불편할 정도로 낱낱이 드러낸다. 직설적으로 말하자면 그는 **우리를 향해** 말씀하신다. 아퀴나스는 같은 주장을 하기 위해 요하네스 크리소스토모스의 말을 인용한다. "다른 악덕들은 마귀의 종들 안에 자신의 거처를 마런하지만, 허영은 심지어 그리스도의 종들 안에 거처를 마련한다."[23] 우리 가운데 다른 사람들에게 인정과 찬사를 받기 위해 실제보다 더 나은 그리스도인처럼 보이려는 유혹을 받아보지 않은 사람이 과연 있을까? 그리스도의 설교는 허영으로 가득한 교인들이 소중하게 여기는 이기적인 환상을 겨냥한다. "사람에게 보이려고 그들 앞에서 너희 의를 행하지 않도록 주의하라.…사람에게서 영광을 받으려고…사람에게 보이려고…중언부언하지 말라.…그들은 말을 많이 하여야 들으실 줄 생각하느니라"(마 6:1-2, 5, 7). 그리스도가 이 본문에서 분명히 말씀하듯이 이러한 종교 활동을 통해 얻을 수 있는 유일한 보상은 다른 사람들의 박수갈채뿐이다. 인간적인 영광과 칭찬을 갈망하며 적절한 부류의 청중들로부터 적절한 종류의 관심을 끌기 위한 헛된 행동으로 가득 찬 삶은 세상이 줄 수 있는 한순간의 박수갈채만을 가져다줄 뿐이다. 그러한 인정과 칭찬은 당신이 그들에게 좋은 것을 보여줄 수 있을 때까지만 유지된다.[24] 사막 교부 에바그리오스는 다음과 같이 조언한다.

> 사람들의 무가치한 존경을 받기 위해 당신의 수고를 팔지 말고, 하찮은 명성을 위해 장래의 영광을 넘겨주지 말라. 인간의 명성은 흙으로 돌아가고(참조. 시

---

23 *ST* II-II 132.2.
24 영국 작가 Terry Pratchett은 다음과 같이 말했다. "항상 기억하라.…당신의 대관식에서 박수를 보내는 군중은 당신이 참수당할 때 박수를 보내게 될 군중과 동일하다. 사람들은 보여주는 것을 좋아한다." Terry Pratchett, *Going Postal* (New York: HarperCollins, 2004), 302.

7:6), 그 명성은 땅에서 소멸하지만 미덕의 영광은 영원토록 남는다.²⁵

고행의 수고의 귀한 향료에 침묵의 봉인을 씌워 그것이 혀에 의해 풀려나 존경심에 의해 도둑맞지 않도록 하라.²⁶

특히 우리의 종교적 실천과 헌신에서 (전통적으로 허영에서 비롯된 악덕으로 여겨지는) 위선은 하나님의 거룩한 이름으로 진실성을 거짓된 명분이나 존경할 만한 평판과 맞바꾸는 것이다. 예수가 바리새인들에게 가장 가혹한 말을 한 것은 그들이 하나님을 진정으로 예배하는 마음보다 외적 경건을 준수하는 데 더 관심을 가졌기 때문이다. "화 있을진저, 외식하는 서기관들과 바리새인들이여! 회칠한 무덤 같으니 겉으로는 아름답게 보이나 그 안에는 죽은 사람의 뼈와 모든 더러운 것이 가득하도다. 이와 같이 너희도 겉으로는 사람에게 옳게 보이되 안으로는 외식과 불법이 가득하도다"(마 23:27-28).

위선은 허영에 사로잡힌 마음에서 자연스럽게 자라난다. 우리는 매주 예배에 알맞은 옷을 입기보다는 다른 사람들에게 잘 보이기 위한 옷을 입고 예배를 드리러 교회에 간다. 우리는 봉사할 때 진심으로 남들이 모르게 하기보다는 거짓된 겸손을 드러내기가 더 쉽다. 우리는 강력한 설교로 삶

---

25 Evagrius, *Eight Thoughts* 7.21, in *Evagrius of Pontus: The Greek Ascetic Corpus*, trans. and ed. Robert E. Sinkewicz (Oxford: Oxford University Press, 2003).
26 Evagrius, *Eulogios* 14, in Sinkewicz, *Evagrius of Pontus*.

을 변화시키는 목회자라는 우리의 명성을 소중히 여긴다. 아니 어쩌면 우리는 단순히 그런 "증인"이 될 수 없다는 사실을 한탄하면서 남몰래 그렇게 되기를 바랄 수도 있다.

나도 당신처럼 교회 안에서 우리 가족이 완벽해 보이기를 기도했지만, 모범적인 부모가 되고 싶다는 허영으로 가득한 나의 꿈은 쉽게 산산조각이 나고 말았고, 그것은 비단 교회 안에서만이 아니었다. 나의 (때로는 먼지와 얼룩으로 더럽혀진 제멋대로 행동하는 통제하기 어려운) 네 명의 어린 자녀들은 슈퍼마켓 계산대에서, 가족사진을 찍을 때, 심지어는 우리가 예배에 참석하기 위해 요란하게 걸음을 재촉하며 이동할 때(평소보다 유난히 지각한 날, 내가 차에 탄 모든 자녀에게 "얌전히 있어!"라고 화를 내며 소리를 지른 후) 계속해서 내가 어떤 인간인지 그 정체를 드러내게 만들었다. 이런 일들이 평범한 일상이긴 하지만 그렇게 공개적으로 창피를 당한 일은 나를 힘들고 괴롭게 만들었는데, 이는 허영에 사로잡힌 내 자존심이 "그리스도인"이라는 이미지와 꽤 괜찮은 엄마라는 명성에 좌우되었기 때문이다. 하지만 어쩌면 가면이 벗겨지는 데는 기이한 은혜가 있는 것 같다. (적어도 나는 갈등하는 다른 부모들을 더 따뜻한 마음으로 이해할 수 있게 되었다.)

우리는 이와 유사하게 직장 생활에서 위선적 태도를 보일 수 있는데, 어떤 이들은 다른 사람들보다 이것을 더 쉽게 잘 할 수도 있다. 어떤 만화에서는 사무실 회의에서 파이 차트를 들고 있는 한 과장이 "내가 발표하는 이 시점에서 나는 일관성에 대한 환상을 버리고 싶습니다"라고 인정하는 장면이 나온다.²⁷ 때로는 하나님이 우리를 직접 불러내신다. 에바그리오스는 작은 영적 이득을 얻은 후 "허영이라는 말을 타고 도시로 달려가 그 명성에 걸맞은 찬사를 아낌없이 받는" 사막 거주자를 위한 하나님의 징계를 묘사한다. 그는 이제 모든 사람이 보는 앞에서 이전에 극복했던 수치스러운 죄(주로 정욕)에 빠지는 굴욕을 당한다. 섬뜩할 정도로 친숙하게 들리지 않는가? 사람들의 관심을 독차지하는 모든 기독교 지도자에게 이 사막 교부가 주는 교훈은 우리가 다른 사람의 생각보다 겸손을 더 소중히 여기는 법을 배울 때까지 우리의 미덕을 다른 이들에게 어떻게 공유할지에 대해 신중해야 한다는 것이다.²⁸ 결국 당신의 명성이 세속적 성공 기준으로 평가되든 종교적 기준으로 평가되든, 당신의 자아상이 할리우드의 유명 인사가 되는 것에 달려 있든 거룩한 기독교 성인이 되는 것에 달려 있든, 칼리 사이먼(Carly Simon)은 우리 모두를 향해 이렇게 노래할지도 모른다. "당신은 허영심이 매우 강해요, 나는 분명히 이 [악덕]이 당신에 관한 것이라고 생각해요. 아닌가요?"²⁹

위선 외에도 기독교 전통은 자랑과 "새롭고 신기한 것에 대한 사랑"을 허영에서 파생된 악덕으로 꼽는다. 이 두 가지는 모두 사람들의 호의적인 관심과 이목을 끌기 위한 전형적인 수단이다. 자랑은 우리의 좋은 재능이

---

27   Bradford Veley (Cartoonstock, 2010).
28   Evagrius, *Eight Thoughts* 7.21.
29   Carly Simon, "You're So Vain" (Elektra Records, 1972). 아이러니하게도 이 노래는 큰 호평을 받았다.

나 자질을 말로 보여줌으로써 다른 사람의 관심과 인정을 직접 유도한다. 자랑하고, 자신을 실제보다 더 좋게 포장해서 말하고, 우리 자신에 대한 이야기로 대화를 지배하는 것은 다른 이들에게 우리의 우수성을 명백히 드러내는 행위다. 과시하는 것은 말로만 떠드는 것을 행동으로 보여주는 것이다. 인스타그램, 페이스북 등은 이러한 고대의 악덕을 그대로 드러내고 사생활을 홍보하는 새로운 장을 단순히 만들어낸 것에 불과하다. 우리의 문화는 자신이 만들고 자신이 직접 주연을 맡는 볼거리를 좋아한다.

허영의 또 다른 대표적인 파생 악덕인 "새롭고 신기한 것에 대한 사랑"은 인정과 박수를 받기 위해 최신의 가장 위대한 것을 소유하거나 행하는 익숙한 현상을 일컫는 중세 시대의 고풍스러운 이름이다. 현재 유행하는 유튜브 동영상, 최신 극한 스포츠의 묘기, "리플리의 믿거나 말거나"(*Ripley's Believe It or Not!*)에 나오는 모든 것, "새롭게 향상된!"이라는 문구로 우리의 시선을 사로잡는 모든 광고가 여기에 해당한다. 새롭고 신기한 것을 사랑한다는 것에는 최근 개봉한 인기 영화에 등장하는 새로운 장난감을 가지고 버스에 탄 아이가 되거나 친구들 중 제일 먼저 가장 인기 있는 이국적인 장소로 휴가를 떠나는 것도 포함된다. 사실 이 책이 출간될 무렵에는 이미 구식이 되어 버릴 이러한 현상의 예를 나열하는 것이 거의 불가능하게 느껴지는 것은 새롭고 신기한 것에 대한 우리의 사랑을 반증한다. (최신 아이폰에 대한 정보를 최신 상태로 유지하는 것만큼이나 어려운 일이다!) 예나 지금이나 다른 사람의 관심을 끌기 위해 새롭고 신기한 것을 사용하려는 욕구는 천 년 이상 전부터 그레고리오 1세가 진단했던 오래되고 진부한 허영의 게임을 그대로 답습하고 있다.

새롭고 신기한 것을 추구하는 것은 일반적으로 허영의 가벼운 증상에 속하지만, 더 심각한 증상도 자주 우리에게 위협을 가한다. 카시아누스와 교회의 다른 초기 교사들에 따르면 허영은 영적인 삶에서 진보하고 있는 그리스도인, 즉 특히 미덕을 갖춘 거룩한 그리스도인에게 문제가 된다. 우리가 더 많은 진보를 이루고 더 많은 미덕을 쌓을수록 다른 사람들이 이를 알아보고 존경할 수 있는 선함이 우리에게 더 많아진다. 그리고 우리에게 이러한 청중이 없으면 우리는 종종 기꺼이 스스로 청중의 역할을 한다. 카시아누스는 사막에서 고독하게 살던 두 수도사에 대한 재미있는 이야기를 우리에게 들려준다. 한 수도사가 다른 수도사를 면회하러 갔다가 독방에서 크게 말하는 소리를 들었다. 그는 형제 수도사가 어떤 시편을 그렇게 열정적으로 낭송하는지 궁금해하며 잠시 귀를 기울였다. 그러나 젊은 수도사는 허영에 가득한 환상에 빠져 가상의 회중을 향해 큰 소리로 권면하는 위대한 설교자의 역할을 연기하고 있었고, 회중은 그의 지혜에 열광하고 감탄하고 있었다. 방문한 수도사가 문을 두드리자 "위대한 설교자"는 "설교"를 멈추고 수줍은 목소리로 그가 얼마 전에 왔는지 물었다. 당황한 노(老) 수도사는 "축도 시간에 딱 맞춰서 왔다"고 대답했다. 에바그리오스도 이와 유사하게 우리가 자신의 위대한 미덕을 상상하면서 허영으로 가득한 자기만족에 빠지는 것에 대해 경계한다. "어떤 이는 성직에 대한 허황된 환상을 품고 그것에 관련된 일들을 온종일 생각하고, 아니면 어떤 이는 마치 치유의 은사가 당장 임할 것처럼 앞으로 일어날 기적을 미리 내다보고 치유될 사람들과 다른 수도사 형제들에게 받을 영광과 이집트 및 다른 외국에서 명성을 듣고 찾아올 외부인들의 선물에 대한 허황된 환상을 품는다."[30]

허영은 우리의 미덕이 그저 환상에 불과할 때만 공격하는 것이 아니다. 우리가 실제로 미덕을 쌓았을 때도 허영은 우리를 공격한다. 카시아누스는 심지어 "대적[마귀]과의 직접적인 전투에서 이길 수 없을 때에도 우리는 승리의 고상함에 의해 정복당한다"고 경고한다.[31] 신앙의 선배들은 이러한 허영이 양파와 같다고 경고한다. 당신이 한 겹의 허영심을 벗겨내면 바로 그 업적이 같은 악덕에 대한 또 다른 유혹의 빌미를 제공한다는 것을 깨닫는다.[32] 에바그리오스에 따르면 "허영에서 벗어나기란 어렵다. 왜냐하면 허영을 없애기 위해 당신이 하는 일이 오히려 새로운 허영의 원인이 되기 때문이다"[33] 어쩌면 우리의 유일한 위안은 눈물을 흘리며 계속 껍질을 벗겨야 하는 더 작은 양파를 마주하는 일일지도 모른다.

살아 있는 송영

사도 바울은 "'자랑하는 자는 주 안에서 자랑할지니라.' 옳다 인정함을 받는 자는 자기를 칭찬하는 자가 아니요 오직 주께서 칭찬하시는 자니라"라

---

30 Evagrius, *Eight Thoughts* 28.
31 Cassian, *Institutes* 11.6.
32 Cassian, *Institutes* 11.5.
33 Evagrius, *Praktikos* 7.30.

는 권면에서 예레미야를 인용한다(고후 10:17-18). 예수는 진정한 제자라면 하나님을 영화롭게 하는 열매를 맺는다고 말한다(요 15:8). 인간의 영광 대신 최우선으로 하나님의 인정과 칭찬을 구하는 것은 어떤 모습일까? 이것은 얼핏 보기보다 더 복잡한 문제일 수 있다.

예수는 산상수훈에서 제자들에게 그의 증인이 되라고 부르면서 다음과 같이 말한다. "너희는 세상의 빛이라. 산 위에 있는 동네가 숨겨지지 못할 것이요 사람이 등불을 켜서 말 아래에 두지 아니하고 등경 위에 두나니 이러므로 집 안 모든 사람에게 비치느니라. 이같이 너희 빛이 사람 앞에 비치게 하여 그들로 너희 착한 행실을 보고 하늘에 계신 너희 아버지께 영광을 돌리게 하라"(마 5:14-16). 그러나 불과 몇 구절 뒤에 예수는 다음과 같이 경고한다.

> 사람에게 보이려고 그들 앞에서 너희 의를 행하지 않도록 주의하라. 그리하지 아니하면 하늘에 계신 너희 아버지께 상을 받지 못하느니라. 그러므로 구제할 때에 외식하는 자가 사람에게서 영광을 받으려고 회당과 거리에서 하는 것 같이 너희 앞에 나팔을 불지 말라. 진실로 너희에게 이르노니 그들은 자기 상을 이미 받았느니라. 너는 구제할 때에 오른손이 하는 것을 왼손이 모르게 하여 네 구제함을 은밀하게 하라. 은밀한 중에 보시는 너의 아버지께서 갚으시리라 (6:1-4).

아우구스티누스가 로마인의 미덕을 언급한 논의에서 말했듯이 우리는 궁극적으로 미덕의 행위에 대한 찬사가 암묵적으로든 명시적으로든 우리 자신 너머를 향하게 해야 한다. 우리가 세상에 우리의 "빛"을 비출 때 우리는 우리 자신에게 스포트라이트를 비추는 것이 아니라 다른 사람들이 볼 수 있도록 우리의 선함의 근원을 밝히는 것이다.

우리의 무질서한 영광의 추구를 부추기는 것은 무엇일까? 허영의 뿌리를 살펴보면 우리가 왜 이 악덕에 이끌리는지에 대한 단서를 얻을 수 있다. 아마도 당신은 세간의 주목을 받는 것을 전혀 원치 않기 때문에 허영이 당신의 영적인 문제라고 생각하지 않을 수도 있다. 하지만 허영이 지닌 매력은 어떤 식으로든 우리 모두를 유혹할 수 있다. 심지어 대중의 이목을 피하는 것처럼 보이는 사람들조차도 말이다. 예를 들어 우리 대다수는 마음 속 깊이 자신이 인공조명과 약간의 추가 보정 없이는 결코 충분히 아름답게 빛을 발하지 못할 것이라고 확신한다. 어쩌면 우리는 진짜로 성공하지 못할까 봐 두려워서 성공한 척 허세를 부리고 있는지도 모른다. 허영은 두려움의 형태로 우리를 사로잡고 있다. 밀러(Miller)의 말을 빌리자면 우리는 "허세와 가식의 세계, 드러나는 것에 대한 불안, 진짜가 들통나기에는 너무 힘든 또 다른 가짜일지도 모른다는 두려움" 속에서 살고 있다.[34] 드러나는 것에 대한 우리의 두려움은 우리가 필요 이상의 통제력을 발휘하여 우리의 완벽한 마스크가 우리의 뚜렷한 결점이 공개적으로 드러나지 않도록 우리를 보호하는 방향으로 이끌 수 있다.

---

34   Miller, *Faking It*, 8.

허영은 거만한 형태로도 나타난다. 미덕을 추구하려면 종종 진정한 평화를 이루기 위해 세상이 말하는 성공과 행복을 포기해야 한다. 사람들에게 호감을 얻고, 존경받고, 인기를 얻는 것이 항상 단순함, 진실함, 선함과 일치하는 것은 아니다.[35] 허영은 종교적 형태로든 비종교적 형태로든 이러한 실제적인 것들을 얻는 지름길을 선호하는 이들을 섬긴다. 우리가 더 쉽게 명성을 얻을 수 있다면 굳이 실제로 경건한 사람이 되려고 노력하거나 어려움과 실패의 가능성과 마주할 이유가 있겠는가? 어쩌면 평판을 쌓는 데는 상당한 노력이 필요하지만 그 노력이 고통스럽지 않은 이유는, 그러한 노력이 우리가 스스로 만든 긍정의 수단에 편안하게 둘러싸여 우리 삶의 주인이 되게 하기 때문이다. 우리가 하나님께 영광을 돌리고 그분을 영원히 즐거워하는 삶에 헌신하려면[36] 겸손한 마음으로 통제권을 내려놓아야 하는데, 이는 우리 자신의 유익과 타인의 유익을 은사로 받아야 하기 때문이다. 사막 교부들이 폭로한 환상이 보여주듯이 우리는 하나님의 형상을 지닌 자들로 살려고 하기보다는(이것은 결코 인기 있는 것이 아님) 오히려 우리의 형상을 만들고 관리한다. 따라서 우리는 결국 교만, 즉 두려움이나 지나친 자신감으로 인해 자신의 행복을 통제하려는 욕구가 허영의 뿌리라는 사실에 놀랄 필요가 없다. 실제로, 그레고리오 1세는 허영을 교만의 "직계 자손"이라고 부른

---

35 다음을 보라. Richard Foster, *The Freedom of Simplicity: Finding Harmony in a Complex World*, rev. ed. (San Francisco: HarperSanFrancisco, 2005); Richard Foster, *Celebration of Discipline: The Path to Spiritual Growth*, anniversary ed. (San Francisco: HarperOne, 2018), 6장; Stanley Hauerwas, *The Character of Virtue* (Grand Rapids: Eerdmans, 2018), 125-33.
36 웨스트민스터 소요리문답 1번.

다.[37]

안타깝게도 허영은 우리를 다른 사람들과 멀리 떨어지게 하는 대가로 박수와 인정을 얻는다. 타인을 속이거나 아첨의 대상으로 삼거나 자신을 빛나게 하는 칙칙한 배경으로 삼거나 평판 쌓기의 유용한 도구로 삼을 때 그 관계는 발전할 수 없다. 인간관계는 물론 하나님과의 관계도 진실과 성실함의 맥락에서 성숙해진다. 교만한 바리새인이 아닌 세리가 용서를 받은 것은 그가 자신의 진정한 모습을 하나님께 드러내어 보여주었기 때문이다. 마찬가지로 가장 깊은 사랑은 데이트나 파티와 같이 가장 멋진 자신의 모습을 가장 멋지게 보이려는 관계가 아니라 결혼과 우정이라는 솔직담백한 관계 속에서 피어난다. 다른 사람과의 친교는 비용도 많이 들지만, 허영의 가장 큰 희생양이다. 이 허영이라는 악덕은 다른 죄와 마찬가지로 우리를 하나님 및 다른 이들과 사랑의 교제를 나누게 하기보다는 우리를 고립시킨다. 허영과 대조를 이루는 미덕으로는 진실함(integrity), 겸손, 감사가 있다. 이러한 미덕을 추구함으로써 우리는 우리 자신의 진정한 모습을 유지할 수 있다. 명성의 추구를 포기하면 우리는 큰 보상, 즉 자신을 진실하게 알리고 사랑받을 수 있는 기회를 얻는다.

아이러니하게도 다른 사람에게 깊은 인상을 남기고 박수갈채를 받는 기술은 자신을 과시하는 것만큼이나 자신을 조심스럽게 감추는 것을 요구한다. 다른 사람들로부터 찬사를 받으려면 우리는 그들에게 우리의 결점,

---

[37] *ST* II-II 132.4.

우리의 실패, 우리의 어두운 면을 보여줄 수 없다. 타인의 인정과 칭찬을 받으려면 거짓된 모습을 유지할 뿐만 아니라 우리에 대한 추악한 진실도 조심스럽게 감춰야 한다. 우리는 아침에 집을 나서기 전에 자신만만한 얼굴을 하고 슈퍼히어로의 의상을 입고 온종일 허점을 드러내지 않으며 가식적인 모습을 유지해야 한다. 이러한 전략으로 얻은 인정과 칭찬은 우리를 지치게 할 뿐만 아니라 취약하고 공허하게 만든다. 따라서 다른 사람들이 우리를 인정할 때 그들은 우리가 그들에게 보여주는 가면만을 인정하는 것이다. 온전하고 조건 없는 환대에 대한 인간의 깊은 욕구는 채워지지 않고 충족되지 않은 채로 남아 있다.

큰 악덕들은 모두 가장 깊은 곳에 있는 인간의 중요한 욕망을 충족시키는 척하면서 우리를 속이기 때문에 7대 악덕 목록에 올랐다. 허영은 다른 사람에게 자신이 온전히 알려지고—이름으로 알려지고, 우리가 진정 누구인지 알려지고—그렇게 사랑받고자 하는 인간의 진정한 욕구를 충족시키는 싸구려 대체품을 제공한다. 성경도 이러한 욕구를 인정한다.

> 야곱아! 너를 창조하신 여호와께서 지금 말씀하시느니라.
> 이스라엘아! 너를 지으신 이가 말씀하시느니라.
> 너는 두려워하지 말라. 내가 너를 구속하였고
> 내가 너를 지명하여 불렀나니
> 너는 내 것이라(사 43:1).

여호와여, 주께서 나를 살펴보셨으므로 나를 아시나이다.…

주께서 내 내장을 지으시며

나의 모태에서 나를 만드셨나이다(시 139:1, 13).

이 하나님의 말씀은 세상에서 인정받지 못하고 무시당하는 사람들, 자신의 선함이 간과되고 무시당하는 사람들,[38] 그리고 우리 모두에게 큰 위로가 된다. 하나님은 우리가 알려지고, 인정받고, 조건 없는 사랑으로 받아들여지기를 바라는 우리 마음속 깊이 존재하는 욕구를 이루어 주실 것을 약속하신다. 우리가 우리의 지지율을 높이기 위해 노력하기 이전에 하나님은 이미 우리가 필요로 하는 것을 은혜로 값없이 주셨다. 누가 이런 환대를 거절할 수 있겠는가? 그렇다면 이러한 선물을 거부하려는 성향은 어디서 비롯되는 것일까? 그 선물을 받는다는 것은 우리가 하나님의 명예와 영광의 기준에 따라 산다는 것을 의미하며, 세상 사람들의 눈에 괜찮아 보이는 우리의 모습을 포기해야 한다는 것을 아는 데서 비롯되는 것일까?

아우구스티누스는 그의 『고백록』에서 다음과 같이 추가 주장을 펼친다. 우리는 알려지고 사랑받기 위해 창조되었을 뿐만 아니라 우리의 창조주를 찬양하기 위해, 즉 하나님을 알고 그분을 사랑하기 위해 지음을 받았다. 스스로를 칭찬하거나 우리 자신에 대한 칭찬을 타인에게 구하며 자기

---

[38] 방치된 아이들, 장애로 인해 무시당하는 사람들, 인종차별과 성차별의 구조적 폐해는 인정과 긍정의 부족이 인간에게 미치는 피해를 잘 보여준다. 우리가 가진 선(그리고 우리의 능력과 재능)이 다른 사람들에게 잘 드러나지 않는 것은 고통스러운 일이며 이는 당연한 일이다.

안으로 시선을 돌리는 삶은 인간으로서의 성장과 발전을 저해한다. 하나님이 진정 누구신지, 그분이 우리를 얼마나 깊이 사랑하시는지를 알게 되면 우리 속에서 찬양과 경배가 솟구친다. 하나님을 사랑하면 우리는 그분께 영광을 돌리게 된다. 아우구스티누스는 다음과 같이 말한다.

"주여, 당신은 위대하시며 찬양을 받으실 만한 분이십니다"(시 47:2). "당신의 능력은 위대하시며 당신의 지혜는 측량할 수 없습니다"(시 146:5). 당신의 창조세계의 작은 조각인 [인간]은 당신을 찬양하기 원하며, "그들의 죽음을 몸에 짊어지고"(고후 4:10), 그들의 죄에 대한 증거와 당신께서 "교만한 자들을 대적하신다"(벧전 5:5)는 증거를 지니고 다닙니다. 그럼에도 당신을 찬양하는 것이 당신의 피조물의 작은 부분인 우리의 소망입니다. 당신은 당신 자신을 위해 우리를 창조하셨고, 우리의 마음은 당신 안에서 안식을 얻을 때까지 쉴 수 없기 때문에 당신은 우리가 당신을 찬양하는 것을 기뻐하도록 우리 마음을 움직이십니다.[39]

"[하나님의] 창조세계의 작은 조각"인 우리 자신을 맑은 눈으로 바라보면 세상의 평판에 대한 관심에서 벗어나 우리를 만드신 하나님께로 시선을 돌릴 수 있다. 우리는 그분을 반영하는 존재이기 때문에 선하고 존경받을 만

---

[39] Augustine, *Confessions* 1.1. 참고: 아우구스티누스가 인용한 시 146:5은 현대어 번역에서는 시 147:5이다.

한 가치가 있다.[40]

"말"에서 침묵으로

다른 사람이 우리를 어떻게 생각하는지에 관심을 갖기보다 하나님이 우리를 어떻게 생각하시는지에 더 관심을 갖고 산다는 것은 상상하기 어려울 수 있다. 허영은 우리에게 상당한 위력을 발휘한다. 허영의 위력을 드러내고 이에 대항하는 실천적 방법에는 어떤 것이 있을까?

어쩌면 지금까지 가장 이상한 목회적 조언으로서 사막 교부 마카리오스(에바그리오스의 영적 스승)는 한 젊은 수도사에게 공동묘지에 가서 죽은 자를 향해 저주와 찬사를 모두 외치라고 조언한 적이 있다. 이 수도사는 돌아와 자신은 성실히 임무를 수행했으며, 두 경우 모두 (당연히) 아무런 반응이 없었다고 보고했다. 그러자 마카리오스는 이 생생한 비유의 핵심을 전달하면서 수도사도 다른 사람의 욕설과 칭찬에 귀를 막고 죽은 자 같이 되어야 한다고 진지하게 말했다. 이 이야기는 우리에게 충격을 주기 위한 것이지만, 이 이야기를 통해 마카리오스는 자신의 영광에 대한 지나친 집착과 인간의 인정에 대한 욕구가 극도의 초연함이라는 조치가 필요할 만큼 과도해질 수 있다는 교훈을 주고자 했다. 물론 젊은 수도사는 여전히 스승 마카리

---

40 우리의 가치를 인정하는 것은 우리가 이룬 성취의 우수성을 인정하는 것과 구별되어야 한다. 나는 다음에서 "인정"과 "평가"의 차이에 대해 설명한다. *Vainglory: The Forgotten Vice* (Grand Rapids: Eerdmans, 2014), 23-24.

오스와 하나님의 말씀을 들어야 했기 때문에 그 이면에는 누구의 목소리에 귀를 기울이고 어떤 종류의 선을 추구해야 하는지를 배우는 훈련이 수반된다.

만약 당신이 묘비를 향해 소리치는 대신, 허영을 물리칠 수 있는 동일한 교훈을 진지하게 배우고 싶다면 이 두 가지 영성 훈련—침묵과 고독—이 새로운 삶으로 나아가는 길을 제시한다. 사막 교부의 조언을 따라 이 두 가지 훈련은 우리에게 초연함을 가르친다. 우리는 각각의 훈련을 다양한 방법으로 실천할 수 있다. 우리는 다른 사람들과 함께 또는 하나님 앞에서 혹은 둘 다 앞에서 침묵할 수 있다. 리처드 포스터(Richard Foster)는 우리가 자신에 대해 말하는 것을 멈춤으로써 우리의 삶과 행동이 스스로 말하게 할 것을 제안한다.[41] 그는 자신을 정당화하기 위해 대화에 끼어들거나 자신을 더 좋게 보이려고 어떤 상황을 선택적으로 묘사하지 말고 그저 가만히 있으라고 조언한다. 우리는 침묵을 통해 우리가 애타게 추구하는 인정 욕구—자신을 높이 평가하는 청중에게 잘 보이고 자신을 최고의 자리에 올려놓으려는 욕구—가 무엇인지 알아차릴 수 있다. 침묵 훈련을 규칙적으로 실천하면 지지율에 대한 지나친 의존에서 자연스럽게 벗어날 수 있다. 또한 이것은 우리 자신의 목소리를 포함한 수많은 비난의 목소리에서 벗어나는 쉼을 제공한다. 당신은 언제 마지막으로 조용한 곳에 머무르며 아무런

---

41 Foster, *Freedom of Simplicity*, 67-68, 118: "침묵하는 것이 아마도 자기애에 대처하는 가장 좋은 방법일 것이다."

역할이나 지켜야 할 평판도 없이 그저 하나님의 사랑의 현존 안에서 쉬며 그분의 말씀을 주의 깊게 들어보았는가?[42]

이와 유사하게 포스터는 고독의 훈련은 우리를 청중으로부터 벗어나게 함으로써 "찬사와 인정에 열광하는 욕구에서 우리를 해방한다"고 말한다.[43] 홀로 있으면 인정을 구할 기회도 차단되고 존경할 만한 자아상을 유지할 필요도 없어진다. 우리는 더 이상 최선을 다해 좋은 인상을 심어주거나 설득력 있는 연기를 계속 할 필요가 없다. 포스터는 "숨겨짐(hiddenness)이 필요할 때 나는 대중의 시선으로부터 자유로워진다"[44]고 말한다. 예수는 영적으로 건강한 사회성과 고독이라는 리듬을 모범으로 보여주셨다. 예수는 군중 속에서 가르치고 치유하는 사역을 했지만, 종종 고독한 장소로 물러나 기도함으로써 그 사역의 균형을 맞추셨다. 만약 당신의 직업이 정기적으로 대중 앞에 서거나 대중의 눈에 띄는 일이라면 예수의 모범이 특히 당신에게 유익할 것이다. 침묵과 고독은 다른 사람의 말을 경청할 수 있는 균형 잡힌 마음과 하나님의 음성에 조율된 귀를 선사한다. 이러한 긍정적인 실천은 성공하고 행복한 모습을 보여주는 우리의 자아를 향해 타인들이 누르는 "좋아요"를 우상으로 만들도록 유혹하는 세상에 저항하는 힘을 제공

---

42 다음을 보라. Ruth Haley Barton, *Invitation to Solitude and Silence* (Downers Grove, IL: InterVarsity, 2010); *Sacred Rhythms: Arranging Our Lives for Spiritual Transformation* (Downers Grove, IL: InterVarsity, 2006), 2장; Foster, *Celebration of Discipline*, chap. 7; and Henri Nouwen, *The Way of the Heart: Connecting with God through Prayer, Wisdom, and Silence* (New York: Seabury, 1981; repr., New York: Ballantine, 2003).
43 Foster, *Freedom of Simplicity*, 12.
44 Foster, *Freedom of Simplicity*, 108.

한다.

　이것을 자유로움으로 느끼기까지는 시간이 걸릴 수 있다. 우리의 삶에 올바른 균형을 맞추는 일은 무척 힘이 들지만, 우리의 소셜미디어가 입증하듯이 이것도 중독성이 있다. 집요하게 들려오는 허영의 목소리를 계속해서 차단하고 꺼버리는 규칙적인 습관이 우리에게 필요하다. 현재 상황에서 듣기 위해 침묵하고 가만히 있는 방법을 다시 배우는 일은 우리가 하는 일 가운데 가장 반문화적인 행동일 수 있다. 스포트라이트에서 벗어나 침묵과 고독의 습관을 기르는 일은 처음에는 외로움과 상실감을 느끼게 할 수도 있다. 하지만 이러한 훈련을 꾸준히 지속하면 우리가 공들여 만든 자기 이미지를 가꾸고 세상의 관심과 인정을 얻으려고 끊임없이 노력하는 수고에서 벗어날 수 있게 해준다. 이 훈련은 고요함 속에서 하나님이 들려주시는 사랑의 말씀을 받아들이고 그 말씀이 뿌리내리도록 하는 일에 우리를 초대한다.

　작은 실천으로부터 시작하기 바란다. 다른 사람이 나에게 비판적이라는 의구심이 들 때 하루 또는 일주일 동안 당신 자신을 변호하지 말고 당신의 행동이 직접 증명하게 하라. 거울을 전혀 보지 않는다거나 다른 사람에게 우리 모습에 관해 묻지 않는 것은 얼마나 어려울까? 우리 자신에 관한 대화, 즉 일과에 관한 이야기나 우리 자신의 버전으로 사건을 재구성하거나 우리의 감정을 재연하는 것을 과연 우리는 멈출 수 있을까? 우리는 직장과 다른 곳에서 익명으로 타인에게 봉사하는 것을 선택할 수 있을까? 심지어 이러한 사소한 노력조차도 우리가 타인의 눈에 비친 우리의 이미지를 개선하려고 날마다 얼마나 정신적으로 많은 노력과 에너지를 쏟는지 여실히 드러내 보여준다. 시간이 지나면 침묵과 고독의 훈련은 우리가 인정과 명성을 얻고자 하는 욕망 때문에 대화와 활동에 참여하는지 아니면 진정으로 유용하고 공유할 가치가 있는 무언가가 있기 때문에 대화에 참여하는지를 분별하는 데 도움을 준다.

타인의 인정을 받고자 하는 과도한 욕망은 우리에게 심각한 영향을 미칠 수 있다. 소설가 앤 라모트(Anne Lamott)는 글쓰기를 시작하는 그녀의 다소 파격적이면서도 약간은 불경스러운 의식에 대해 이야기한다. 그녀는 자신의 머릿속에 있는 모든 목소리—자신의 글에 대한 높은 기대와 혹독한 비판을 끊임없이 들려주는 긍정적인 목소리와 부정적인 목소리—를 작은 생쥐라고 상상한다. 그녀는 그 쥐들의 꼬리를 잡고 한 마리씩 커다란 유리병에 넣고 뚜껑을 꽉 닫아버린다. 그녀는 생쥐들이 옆에서 미친 듯이 앞발로 긁어대고 찍찍거리며 비명을 지르는 모습을 볼 순 있지만, 그 쥐들의 소리는 들을 수 없다. 그녀는 유리병을 옆으로 치워둔다. 그 목소리들이 잠잠해지고 시야에서 벗어났을 때 비로소 그녀는 자신이 쓰고 있는 소설 속 인물들의 목소리를 들을 수 있다.[45] 당신도 내면의 목소리와 외부의 목소리를 잠재우고 하나님이라는 청중 앞에서 사는 것을 더 쉽고 편안하게 느끼는가?

당신이 단순히 시간을 내기 싫어서가 아니라 침묵과 고독이 어렵다

---

[45] Anne Lamott, *Bird by Bird: Some Instructions on Writing and Life* (New York: Pantheon, 1994), 116. 『쓰기의 감각』, 웅진지식하우스 역간.

는 사실을 받아들이길 바란다. 우리 대다수는 자신에 대한 특정 이미지를 유지하는 데 많은 시간을 투자한다. 침묵의 훈련은 또한 정교한 자기 합리화와 어렵게 얻은 존경심을 포함하여 우리의 소중한 자아상을 하나님 앞에 내려놓는 것을 포함한다. 자의식을 가진 존재로서 우리가 자신의 행동을 성찰할 수 있다는 것은 허영이 가하는 압력이 외부에서뿐만 아니라 내부에서도 온다는 것을 의미한다. 사막 교부들이 경고했듯이 우리는 대중의 시야에서 멀어진 지 한참 지난 후에도 우리의 상상 속의 자아를 인정해 주는 내면의 가상의 청중을 만들려는 유혹이 기저에 남아 있음을 인식해야 한다. 하나님은 우리가 좋아하는 우리의 자아상도 포기할 것을 요구하신다. 하나님은 우리가 인정받을 만한 가치가 있다고 여기는 모든 것을 빼앗기더라도 여전히 우리 자신이 얼마나 사랑받는 존재인지를 알기 원하신다.

때때로 우리는 자신의 평판이 손상되거나 완전히 무너질 때까지 그것이 우리에게 얼마나 큰 의미가 있는지 미처 깨닫지 못한다. 당신은 암 치료를 받는 동안 모든 활동을 잠시 중단할 때까지는 당신이 유능한 전문가 혹은 현명한 부모로 알려지는 것을 얼마나 소중하게 여겼는지 미처 깨닫지 못할 수도 있다. 부상을 당하면 뛰어난 성과를 내는 운동선수의 이미지가 손상되기 때문에 당신은 부상을 당할까 노심초사할 수도 있다. 당신이 현재 실직 상태라면 "당신의 직업은 뭐예요?"라는 질문이 창피해 새로 만나는 사람과 대화하는 것을 회피하려 할 수도 있다. 만천하에 공개된 말썽꾸러기 자녀들이 저지른 일탈 때문에 완벽한 가정을 이루려는 당신의 꿈이 물거품이 되어 버린다면 과연 어떻겠는가? 40년 전에 저지른 범죄로 인해 다른 사람들이 가장 먼저 당신을 전과자로 인식한다면 과연 어떻겠는가?

이러한 모든 이유와 그 밖의 이유로 우리는 자신의 아름다운 이미지와 망가진 이미지를 모두 내려놓아야 한다. 모든 훈련의 배후에는 은혜가 있다. 규칙적으로 하나님의 임재 안에서 충분한 시간을 보내며 우리를 향한 그분의 말씀을 들으면 어떤 피상적인 재능과 특징으로 사람들에게 잘 알려지고 싶은 우리의 갈증은 사라지거나 완화된다. 또한 우리는 자신을 새롭게 바꾸거나 삶을 향상시키기 위해 끊임없이 고민하지 않고서도 얼마나 쉽고 평화로운 삶을 즐길 수 있는지 발견하게 된다. 연습을 하다 보면 허영이 우리에게 추구하라고 부추기는 대부분의 것들이 얼마나 공허하고 덧없는 것인지 더 쉽게 인식할 수 있다.

하지만 궁극적으로 허영은 그 뿌리부터 뽑아내야 하는데, 이는 허영을 키우고 자양분을 공급하는 원천인 교만을 끊어내는 것을 의미한다. 카시아누스는 "우리는…하나님을 위해 해야 할 일을 오히려 인간을 위해 행하기를 좋아함으로써 하나님께 잘못을 범하며, 하나님보다 인간을, 주님의 영광보다 세상의 영광을 더 좋아하는 것에 숨겨져 있는 것이 무엇인지 아시는 분께 유죄 판결을 받는다"고 말한다.[46]

교만과 허영은 행복에 대한 우리의 개념과 그것을 성취하는 우리의 능력을 우선시한다. 교만과 두려움에 사로잡힌 허영은 자아를 중심에 두고 우리의 가장 매력적인 모습에만 스포트라이트를 비추도록 요구한다. 허영

---

[46] Cassian, *Institutes* 11.19.

에 사로잡힌 우리는 대중에게 비추어지는 자신의 모습을 개선하고 통제하는 데 가장 많은 에너지를 쏟는다. 그러나 결국 자신의 평판을 관리하고 스스로 인정받으려는 노력은 고립, 거짓, 얄팍함, 자기중심적인 삶을 낳는다. 이러한 삶은 하나님의 조건 없는 인정에 뿌리를 둔 삶, 즉 "무겁게 우리를 짓누르는 타인의 생각의 짐을 내려놓고", 지치고 공허하게 만드는 "모든 사소하고 인간적인 자기 확대와 자기 홍보 시스템을 포기하는" 삶과 얼마나 대조적인가?[47] 본 장의 서두에 나오는 개리슨 케일러의 청소부 아주머니처럼 아마도 그런 삶이 세상의 관심과 박수를 받든 받지 못하든 실제로 세상에서 어느 정도 쓸모가 있을 것이다.

영광에 대한 무질서한 욕망에서 벗어나면 어디서든 좋은 것을 발견할 때 축하와 감사로 즐길 수 있는 자유를 얻게 된다. 이것을 **선한** 영광의 문화를 창조하는 것이라고 하자. 우리는 좋은 것을 하나님의 선물로 인식하고 다른 사람의 선함을 기쁘게 받아들임으로써 이 세상을 축복하고 그리스도의 몸을 세워나갈 수 있다. 아우구스티누스는 벗겨낼수록 더 많은 악덕의 층이 발견되는 허영의 양파 껍질을 벗겨내는 대신, 영광을 돌리는 선순환의 구조를 만들 것을 권면했다. 아우구스티누스는 자신이 설교하는 것(더 넓게는 우리가 은사를 사용하는 것)을 주님의 집에서 종으로 봉사하는 것에 비유했다. 우리 중 누구도 이 집의 주인이 아니다. 우리는 다른 사람들과 똑같

---

47 Foster, *Freedom of Simplicity*, 116-17.

이 한솥밥을 함께 나누어 먹는 청지기의 역할을 할 뿐이다.[48] 우리가 우리의 선함을 선물로 인정할 때, 그런 선물을 감사한 마음으로 다른 사람에게 베풀고 다른 사람의 선물을 받을 때, 우리가 모두 이렇게 잘 나눈 선물로 인해 감사를 드릴 때 하나님은 영광을 받으신다. 올바르게 기쁨을 나누고 서로를 격려하는 아름다운 미덕의 공동체는 그 자체로 아름다운 증인이 되어 하나님께 영광을 돌린다. 또한 선한 영광 돌리기를 실천한다는 것은 우리가 다른 사람들을 하나님의 선물로 여기고서 그들을 환대하고 축하하며 격려하고 축복하는 것을 의미한다. 어머니의 사랑스러운 포옹과 할아버지의 축복, 우리가 최고의 능력을 발휘할 것을 믿어주는 코치, 우리가 얼마나 사랑받는 존재인지 일깨워주는 멘토, 돌보미 또는 친구의 좋은 말 등 이 모든 것이 하나님께 선한 영광을 돌리는 모습이다. 우리의 인정이 하나님의 인정을 반영할 때 그것은 진정으로 우리 안에 있는 선함을 드러내 보여준다.[49]

일단 우리를 사로잡고 있는 허영을 인식하면 우리는 자신을 높이고 미화하는 습관을 더 나은 훈련 방식으로 대체할 수 있다. 헛된 허영의 손아귀에서 벗어나기 위한 씨름을 하면 우리는 인간에게 가장 절실하게 필요한 인정과 수용을 얻기 위해 하나님께로 나아갈 수 있다. 하나님의 인정 없이

48　Augustine, *Sermon* 339:1-4, in *The Works of Saint Augustine: A Translation for the 21st Century*, pt. 3, vol. 9, trans. Edmund Hill (Hyde Park, NY: New City Press, 1994), 279.
49　나의 저서를 보라. *Vainglory*, 101-6, 125-26. 여기서 나는 이 주제들을 상세하게 다룬다. 또한 나의 에세이를 보라. "The Promise and Pitfalls of Glory," in *The Cambridge Critical Guide to Aquinas's Disputed Questions on Evil*, ed. M. Dougherty (New York: Cambridge University Press, 2015).

는 결코 살 수 없는 존재인 우리가 하나님으로부터 인정받고 사랑받을 때 비로소 우리의 눈이 현란하고 화려한 것에 눈멀지 않을 것이다. 그럴 때 우리는 우리의 빛을 비추라는 하나님의 명령에 올바르게 귀 기울일 수 있다.

더 깊이 성찰하기

1. 당신은 아래의 허영의 범주 가운데 어떤 선한 것에서 영광을 추구했는지 생각해보라.

   a. 당신이 지니고 있는 것처럼 꾸민 자질, 외모 또는 행동

   b. 만물을 향한 영원하신 하나님의 계획 속에서 그다지 가치가 없는 자질, 외모 또는 행동

   c. 불친절하거나 부당하거나 비윤리적이거나 불법적이지만 사회적으로 가치를 인정받는 자질, 외모 또는 행동

   d. 하나님께서 주신 선물에 대해 감사하지 않고 사람들로부터 과도한 칭찬을 받았거나 자신의 명성을 높이는 데 사용한 참으로 좋은 자질

   당신은 어떤 형태의 허영에 가장 취약한가? 당신은 교만에 사로잡힌 허영(당신의 선함을 드러내려는 욕구)과 두려움에 사로잡힌 허영(자신의 결점을 은폐하려는 욕구) 중 어느 쪽에서 더 큰 동기부여를 받는가?

2. "아바 아가토(Abba Agatho)는 침묵을 배우기 위해 3년 동안 작은 조약돌을 입에

물고 다녔다고 한다."⁵⁰ 하루 또는 일주일 동안 조용히 침묵해보라. 당신의 의견이나 감정을 공유하지 말고 비판에도 반응하지 말라. 소셜미디어를 중단하는 것도 이 훈련에 도움이 될 수 있다. 대신 다른 사람의 말을 사랑스러운 마음으로 주의 깊게 경청하는 데 집중하라.

매일 당신의 경험을 일기에 적으라. 당신이 자기 강화, 이미지 개선, 평판 구축을 위해 타인과의 대화를 어떻게 사용하고 있는지에 대해 당신이 새롭게 배운 것은 무엇인가? 당신 자신을 표현하는 소통 방식은 어떤 면에서 건강하고 사랑스러운가?

3. (당신 자신에게나 다른 사람들에게 또는 심지어 창조세계에 주신) 하나님의 선물을 통해 순수한 기쁨과 찬양의 은혜를 경험했던 때를 떠올려보라. 이 경험이 어떤 면에서 선한 영광을 돌릴 수 있는 기회가 되었는가? 당신에게 가장 큰 격려가 되었던 사람이나 당신 안에 있는 은사와 선함을 발견한 사람은 누구였나?

추가로 읽을 만한 자료

Ruth Haley Barton, *Invitation to Solitude and Silence* (Downers Grove, IL: InterVarsity, 2010).

Rebecca K. DeYoung, *Vainglory: The Forgotten Vice* (Grand Rapids: Eerdmans, 2014). 『허영』, 두란노 역간.

50　*The Sayings of the Fathers*, in *Western Asceticism*, ed. Owen Chadwick, Library of Christian Classics 12 (Philadelphia, PA: Westminster, 1958), 49.

The Glittering Vices

모든 치명적인 죄 중에서 시기심만이 전혀 재미가 없다.

조셉 엡스타인, "질투"

18세기 빈을 배경으로 한 영화 "아마데우스"(*Amadeus*)는 궁정 작곡가 안토니오 살리에리(Antonio Salieri)와 그의 유명한 라이벌인 볼프강 아마데우스 모차르트(Wolfgang Amadeus Mozart)의 관계를 그린 작품이다.[1] 젊은 시절 살리에리는 음악적인 성공을 위해 하나님께 기도하면서 자신을 위대한 작곡가로 만들어 주신다면 자신의 헌신과 순결을 바치겠다고 약속한다. 모차르트가 놀라운 재능을 갖고 혜성과 같이 등장하면서 다른 모든 경쟁자를 압도하며 살리에리의 위대한 꿈을 무너뜨리자 살리에리는 분노했다. 어떻게 하나님이 저렇게 오만하고 천박한 어릿광대에게 놀라운 음악적 재능을 아낌없이 베풀어주실 수 있을까? 살리에리는 첫 만남부터 모차르트를 시기했고 모차르트가 죽은 후에도 오랫동안 그 시기심을 계속 키워나갔다. 노년의 살리에리는 여전히 위대함을 갈망하면서도 모차르트의 음악이 자신의

---

1   Milos Forman이 감독한 영화 "아마데우스"(1984; Burbank, CA: Warner Home Video, 1997), DVD.

음악보다 영원히 빛날 것임을 알고 있던 인물로서 매력적인 연구의 대상이다.

영화의 첫 장면에서 살리에리는 자신이 모차르트의 죽음에 연루되었다는 사실 때문에 죄책감에 시달리며 자살을 시도한다. 한 신부가 살리에리를 찾아가 그의 고해성사를 듣는데, 이 고해성사는 영화의 나머지 부분에서 다시 재연된다. 신부가 도착했을 때 노쇠한 살리에리는 휠체어에서 피아노를 연주하고 있다. 살리에리는 자신이 작곡가라고 밝히고 고해성사를 맡은 신부에게 음악교육을 받은 적이 있는지 묻는다. 신부는 어렸을 때 빈에서 음악을 조금 배운 적이 있다고 대답하고, 살리에리는 자신의 명성을 시험해볼 기회를 포착한다. 그는 자신이 작곡한 곡을 차례로 연주하며 듣는 사람이 그중 귀에 익숙한 곡을 찾아내기를 바란다. 살리에리는 "이 곡이 당대에 매우 인기 있었습니다"고 말한다. 신부는 고개를 저으며 자신이 그중에 한 곡도 알지 못한다는 사실에 당황하고 살리에리가 자신의 무지를 계속 드러내자 격분한다. 그러자 살리에리가 잠시 멈춘다. "잠깐만요!" 그가 눈을 반짝이며 말했다. "**이건** 어떻소?" 그는 경쾌하고 짧은 곡의 첫 소절을 연주한다. 신부는 거의 즉시 "네, 네, 이 곡은 알아요!"라고 말하며 살리에리가 건반에서 손을 뗀 후에도 계속 흥얼거린다. 그는 살리에리를 향해 미소를 지으며 매우 안도하는 표정을 짓는다. "오, 이 곡 좋네요! 정말 좋아요. 미안해요. 당신이 이 곡을 쓴 줄 몰랐습니다." 살리에리의 얼굴은 악의에 찬 표정으로 어두워지고 그의 눈은 가늘어진다. "내가 쓰지 않았소." 그가 대답한다. "**그건** 모차르트였소."

살리에리와 신부의 만남은 그가 스스로 인정할 수도 없고 그렇다고 벗어날 수도 없는 진실을 확인시켜줄 뿐이다. 하나님께서 모차르트에게 주신 재능은 언제나 자신의 재능을 능가한다는 진실 말이다. 그의 음악적 재능은 모차르트에 비하면 항상 이류, 2등일 수밖에 없다. 신부는 그를 위로하려 한다. "하나님이 보시기에는 모든 사람이 평등합니다." 살리에리는 회의적으로 미간을 찌푸린다. "정말 그렇습니까?" 모차르트와 경쟁 관계였던 그는 결코 그 말을 믿을 수 없었다.

"아마데우스"는 시기라는 악덕과 그 파괴적인 힘의 모습을 우리에게 보여준다. 우리는 왜 시기하는 것일까? 우리는 누구를 시기하는가? 그리고 시기심은 왜 그렇게 파괴적인 충동으로 이어질까? 시기심은 일반적으로 악의를 낳지만—그레고리오 1세는 증오를 시기의 파생 악덕으로 꼽는다—분명히 **자기** 파괴적이고 자기 경멸적인 측면도 있다. 빅토르 위고의 시에는 "시기심"과 "탐욕"이 상대방이 그 두 배를 받는 조건하에 각자 원하는 것을 받을 수 있는 기회가 주어졌을 때의 이야기가 나온다. 시기심은 "나는 한쪽 눈이 멀었으면 좋겠소"라고 대답했다.[2] 시기하는 사람은 다른 사람이 받은 좋은 선물이 자신의 선물보다 더 좋기 때문에 화가 난다. 시기하는 사람은 단지 상대방이 더 뛰어나기 때문에 씁쓸한 것이 아니라 상대방의 우월함이 자신의 부족함과 열등감을 더 극명하게 느끼게 해주기 때문에 화가 난다.

---

2 Victor Hugo, "Envy and Avarice," in *Selections, Chiefly Lyrical, from the Poetical Works of Victor Hugo* (London: George Bell & Sons, 1911), 4–6.

시기와 그의 추악한 동류들

먼저 여기서 말하는 엄밀한 의미의 시기심과 우리가 일상적으로 사용하는 시기심을 구분할 필요가 있는데, 이는 특히 일상의 언어에서 "시기"는 "질투", "탐욕", "욕심"과 같은 용어와 동의어로 취급되기 때문이다. 예를 들어 "당신이 이렇게 멋진 휴가를 다녀오다니 정말 질투가 나는군요!" 혹은 "당신이 운전하는 이 멋진 새 차가 부러워요. 어디서 샀나요? 나도 한 대 사고 싶어요."

시기와 탐심은 둘 다 다른 사람이 소유한 무언가를 갖고 싶은 것, 우리 자신에게 없는 것에 초점을 맞춘다. 시기하는 사람과 탐내는 사람은 "가지지 못한 자"다. 만약 단순히 욕심이 있는 사람이라면 상대방이 가진 것과 **비슷한 것**을 원하거나 어쩌면 상대방보다 조금 더 많은 것을 원할 것이며, "나도 그런 것 중의 하나를 갖고 싶다"고 말할 수 있을 것이다. 하지만 시기하는 사람과 탐내는 사람은 "나도 하나 갖고 싶다"라고 말하지 않는다. 그는 경쟁자가 가진 바로 그것을 원한다. "나는 **저 사람**이 가진 **바로 그것을** 갖고 싶다"고 말한다. 탐심이 있는 사람은 자신이 원하는 어떤 물건을 갖는 데 관심이 있다면, 시기하는 사람은 적어도 경쟁자가 그 물건을 가짐으로써 결과적으로 얻게 될 신분이나 좋은 평판에 관심을 갖는다. 탐심이 있는 사람은 해당 물건을 획득하는 것에 기쁨을 느끼는 반면, 시기하는 사람은 그 재화의 재분배가 자신과 자신의 경쟁자의 지위에 영향을 미치는 것에서 기쁨을 느낀다. 따라서 시기하는 사람은 자신이 갖지 못한 것을 경쟁자가 갖는 것을 보고 괴로워하거나 결과적으로 자신이 그것을 얻지 못하더라도 자신의 경쟁자가 그것을 빼앗기는 것을 보고 비뚤어진 만족감을 느낀다.

탐심은 욕심과 마찬가지로 소유물, 즉 우리가 **갖고 있거나 소유하고 있는** 것에 더 집중하는 경향이 있다. 성경에서 아합왕은 나봇의 포도원을 탐한다(왕상 21장).[3] 한편 시기심은 일반적으로 우리가 **누구인지**에 관심을 집중한다. 우리가 누군가를 시기할 때 상대방의 내적 자질, 즉 그 사람에게 가치, 명예, 신분 또는 지위를 부여하는 자질에 주목한다. 시기하는 사람이 외적인 것을 갈망한다면 그것은 그 물건이 그 소유자의 높은 지위나 위대함을 상징하거나 의미하기 때문이다. 예를 들어 BMW의 특정 모델의 주행 능력이 좋아서 BMW 750i를 갖기 원하는 자동차 마니아와 도요타 캠리를 새로 산 처남보다 더 우월감을 느끼기 위해 BMW를 산 이웃의 차이를 생각해보라. 우리가 시기심을 갖게 되는 것은 그 차 자체 때문이 아니라 그 차의 주인이 된다는 것이 그 사람이 누구인지를 대변해주기 때문이다. 우리가 도로변에 그 차를 세울 때 우리가 사람들로부터 받는 존경과 감탄이 이를 입증해주듯이 말이다.[4] 자신에게 적합한 자동차(또는 옷, 집, 직업)를 갖는

---

[3] 만약 우리가 사람을 재산처럼 소유할 수 있다는 악한 생각을 한다면 이러한 탐심은 사람을 탐하는 것으로까지 확대된다. 따라서 열 번째 계명에서는 이웃의 아내, 남종, 여종을 탐하는 것을 금지하고 있다.

[4] 예컨대 어떤 심리학 연구는 같은 남성이 평범한 일반 차가 아닌 고급 차 옆에 서 있을 때 여성들이 더 매력적으로 느낀다는 증거를 제시했다. 다음을 보라. Gad Saad, "Men: You're Only as Good-Looking as the Car That You're Driving," *Homo Consumericus* (blog), *Psychology Today*, December 6, 2010, https://www.psychologytoday.com/us/blog/homoconsumericus/201012/men-you-re-only-good-looking-the-car-you-re-driving.

것은 어떤 목적을 이루기 위한 수단이 되며, 우리의 개인적 가치에 관해 무언가 중요한 것을 알려주는 신호가 된다. 그 차가 없다는 것은 단순히 그 소유물이 없다는 것 이상을 의미하며, 더 중요하게는, 한 사람으로서 결점이나 결함이 있다는 것을 의미한다. 자신에게 부족한 것이 있기 때문에 시기하는 사람은 자신이 존경받고 사랑받을 가치가 덜 하다고 느낀다.

이처럼 시기심은 질투와 마찬가지로 사랑―사람들 간의 사랑과 우리 자신에 대한 사랑―과 관련이 있다. 비록 우리는 흔히 "질투"(jealousy)와 "시기"(envy)를 동의어로 사용하지만, 질투는 무언가를 사랑하고 소유하고 있다가 그 사랑하는 물건이나 사람을 빼앗길 수도 있다는 위협을 느끼는 상태를 의미한다는 점에서 차이가 있다. 예를 들어 신명기 5장에서 하나님은 질투심이 많은 분으로 묘사되는데, 이는 그의 백성들이 우상을 섬기면 하나님이 그들에게 요구하신 사랑을 잃어버릴 수 있기 때문이다. 질투의 가장 일반적인 예―삼각관계와 질투하는 연인의 사랑―에서 볼 수 있듯이 질투는 사랑하는 관계, 특히 다른 사람을 자기 사람으로 여기는 관계에서 전형적으로 나타난다. 하나님은 성경에서 자신을 질투하는 존재로 묘사하고 있기 때문에 모든 시기심을 전통에 따라 죄로 규정하듯이 모든 질투의 경우를 죄로 규정할 수는 없다. 어쩌면 질투는 때때로 적절하게 자신을 보호하는 것이므로 선한 것일 수도 있다. 그러나 우리는 일반적으로 질투라는 용어를 자신의 소유에 대한 정당한 주장이 아닌 왜곡되거나 무질서한 소유권 주장을 나타내는 경멸적인 의미로 사용한다. 인간의 질투는 질투심에 사로잡힌 남편이 아내를 자신의 소유물로 여기거나 질투심에 사로잡힌 아내가 남편을 자신의 통제하에 두려는 것처럼 이기적이거나 부적절한 소유권의 주장에서 비롯된다. 오직 하나님만이 다른 사람을 향해 "너는 내 것이다!"라는 완전한 소유권을 주장하실 수 있기 때문에 다른 사람을 향한 인간의 질투는 기껏해야 도덕적으로 모호한 주장일 수밖에 없다.

질투는 시기심의 가까운 동류로 여겨지는데, 이는 둘 다 개인적인 감정이며 사랑과 관련이 있기 때문이다. 질투하는 사람은 자신이 사랑하지만 잃어버릴 수도 있는 무언가 또는 누군가를 "가지고" 있다. 반면 시기하는 사람은 "가지지 못한 사람"으로, 상대방이 가진 좋은 것을 가지고 있지 않으며 자기애도 없다. 따라서 그들은 다른 사람의 상실로 인해 잃을 것도 없고 얻을 것도 없다.

토마스 아퀴나스의 분석에 따르면 시기심도 슬픔의 한 유형으로 간주된다. 오늘날 우리는 이 용어를 원한이나 내면의 울분으로 번역할 수 있다. 아퀴나스는 "슬픔"(sorrow)을 전문적인 의미로 사용하는데, 여기에는 다른 사람의 선함을 전적으로 기뻐하지 않는 것에서부터 보다 더 노골적인 억울함, 샤덴프로이데(Schadenfreude, 남의 불행을 즐거워하는 마음), 반감, 깊은 분노까지 모든 것을 포함하는 혐오의 한 유형으로 사용한다.[5] 시기심은 기뻐하는 사람과 함께 진심으로 기뻐하지 않는다. 그러나 다른 사람의 선을 보고 슬퍼하는 것이 항상 시기심으로 간주되는 것은 아니다. 다른 사람의 선이 우리에게 해를 끼칠까 두려워하는 경우에(예. 적이 우리에게 공격할 힘을 얻는

---

5   ST II-II 36.1.

경우) 우리는 시기가 아닌 의미에서 다른 사람의 선에 위협을 느낄 수 있다. 또는 다른 사람의 선이 부당하다면(예. 다른 사람을 희생시켜 비윤리적으로 또는 불법적으로 이익을 얻는 경우) 우리는 당연히 실망할 수도 있다. 반면 시기심에서 나오는 슬픔은 주로 자존심이 걸려 있는 우리의 상대적 지위와 우월감에 관한 것이다. 시기심에서 나오는 슬픔은 내적 또는 외적으로 표출될 수 있는데, 우리 자신에 대한 실망이나 불만으로 표출될 수도 있고, 타인에 대한 불필요한 비판이나 조롱, 타인의 결점에 대한 예리한 시각, 상사에 대한 방어적인 감정에서 그 단서를 발견할 수 있다. 때때로 우리는 경쟁의 장이 조금 더 공정해졌다고 해서 단순히 자신에 대해 생각이 좋아질 때도 시기심의 흔적을 발견하기도 한다. 시기하는 사람은 다른 사람의 장점이 나의 장점을 초라하게 만든다는 이유만으로도 그 사람의 장점에 트집을 잡는다.

비교 게임

시기하는 사람은 자신의 가치를 상대적으로 평가하기 때문에 남들과 비교하는 데 관심을 쏟는다. 아퀴나스의 표현을 빌리자면 시기하는 사람은 다른 사람의 선이 자신의 선보다 더 크기 때문에 슬퍼하는데,[6] 이는 이러한 비교가 자신에게 특정한 선이 부족할 뿐만 아니라 그에 따른 자신의 가치도 부족하다는 것을 드러내기 때문이다. 선함의 소유("나는 선하다" 또는 "이것은

---

6   *ST* II-II 36.1.

선하다")와는 달리 선함에 있어 탁월하다는 것은 두 사람 또는 두 사물 간의 상대적 순위 매김을 수반한다. "내가 **너보다** 뛰어나다" 또는 "**이것이 저것 보다** 뛰어나다"와 같은 식으로 말이다. 우리는 모두 사랑받고 가치 있는 존재로 인정받아야 하지만, 시기하는 사람은 이러한 사랑과 가치를 획득하는 것을 경쟁 놀이로 만든다. 야곱이 형들보다 요셉을 편애하고 레아보다 라헬을 편애하는 이야기에서 볼 수 있듯이 시기하는 사람은 모두가 온전하고 평등하며 무조건적인 사랑을 받는다고 믿지 않는다. 그들의 사랑 게임에서는 승자와 패자, 우월한 자와 열등한 자, 더 가치 있는 자와 덜 가치 있는 자를 인정한다. 프랜시스 베이컨(Francis Bacon)이 말했듯이 "시기는 항상 자기 자신과 비교하는 것과 결부되어 있으며, 비교가 없는 곳에서는 시기도 없다."[7] 따라서 시기는 적어도 비교 순위가 드러내는 가치의 부족 못지않게 시기하는 사람이 가지고 있거나 부족한 어떤 특정한 장점에 대해 이야기한다. 시기심은 열등감과 자기애의 결핍에서 비롯된다.

영화 "아마데우스"에서 살리에리는 모차르트의 음악적 천재성을 시기한다. 살리에리는 모차르트와 비슷한 재능을 어디서 살 수도 없고 더 열심히 노력해도 그 정도의 재능을 얻을 수 없다. 모차르트의 음악적 재능은 특별한 선물이자 그 자신만이 가지고 있는 개인적인 자질이다. 살리에리는 그런 재능이 자신에게 있었으면 좋겠다고 생각하지만, 결국 그것은 불가능

---

[7] Francis Bacon, "Of Envy," Essays of Francis Bacon, *The Essays or Counsels, Civil and Moral, of Francis Ld. Verulam Viscount St. Albans*, http://www.authorama.com/essays-of-francis-bacon-10.html.

하다는 것을 알게 된다. (하지만 살리에리의 시기심은 다른 사람의 개인적인 재능을 겨냥한 것이기 때문에 어떤 의미에서 모차르트 자신을 파괴하지 않고서는 그의 재능을 파괴할 수 없다.) 따라서 살리에리는 모차르트**처럼** 되는 것으로 결코 만족하지 못할 것이다. 시기심이라는 비교 게임에서 모차르트보다 우월해지는 것만이 그가 열등감을 피할 수 있는 유일한 길이라고 생각하기 때문이다. 시기심은 악의에 찬 눈빛으로 타인의 우수성을 바라보며 그것을 인격적인 모욕으로 받아들인다. 따라서 살리에리의 전략—시기심에 사로잡힌 사람들의 전형적인 전략—은 경쟁자를 모방하는 것이 아니라 그를 무너뜨리고 파멸시키는 것이다.

시기하는 사람이 자신의 가치가 부족하다고 판단되면 그 불행과 슬픔은 견딜 수 없을 정도로 커질 수 있다. 그들은 그 상황에서 벗어나기 위해 무엇이든 해야 한다는 강박관념에 사로잡히게 된다. 극단적인 경우에는 경쟁자에게 방해 공작을 벌이기도 하지만, 이 전략도 시기하는 자를 스스로 만들어낸 원한에서 완전히 구해낼 수는 없다. 디즈니 애니메이션 "라이언 킹"(*The Lion King*)에서 스카(Scar)는 이러한 태도를 잘 보여준다. 그는 자신의 열등감을 감추기 위해 자신보다 훨씬 더 열등한 동료(하이에나)를 괴롭혀 자신의 자존심을 세우는 한편, 자신의 상관이자 합법적인 왕인 무파사(Mufasa)를 죽이려는 비열한 음모를 꾸민다. 이와 유사하게 애니메이션 영화 "인크레더블"(*The Incredibles*)에서 우두머리 악당인 신드롬(Syndrome)은 자기보다 더 힘이 센 모든 슈퍼히어로를 없애버리겠다고 맹세한다. 하지만 그는 세상의 모든 첨단기술을 동원해도 진짜 힘을 가진 진짜 슈퍼히어로가 될 수 없다. 이 두 가상의 인물은 모두 시기심을 극단적으로 보여주지만, 덜 악의적이고 더 평범한 경우에도 시기심의 "악의적인 눈"은 세상을 적대적으로 바라보며 다른 사람의 선함에 분개하고 자신의 선함에 불만을 갖는다.

한 고해성사 지침서에 따르면 시기심은 다양한 증상으로 나타난다. 그것은 타인의 재능, 성공 또는 행운에 불쾌감을 느끼는 것, 이기적이거나 불필요한 경쟁과 승리욕, 타인의 어려움이나 고통을 보고 기뻐하는 것, 악감정, 타인의 행동에서 잘못된 동기를 찾아내는 것, 타인을 얕잡아보는 것, 모함, 뒷담화(사실이더라도 타인의 뒤에서 나쁜 말을 하는 것), 비방(사실이더라도 공개적으로 타인에 대해 나쁜 말을 하는 것), 가십을 시작하거나 수집하거나 재전달하는 것, 타인에 대한 적대감을 불러일으키거나 조장하거나 조직화하는 것, 타인의 능력이나 실패에 대한 경멸이나 놀림 또는 괴롭힘, 사람이나 기관 또는 이념에 대한 조롱, 열등하다고 생각하거나 열등하다고 생각되는 사람이나 우리의 안전과 지위를 위협하는 것으로 보이는 사람에 대한 편견 등을 포함한다.[8] 비록 당신이 중학교 시절을 잘 기억하지 못하고 영화 "퀸카로 살아남는 법"(*Mean Girls*)을 본 적이 없다 하더라도 이러한 목록은 시기심을 매우 친숙하게 느끼게 한다.[9]

---

[8] Augustine, *St. Augustine's Prayer Book*, rev. ed., ed. Rev. Loren Gavitt (West Park, NY: Holy Cross Publications, 1967), 117-18. 이 자료를 제공해준 W. Jay Wood에게 감사한다.

[9] Robert Luketic이 감독한 영화 "퀸카로 살아남는 법"(Hollywood, CA: Paramount Pictures, 2004), DVD.

시기심의 증거는 생각과 감정에서 말과 행동으로, 은밀하고 교묘한 전술에서 공개적이고 강력한 적대감으로 발전하는 왜곡된 과정을 통해 확대될 수 있다. 우리는 시기심이 낳은 파생 악덕의 목록에서 이를 확인할 수 있다. 아퀴나스에 따르면 시기심은 일반적으로 "비방"을 통해 겉으로 드러나는데, 흔히 이를 험담이라고 한다. 예를 들어 경쟁자의 책이 지닌 "안타까운" 문체적 약점이나 저자의 민망할 정도로 조잡한 연구에 대해 뒤에서 수군거리는 작가가 이에 해당한다.[10] 시기하는 사람의 악의적인 마음은 간혹 대놓고 욕하는 것으로 드러나기도 하지만, 직접적인 방해 행위조차도 "어설픈 칭찬을 곁들여…혹평하는" 오래된 계략처럼 보인다.[11] 시기심에 불타는 사람들은 상대방의 우수성을 깎아내리려는 이러한 방법이 상대방의 평판을 훼손하면 상대방의 몰락을 즐거워한다(Schadenfreude). 프랑수아 라 로슈푸코(François La Rochefoucauld)가 지적했듯이 "가장 친한 친구의 불행에서 우리는 전적으로 불쾌하지 않은 무언가를 항상 발견한다."[12] 물론 그들은 상대방의 불행이 우발적이거나 다른 사람에 의해 발생한 경우에도 상대방의 불행을 즐거워할 수 있다. 비교의 격차를 좁히는 것이라면 무엇이든 시기하는 사람의 불만을 누그러뜨릴 수 있다. 워커 퍼시(Walker Percy)는 다음과 같이 시기심에 대한 통찰력 있는 논평을 제시한다.

---

10   *ST* II-II 35,6 ad 3.
11   Joseph Epstein, *Envy: The Seven Deadly Sins* (New York: New York Public Library/Oxford University Press, 2003), 90. 『시기』, 민음인 역간.
12   Francoise de la Rochefoucauld, *Reflections or Sentences and Moral Maxims* (Paris: Claude Barbin, 1665), maxim 99.

시기심에 사로잡힌 자아(시기의 **어원**은 *invidere*이며, 악의를 품고 바라본다는 뜻임): 비록 사랑하고, 돌보며, 전쟁보다 평화를, 불화보다 화해를, 죽음보다 생명을 선호하며, 다른 자아가 아프지 않고 잘 되기를 바란다고 공언하지만, 실제로 자아는 전쟁과 전쟁의 소문, 비행기 추락, 암살, 대량 학살, 부고 소식, 지인이 길거리에서 죽었다는 지역 뉴스, 이웃이 싸우거나 성 추문, 횡령 및 기타 수치스러운 사건에 휘말렸다는 소문을 은밀하게 즐기는 이유는 무엇일까?[13]

시기심은 점점 더 고조될 수 있다. 시기하는 사람이 경쟁자를 깎아내리려다가 성공하지 못하면 괴로움은 심해지고, 상대방의 행운을 더욱 원망하게 된다. 시기심을 방치하면 상대방에 대한 본격적인 증오로 이어질 수도 있다. 증오의 대상은 무엇이든 우리의 행복을 가로막는 것이다. 당연히 우리는 악한 것에 대해 강한 혐오감을 느끼는데, 이는 그것이 자신의 선에 해를 끼치거나 손해를 입힌다고 생각하기 때문이다. 그러나 시기하는 사람에게 있어 자신의 선을 가로막는 증오의 대상은 경쟁자의 탁월함, 더 정확하게는 그가 가진 선 **때문에** 우월한 경쟁자 자신이다. 시기심은 세상을 보는 시각을 증오 또는 적어도 적대감으로 물들여 나와 너의 대결, 즉 나의 선 **또는** 너의 선(결코 양쪽 모두의 선이 아닌)의 대결 구도로 만든다. 비록 자신이 직접 상대방의 선을 훼손하지 않더라도 시기하는 사람은 상대방의 선이 훼손되

13　Walker Percy, *Lost in the Cosmos: The Last Self-Help Book* (New York: Picador, 1983), 57(강조는 원저자의 것임).

는 것에 만족감을 느낀다.

　마지막으로 이러한 전략의 원동력이 되는 시기심이 시간이 지남에 따라 고착화되면 시기심은 상대방에 대한 공개적인 악의에 가까워진다. 이 시점에서 시기하는 사람이 느끼는 이웃에 대한 증오심은 자신에게 불리한 판을 짜놓은 그분께 대한 증오심으로 번진다. 시기심에 사로잡힌 사람은 재화의 불공정한 분배에 대한 궁극적인 책임을 하나님(또는 운명 또는 재화를 분배한 어떤 절대적인 무소불위의 힘)께 돌린다. 우리는 살리에리의 사례에서 그가 어떤 이들은 번영하도록 도와주면서 다른 이들은 부족하게 만든 책임을 모두 하나님께 돌리는 것을 볼 수 있다. 소름 끼치는 한 장면에서 살리에리는 위대한 작곡가가 될 수 있는 재능을 달라고 기도할 때 붙들었던 십자가를 내려놓고 그것을 불에 태운다. 그는 하나님께 "나는 [모차르트 안에 있는] **당신의 성육신**을 파괴하겠습니다"라고 말하며 복수를 맹세한다.

　놀랍게도 시기하는 사람은 전형적으로 자기 시기심을 대놓고 드러내지 않고 소극적이고 공격적으로 뒤에서 찌르는 경향이 있다. 윌리엄 랭글런드(William Langland)의 "농부 피어스의 꿈"(*Piers Plowman*)에서 주인공 **시기**는 자신이 공개적인 공격을 감행할 위치에 있지 않다는 것을 알면서도 대중 앞에서는 이웃에 대한 악의적인 증오심을 예의 바른 말로 위장한다. 대신 그는 귓속말로 악의적인 소문의 씨앗을 뿌린다.

　　나를 자주 짜증 나게 만드는 가까운 이웃이 하나 있습니다.
　　나는 그를 귀족들에게 고발했고, 그들은 그의 재산을 압류했습니다,

그리고 거짓 모함으로 그의 친구들을 적으로 만들었습니다.

나는 그가 성공하거나 운이 좋은 걸 보면 마음이 편치 않습니다.

나는 귀족들 사이에 불화의 씨앗을 뿌려

생명과 사지를 잃는 큰 피해를 초래했습니다.

내가 가장 싫어하는 사람을 시장에서 만나면

나는 그를 존경하는 친구처럼 진심을 다해 인사합니다.

(그가 분명히 더 강하기 때문에 나는 감히 다른 행동을 할 수 없습니다.)

하지만 나의 힘으로 그를 제압한다면 하늘은 그를 도울 것입니다.…

그렇기 때문에 나는 이리저리 떠돌아다니는 개처럼 사랑 없이 살아갑니다.

내 몸은 온통 쓰디쓴 담즙으로 가득 차 있습니다.[14]

시기하는 사람은 왜 공개적인 싸움을 회피할까? 그들은 대개 열등한 위치에 서 있기 때문에 속임수나 교묘한 전략을 선호하는 경우가 많다. 자신의 정체성에 뿌리를 둔 열등감(가치, 재능, 성공 면에서)은 무력감을 불러일으킨다. 결국 그들이 정말로 가치가 있거나 더 큰 힘을 가졌다면 이미 경쟁자만큼 높은 지위에 올랐을 것이다. 공개적으로 시기심을 표출하는 것은 자신의 부족함을 공개적으로 인정하고 굴욕적인 모습을 보이는 것과 같다. 시기심은 본질적으로 경쟁자가 자신보다 뛰어나다는 것을 (어느 정도) 인정해

---

14   William Langland, *Piers Plowman: A Modern Verse Translation*, trans. Peter Sutton (Jefferson, NC: McFarland, 2014), step 5, lines 90-120, p. 62. 『농부 피어스의 꿈』, 지만지 역간.

야 하지만, 시기하는 사람은 그것을 스스로 인정하는 것도 고통스럽고, 다른 사람에게 이를 인정하는 것은 더더욱 고통스럽다.[15] 따라서 시기심은 조용히 내면에서 자신을 갉아먹는다. 요하네스 크리소스토모스는 "좀이 옷을 갉아먹듯이 시기심은 [사람을] 갉아먹는다"고 말했다.[16]

하지만 시기하는 사람의 무력감은 또 다른 원인에서 비롯되기도 한다. 시기하는 사람은 자신의 열등한 자존감으로 인해 일반적으로 일종의 운명론에 굴복한다. 그들은 세상, 신, 운명, 사회 또는 자신의 통제력을 벗어난 다른 어떤 힘이 자신에게 나쁜 영향을 끼쳤다고 생각한다. 그들은 속았다고 느끼지만, 그처럼 거대하고 멀고 이질적인 힘에 대항하는 자신의 노력은 가망이 없어 보인다. 그래서 그들은 수동적이 된다. 시기하는 사람은 "나에게 불리한 패가 놓여 있다"고 생각한다. 살리에리는 음악적 재능과 명성을 얻기 위해 기도하면서 그 기도를 들어주면 하나님께 헌신하겠다고 다짐한다. 하지만 하나님은 그의 기도에 응답하지 않으신다. 대신 하나님은 살리에리의 경쟁자에게 재능을 아낌없이 퍼부어주신다. 누가 하나님을 이길 수 있겠는가? 하나님의 개입을 호소했음에도 실패하자 살리에리에게 유일하게 남은 것은 모차르트에게 직접적인 공격을 가하는 것뿐이었다. 따라서 그는 자신이 더 약하거나 열등하다고 여기는 이들이 흔히 사용하는 속임수

---

15 이 부분에 대한 상세한 논의는 다음을 보라. Gabriele Taylor, "Deadly Vices?," in *How Should One Live?*, ed. Roger Crisp (Oxford: Clarendon, 1996), 157-72.

16 John Bate, *A Cyclopaedia of Illustrations of Moral and Religious Truths* (1866; repr., London: Forgotten Books, 2017), 282에서 인용함.

전략이나 자신은 공개적인 싸움에서 이길 수 없다는 것을 아는 이들이 사용하는 게릴라전 및 후퇴 전술로 되돌아간다.

조셉 엡스타인(Joseph Epstein)은 시기심의 악의적이고 무력한 자세를 잘 보여주는 농담을 들려준다. 등장인물은 영국 여자, 프랑스 남자, 러시아 남자다.

> 호리병에서 불쑥불쑥 튀어나오는 못 말리는 습관을 지닌 한 요정은 사람들의 소원을 하나씩 들어주기로 했다. 영국 여자는 코츠월즈에 별장을 가지고 있는 친구처럼 자신도 이와 비슷한 별장을 하나 갖고 싶은데, 침실 두 개와 욕실 두 개가 추가로 달려 있고 별장 앞에 시냇물이 흐르는 별장이었으면 좋겠다고 말한다. 프랑스 남자는 그의 가장 친한 친구에게 아름다운 금발의 정부가 있는데, 자신도 그런 정부를 갖기 원하지만 금발 대신 빨간 머리에 다리가 길고 조금 더 교양 있고 **세련된** 스타일의 정부를 갖기 원한다고 말한다. 러시아 남자에게 그가 원하는 것을 물었을 때 그는 이 세상에서 가장 진한 크림과 가장 순수한 버터를 생산하는 가장 영양이 풍부한 우유를 대량으로 공급하는 젖소를 가진 이웃에 대해 이야기한다. 그리고 그는 "나는 그 소가 **죽었으면 좋겠다**"고 요정에게 말한다.[17]

비크너(Buechner)의 말처럼 시기심은 "다른 모든 사람이 나만큼 성공하지

---

17   Epstein, *Envy*, 22.

못했으면 하는" 욕망이다.[18] 출세할 수 없다면 경기장을 평평하게 만들기 위해 노력한다.

"인크레더블"의 신드롬의 이야기는 시기심의 부질없음과 시기하는 사람의 열등감을 잘 보여준다. 이 두 가지는 시기하는 사람이 운명적이라고 느끼는 것, 즉 상대방을 이기지 못하고 필연적으로 실패하는 것을 보장한다.[19] 영화 초반에 인크레더보이(Incrediboy)는 슈퍼히어로 미스터 인크레더블(Mr. Incredible)을 열렬히 좋아하지만 성가시게 하는 팬이다. 그는 자신의 영웅에게 버림받은 후 이름을 신드롬으로 바꾸고 슈퍼히어로들을 죽이는 일을 평생의 목표로 삼는다. 동시에 그는 자신을 짝퉁 슈퍼히어로로 만들기 위해 모든 에너지를 쏟아부으며 뛰어난 기술력으로 자신만이 이길 수 있는 로봇을 만든다. 그가 미스터 인크레더블에게 밝힌 자신의 계획은 간단하다. 그것은 로봇을 완성하고, 모의 전투에서 로봇을 물리쳐 찬사를 받은 다음 대중에게 자신의 기술을 판매하는 것이다. 그의 논리는 무엇일까? 이 책의 서문에서 보았듯이 신드롬은 **모든 사람**이 "슈퍼"가 될 수 있다면 **아무도** 슈퍼가 될 수 없을 것이라고 믿는다. 도시를 혼란에 빠뜨리기 위해 로봇을 보내는 그의 작전은 한심한 실패로 드러나고, 사이비 초능력으로 그 로봇을 "물리친다"는 그의 허세는 결국 삼류 사기극으로 끝이 난다. 기술 모방은 진짜 초능력으로 인정받지 못한다. 신드롬의 열등감이라는 비운

---

18 Frederick Buechner, *Wishful Thinking: A Seeker's ABC* (San Francisco: HarperCollins, 1993), 24. 『통쾌한 희망사전』, 복있는사람 역간.
19 Brad Bird가 감독한 영화 "인크레더블"(Emeryville, CA: Disney/Pixar, 2004), DVD.

의 위치는 그의 최선에도 불구하고 바뀔 수 없다. 그의 열등감은 모두가 보는 앞에서 더욱 고통스럽게 확인될 뿐이다.

경쟁의식

시기심을 분석할 때 살리에리가 왜 다른 사람이 아닌 모차르트를 시기하는지 생각해보는 것도 도움이 될 것이다. 우리가 시기하는 사람들을 비롯해 특히 우리가 그들을 시기하는 이유를 생각해보면 한 가지 패턴이 나타난다. 시기하는 사람은 일반적으로 자신의 관심사나 생활 방식과 너무 동떨어지거나 자신보다 훨씬 재능이 뛰어나거나 성공한 사람을 시기하지 않는다. 그들은 실제로 자신에게 불리하게 비교될 수 있는 사람들, 즉 자신과 비슷하지만 더 나은 사람들을 시기하는 경향이 있다. 글을 쓰는 작가는 올림픽 선수가 5천 미터 경주에서 금메달을 땄을 때 자기는 지역의 5천 미터 달리기를 겨우 완주할 수 있다고 해서 크게 신경 쓰지 않는다. 하지만 동료가 쓴 새 소설은 극찬을 받는 반면, 자신이 출간한 작품은 별다른 주목을 받지 못하면 속이 타들어 간다. 자신의 경력과 수입으로 자신을 규정하는 사람에게 성공은 빌 게이츠(Bill Gates)나 워런 버핏(Warren Buffet)과 비교해서가 아니라 "[자기] 처남보다 한 달에 10달러 더 버는 것"으로 규정된다.[20] 아퀴나스의 말처럼 우리는 누가 더 평판이 좋은지 경쟁하거나 뛰어넘고 싶은

---

20   Epstein, *Envy*, 34.

사람만 시기한다.[21] 어느 옛 노래가 직설적으로 지적하듯이, "우리는 친구가 성공하는 것이 싫어." 왜냐하면 우리는 "그게 나였어야 했는데 / 그게 나일 수 있었는데"라고 생각하기 때문이다.[22] 시기하는 사람은 특징적으로 운명의 장난이 아니었다면 자신이 있을 법한 위치에 있는 사람들, 즉 자신이 "될 수 있었을지도 모르는" 사람들의 성공에만 분개하는 경향이 있다. 그러나 동시에 그러한 가능성이 자신에게는 믿기 어려울 정도로 너무 동떨어져 있는 것처럼 느끼기도 한다. 우리의 시기심의 대상은 역설적이게도 편안함을 느끼기에는 너무 가까이 있으면서도 전혀 도달할 수 없는 곳에 있다.

시기하는 사람은 우월한 존재가 되기를 갈망하는데, 이는 그의 자존감이 비교 대상보다 높은 위치에 있는 것에 의해 좌우되기 때문이다. 그의 정체성은 다른 사람을 뛰어넘는 것에 따라 좌우되지만, 그는 그 정체성을 위협하는 타인, 즉 경쟁자로 여길 만큼 가까운 사람만 시기한다.[23] 우리가 시기하는 사람을 생각해보면 우리가 자신의 정체성을 어떻게 규정하는지와 그 정체성에서 가장 취약한 부분이 어디인지를 발견할 수 있다. 시기심은 일반적으로 다른 사람의 우월성이 자신의 우수성을 위협하거나 약화시키는 것처럼 보일 때, 그리고 그러한 비교로 인해 열등감을 느낄 때 나타난다. 이것이 우리가 누구인지, 우리가 왜 소중한 존재인지에 대한 우리의 인식을 크게 잠식한다면 시기심의 쓰디쓴 담즙은 완전히 독으로 변할 수 있다.

---

21 *ST* II-II 36.1.
22 Morrissey, "We Hate It When Our Friends Become Successful," *Your Arsenal* (Sony, 1992).
23 *ST* II-II 36.1 ad 2.

우리가 경쟁을 경험할 수 있는 다양한 방식을 생각해보면 시기하는 사람의 관점에 대한 통찰을 얻을 수 있다. 우리는 왜 그리고 어떻게 탁월함을 추구하며, 경쟁의 장에서 시기심에서 하는 노력과 시기심 없이 하는 노력을 서로 어떻게 구분할 수 있을까? 영화 "불의 전차"(Chariots of Fire)는 경쟁에 대한 정반대의 견해를 가진 두 남자의 성품을 대조한다.[24] 에릭 리들(Eric Liddell)과 해럴드 에이브러햄스(Harold Abrahams)는 100야드 달리기에서 서로 경쟁한다. 해럴드는 지는 것을 두려워하기 때문에 자신을 최고의 수준으로 끌어올려 승리하기 위해 최선을 다한다. 그는 시기하는 사람의 정신 상태를 보여준다. 첫 번째 경주에서 우승에 실패한 해럴드는 관중석에 앉아 고개를 숙인 채 산산조각이 난 자아상과 마주한다. 그는 자신을 달리기를 하다가 가끔 이기기도 하는 사람으로 보지 못하고 **반드시** 이겨야만 하는 사람으로 생각한다. "나는 이길 수 없다면 뛰지 않을 거야!" 그는 자신이 사랑하는 여자에게 격정적인 어투로 말한다. 격분한 그녀는 "당신이 뛰지 않으면 이길 수 없어요"라고 대답한다. 해럴드는 열등하다는 사실이 드러나는 것을 두려워하고 방어적인 태도를 보이며 경쟁자보다 뛰어나야만 자신에게 만족하는 시기심에 사로잡혀 있는 사람이다. 어느 정도 잘한다는 것은 다른 사람보다 낫다는 것을 의미한다. 그의 시기심은 경쟁자들을 적대자로 만든다. 그는 경쟁자의 탁월함을 온전히 기뻐하고 축하해주지 못한다.

---

24 Hugh Hudson이 감독한 영화 "불의 전차"(1981; Burbank, CA: Warner Home Video, 2005), DVD.

에릭 리들은 자신의 달리기 욕구는 자신의 존재를 증명하려는 불안한 욕구가 아니라 하나님 안에서 이미 소유한 평온한 마음에서 비롯된 것이라고 그의 누이에게 설명한다. 그는 "나는 내가 달릴 때 하나님의 기쁨을 느낀다"며 그녀에게 열정적으로 말한다. 이길 때가 아니라 **달릴** 때 그렇다는 것이다. 에릭은 이미 하나님의 사랑을 확신하고 있다. 그가 잘 달리고 우승하려고 노력하는 것은 인정받기 위해서가 아니라 기쁨을 느끼며 이 멋진 운동을 즐기기 위해서다. 그가 시합을 좋아하는 이유는 이기기 위해서가 아니라 멋지게 잘 달리는 것을 좋아하기 때문이다. 그는 자신과 함께 경주하는 다른 선수를 시합에서 자신의 우수성을 빼앗아갈 라이벌로 여기기보다는 서로 우수성을 추구하는 파트너로 여긴다.

각 선수는 잘 달리기 위해 치열하게 열정적으로 최선을 다한다. 하지만 해럴드는 자신이 승리하지 않으면 결코 그것을 잘하거나 충분히 잘한 것으로 생각할 수 없는 시기심에 사로잡힌 자의 불안한 심리를 드러낸다. 해럴드의 자기애는 성공적인 성과에 크게 좌우된다. 반면 에릭은 몇 등을 하든 자신의 가치를 아는 사람답게 자신감을 갖고 차분하게 경기에 임한다. 따라서 그는 실패에 대한 두려움이 아니라 기쁨과 자유를 만끽하며 달린다.

철학자 토머스 윌리엄스(Thomas Williams)의 주장에 따르면 시기하는 사람은 자신의 탁월함과 다른 사람과 비교한 자신의 등급을 모두 냉정하게 판단한다.[25] 이 악덕의 왜곡된 영향은 오히려 그러한 우수성을 추구하는 방식과 이유, 즉 위태로울 정도로 불안정한 자신의 자존감을 강화하는 데서 나타난다. 열등감을 느끼는 사람들은 자신의 가치를 측정하는 데 있어 기준이 되는 자질이 부족하다고 느끼기 때문에 자신에 대해 나쁜 감정을 갖게 된다. 따라서 경쟁자가 자신을 능가할 때 그것은 그에게 결코 하찮거나 사소한 일이 아니다. 오히려 경쟁자의 성공은 자신의 가장 좋은 부분, 즉 자부심을 가지고 있는 부분, 자존심이 달린 부분을 위협한다.[26] 누가 "더 낫다"거나 "더 못하다"는 판단은 충분히 정확할 수 있지만, 이러한 평가는 자신이 더 나은 사람보다 가치가 덜 하다는 것을 의미하기 때문에 내면적으로는 이 점을 더욱 확대하여 그러한 평가에 반발한다. 그리고 누가 가치 없는 자신을 사랑할 수 있겠는가? 우리가 시기할 때 우리의 자기애는 우리가 경쟁자를 능가하느냐에 달려 있다. 이것이 바로 왜 아퀴나스가 **의지**에서(그가 사랑의 미덕을 발견한 바로 그 자리에서) 시기심의 악덕을 발견했는지를 설명해준다.

---

25 Thomas Williams, "Moral Vice, Cognitive Virtue: Jane Austen on Jealousy and Envy," *Philosophy and Literature* 27 (2003): 223-30. 하지만 마땅히 받아야 할 것에 대한 인식은 시기하는 사람에 의해 왜곡될 수 있다.

26 Kent Dunnington은 *Humility, Pride, and Christian Virtue Theory*(New York: Oxford University Press, 2018)에서 이 자아를 "자아의 이상"(ego ideal)이라고 부른다.

시기: 사랑의 원수

시기하는 사람의 근본적인 성향이 어떻게 사랑과 직접 대립하는지 이제는 분명해졌기를 바란다. 당신은 다른 사람을 사랑할 때 다른 사람의 선을 보고 기뻐한다.[27] 당신은 시기할 때 그 사람의 선을 보고 슬픔에 잠긴다. "가장 큰 계명"은 우리에게 무엇보다 하나님을 사랑하고 이웃을 너 자신 같이 사랑하라고 가르친다(마 22:37-39). 시기심은 이웃에 대한 사랑을 직접 약화시킨다. 영화 "아마데우스", "라이언 킹", "백설 공주"와 같은 허구적 사례들은 시기하는 사람들이 자신보다 우월한 경쟁자가 몰락하기를 계획하고 궁극적으로 그들을 죽이려는 음모를 꾸미는 것을 보여주는 반면, "인크레더블"은 같은 주제를 조금 더 코믹하게 표현한다. 이러한 극단적인 사례에서 시기라는 근원적인 악덕으로부터 시작된 연쇄 반응은 결국 증오를 불러일으키고, 마침내 증오의 쓴 열매인 살인을 부추긴다. 동일한 주제가 창세기의 요셉과 그의 형제들의 이야기에서도 전개된다. "요셉은 노년에 얻은 아들이므로 이스라엘이 여러 아들들보다 그를 더 사랑하므로 그를 위하여 채색옷을 지었더니 **그의 형들이 아버지가 형들보다 그를 더 사랑함을 보고 그를 미워하여 그에게 편안하게 말할 수 없었더라**"(창 37:3-4, 강조는 덧붙여진 것임). 그들은 얼마 지나지 않아 그를 죽일 계획을 세운다. 그러나 본 장에서 지금까지 시기심을 분석한 바에 따르면 라이벌의 무가치함을 악의적으

---

[27] *ST* II-II 28.

로 비난하는 것은 시기하는 사람이 자신의 무가치함을 감추고 다른 곳으로 주의를 분산시키는 데도 효과적이다. 우리에게 주어진 계명은 **너 자신**을 사랑하듯 네 **이웃**을 사랑하라는 것이다. 시기하는 사람은 그 어느 것도 할 수 없다.

"아마데우스"는 나아가 모차르트에 대한 살리에리의 증오를 하나님에 대한 증오와 연결한다. 이 영화의 제목은 야곱의 경우처럼 하나님도 편애하신다는 생각을 담고 있다. 아마데우스는 "하나님의 사랑을 받는 자"라는 뜻으로, 모차르트가 사랑을 받으면 살리에리는 미움을 받는다는 의미다. 현대의 고해성사 지침서는 이 아이디어를 차용하여 시기심을 "하나님의 창조질서에서 우리의 위치에 대한 불만을 드러내는 것으로, 다른 사람에게 주신 은사를 원망하는 것으로 나타난다"고 규정한다.[28] 살리에리의 궁극적인 불만은 모차르트가 아니라 자신보다 모차르트에게 더 큰 재능을 주신 하나님에 대한 불만이다. 이러한 극단적인 사례가 보여주는 것은 시기하는 사람은 하나님께서 다른 사람에게 주신 것을 보며 결코 기뻐할 수 없다는 것이다. 왜냐하면 그것은 자신에 대해 더 좋지 않은 감정을 들게 하기 때문이다. 아퀴나스는 시기심이 하나님과 이웃에 대한 사랑(*caritas*의 미덕)에 반하기 때문에 시기심이 치명적인 죄라고 주장한다.[29] 요컨대 시기하는 사람은 하나님을 원망하고, 타인에게 쓸쓸한 감정을 느끼며, 자신이 이 세상에 이

---

28   Augustine, *St. Augustine's Prayer Book*, 117.
29   필멸의 죄 또는 치명적인 죄에 대한 정의와 신학적인 평가는 서문을 보라.

미 만들어놓은 지옥 속에 자신을 몰아넣는다.

 때때로 시기하는 사람은 순위를 재조정하여 자신이 경쟁자를 능가하게 함으로써 자신의 곤경을 해결하려고 할 것이다. 설령 경쟁자를 무너뜨리고 자신의 우월성을 입증하는 데 성공한다 하더라도 자존감의 근거는 여전히 취약하고 일시적이다. 그렇기 때문에 해럴드 에이브러햄스처럼 시기심에 사로잡히기 쉬운 자들은 **승리하더라도** 두려움을 느낀다. 그가 지키려고 하는 높은 지위는 미약하고 쉽게 사라지기 때문이다. 그리고 탁월하다는 그의 지위가 흔들리면 그의 자존감도 흔들린다. 영화 "리틀 미스 선샤인"(*Little Miss Sunshine*)에서 "최고의 프루스트 학자"의 자리를 지키지 못한 프랭크 아저씨처럼 우리가 최고의 자리를 잃으면 모든 것을 잃게 된다.[30] (프랭크가 우울해하자 그에게 적대적인 처남은 "빈정거림은 승자를 자기 수준으로 끌어내리려는 패자의 오기에 불과하다"고 말한다.) 따라서 시기하는 사람이 라이벌을 능가하는 데 성공하더라도 여전히 자신이 진정으로 원하거나 필요로 하는 것, 즉 자신의 가치에 대한 안정적이고 무조건적인 인식을 갖지 못한다. 일부 세속적 철학자들은 시기심은 타고난 인간의 본성이며 치료할 수 없기 때문에 시기심에 대한 불만을 자기 개선 전략으로 전환할 것을 권장한다.[31]

---

[30] Jonathan Dayton과 Valerie Faris가 감독한 영화 "리틀 미스 선샤인"(Century City, CA: Twentieth Century Fox, 2006), DVD.

[31] 특히 다음을 보라. Aaron Ben-Ze'ev, "Envy and Jealousy," *Canadian Journal of Philosophy* 20, no. 4 (1990): 515; "Envy and Pity," *International Philosophical Quarterly* 33, no. 1 (1993): 18. 심리학자 Melanie Klein은 *Envy and Gratitude: A Study of Unconscious Sources*(London: Routledge, 2001)에서 인간의 충동으로서 시기의 불가피성과 제거 불가능성에 대해 비슷한 주장을 펼친다.

그러나 우리의 분석에 따르면 시기심을 치료하려면 자존감을 조작하는 비교 게임에서 완전히 벗어나야 한다.

시기라는 악덕은 교만에 깊이 뿌리 내리고 있다. 시기하는 사람은 경쟁자를 뛰어넘어 순위에서 자신의 자리를 확보하고 자신의 가치를 만들어 낼 특권과 책임이 자신에게 있다고 주장한다. 따라서 시기하는 사람은 자신의 우수성에 대한 자신의 주장에 자신의 가치를 두고, 열등한 지위를 분개하거나 경쟁자의 몰락을 꾀하고, 누가 더 큰 재능을 받을 자격이 있고 없는지를 스스로 결정하는 등 하나님의 역할을 빼앗는 데 모든 노력을 기울인다. 그러나 모든 형태의 교만이 그러하듯이 시기하는 사람이 할 수 있는 최선은 하나님의 역할을 하는 것인데, 이것은 결국 하나의 큰 허세로 끝나는 전략일 수밖에 없다. 시기하는 사람은 스스로에게 재능이나 성공을 가져다줄 수 없으며, 스스로에게 탁월함이나 가치를 부여할 수 없다. 또한 다른 사람을 자신보다 못하거나 덜 가치 있는 사람으로 만들 수도 없다. 수년이 지난 후 그 신부가 유일하게 알아본 곡은 모차르트의 곡뿐이었다. 살리에리의 위대한 노력은 실패로 끝났다.

시기심은 패자의 게임이다. 여러 가지 면에서 시기심은 우리가 이긴다고 해도 결국 패배할 수밖에 없는 게임이다. 시기심 게임에서 "이긴다"는 것은 우리 자신과 타인 그리고 우리 자신과 하나님 사이에 존재하는 사랑의 가능성을 파괴하는 것을 의미한다. 시기하는 사람들은 감사와 만족, 사랑과 행복을 배제하면서 사는 삶을 고집한다. 그러나 사랑의 관계만이 우리를 진정으로 행복하게 만든다. 따라서 시기하는 사람들은 필연적으로 자신이 행복을 누릴 가능성을 저해하는 방식으로 행복을 추구한다.

따라서 이 악덕에서 벗어나기 위해서는 완전히 다른 것에서 우리 자존감의 근거를 찾아야 한다. 우리는 시기심이 상대적인 자기 가치에 의존한다는 사실을 이미 지적한 바 있다. 시기하는 사람의 관점에서 볼 때 자신의 가치는 조건부다. 자신이 경쟁자보다 뛰어나면 가치가 있는 것이다. 시기심에서 벗어나 사랑으로 나아가는 길은 연애에서 결혼으로 전환하는 과정과 비슷하다. 연애의 전제에는 확고한 관계를 확보하기 위해 사랑하는 사람의 조건적인 애정을 얻는 것이 포함되지만, 결혼생활에서는 두 사람 모두 이미 무조건적인 사랑이라는 확고한 관계 속에서 살아간다. 이렇게 깊고 확고한 사랑에 뿌리 내리고 산다는 것은 어떤 것일까? 당신 자신이 무조건적이고 비교할 수 없는 가치를 지니고 있다고 믿는 것은 어떤 것일까? 시기심은 영적인 문제이므로 영적인 해결책이 필요하다. 시기심을 극복하려면 우리가 무조건적으로 사랑받는 하나님의 자녀라는 우리의 정체성에 대한 새로운 비전에서 출발해야 한다. 하나님은 이사야 43:1-4에서 다음과 같이 말씀하신다. "야곱아! 너를 창조하신 여호와께서 지금 말씀하시느니라. 이스라엘아! 너를 지으신 이가 말씀하시느니라. 너는 두려워하지 말라. 내가 너를 구속하였고 내가 너를 지명하여 불렀나니 너는 내 것이라.… 네가 내 눈에 보배롭고 존귀하며 내가 너를 사랑하였은즉." 하나님은 우리의 도덕적 가치나 매력, 업적 때문이 아니라 그저 하나님의 소유로서 이미 아무런 자격이나 조건 없이 우리를 사랑하신다. 토머스 헬리버튼(Thomas Haliburton)은 "여자에게는 천사가 부러워할 만한 두 가지 미소가 있다"며 그것은 "말하기도 전에 사랑하는 연인을 받아들이는 미소와 처음 태어난 아기를 바라보며 엄마의 사랑을 확신시켜주는 미소다"라고 썼다.[32] 우리 모두에게는 그런 사랑이 필요하다. 그리고 그것이 바로 하나님께서 우리를 사랑하시는 방식이다.

예수는 복음서, 특히 누가복음에서 지위나 가치가 없는 사람들, 당시의 사회적 서열에서 거의 또는 전혀 포함되지 않는 사람들, 가장 작고 보잘것없는 사람들을 인정하고 높여주셨다. 그들에 대한 그분의 사랑은 그들의 성과, 탁월함 또는 다른 사람들보다 더 낫거나 더 가치 있는 특별한 자질에 근거하지 않았다. 그분은 순수하고 과분한 사랑을 선물로 주신다. 그분은 그들을 있는 모습 그대로 사랑하신다. 예수는 특히 이들에게 사랑과 수용과 가치를 제공함으로써 사랑과 가치에 대한 시기심의 경쟁적 관점을 의도적으로 거부하고, 우리가 그 너머를 볼 수 있도록 도와주시는 것 같다. 어쩌면 우리도 그들처럼 그러한 사랑이 어떤 것인지 깨닫기 위해서는 그분을 직접 만나야 할 것이다. 우리는 어떤 노력으로도 그런 사랑을 얻을 수 없으며, 그것을 대신할 수 있는 만족스러운 대체물을 만들 수도 없다.

로버트 로버츠(Robert Roberts)는 하나님의 무조건적인 사랑이 시기심과 어떻게 대조를 이루는지 다음과 같이 설명한다.

그리스도인의 자기 이해는 자신이 아무리 죄인이고, 세속적인 비교의 기준으

---

32   *Encyclopedia Americana* (New York: A. B. Lyon, 1918), 5:384에서 인용됨.

로 볼 때 아무리 실패(또는 성공)한 것처럼 보일지라도 하나님 앞에서 소중하며, 자신이 만나는 다른 모든 사람들도 동일한 지위를 가지고 있다는 것이다.… 이 비전은 자아가…영광을 추구하는 모든 구별을 평준화하는 비전일 뿐만 아니라 이 비전이 적절히 적용되면 자신감의 궁극적인 근거가 되기도 한다. 이 관점의 핵심은 내가 성취한 어떤 것, 나의 아름다움이나 지성, 정의 또는 다른 어떤 "자격" 때문이 아니라 그저 좋은 어머니가 자식을 사랑하는 것처럼 하나님은 나를 그 자체로 사랑하신다는 것이다. 내가 그 사실을 머릿속에, 아니 더 나아가 그것을 가슴에 새길 수 있다면 다른 사람을 희생시키면서까지 자존감을 필사적으로 움켜쥐고 그들과 영적 교제를 나누어야 하는 나의 진정한 운명을 스스로 저버리는 일은 없을 것이다.[33]

우리가 자신을 하나님의 사랑에 근거한 무조건적인 가치를 지닌 존재로 확실하게 인정한다면 우리는 위협이나 열등감을 느끼지 않고 다른 사람의 은사를 기꺼이 인정할 수 있다. 하나님은 우리 자신의 재능이 다른 사람의 재능과 비교되어 부족함을 발견하리라는 불안감 없이 마음껏 사랑할 수 있는 자아를 우리에게 선물로 주셨다. 우리는 이러한 선물 때문에 우리 자신과 타인의 선에 대해 기뻐할 수 있다. W. H. 오든이 말했듯이 "모든 자기 인식은 인간을 시기심에 빠지도록 유혹하기 때문에" 핵심은 "당신이 아닌 모든

---

[33] Robert C. Roberts, *Spirituality and Human Emotion* (Grand Rapids: Eerdmans, 1982), 69. *Spiritual Emotions: A Psychology of Christian Virtues*(Grand Rapids: Eerdmans, 2007)에서 이를 증보한 장을 보라.

것을 욕망하지 않고 사랑하는 것"이다.[34]

사악한 눈

시기심이 사랑 및 수용과 깊은 관련이 있다는 것은 시기심의 중요성, 근원적인 악덕에서의 위상, 그 치료법을 이해하는 데 있어 매우 중요한 열쇠가 된다. 아퀴나스는 두 가지 근원적인 악덕이 사랑과 상반된다고 말한다. 나태는 하나님에 대한 우리의 사랑(첫 번째이자 가장 큰 계명)을 약화하고, 시기심은 우리가 우리 자신처럼 사랑해야 할 이웃에 대한 우리의 사랑(두 번째 계명)을 약화한다(이것이 두 번째 계명인 이유는 부분적으로 하나님을 사랑하면 우리 자신과 타인을 하나님처럼 사랑할 수 있기 때문이다). 고착화된 시기심은 우리에게 심각한 피해를 입힌다. 왜냐하면 사랑은 인간의 성취감의 중심을 차지하기 때문이다. 시기심을 극복하려면 무조건적인 사랑을 갈망하는 인간의 깊은 욕구를 인정해야 한다. 또한 우리는 하나님이 그러한 사랑의 원천임을 인정해야 한다.

"시기심은 사람들이 자신의 재능에 대해 무지하거나 믿지 않는 데서 비롯된다."[35] 이 악덕은 우리의 가치와 자존감을 바라보는 관점, 즉 우리가 자신과 다른 모든 것을 바라보는 관점을 심각하게 왜곡하고 근본적인 차원

---

[34] W. H. Auden, "Many Happy Returns," in *The Collected Poems of W. H. Auden* (New York: Random House, 1945), 71.

[35] Jean Vanier, *Community and Growth* (Mahwah, NJ: Paulist Press, 1989), 51.

에서 그렇게 하므로 우리는 이러한 시기심을 어떻게 치유할 수 있을지 상상하기 어려울 수 있다. 시기심의 이러한 왜곡된 시각은 이 악덕에 "사악한 눈"이라는 별명을 붙여주었다. 따라서 이를 치유하려면 세상과 자신, 타인에 대한 우리의 시각을 재구성하는 요법이 필요하다. 하지만 우리의 시각을 재구성하는 것은 마음의 변화에서 시작된다. 우리는 무조건적인 사랑을 이해하고 받아들이는 법을 어떻게 배울 수 있을까? 그리고 두려움과 분노를 감사와 만족으로 바꾸는 데 과연 어떤 도움을 줄 수 있을까?

시기하는 사람은 본질적으로 이 세상을 하나의 경쟁의 장, 즉 어떤 사람이 다른 사람보다 우위에 있는 세상으로 보기 때문에 시기심을 버리는(또는 더 나아가 시기심을 예방하는) 방법의 하나는 공유재(shared or common goods)를 활용하는 활동에 의도적으로 많은 시간을 투자하는 것이다. 한 사람이 재화를 소유하거나 참여한다고 해서 다른 사람의 몫이 줄어들지 않을 때 재화는 공유재로 간주된다. 예를 들어 음악을 함께 즐기거나 조용히 산책하는 것, 아름다운 예술 작품을 감상하는 것, 좋은 우정을 나누는 것, 커피 한 잔을 마시며 대화를 나누는 것, 무언가를 배우거나 지혜를 얻는 것, 아름다운 경치를 보기 위해 하이킹을 하는 것 등이 공유재에 해당한다. 우리는 한 사람이 더 많은 혜택을 누리기보다는 다른 사람들과 함께하는 활동에 자신을 투자함으로써 유익을 얻는다. 이러한 경험은 경쟁적인 사고방식에서 벗어나 자원의 진정한 가치를 인정하는 법을 배우는 데 도움이 된다. 또한 이러한 경험은 좋은 것을 기뻐하고 그 좋은 것을 다른 사람들과 **공유**

하면서 기뻐하는 것이 어떤 느낌인지를 우리에게 가르쳐 줄 수 있다.[36] 모든 것이 순조롭게 진행된다면 이러한 경험을 공유하는 기쁨은 시기하는 사람에게 무언가 더 나은 것을 맛보게 할 것이다. 이러한 관점에서 볼 때 다른 사람이 좋은 것을 가졌다는 이유로 불만을 품는 시기심의 특성은 상대적으로 옹졸하고 초라해 보일 것이다. (일반적으로 영성 형성과 마찬가지로) 모든 악덕을 다룰 때 반복되는 중요한 주제는 진정한 재화에 매력과 애착을 갖는 것이 공허하고 거짓된 대안으로부터 분리되는 과정을 부추긴다는 것이다.[37]

시기심은 종종 칭찬에 대한 지나친 사랑으로 정의되는 허영이라는 악덕과 얽히게 된다. 아퀴나스와 그레고리오 1세는 허영이 종종 시기심을 불러일으킨다고 믿었다. 왜 그럴까? 이전 장에서 살펴본 바와 같이 우리는 허영에 사로잡히면 다른 사람의 인정을 받기 위해 스포트라이트를 받으려 하기 때문이다. 그러한 박수갈채는 우리의 연약한 자아를 근거로 하는 조건부 재화이며, 대다수의 경우 비교와 경쟁을 통해 얻게 되는 것이다. 허영은 사회적 비교 과정에서 자신의 열등감 또는 타인의 우월함이 드러나거나 널리 알려질 때 시기심을 강화한다. 소셜미디어 사용은 이러한 해로운 역학

---

36 Alasdair MacIntyre, *After Virtue* (Notre Dame, IN: University of Notre Dame Press, 1981): "내적인 선은 사실 탁월함을 추구하기 위한 경쟁의 결과물이지만, 그 선의 성취가 이를 실천하는 데 참여하는 공동체 전체에 유익이 된다는 특징을 갖고 있다" (190-91). Robert M. Adams, *A Theory of Virtue: Excellence in Being for the Good* (New York: Oxford University Press, 2006), 6장에서는 이를 "공동프로젝트"라는 용어로 설명한다.

37 다음을 보라. M. Robert Mulholland Jr., *The Deeper Journey* (Downers Grove, IL: InterVarsity, 2006), 65. 『예수의 길에서 나를 만나다』, 살림 역간.

관계를 더욱 악화시킬 뿐이다. 설령 시기심은 보통 허영과 다른 방식으로 숨길 수 있다 하더라도 시기하는 사람과 허영에 사로잡힌 사람은 모두 다른 사람을 능가하고 그들보다 더 돋보이는 것에 의존하는 자존감을 가지고 있다. 만약 경쟁자와의 비교에서 자신이 더 못하다는 것을 다른 사람들이 알아차리고 자신의 판단을 강화하는 판단을 내린다면(처음에는 빈의 궁정에서, 나중에는 살리에리의 경우에서 그의 고해성사를 들은 신부가 그랬던 것처럼) 시기심과 허영은 서로에게 이중으로 독이 되는 영향을 미칠 수 있다.

만약 기독교 전통이 이 두 가지 악덕을 올바르게 연결하고 있다면 허영에 대한 치료법은 시기심을 줄이는 데도 도움이 될 수 있다. 이 경우 시기하는 사람은 다른 사람이 알아채지 못하는 방식으로 타인의 선을 추구하고 이 악덕의 악의적인 성향에 대응하는 연습을 할 수 있다. 사랑을 은밀하게 실천하는 행위는 우리의 자비로운 노력을 다른 사람과 비교함으로써 자신의 자존감을 평가하려는 경쟁심이나 유혹을 없애는 데 도움이 된다. 이 훈련의 초점은 다른 사람의 이목을 끌지 않는 사랑의 행위를 실천하는 데 있다.[38] 그렇게 하는 이유는 무엇일까? 시기하는 사람은 자신의 행동이 주목받고, 기록되고, 사람들 간의 가치 비교의 근거가 되는 일반적인 기준에서 벗어나 다른 사람을 위해 선한 일을 하는 것이 어떤 느낌인지 배워야 하

---

[38] Dallas Willard는 *The Divine Conspiracy* (San Francisco: HarperSanFrancisco, 1998), 200-201에서 예수의 산상수훈과 관련하여 은밀히 행하는 훈련에 대해 간략하게 설명한다. 또한 다음을 보라. Adele Ahlberg Calhoun, *The Spiritual Disciplines Handbook* (Downers Grove, IL: InterVarsity, 2005), 104-6.

기 때문이다. 또한 은밀한 자선 행위는 타인을 위해 행동하는 습관을 길러 주며, 자신의 우월감이나 지위 향상을 조장하는 교묘한 수단으로 이용되지 않는다. 테레사 수녀는 "하나님이 [우리를] 사랑하고, 그분이 [우리를] 사랑하시듯이 [우리도] 다른 사람을 사랑할 기회가 있다는 것을 기억할 수만 있다면 큰일이 아니라 작은 일에도 큰 사랑을 갖고 다른 사람을 사랑할 수 있다"는 유명한 말을 남겼다.[39] 이 말은 허영심으로 인해 악화된 시기심에 대응하기 위해 고안된 행동을 가장 적절하게 설명한 것 같다. 개인적으로 나는 아이들이 아주 어렸을 때 이러한 사랑을 인식하고 감사하는 법을 그들에게 배웠다. 아이들은 아직 거절에 대한 경험이나 인정받기 위해 다른 사람보다 더 나은 성적을 내야 한다는 압박에서 비롯된 계산적 수용을 배우지 못했기 때문에 단순히 부모를 있는 모습 그대로 받아들일 뿐이다. 이러한 사랑을 서로 주고받는 경험은 영혼에 교두보를 만들어 우리가 다시 살아 숨 쉴 수 있는 시기심 없는 여유로운 공간을 제공해줄 수 있다. 이러한 만남은 타인이 소유한 모든 재화와 타인과의 모든 관계를 자신의 가치를 위협하는 것으로 인식하려는 시기심의 유혹을 꿰뚫어 보고 저항하는 데 도움이 된다.

우리는 자신이 무조건 사랑받는 존재라는 사실을 받아들이면 안주하게 되지 않을까 걱정할 수 있다. 경쟁과 비교가 없으면 우리는 나약해지고

---

[39] Mother Teresa, "Nobel Lecture" (December 11, 1979), https://www.nobelprize.org/prizes/peace/1979/teresa/lecture/.

더 나은 것을 위해 노력하지 않게 되지는 않을까? 하지만 그 반대일 수도 있다. 달리기를 좋아하는 에릭 리들의 말처럼 시기심 없이 살면 실패와 공개적인 망신에 대한 두려움이 사라져 자신의 능력을 더 끌어올리고 위험을 감수할 수 있다. 아퀴나스는 시기심을 "열심"(zeal)과 구별한다. 열심은 시기심과 마찬가지로 어떤 선을 이루기 위해 자신의 부족함이나 열등함을 인정하는 것을 전제로 한다. 열성적인 사람은 다른 사람이 자신보다 뛰어나다는 것을 분명히 알 수 있다. 그러나 열성적인 사람은 자신을 향한 하나님의 사랑, 즉 자신의 성과나 가치의 순위에 좌우되지 않는 사랑 안에 굳게 서 있기 때문에 정직한 겸손과 더 나은 사람이 되고자 하는 열망을 갖고 자신을 바라볼 수 있는 자유가 있다. 그런 사람은 교회가 많은 지체로 구성된 몸이라는 확신을 갖고 있기 때문에 다른 사람들을 하나님의 칭찬과 은총을 얻기 위한 경쟁자로 보지 않는다(하나님의 사랑과 교제는 모두가 누릴 수 있는 공유재이기 때문이다). 오히려 다른 사람들은 순례의 길에서 서로를 격려하는 성도이자 동료 여행자다. 열성적인 사람은 상사나 존경하는 사람들에게서 감사하는 마음으로 본받아야 할 좋은 모델을 발견한다. 시기심은 상대를 끌어내리려 하지만, 열심은 상대를 높이고 더 나은 사람이 되게 한다. 시기심은 다른 사람과 거리를 두게 만드는 반면, 열심은 우리를 성도의 교제 안에서 멘토링 관계로 이끌어준다. 그러한 멘토는 우리가 무언가를 시작할 수 있도록 도와주고, 열정이 식으면 밀어주고, 진전을 이루면 함께 기뻐해 주

고, 넘어지면 일으켜 세워줄 수 있다.[40]

언제나 그렇듯이 은혜와 성령의 역사는 우리의 미덕이 성장하고 발전할 수 있도록 힘을 불어넣어 준다. 우리는 (이미 우리 자신의 선인) 하나님의 무조건적인 사랑을 감사하는 마음으로 받아들이는 법을 배우는 것으로 시작한다. 그 토대 위에서 우리는 절박함에서가 아니라 하나님의 초대에 따라 하나님이 우리에게 원하시는 모든 것이 되기를 간절히 열망할 수 있다. 은혜라는 순수한 선물과 하나님의 조건 없는 사랑은 시기심의 괴로움을 확실한 축복의 의미로 바꾼다. 로버츠가 지적했듯이 시기하는 사람들은 자신이 받은 것을 선물로 보기보다는 자신이 얻은 것 또는 자신이 성취한 것의 시각에서 세상을 바라보는 것을 선호한다. 시기하는 사람들은 "나는 더 나은 대우를 받을 자격이 있다"고 말한다. 또는 "왜 내 삶은 저 여자만큼 행복하지 않을까?"라고 반문하기도 한다. 또는 "내가 그걸 갖지 못하고 다른 사람이 갖는다면 나는 사기당한 거야"라고 말하기도 한다. 이 모든 말은 시기심의 메아리처럼 들린다. 하지만 우리 하나님은 결코 부족함이 아닌 풍성한 사랑과 선함의 하나님이시다. 시기하는 사람들은 자신과 자신에게 주어

---

[40] George Herbert는 시기에 대해 경고한다. "위대함을 시기하지 말라. 이로써 너는 / 네 자신을 더 열등하게 만들고 / 그 결과 더 큰 거리감을 느끼게 된다. / 네 스스로 벌레가 되지 말라." 그는 또한 열심을 내도록 자극하는 비교를 상기시키면서 다음과 같이 말한다. "그러나 그러한 질투는 / 다른 사람을 해치지 않고 / 너를 더 나은 사람으로 만들 수 있으므로 / 좋은 자극제가 된다." *The Complete English Works* (New York: Alfred Knopf/David Campbell, 1995), 16. "Church Porch," 44행. 열심에 대한 더 상세한 설명은 다음을 보라. David A. Horner and David R. Turner, "Zeal," in *Being Good: Christian Virtues for Everyday Life*, ed. Michael Austin and R. Douglas Geivett (Grand Rapids: Eerdmans, 2012), 72-103.

진 것을 "충분하지 않다"고 보는 시각에서 벗어나야 한다. 크고 작은 구체적인 일상의 선물과 축복을 말하고, 그날 우리에게 축복이 되어준 다른 사람들의 선물에 대해 하나님께 감사하는 훈련은 하나님의 사랑을 받은 자로서 이미 우리에게 베풀어주신 선하심을 새롭게 보는 눈과 찬양하는 마음을 갖게 해준다.[41]

우리가 이미 사랑받고 있다는 안도감은 모든 좋은 선물에 대한 감사와 더 나은 사람이 되기 위한 열정적인 노력의 근거가 된다. 우리는 서로를 비교하거나 누군가를 능가하지 않으면 사랑받지 못할까 두려워할 이유가 없다. 시기의 사악한 눈은 선한 것에 대한 우리의 시야를 좁히고, 감사의 마음은 우리의 시야를 넓혀준다. 성인들과 우리가 존경하는 사람들은 경쟁자로서 우리를 위협하는 것이 아니라 아름다운 영감을 주는 역할을 한다. 그들의 제자로서 우리는 그들을 장애물이나 경쟁자가 아니라 길을 인도하는 경험 많은 여행자로 볼 수 있다. 그들의 모범과 격려를 통해 우리는 스스로 상상했던 것 이상의 것을 이룰 수 있다. 비크너에 따르면 "성령은 '생명을 주시는 주님'으로 불렸으며, 그 원천으로부터 힘을 얻는 성도들은 본질적으로 생명을 주는 사람들이다. 그들과 함께한다는 것은 더욱 활기찬 사람이 되는 것이다."[42] 그들은 하나님의 사랑과 생명을 주시는 능력에 감사하는

---

41 Roberts는 *Spiritual Emotions*에서 감사를 배우는 것에는 "무엇보다도" 그리스도의 사역을 통해 우리에게 알려주신 하나님의 사랑에 대해 감사하는 법을 배우는 것도 포함된다고 주장한다(133).
42 Buechner, *Wishful Thinking*, 102.

마음으로 기쁘게 살아가도록 우리를 초대한다. 시기가 가져다주는 비교하는 시선에서 벗어나면 우리는 우리의 선함을 그저 선하신 아버지께서 허락하신 축복과 선물로 받아들일 수 있다. 그리고 우리는 그 은혜의 충만함을 통해 그분의 사랑 안에서 만족할 수 있고 성장하라는 부르심을 열정적으로 따를 수 있다.

더 깊이 성찰하기

1. 당신은 누구를 시기하는가? 이것은 당신 자신의 가치관에 대해 무엇을 말해주는가?

2. 당신은 주변 사람들에게 피해를 준 경쟁 관계를 떠올릴 수 있는가? 당신은 경쟁 상대를 새로운 수준의 탁월함으로 끌어올린 경쟁 관계를 떠올릴 수 있는가? 두 경우의 차이점은 무엇이었나? 당신의 대인관계 중 경쟁과 비교에 기초한 관계는 어떤 것이고 그렇지 않은 관계는 어떤 것인가?

3. 누군가가 당신의 은사와 미덕을 계발하는 데 도움을 준 이야기를 생각해보라. 그들은 모범과 가르침과 격려로 당신을 이끌어주었나? 그들에 대한 당신의 태도가 시기보다는 존경과 감사의 마음인 이유는 무엇인가? 그들은 어떻게 당신이 더 나은 사람이 되고 싶은 마음을 갖도록 만들었으며, 왜 당신은 그들의 명백한 우월감에 위협을 느끼지 않았는가?

추가로 읽을 만한 자료

Timothy Perrine and Kevin Timpe, "Envy and Its Discontents," in *Virtues and Their Vices*, ed. Kevin Timpe and Craig Boyd (Oxford: Oxford University Press, 2014), 225-44.

Robert C. Roberts, "Humility as a Moral Project" and "Gratitude," in *Spiritual Emotions: A Psychology of Christian Virtues* (Grand Rapids: Eerdmans, 2007), 78-93, 130-47.

5장

나태(아케디아):
사랑의 요구에 대한 저항

The Glittering Vices

비밀은 하나님이 우리를 있는 모습 그대로 사랑하신다는 것과
우리를 너무 사랑하셔서 우리를 이 모습 그대로 내버려 두실 수 없다는 것이다.

앤 라모트, 『사용 설명서』

은혜가 값비싼 까닭은 사람에게 그리스도의 멍에를 메고
그를 따르라고 강요하기 때문이며, 그것이 은혜인 까닭은 예수께서
"내 멍에는 쉽고 내 짐은 가볍다"고 말씀하시기 때문이다.

디트리히 본회퍼, 『나를 따르라』

게으름과 부지런함

털이 많고 발가락이 긴 나무늘보가 나뭇가지에 매달려 헤드폰을 끼고 "나무늘보 동기부여 테이프"를 듣고 있는 모습을 상상해보라. 차분한 목소리로 "진정해. 천천히 해. 뭐가 그리도 급해서 서두르나? 당신이 자고 있든 그렇지 않든 삶은 계속된다네"라고 중얼거린다. 내가 가장 좋아하는 나무늘보가 나오는 만화 중 하나가 바로 이런 식으로 이 소위 나태라는 악덕을 묘

사하고 있다.¹ 내가 "소위"라는 표현을 사용한 이유는 언뜻 보기에 나태를 심각한 죄라고 생각하는 사람이 거의 없으며, 더군다나 치명적인 죄라고 생각하는 사람은 더더욱 없기 때문이다. 그런데 왜 그럴까?

아마도 이 만화가처럼 우리도 일반적으로 나태를 게으름으로 생각하기 때문일 것이다. 온라인 쇼핑을 즐기는 사람은 클릭 한 번으로 나무늘보 수면 마스크, 나무늘보 잠옷, 세탁이 필요 없는 나무늘보 티셔츠, 나무늘보 요가 달력을 (더 느리게!) 구매할 수 있다. 게으름은 그 악하고 파괴적인 힘의 측면에서 정말로 시기와 정욕 같은 죄와 같은 순위일까? 언제부터 소파에 앉아 "더 오피스"(*The Office*) 재방송을 보며 과자 한 봉지를 먹어치우는 것이 최악의 도덕적·영적 실패에 해당했나?

우리의 첫 번째 반응은 나태가 7대 악덕 목록에 포함되지 **않는다**고 말하는 것이다. 애초에 나태를 목록에 올린 것이 명백한 실수로 여겨지지 않았다면 지금 나태를 그 목록에 그대로 두는 것은 분명 시대에 뒤떨어진 일일 것이다. 우리는 에벌린 워(Evelyn Waugh)가 내린 나태함에 대한 20세기의 평가에 동의할 수 있다. "['나태함']"은 '태만'(indolence)의 다소 익살맞은 변종이며, 분명 게으름은 치명적인 죄와는 거리가 아주 먼, 이 세상에서 가장 친근한 약점 중 하나다. 이 세상에서 발생하는 대부분의 문제는 너무 바쁜 사람들에게서 비롯되는 것 같다. 만약 정치인과 과학자들만이라도 좀 더 게으르다면 우리는 모두 얼마나 더 행복해질 수 있을까? 게으른 사람은

---

1   Leigh Rubin, "Rubes" (Creators Syndicate, 2003).

대부분 흉악한 범죄를 저지르지 않는다."²

이와 유사하게 웬디 와서스타인(Wendy Wasserstein)은 2005년 출간된 저서에서 게으름과 무기력함이라는 나태의 개념을 사용하여 자기계발서를 유쾌하게 풍자한다. 그 책의 표지에는 다음과 같이 쓰여 있다.

능청맞게 **나태**[*Sloth*, 여기서 이 단어는 책 제목인 "나태"와 나무늘보라는 이중적 의미가 있음—역자주]는 독자들에게 헌신 없는 무기력한 삶으로 나아가는 길을 단계별로 안내한다. 와서스타인은 "당신은 게으르게 살 권리가 있다"고 말한다.…독자들은 게으름뱅이가 되기 위한 중요한 첫 단계인 에너지와 추진력을 없애는 과정인 무기력증의 중요성에 대해 알게 될 것이다. 이 책은 당신에게 나른한 행복의 완벽한 상태에 도달할 수 있는 다양한 방법을 제시하는 자기계발서와 같다. 독자들은 나무늘보 노래책, 나무늘보 시리얼 바(설탕, 각종 첨가물, 맛있는 암비엔[Ambien, 졸피뎀]이 약간 함유된), 나무늘보 다큐멘터리(토마스 아퀴나스에 대한 저자의 12시간짜리 서사시 같은), 나무늘보 네트워크, 어떻게든 자극이나 도전을 주지 않으려고 기획된 채널 823 등을 만나볼 수 있을 것이다.³

---

2   Evelyn Waugh, "Sloth," in *The Seven Deadly Sins* (London: Sunday Times Publications, 1962; repr., Pleasantville, NY: Akadine, 2002), 57.
3   Wendy Wasserstein, *Sloth: The Seven Deadly Sins* (New York: New York Public Library/Oxford University Press, 2005).

1987년 하퍼스(*Harper's*)의 치명적인 죄를 풍자한 광고에서 나태를 묘사한 광고 문구는 "만약 원죄가 나태였다면 우리는 여전히 낙원에 있었을 것이다"라고 적혀 있다. 이 악덕에 대한 학계와 대중의 설명에 따르면 현대 문화는 나태를 게으름, 비활동성, 무기력함과 동일시하는 경우가 많다.

반면에 우리는 나태에 대한 동일한 설명을 받아들이고 나태를 죄라고, 심지어 심각한 죄라고 부르는 것이 타당하다는 결론을 내릴 수 있다. 성스러운 청중과 세속적인 청중은 모두 이 답변의 한 버전을 제시한다.

성스러운 청중의 버전은 다음과 같다. 나태는 근면이라는 기독교의 위대한 덕목, 즉 강력한 책임감, 열심히 일하는 열정, 하나님이 주신 의무를 양심적으로 완수하는 것에 반한다. 근면과 열정이란 것은 결국 사랑과 헌신의 표현이 아닐까? "근면"(diligence)이라는 단어의 어원은 "사랑하다"(to love)라는 뜻의 라틴어 **딜리게레**(*diligere*)다. 이러한 관점에서 나태함은 의무에 대한 안일한 무관심과 타인의 필요를 소홀히 하는 악의적인 무관심을 표현한다. 만약 당신이 열심히 일하지 않는다면 당신은 충분한 관심을 보이지 않는 것이다. 이러한 관점에서 나태는 단순히 게으르기 때문이 아니라 게으름 뒤에 숨어 있는 사랑의 결핍 때문에 죄로 규정되어야 한다.

이처럼 근면을 중시하는 공동체에서는 "게으른 자여, 개미에게 가서 그가 하는 것을 보고 지혜를 얻으라"(잠 6:6)와 같은 잠언의 경고와 손으로 쓸모 있는 일을 하라는 사도 바울의 훈계(살전 4:11-12)를 언급한다. 이는 몇 세기 후에 요하네스 카시아누스가 이러한 악덕에 대한 해결책으로 수도원에서 육체노동을 할 것을 촉구함으로써 다시 한번 반복해서 강조되었다.

특히 우리의 일이 하나님이 주신 소명이라면 가만히 앉아 있는 것은 쓸모 없을 뿐 아니라 하나님의 부르심을 경멸하는 것과 같다. 이런 이유에서 그 유명한(악명 높은) 개신교 직업윤리가 생겨났다. 특히 오늘날 이러한 견해를 가진 사람들은 일 중독의 위험성에 대해 별로 걱정하지 않는 것처럼 보이 며, 종종 "하나님 나라 대한 헌신적인 봉사"나 "사역에 대한 헌신"과 같은 완곡한 표현으로 이를 합리화하거나 칭송한다. 어떻게 하나님께 싫다고 말 할 수 있겠는가?

심지어 종교계 밖의 세속적인 시각은 근면의 미덕을 칭송하고 나태한 "빈둥거림"에는 눈살을 찌푸리게 한다. 헨리 포드의 감동적인 말처럼 "일 은 우리의 정신이자 자존심이며 구원이다. 일을 통해 그리고 오직 일만이 건강과 부와 행복을 보장할 수 있다."[4] 이와 마찬가지로 「고등교육 신문」 (*Chronicle of Higher Education*)은 대학원에서 성공하기 위해 필요한 덕목 목록 의 가장 첫 번째로 "근면"(discipline), 즉 얼마나 부지런한지를 꼽은 적이 있 다.[5] 조지프 피퍼(Josef Pieper)에 따르면 "대중적인 사고에서 나태라는 '근원 적인 죄'는 '게으른 생각은 악마의 작업장'이라는 속담과 관련이 있다." "이 개념에 따르면 나태함은 근면과 부지런함의 반대 개념으로, 게으름과 빈둥 거림의 동의어로 여겨진다. 결과적으로 **아케디아**(acedia)는 사실상 중산층

---

[4] Henry Ford, Robert McCracken, *What Is Sin? What Is Virtue?* (New York: Harper & Row, 1966), 29에서 인용됨.

[5] Thomas H. Benton, "The Top 5 Virtues of Successful Graduate Students," *Chronicle of Higher Education*, September 5, 2003. 또한 다음을 보라. Thomas H. Benton, "The 7 Deadly Sins of Students," *Chronicle of Higher Education*, April 4, 2006.

의 직업윤리를 설명하는 하나의 개념이 되었다. 그것이 '근원적인 [7대] 죄악' 중 하나라는 사실은 이를테면 자본주의 산업 질서에서 여가의 부재를 종교가 허용하고 승인한 것처럼 보인다."[6]

근대 산업화 시대 이후 근면과 "부지런함"은 수익성과 직업적 성공을 목표로 삼는 실용적인 덕목이 되었다. 직업이 의미와 가치, 정체성의 원천으로서 종교를 대체하는 시대에 게으름은 여전히 큰 오명을 안고 있다. 우리 사회는 생산성, 효율성, 잠재력의 극대화라는 잣대로 개인의 가치를 측정한다. 따라서 바쁘게 움직이지 않으면 우리는 아무 쓸모 없는 존재가 될 것이다.

사랑과 "일생의 긴 여정"

내가 나태에 대해 연구하기 시작했을 때 나는 나태가 내가 걱정할 필요가 없는 **유일한** 악덕이라는 확신을 갖고 있었음을 고백해야 할 것 같다. 그렇게 확신했던 이유를 굳이 들자면 나는 너무 바쁘고 지나칠 정도로 열심히 일하는 데다 완벽주의자이기 때문이다. 부주의, 무관심, 게으름, 노력 부족은 절대로 내 문제일 수 **없었다**! 하지만 분주함과 일 중독이 미덕이 아닌 게으름의 전형적인 증상이라는 피퍼의 주장을 접하면서 나의 취약한 독선은 금세 물거품이 되어버렸다. "**아케디아**와 일상의 부지런함은 서로 잘 공존

---

[6]   Josef Pieper, *On Hope* (San Francisco: Ignatius, 1986), 54–55.

할 수 있을 뿐만 아니라 심지어 우리 시대의 무분별하게 과장된 일 중독이 **아케디아**와 직접적인 연관이 있다는 것도 사실이다."[7] 전통적인 개념에 따르면 게으른 사람의 무심한 무력증과 바쁜 사람의 끊임없는 움직임은 모두 이 악덕에 시달리는 마음에서 비롯될 수 있다는 것이 밝혀졌다. 어떻게 이것이 가능할까?

나태가 단순히 게으름, 즉 근면의 미덕에 반대되는 악덕이라면 우리는 이 질문에 답할 수 없을 것이다. 완전한 설명을 위해서는 이 악덕의 본래 정의로 돌아가야 한다. 나태 또는 "아케디아"(카시아누스를 비롯한 초기 그리스도인들은 나태를 이렇게 부름[8])는 기원후 4세기 사막 교부들과 교모들이 자신들이 경험한 유혹에 붙인 명칭이다. 그들의 뒤를 이은 중세 기독교 신학자들은 이 개념을 더욱 발전시켰다. 도덕 및 영성 형성의 기독교 전통에서 나태의 오랜 역사를 되돌아보면 우리는 현대의 개념과 아케디아의 본래 영적 뿌리 사이에 큰 차이가 있다는 점에 놀라움을 금치 못할 수도 있다. 이것이 바로 내가 오래된 옛 이름을 선호하는 이유다.[9] 전통적인 정의를 되짚어보면 왜 우리가 현재 아케디아의 증상을 겉으로 드러나는 미덕으로 착각하는 경향이 있는지, 그리고 본래 아케디아는 일에 대한 게으름보다 사랑에 대

---

[7] Pieper, *On Hope*, 55.
[8] 다음의 예를 보라. Cassian, *The Institutes of the Cenobia and the Remedies for the Eight Principal Vices* 10.8–13, trans. Boniface Ramsey, OP, Ancient Christian Writers 58 (Mahwah, NJ: Newman, 2000).
[9] 라틴어 *acedia*(때로는 *accidie*)는 "관심의 부족"을 의미하는 그리스어 *akēdia*(ἀκηδία)에서 유래했다.

한 게으름과 더 관련이 있었다는 것을 알 수 있다.

사막의 초기 그리스도인들에게 아케디아는 영적인 삶과 관련하여 많은 관심을 받았다. 그들은 보편적으로 아케디아를 정욕적인 육체적 쾌락과 같이 "육체적" 대상을 가진 악덕이 아니라 영적인 악덕으로 분류했다. 아케디아는 성숙한 그리스도인조차도 종교적 헌신을 완전히 포기하게 만들 수 있었다.[10] 폰토스의 에바그리오스가 4세기에 이 악덕을 묘사한 다채로운 그림을 생각해보라.

정오의 악마(참조. 시 90:6)로도 불리는 이 아케디아 악마는 모든 악마 중에서 가장 잔인한 악마다. 그는 제4시[오전 10시]에 수도사를 공격하고 제8시[오후 2시]까지 그의 영혼을 포위한다. 우선 그는 태양이 천천히 움직이거나 전혀 움직이지 않는 것처럼 보이게 하고, 하루가 50시간인 것처럼 보이게 한다. 그런 다음 그는 수도사에게 끊임없이 창문을 바라보고, 그의 독방에서 뛰쳐나와 태양이 제9시[오후 3시] 방향에서 얼마나 멀리 있는지 보고, 이쪽과 저쪽을 두리번거리게 한다.…또한 악마는 그에게 그 장소와 그의 삶의 상태 자체, 육체노동에 대한 혐오감과 형제들 사이에서 사랑이 사라지고 그를 위로할 사람이 없다는 생각을 심어준다. 그리고 그곳에 있는 동안 수도사의 기분을 상하게 한 사람

---

10 Morton W. Bloomfield, *The Seven Deadly Sins* (Lansing: Michigan State University Press, 1967), 75; Siegfried Wenzel, *The Sin of Sloth: Acedia in Medieval Thought and Literature* (Chapel Hill: University of North Carolina Press, 1967), 10; *Evagrius of Pontus: The Greek Ascetic Corpus*, trans. and ed. Robert E. Sinkewicz (Oxford: Oxford University Press, 2003), 72.

이 있다면 악마는 그것 역시 (그 장소를) 싫어하는 마음을 극대화하는 데 사용한다. 악마는 수도사가 자신의 필요를 충족시키고 더 쉽고 생산적인 거래를 하기 위해 쉽게 찾을 수 있는 다른 장소에 대한 열망을 갖게 하고, 주님을 기쁘시게 하는 것은 특정한 장소에 있는 것이 문제가 아니라고 덧붙인다. 왜냐하면 성경은 하나님은 어디서나 예배할 수 있다고 말하기 때문이다(참조. 요 4:21-4). 악마는 이러한 제안을 수도사의 친밀한 관계와 이전의 삶의 기억과 연결하여 그의 일생의 긴 과정을 묘사하면서 고행이라는 마음의 짐을 그의 눈앞에 가져가고, 속담에서 말하듯이 수도사가 그의 수도원 독방을 벗어나 경기장에서 도망치도록 모든 수단을 동원한다. 다른 어떤 악마도 이 싸움이 끝난 직후에 곧바로 나타나지 않는다. 이 싸움이 끝난 후에는 영혼에 평화와 형언할 수 없는 기쁨의 상태가 찾아온다.[11]

다른 유혹은 떠오르고 지는 태양처럼 영혼의 한 부분만 건드리는 반면, 정오의 악마[아케디아]는 영혼 전체를 감싸고 생각을 질식시키는 데 익숙하다.[12]

에바그리오스의 이야기는 암마 테오도라(Amma Theodora)의 이야기와 비슷하게 들린다. 많은 사람들은 그녀가 이 악덕에 대한 첫 번째 설명을 제공했다고 인정한다.

---

11 Evagrius, *Praktikos* 6.12. 참고: 에바그리오스는 시 90:6을 인용하고 있는데, 현대 번역에서는 시 91:6이다.
12 Evagrius, *Praktikos* 36.

당신이 평화롭게 살려 하자마자 즉시 악마가 와서 아케디아와 소심함과 악한 생각을 통해 당신의 영혼을 짓누른다. 또한 이 악마는 질병, 쇠약함, 무릎의 약화와 모든 [육체적] 지체들을 통해 당신의 몸을 공격한다. 그것은 영혼과 육체의 힘을 소진시켜 우리로 하여금 자신이 병에 걸려 더 이상 기도할 수 없다고 믿게 만든다. 그러나 우리가 깨어 있으면 이 모든 유혹은 사라진다. 실제로 기도를 시작할 때마다 감기와 열에 시달리고 두통으로 고통 받는 수행자가 한 명 있었다. 그러한 상황에서 그 수행자는 "나는 병에 걸려 죽음이 가까웠으니 이제 죽기 전에 일어나서 기도하자"고 생각했다. 수행자는 이러한 방식으로 사고함으로써 자기 훈련을 실천했다. 기도를 마치자 열이 가라앉았다. 그렇게…수행자는 저항하고 기도하며 도움이 되지 않는 생각을 극복할 수 있었다.[13]

사막 교부들과 교모들이 말하는 "아케디아"는 노력의 실패, 즉 사랑의 부족과 관련된 실패를 의미한다. 그들이 사용한 그리스어 단어(*akēdia*)는 문자적으로 "관심의 부족"을 의미한다. 이 악덕을 가진 수도사와 수녀는 낙담이나 억압감, 심지어 혐오감으로 표현되는 심각한 영적 질병에 직면하게 된다. 무엇보다도 육체적 활동의 부족은 이러한 내면의 더 심각한 문제의 증상을 구체적으로 드러냈다.

우리는 에바그리오스의 기록(여기서는 간략하게만 소개됨)을 통해 두 가

---

13 Amma Theodora, Laura Swan, *The Forgotten Desert Mothers: Lives, Sayings, and Stories from Early Christian Women* (Mahwah, NJ: Paulist Press, 2001), 65에서 인용됨.

지 점에 주목해야 한다. 첫째, 사막 공동체는 아케디아를 매우 강력하고 심각한 악덕으로 취급했다는 점과 둘째, 그들이 보기에 아케디아는 그리스도인으로서의 정체성과 소명에 대한 우리의 근본적인 헌신을 위협한다는 점이다. 아케디아는 우리의 삶을 하나님께 바치는 근본적인 헌신을 공격하기 때문에 우리를 고도의 영적 투쟁에 휘말리게 한다. 우리는 아케디아를 육체적 안식이라는 편안한 감정이나 슬픈 감정과 혼동해서는 안 된다(임상적 우울증과는 더욱 그래서는 안 된다).[14] 비록 아케디아가 때때로 우리를 슬픈 감정으로 끌어내리지만, 모든 악덕과 마찬가지로 아케디아와 그 증상은 궁극적으로 자신의 선택의 누적된 결과를 나타낸다. 에바그리오스는 아케디아를 영적 악덕으로 분류하는데, 그 이유는 아케디아가 우리의 영적 소명과 그에 따르는 실천에 대한 내적 저항과 냉담함을 수반하기 때문이다. 사막 교부들과 교모들은 아케디아를 혐오, 역겨움, 낙담, 억압, 불안으로 묘사하는데, 그 이유는 이 악덕을 지닌 사람들은 하나님께 헌신하는 것을 견딜 수 없는 부담으로 느끼기 때문이다. 이 악덕을 가진 사람들의 관점에서 볼 때 그러한 신실한 삶은 매일의 고단하고 지루한 훈련만을 제공할 뿐이다. 그들은 종교적 정체성이 요구하는 것에서 벗어나 그 지겨운 요구로부터 자유로워지기를 훨씬 더 원한다. 초기 사막 영성에서 혐오의 대상이 된 아케디아는 악덕의 사슬의 영적 끝자락에 자리를 잡았다.

---

[14] 인간에 대한 에바그리오스의 전체론적 접근법과 이 악덕과 다른 악덕들에 대한 사막 교부들과 교모들의 설명은 정서적인 삶과 영적인 삶을 나누는 현대적 구분을 모호하게 만든다. 아래의 각주 17을 보라.

에바그리오스의 제자 요하네스 카시아누스의 저서에서 우리는 나태의 특징인 내적 저항이 외적으로 드러나는 것을 강조하는 방향으로 전환하는 것을 볼 수 있다. 카시아누스는 사막의 금욕주의를 서방 라틴 세계에 이식하여 오늘날 우리에게 더 친숙한 공동체적 형태의 수도원(예. 성 베네딕토 **규칙서**를 따르는 수도회)을 설립했다. 수도회는 각 수도사나 수녀가 공동체의 영적·육체적 안녕에 기여할 것을 바랐다. 비록 사막 교부들과 교모들도 육체노동의 영적 중요성을 강조했지만, 그들은 카시아누스처럼 일을 회피하는 것보다 "방(자신이 살던 장소와 공동체)을 벗어나는 것"과 아케디아를 더 직접 연관시켰다. 카시아누스는 이 악덕에 대한 해결책으로 육체노동의 중요성을 명시적이고 광범위하게 논의한다. 따라서 아케디아는 역사의 초기에 육체적 비활동 및 육체노동의 기피와 연관되었다. 카시아누스는 아케디아를 설명할 때 "게으름", "느림", "졸음", "무기력", "노력 부족" 등의 표현을 다음과 같이 사용한다. "잠자는 게으름과 아케디아에 사로잡힌 [수도사들은]⋯[자신의] 노력으로 옷을 입기보다는 게으름의 누더기로 옷 입기를 선택했고⋯게으름의 결과로 나태해져서⋯육체노동으로 자신을 부양하려 하지 않는다."[15]

그러나 카시아누스에게도 게으름은 나태에 사로잡힌 사람의 내적 상태를 드러내는 행동이다. 여기서 그는 이 악덕에 대한 에바그리오스의 설

---

15 Cassian, *Institutes* 10.21. 이와 유사한 설명은 다음을 보라. *Conferences* 5.16, trans. Boniface Ramsey, OP, Ancient Christian Writers 57 (Mahwah, NJ: Newman, 1999).

명을 반복한다. "일단 [아케디아가] 비열한 사람의 생각을 사로잡으면 아케디아는 그 사람이 자신이 있는 곳을 싫어하고 자신의 방에 혐오감을 느끼게 한다.…이와 마찬가지로 아케디아는 그가 자신의 거처 안에서 자신이 해야 할 모든 일에 나태함을 보이고 움직이지 않게 만든다."[16] 카시아누스의 설명에 따르면 신체적 비활동이나 노력 부족은 우리 내면의 상태에 대한 **결과** 또는 **표현**이다. "그의 거처 안에서 해야 할 일"에는 영적 수행과 종교 공동체를 위한 육체적 의무가 모두 포함된다. 어떤 형태로든 이 "일"을 회피하는 구성원은 하나님에 대한 사랑으로 하나로 묶인 특정 영적 공동체에 대한 자신의 정체성과 본분에서 멀어지고 있는 것이다. 단순한 (육체적) 게으름이 반드시 악덕을 의미하는 것은 아니다. 오히려 영적 의무—경건한 수행을 하든 육체노동을 하든 수도원에서 다른 사람들을 위해 하는 일—를 게을리하는 행위가 영적 소명에 대한 내적 불만과 저항을 나타내는 경우에만 아케디아로 간주된다.[17]

아케디아의 내적 표현과 외적 표현은 모두 이 악덕을 영적인 삶의 일

---

[16] Cassian, *Institutes* 10.2. 아케디아가 수도사에게 가하는 괴로움에 대한 이 긴 설명은 에바그리오스의 설명만큼이나 다채롭다.

[17] Laura M. Lysen, in "Vicious Sorrow: The Roots of a 'Spiritual Sin' in the *Summa theologiae*," *Studies in Christian Ethics* 30, no. 3 (2017): 329-47은 아케디아를 주로 감정으로 특징짓지만, 전통에서는 의지적 동의가 아케디아를 악덕으로 규정하는 데 결정적인 역할을 한다. Lysen은 아케디아가 슬픔으로 나타난다고 정확하게 지적하지만, "이성의 동의"(아퀴나스의 용어이지만, 여기서는 치명적인 것과 사소한 것을 구분하는 것이 적절하다. *ST* II-II 35.3을 보라)를 받지 않은 감정에 죄를 부여하는 것은 잘못일 것이다. 에바그리오스도 이에 동의한다. "수도자에게 있어 죄는 금지된 쾌락[또는 욕구]에 대한 생각의 동의다"(*Praktikos* 75; 71-90도 보라). Lysen과 Norris(각주 20 참조)는 아케디아와 우울함을 하나로 결합하는 경향이 있지만, 나는 이 둘을 구별해야 한다고 주장한다. 또한 각주 18을 보라.

상적 요구와 연관시키고 있다. 에바그리오스와 마찬가지로 카시아누스도 나태를 매우 심각하게 받아들인다. 그것은 하나님과 일평생 계속되는 관계를 발전시키는 데 헌신하는 한 개인의 근본적인 정체성을 위협할 뿐만 아니라 그 정체성에 의해 형성된 종교 공동체에 대한 헌신도 약화시킨다.[18] 시편 119편은 그러한 헌신과 나태의 대비를 강조한다. 시편 저자는 28절에서 매우 지쳐 있는 자신을 발견하고 이것이 하나님에 대한 자신의 사랑과 신실함을 표현하는 대표적인 영적 실천, 즉 하나님의 율법을 매일 묵상하는 데 방해가 된다고 느낀다.

지금과 아직

중세 신학자 토마스 아퀴나스는 고대 금욕주의 전통의 아케디아 개념과 게으름을 뜻하는 현대의 나태 개념 사이의 교차점에 있는 아케디아에 대해 설명한다. 아퀴나스는 왜 아케디아가 전통적인 악덕 목록에 포함되는지를 설명한다. 또한 그는 이 악덕이 게으름과 쉴새 없는 바쁨으로 표현될 수 있

---

[18] 원래 아케디아와 트리스티티아(*tristitia*, 슬픔)는 별개의 악덕이었다. 카시아누스와 에바그리오스는 슬픔의 원인이 사막에서의 종교적 헌신에 필요한 세속적인 것에 대한 포기가 불충분하기 때문이라고 설명한다. 이러한 습관적인 슬픔은 종교적 소명에 대한 분노와 반감을 불러일으키는데, 이것이 바로 아케디아다. 그레고리오 1세는 슬픔과 아케디아를 **트리스티티아**는 용어로 묶었다. 반면 아퀴나스는 아케디아를 다른 유형의 슬픔으로 정의했다. 나태에 대한 나의 설명은 아퀴나스의 정의에 기초하지만, "새 자아"에 대한 헌신과 그 안에서 발견하는 기쁨을 어렵고 불쾌하게 만드는 "옛 자아"에 대한 과도한 집착과 더불어 초기 단계의 슬픔-포기의 역학관계를 그대로 유지한다.

는 사랑의 결핍을 어떻게 반영하는지를 설명한다. 우리는 그의 정의를 좀 더 자세히 분석해볼 필요가 있다. 그는 아케디아를 "우리 안에 있는 하나님의 선에 대한 혐오감"이라는 모호한 정의로 시작한다.[19] 이것은 무슨 뜻일까?

아마도 하나의 유비가 도움이 될 것이다. 전형적인 남편과 아내를 상상해보라. 일반적으로 이 부부는 진정한 사랑과 우정의 관계를 맺고 있다. 어느 날 저녁, 그들은 저녁 식사 시간에 서로 다투고 밤새도록 집안 반대편 구석으로 향한다. 그들은 사과하고 용서하고 화해하기보다는 불편하게 거리를 두고 서로 떨어져 지내는 것이 훨씬 쉽다는 것을 알게 된다. 불화 이후 서로 사랑하고 함께 사는 법을 배우려면 자신의 분노, 자기 방식대로 하려는 욕망, 세상을 각자의 관점으로만 보려는 고집을 포기해야 한다. "미안하다"고 말하는 데는 노력이 필요하지만, 여기서 "노력"이란 **단순히** 집 안을 가로질러 걸어가 그 말을 하는 육체적 노동을 각자가 거부한다는 것을 의미하지 않는다. 아마도 그들은 최근의 이 불협화음을 지난 몇 년 동안 해왔던 싸움을 또다시 지루하게 재연하는 것으로 보고 있을 것이며, 따라서 이 문제는 해결될 기미가 전혀 보이지 않는 것 같다. 한 번 더 사과하는 동작을 반복하는 것이 무슨 의미가 있겠는가?

그들은 이 관계를 유지하고 싶을까? 물론 그렇다. 두 사람 모두 서로에

---

19 ST II-II 35; Aquinas, *Disputed Questions on Evil* 11, trans. Richard Regan, ed. Brian Davies (New York: Oxford University Press, 2003).

대한 약속을 (아직은) 저버리지 않을 것이다. 하지만 그들은 "올인"하기 위해 필요한 모든 것을 정말 하고 싶을까? 즉 그들은 관계 속에서 생겨나는 현실적이고 때로는 지루하고 평범한 일상의 요구들을 존중하고 싶을까? 함께 사는 평범한 일상에서 그들은 진정한 이타심을 배우고 싶을까? 그들은 아마도 한숨을 내쉬며 내일로 미루려 할 것이다. 적어도 지금은 각 배우자가 자신의 이기적인 외로움에 빠져 밤을 보내고 싶어 한다. 특히 사랑을 표현하는 것이 지루한 형식이나 공허한 의식처럼 느껴질 때 혹은 그러한 사랑이 전혀 설레지 않을 때 배우자가 보이는 시큰둥한 반응은 이와 같은 유혹을 더욱 부추긴다. 때로는 그다지 힘들지 않은 노력조차 피하려 한다. 배우자가 퇴근하고 집에 돌아와 인사를 하려 할 때 다른 곳으로 시선을 돌리려고 스마트폰을 들여다보는 등 말이다. 시간이 지날수록 이러한 작은 행동이 불편하거나 귀찮다는 이유로 배우자를 사랑으로 대하는 작은 행동조차 점차 소홀해진다. 어차피 그들은 큰 변화를 만들지 못하는 것 같다.

    결혼과 오랜 우정이 아케디아라는 악덕이 초래하는 문제들을 보여주는 좋은 사례가 되는 이유는 무엇일까? 끈끈한 우정이나 결혼은 그것이 가져다주는 모든 기쁨에도 불구하고 부담스러워 보일 수 있다. 우리는 관계를 처음 시작할 때보다 유지하고 발전시키기 위해 시간뿐만 아니라 자기 자신까지도 투자해야 한다. 물리적 수용보다 더 어려운 것은 정체성의 수용이다. 개인의 "자유"라는 관점에서 볼 때 사랑의 관계를 키워나간다는 것은 우리에게 변화와 대가를 요구한다. 그것은 우리의 우선순위를 재조정하도록 우리를 압박할 것이다. 우리의 계획에는 크고 작은 차질이 생길 수 있다. 그것은 희생을 요구할 것이다. 그것은 우리의 생각과 욕망의 패턴을 바꾸고 우리가 세상을 바라보는 시각을 변화시킬 것이다. 더 이상 "너의 삶"이나 "나의 삶"이 아닌 "우리의 삶"이 될 것이다. 이러한 관점에서 볼 때 우리는 사랑의 변화시키는 힘에 마음을 열고 사랑의 요구에 응하는 것보다 적극적으로 노력하지 않고 거리를 두는 것이—설령 궁극적으로 더 불행하더라도—더 쉽고 안전하다고 판단할 수 있다.

때로는 가정생활이나 오랜 우정이 행복감과 활력을 주지만, 때로는 지루한 일상이나 따분한 일처럼 느껴지기도 한다. 아케디아의 역학관계를 이해하려면 우리는 모든 사랑의 관계에 헌신하기 위해서는 매일의 돌봄과 매일의 노력과 실천이 얼마나 중요한지를 알아야 한다. 이를 소홀히 하면 관계는 서서히 무너진다. 원망이나 이기적인 주장이 계속 커지면 관계는 악화되고 우리는 질식시키는 덫처럼 느껴지는 이러한 관계에 분개하게 된다. 캐슬린 노리스(Kathleen Norris)는 결혼생활을 "영원하지만, 집안일만큼이나 일상적이고 낭만적이지 않다"고 말한 적이 있다.[20] 원하든 원치 않든 우리는 꾸준한 실천과 훈련을 통해 사랑하려는 마음을 새롭게 하고 사랑의 약속을 계속 유지해나간다. 나태한 사람은 특별히 의욕이 있든 없든 꾸준히 사랑의 유대를 강하고 건강하게 유지하기 위해 필요한 매일매일의 노력을 거부한다.

---

20 Kathleen Norris, *The Quotidian Mysteries: On Laundry, Liturgy, and Women's Work* (Mahwah, NJ: Paulist Press, 1998), 53; Kathleen Norris, *Acedia and Me: Marriage, Monks, and a Writer's Life* (New York: Riverhead, 2008).

하나님과의 관계도 이와 같은 패턴을 따른다고 생각하면 아퀴나스가 정의한 아케디아를 이해하는 데 도움이 될 것이다. 아케디아의 대표적인 행동이 하나님의 선을 기뻐하는 대신 이를 혐오하여 회피하고 꺼리는 것으로 나타난다면 우리 안에 무언가 잘못되어 있는 것이 틀림없다. 그러나 그 선이 무엇인지에 대해서는 조금 더 설명이 필요하다.

"우리 안에 있는 하나님의 선"은 아퀴나스의 중세적 표현을 빌리자면 우리 마음속에 성령이 내주하시는 것, 즉 우리 안에 하나님의 생명이 내재하는 것을 의미한다. 바울은 이것을 이렇게 표현한다. "내가 그리스도와 함께 십자가에 못 박혔나니 그런즉 이제는 내가 사는 것이 아니요 오직 내 안에 그리스도께서 사시는 것이라"(갈 2:19-20). 하나님이 우리 안에 살아계실 때 성령은 우리의 전 존재를 변화시키신다. 즉 옛것은 지나가고 새 것이 온 것이다. 성령의 능력으로 우리는 "하나님을 따라 의와 진리의 거룩함으로 지으심을 받은 새 사람을 입"어야 한다(엡 4:24, 골 3:10도 보라). 아퀴나스는 이 은혜를 "우리 안에 있는 영광의 시작"이라고 부른다.[21] 즉 아케디아의 저항은 다름 아닌 성령의 은사와 우리의 그리스도 안에서의 새로운 정체성을 목표로 한다. 어떻게 그렇게 말할 수 있을까?

그리스도인은 하나님께서 성령을 통해 우리 마음속에 살아계셔서 우리가 새로운 사람이 될 수 있도록 힘을 불어넣으신다는 것을 잘 알고 있다. 그러나 그리스도 안에서 우리의 새로운 정체성은 "지금"이면서 동시에 "아

---

21 *ST* II-II 24.3.

직"인 약속이자 현재의 현실이다. 아케디아는 그 틈새에 발 디딜 곳을 마련한다. 현재로서는 하나님의 임재는 약속이자 시작이며, 우리의 새로운 자아는 비록 창조되었지만 아직 성숙하거나 완전하지 않다. 왜 아직 아닐까? 성령은 하룻밤 사이에 요술 지팡이를 휘두르며 완벽함을 가져다주지 않기 때문이다. 새로운 정체성으로 성장하는 프로젝트는 평생에 걸쳐 이루어지며, 우리도 평생 협력해야 한다. 우리는 이것을 거룩하게 되는 과정, 즉 "성화"라고 부른다. 따라서 어떤 의미에서 우리는 **이미** 그리스도인이지만, 또 다른 의미에서는 아직 그리스도인이 **되어가고** 있는 것이다. 하나님은 우리 안에 "이미" 계시면서도 "아직 완전히" 계시지 않는다. 그분에 대한 우리의 사랑은 갈망과 기쁨의 안식이라는 두 가지 성격을 모두 가지고 있다. 따라서 바울이 그리스도인들이 믿음 안에서 성장하고 점점 더 그리스도를 닮아가도록 격려하는 것은 당연한 일이다. 우리는 그저 "나는 구원받았습니다! 주님을 찬양합니다!"라고 말한 후 가만히 앉아서 하나님이 우리를 위해 모든 것을 이루셨다고 말할 수 없다.

그럼에도 불구하고 우리는 거룩함을 향해 나아가는 과정에서 은혜가 하는 역할을 간과해서는 안 된다. 그리스도를 닮아간다는 것은 우리 자신을 발전시키고 하나님의 은총에 합당한 자리를 차지하기 위해 미친 듯이 노력하는 것을 의미하지 않는다. 성화에는 노력이 필요하지만, 스스로 얻는 것은 아니다. 베드로후서 1:3-7은 모든 오해를 불식시켜준다.

그의 신기한 능력으로 생명과 경건에 속한 모든 것을 우리에게 주셨으니 이는

자기의 영광과 덕으로써 우리를 부르신 이를 앎으로 말미암음이라. 이로써 그 보배롭고 지극히 큰 약속을 우리에게 주사 이 약속으로 말미암아 너희가 정욕 때문에 세상에서 썩어질 것을 피하여 신성한 성품에 참여하는 자가 되게 하려 하셨느니라.

그러므로 **너희가 더욱 힘써 너희 믿음에** 덕을, 덕에 지식을, 지식에 절제를, 절제에 인내를, 인내에 경건을, 경건에 형제 우애를, 형제 우애에 사랑을 **더하라**(강조는 덧붙여진 것임).

앞서 언급한 유비를 다시 한번 살펴보면 그리스도인의 삶은 결혼과 유사하다. 두 가지 모두 평생 매일매일 삶으로 살아내야 하는 새로운 정체성을 받아들이는 것을 포함한다. 한 쌍의 커플은 결혼식 날 서약을 하고 그 순간부터 **결혼한 부부**다. 하지만 결혼을 **한다는** 것—즉 부부관계에 시간과 노력을 투자하고 관계를 구축함으로써 그 서약을 실천하는 것—은 남은 일생 동안 매일매일 최선을 다해야 하는 것이다. 그들의 사랑과 정체성은 현재와 미래의 성격을 모두 가지고 있다. 그들은 사랑을 선물이자 삶을 변화시키는 과제로 경험한다. 따라서 아케디아에 사로잡힌 사람도 하나님의 사랑이 가져다주는 이러한 정체성의 변화에 저항한다.

이러한 변화에는 시간이 걸린다. 이것이 바로 전통적으로 아케디아라는 악덕을 인내, 신실함, 지속적인 헌신에 반대되는 개념으로 일관되게 간주하는 이유다. 아퀴나스는 악마는 아케디아를 가질 수 없다고 주장한 바 있다. "나태를 게으름으로" 잘못 해석하면 우리는 악마가 육체적으로 피곤하거나 육체적 활동에 지칠 수 없는 영적 존재이기 때문에 그렇다고 생각할 수 있다. 그러나 아퀴나스의 견해에 따르면 악마의 의지는 일생에 걸쳐 수많은 선택과 행동을 통해 하나님을 사랑하거나 거부하는 (덜 완전한) 인간의 의지와 달리, 단 한 순간의 선택으로 하나님을 온전히 사랑하거나 거부할 수 있기 때문이다. 하나님을 향한 우리의 사랑, 그분을 닮으려는 우리의 선택은 날마다 반복적으로 실천해야 한다. 그리고 이러한 헌신을 오랜 세월 동안 꾸준히 유지해야 한다는 점에서 아케디아는 언제든지 발생할 수 있다.

요약하자면 우리가 아케디아를 습관화할 때 우리는 하나님과 연합하고 그분께 사랑으로 헌신하는 데서 얻는 기쁨을 외면하게 된다. 우리 안에 계신 하나님의 임재를 기뻐하는 대신, 우리는 하나님의 사랑이 우리를 주장하는 것에 대해 불평하고 원망한다. 우리는 관계를 발전시키고 심화시키기 위해 기꺼이 헌신하기보다는 그 관계의 요구에 저항한다. 비록 아케디아가 만성 우울증과 비슷한 증상으로 나타날 수 있지만, 이는 뇌 화학이나 심리학적 증상의 문제가 아니라 마음의 습관이다. 비록 아케디아가 주로 슬픔의 감정으로 우리를 짓누르지만, 모든 악덕과 마찬가지로 아케디아와 그 증상들도 궁극적으로는 우리의 결정의 누적된 결과를 표현한다. 설령 감정이 아케디아에서 비롯되고 그것을 강화한다 하더라도 감정이 일차적으로 아케디아를 규정하지는 않는다. 오히려 이 악덕은 고착화된 고의적인 저항의 습관에 해당한다. 물론 사랑은 근본적으로 헌신에 이르는 일련

의 선택이긴 하지만 말이다.²²

아케디아에 대한 아퀴나스의 견해는 아케디아가 심각한 악덕이라는 전통적 명성을 설명해준다. 아케디아가 우리의 마음을 사로잡을 때 우리는 그리스도 안에 있는 우리의 정체성과 우리 안에 계신 성령의 임재를 거부한다. 우리는 "하나님을 본받는 자"(엡 5:1)가 되고 남은 평생 그분에 의해 변화되는 삶을 살라는 하나님의 초대에 주저하게 된다. 이것이 중대한 악덕에 대한 설명이 아니라면 과연 다른 어떤 것을 꼽을 수 있단 말인가?

내면의 전쟁

동시에 바로 이 설명은 어려운 질문을 제기한다. 우리는 어떻게 마음속에 계신 하나님의 임재에 대해 기분이 상할 수 있을까? 우리의 행복의 열쇠를 쥐고 있는 사랑의 선물에 대해 무엇이 우리로 하여금 불만을 갖게 만들 수 있을까? 우리는 하나님의 사랑을 우리가 소유할 수 있는 가장 큰 선물로 여겨야 한다! 그 선물을 받은 사람은 왜 그것을 멀리하고 싶어 할까?

아퀴나스는 갈라디아서 5:17에 나오는 사도 바울의 말로 답을 대신한다. 성령과 육체의 대립은 아케디아를 일으킨다는 것이다.²³ 언뜻 보기에 이

---

22 아케디아의 정서적 특성을 인정하더라도 우리가 왜 악덕으로서의 아케디아에 대한 도덕적인 책임을 져야 하는지 여전히 설명해야 한다. 아퀴나스는 슬픔과 같은 감정이 우리를 아케디아에 더 취약하게 만들 수 있다고 지적한다(ST IIII 35.1).
23 Aquinas, *On Evil* 11.2 and *ST* II-II 35.3.

것은 우리가 방금 명확히 밝힌 정의와 혼동을 일으키는 것 같다. 과연 그의 대답은 아케디아가 우리를 영적 의무를 소홀히 하면서 소파에 누워 있는 육체 덩어리가 되는 편을 선호하게 만든다는 뜻일까? 그것은 마치 영적 성장이 육체적 편안함보다 뒷전으로 밀릴 때 아케디아가 발생한다는 잘못된 견해로 회귀한 것처럼 들린다. 히에로니무스 보쉬(Hieronymus Bosch)와 같은 16세기 예술가들이 늦잠을 자며 교회에 가지 않는 남편을 꾸짖는 아내의 모습으로 이 악덕을 묘사한 것은 놀랄만한 일이 아니다.[24] 그렇다면 결국 아케디아는 게으름에 불과한 것일까?

아퀴나스와 바울은 모두 아니라고 말한다. 고대와 중세 기독교 전통은 일관되게 아케디아를 영적 악덕으로 규정하고 있다. 즉 이 악덕에 빠진 사람들은 정욕과 탐식에 빠진 사람들처럼 주로 편안함과 안락함, 쾌락과 같은 육체적 재화를 갈망하지 **않는다.**[25] 대신 아퀴나스는 바울이 "성령-육체"를 구분할 때 그가 죄로 물든 옛 본성과 그리스도 안에서 구속받은 우리의 새 본성을 대조하기 위해 그리한 것이라고 말한다. 싸움은 육체와 영혼 또는 영과 육의 싸움이 아니다. 오히려 죄로 물든 옛 자아는 성령에 의해 살아

---

[24] Hieronymus Bosch, *Table of the Seven Deadly Sins* (early sixteenth century), https://www.museodelprado.es/en/the-collection/art-work/table-of-the-seven-deadly-sins/3fc0a84ed77d-4217-b960-8a34b8873b70; 또한 다음을 보라. Pieter Bruegel the Elder, *Sloth (Desidia), from the Series the Seven Deadly Sins* (mid-sixteenth century), https://www.metmuseum.org/toah/works-of-art/26.72.34/.

[25] "나태[아케디아]가 영적인 선을 번거롭거나 귀찮은 것으로 또는 육체적 휴식을 방해하는 것으로 회피하는 한, 나태를 특별한 악덕이라고 말할 수 없다. 왜냐하면 이것은 나태를 육체적 안락과 쾌락을 추구하는 육체적 악덕과 구별되지 않게 만들기 때문이다(*ST* II-II 35.2).

난 새 자아로 변화하는 것에 저항한다. 이전의 정체성과 그 익숙한 방식을 버리는 것은[26] 마치 죽는 것처럼 느껴진다. 설령 진정한 십자가를 구현하는 삶이 그것을 요구하더라도 그것은 우리가 당연히 피하고 싶은 것이다.

영적 싸움은 여러 전선에서 일어난다. 때로는 육체적 쾌락이나 육체적 피로, 심지어 슬픔과 같은 육체적 감정이 우리를 죄에 더 취약하게 만들기도 한다. 그러나 이 악덕의 경우에 저항은 무엇보다도 우리 마음속에 자리 잡고 있다. 아케디아는 말 그대로 우리를 우리 자신으로부터 갈라놓는다. 우리는 하나님과의 사랑의 관계를 위해 지음을 받았다. 아케디아는 우리가 성취감을 얻기 위한 방법으로 그 관계를 거부하고, 대신 다른 무언가(무엇이든!)가 그 역할을 대신하도록 할 때 나타나는 우리의 본성을 드러낸다.[27] 우리는 우리의 진정한 모습보다 더 못한 모습에 안주하려고 한다.

우리가 앞서 언급한 결혼의 예를 떠올려보라. 다른 사람을 사랑하려면 우리의 이기적인 옛 본성이 수천 번 죽는 과정이 필요하다. 이것이 바로 아케디아에 빠진 사람이 저항하는 것이다. 어떤 경우에는 이 일에 육체적 노력이 포함될 수도 있지만(따라서 사랑의 요구에 대한 우리의 저항은 필요한 육체적 노력으로 인해 더욱 심해질 수 있다), 이 두 가지를 단순히 동일시해서는 안 된

---

26 영성 형성 문헌에서는 이를 "거짓 자아"라고 부른다.
27 Søren Kierkegaard, in *The Sickness unto Death*, trans. Howard V. Hong and Edna Hong (Princeton, NJ: Princeton University Press, 1985), 67-74. 그는 하나님과 자아의 의존적 관계를 인정해야 하므로 이 자아를 자기 자신이 되기를 거부하는 자아로 묘사한다. 만약 이러한 거부가 덜 의도적인 것이라면 아케디아는 Kierkegaard가 말하는 약함에 대한 절망에 더 가깝다고 말할 수 있다(특히 55-56을 보라).

다. 위에서 살펴본 바와 같이 아케디아는 게으름으로 정의될 수 없는데, 이는 이 악덕을 지닌 사람들이 종종 불행이라는 자신의 실제 상황에서 벗어나기 위해 엄청난 노력과 에너지를 쏟아붓기 때문이다. 다음 단락에서 살펴보겠지만, 아케디아를 겪는 사람들은 지칠 줄 모르고 과로하며 심지어 잠시도 가만히 있지 못할 수도 있다. 반면에 우리는 압도적인 육체적 피로를 아케디아와 무조건 동일시해서는 안 된다. 갓 태어난 아기를 돌보는 부모를 생각해보라. 그들의 피로는 사랑과 헌신에서 비롯된 것이다. 진정한 휴식의 필요나 욕구는 악덕이 아니다.

사랑에 대한 게으름

영화 "그라운드호그 데이"(*Groundhog Day*)에서 일기예보 진행자 필 코너스(빌 머레이)는 진정한 사랑이 요구하는 매일의 변화를 계속 거부하는 나태의 저항을 (적어도 비유적으로나마) 잘 보여준다.[28] 필은 예기치 못한 사건으로 인해 2월 2일 성촉일(Groundhog Day)에 매일 아침 일어나 펜실베이니아주 펑크서토니(Punxsutawney)에서 같은 날을 계속 반복적으로 살아가게 된다. 속이 깊지 못하고 자기중심적인 필은 매일 자신이 하는 일이 별다른 의미가 없어 보이자 우선 다양한 쾌락을 즐기기로 한다. 그가 도넛 한 접시를 순식

---

[28] Harold Ramis가 감독한 영화 "그라운드호그 데이"(1993; Culver City, CA, Sony Pictures, 2002), DVD. 이 영화는 하나님과 인간의 관계가 아닌 인간과 인간의 관계를 묘사한다.

간에 먹어치우자 그의 동료는 "콜레스테롤은 걱정하지 않으세요?"라고 묻는다. "더 이상 걱정 안 해요." 필이 멋쩍은 웃음을 지으며 대답한다. 하지만 곧 그는 프로듀서인 리타(앤디 맥도웰)가 자기와 잠자리를 갖도록 하는 보다 더 진지한 프로젝트에 착수한다. 그는 그녀를 유혹하기 위해 오랜 시간 부지런히 신중한 노력을 기울인다. 그는 그녀에게 매력을 느끼지만, (적어도 아직은) 그녀를 진정으로 사랑하지는 않는다. 그는 진심으로 자신을 변화시키기보다는 여러 시행착오를 겪으며 그녀가 무엇을 좋아하고 무엇에 매력을 느끼는지 열심히 알아낸다. 그런 다음 그는 프랑스 시를 외우고, 세계 평화에 대한 그녀의 관심사를 공유하는 척하고, 아이스크림에 대한 그녀의 취향을 맞추는 등 그녀가 자신에게 빠지도록 하기 위해 거짓 전선을 구축한다. 그의 치밀한 계략은 그녀가 자신이 원하는 것을 주도록 조종하는 것을 목표로 한다. 처음에는 리타가 그의 속임수에 넘어가지만, 결국 그의 전략을 꿰뚫어본 그녀는 그의 끈질긴 노력에도 불구하고 그의 구애를 거부한다. "내가 이것에 속았다니 믿을 수가 없군요!" 그녀는 화가 나서 그에게 소리친다. "당신은 날 사랑하지 않아요! 난 당신 같은 사람을 절대 사랑할 수 없어요. 당신은 자기 자신 외에는 아무도 사랑할 수 없으니까요!"

필은 그녀의 반복되는 거절에 절망감을 느낀다. 그는 행복의 기회를 모두 포기한다. 그는 온종일 소파에 앉아 팝콘을 먹고 위스키를 마시며 똑같은 "제퍼디!"(*Jeopardy!*) 쇼를 백 번도 더 넘게 시청하며 무기력하게 시간을 보낸다. 그는 이대로는 자신이 원하는 것을 얻을 수 없지만 변화하는 것도 거부한다. 그래서 그는 교착 상태에 머물러 있다.

몇 번의 자살 시도(영화에서는 더 절망적인 도피 전략으로 묘사됨)에 실패한 필은 마침내 새로운 전략을 실행에 옮긴다. 그는 리타가 사랑할 수 있는 사람으로 조금씩 바뀌기 시작한다. 그는 이전의 유혹 프로젝트와 마찬가지로 매일 규칙적으로 꾸준히 노력하고, 의과대학 학위를 받기 위해 매일 공부하고, 피아노 교습을 받고, 프랑스 시를 읽고, 젊은이와 노인들에게 도움의 손길을 내민다. 하지만 이러한 노력은 이전의 전략과 달리 그의 마음과 성격을 진정으로 변화시킨다. 이전의 필과 달리 그는 더 이상 지루해하거나 불안해하지 않으며, 자기중심적인 오락과 공허한 쾌락으로 시간을 때우지 않는다. 왜냐하면 그는 더 이상 시인, 피아니스트, 자선가인 척하지 않고, 일관된 습관과 일상적인 훈련을 통해 이타적인 사랑을 할 수 있는 사람으로 거듭났기 때문이다. 필은 리타와의 관계에서 더 이상 성적인 결과를 만들어내고자 하는 욕망에만 몰두하지 않는다. 대신 그는 타인을 배려하는 법을 배웠고, 무엇이 옳고 선한 것인지 진정으로 고민하는 법을 배웠다. 결국 그의 변화된 성격은 모든 마을 사람들의 애정뿐만 아니라 리타의 사랑도 얻게 된다.

도피, 불안, 방종에서 지루함, 무관심, 절망에 이르기까지 필의 펑크서토니에서의 무력은 아케디아의 모든 증상을 보여준다. 기독교 전통은 **에바가티오 멘티스**(*evagatio mentis*, 불안해하고 방황하는 마음)를 아케디아의 전형적인 파생 악덕으로 꼽는데, 필은 이를 자신이 감당할 수 없는 요구를 피하려고 끊임없이 주의를 산만하게 하는 오락을 즐기는 모습을 통해 보여준다. (따라서 나태는 현대인의 마음속에서 미루는 습관과 계속 연관되어 있다.) 이 책을 처음 시작할 때 언급했던 소심함(pusillanimity) 역시 아케디아의 대표적인 특징으로 꼽힌다. 이것이 우리를 안전지대에서 벗어나게 할 때 우리는 하나님을 사랑하고 그분을 전심으로 따르라는 명령에 실패하게 된다. 그 대신 우리는 움츠러들고 성숙하기보다는 정체되는 편을 선택한다. 폴 와델은 이렇게 설명한다. "소심함은 위험한 습관이다. 왜냐하면 그것을 통해 우리는 진정으로 좋은 것에 대한 감각을 잃어버릴 뿐만 아니라 평범함에 익숙해지기 때문이다. [그런 사람은] 희생, 선함, 사랑 등 자신을 넘어서는 목표나 헌신을 회피하기 때문에 성장할 필요도, 변화할 필요도, 도전받을 필요도 없다."[29]

역설적이게도 아케디아에 빠진 사람은 소파에 앉아 TV 보는 것을 싫어하거나 절대 앉지 않는 강한 집착의 사람일 수 있다. 게으르든 바쁘든 아케디아에 사로잡히면 자신을 바꾸거나 성장하거나 자신을 내어주는 것을 피하게 된다. 사랑은 노력이 필요하고 우리를 변화시킨다. 그러므로 필이 저항해야 할 것은 (리타를 유혹하거나 마을 사람들을 돕는) 육체적 노력 자체가 아니라 사랑에 대한 진정한 헌신을 키우고 유지하기 위한 노력이다.

어떤 의미에서는 아케디아에 빠진 사람들이 게으른 것은 맞다. 그들은 영적으로 쉬운 삶을 원한다. 그들은 이기적인 옛 본성에서 벗어나는 것이 너무 어렵고 고통스러우며 부담스럽기 때문에 사랑의 관계를 유지하고

---

[29] Paul Wadell, *Happiness and the Christian Moral Life* (Lanham, MD: Rowman & Littlefield, 2007).

심화시키는 행동을 소홀히 한다. 그들은 자신의 희생이나 항복을 요구하는 변화에 대해 마음을 굳게 닫아버린다. 예를 들어 사랑이 쉽고 편안하게 찾아오기를 원한다는 것은 실제로 함께 살아야 하는 가족을 사랑하는 것보다 팝송이나 완벽한 할리우드 로맨스의 피상적인 감정을 더 선호한다는 것을 의미한다. 행복감은 잠시 기분을 좋게 하지만, 그러한 감정과 순간적인 황홀감은 실제 관계의 본질이 될 수 없으며, 오랜 시간 그 관계를 유지하기에도 충분하지 않다. 그것들은 쉽게 얻을 수 있지만 오래 지속되지 않는다. "영원"에 관한 모든 이야기는 심지어 어렵고 재미없고 당장 큰 감정의 보상을 얻지 못할 때에도 계속 사랑하겠다는 매일의 결심으로 나타나는 헌신에 기반을 두어야 한다. 이와 마찬가지로 아케디아는 우리가 계속 새로워지려는 의지 없이 하나님의 사랑을 받고 있다는 안정감을 원할 때 우리를 유혹한다. 아케디아에 빠진 사람은 본질적으로 다음과 같이 말하다. "나는 하나님이 나를 사랑해주시기를 원하지만, 그분의 사랑으로 변화되는 것은 너무 어렵습니다. 나는 하나님과의 장기적인 관계에서 하나님의 사랑에 보답하거나 무언가를 희생하거나 책임을 지거나 내 자신의 시간과 노력을 투자하지 않고서도 내가 하나님의 사랑을 받는다는 편안함과 안정감을 느끼기 원합니다." 결국 영적인 헌신은 아케디아에 빠진 사람에게 슬픔과 억압과 분노를 느끼게 한다.[30]

30　암마 테오도라는 아케디아를 일종의 슬픔으로 설명한다. "슬픔에는 유용한 슬픔과 파괴적인 슬픔이 있다. 첫 번째 유형은 자신의 목적을 파괴하지 않고 온전한 선을 추구하기 위해 자신의 잘못에 대해 울고 이웃의 약점에 대해 우는 것이다. 그러나 원수로부터 오는 슬픔, 즉 조롱

아케디아는 결국 영적인 악덕, 즉 하나님의 사랑이 요구하는 변화에 저항하는 악덕으로 밝혀졌다.[31] 아케디아에 빠진 사람이 사랑에 저항하는 이유는 무엇일까? 사랑의 관계는 정체성의 변화와 그에 상응하는 매일의 변화에 대한 헌신을 의미하기 때문이다. 소설가 앤 라모트는 자신이 출석하는 교회의 한 지혜로운 할머니의 말을 다음과 같이 소개한다. "비밀은 하나님이 우리를 있는 모습 **그대로** 사랑하신다는 것, **그리고** 우리를 이대로 머물러 있게 하기에는 우리를 너무 사랑하신다는 것이다."[32] 아케디아에 빠진 사람들은 있는 그대로의 모습으로 계속 머물러 있을 수 없다는 것에 반대한다. 새로운 자아가 탄생하려면 반드시 무언가가 죽어야 하는데, 필 코너스의 경우나 우리의 경우처럼 그것은 우리가 매우 집착하고 있는 옛 자아일 수 있다.

이제 드디어 우리는 아케디아와 나태의 연관성에 대한 우리의 처음 생각을 정리할 수 있다. 우리는 아케디아의 악덕을 노력에 대한 저항으로 올바르게 정의할 수 있지만, 육체적으로 게으르거나 일하는 것에 게으르다는 의미로만 또는 주로 그렇게 정의할 수 있는 것은 아니다. 오히려 올바르게 이해한다면 아케디아는 그리스도 안에서 우리의 새로운 정체성이 우리에

으로 가득 찬 슬픔도 있는데, 어떤 이들은 이를 아케디아라고 부른다. 이 영은 주로 기도와 찬송으로 쫓아내야 한다(Swan, *Forgotten Desert Mothers*, 62에서 인용됨).
31 결혼/우정의 유비는 아퀴나스가 (우리가 하나님의 본성에 참여함으로써 생겨나는) 그리스도인의 사랑의 미덕을 우정이라고 정의했기 때문에 적절하다(*ST* II-II 23.1).
32 Anne Lamott, *Operating Instructions: A Journal of My Son's First Year* (New York: Ballantine, 1994), 96.

게 요구하고 성령에 의해 생명을 얻은 절제 있는 변화에 대한 저항이다. 나태한 사람은 사랑으로 구원을 받고 하나님의 소유가 되었다는 위안을 좋아한다. 동시에 그들은 변화의 가능성, 즉 고통처럼 느껴지는 옛 죄의 본성을 (종종 느리게) 죽이는 일과 평생 사랑의 관계를 유지하는 데 필요한 헌신을 꺼린다.

앞서 언급한 비유의 부부처럼 아케디아에 빠진 사람들은 자신의 이기적인 욕망을 조절하지 않고 무조건 사랑만 받기를 꿈꾼다. 그들은 50년간의 신실한 결혼생활보다 영원히 지속되는 신혼여행을 선호한다. 아케디아는 에바그리오스와 테오도라의 수행자들처럼 사막에서 명상하며 하나님을 위해 살고 싶어 하지만, 무더위 속에서 열정이 식고 자신들이 포기한 안락함과 세속적 행복을 갈망하는 모습을 우리 속에서 보게 한다. 전통적으로 롯의 아내는 아케디아를 대표하는 인물인데, 이는 구사일생으로 구조된 상황에서도 정든 고향과 익숙한 삶과 친구들을 등지고 돌아서기를 꺼렸기 때문이다(창 19장). 우리 중에는 소돔에서 우리를 끌고 나갈 두 천사가 필요하다고 느끼면서도 뒤를 돌아보며 우리가 남기고 가야만 하는 것을 아쉬워하는 사람이 얼마나 많을까? 오랜 기간의 불안한 방랑 끝에 마침내 고향 땅에 들어가 가나안에서 누릴 안식을 약속받은 이스라엘 백성처럼 우리는 하나님의 도우심이 있음에도 거인들과 싸우기보다는 지루하고 익숙한 광야로 되돌아가는 것을 선호하지 않는가? 피퍼는 아케디아에 빠진 사람은 "초자연적인 것을 [완전히] 받아들이지 않을 것이다. 왜냐하면 그것은 본질적으로 그것을 받는 [사람]에 대한 청구권과 연결되어 있기 때문이다"고 말한다.³³ U2의 노래 가사처럼 "사랑은 쉬운 일이 아니다. 당신이 유일하게 가져갈 수 있는 짐은…당신이 남겨놓을 수 없는 모든 것이다." 이 노래의 가사는 교부들과 교모들의 권면(그리고 롯의 아내와 이스라엘 민족이 마땅히 해야 했던 것)을 연상시킨다. 즉 당신이 집착하고 있는 익숙한 삶과 오래된 사랑을 뒤로 하고 "계속 앞으로 나아가라"는 뜻이다.³⁴

궁극적으로 그것은 사랑—우리를 향한 하나님의 사랑을 받아들이고 이에 대한 보답으로 그를 사랑하는 것—에 관한 것이므로 아케디아는 근원적인 악덕 중 하나로 꼽힌다. 인간은 사랑을 위해 지음 받았다. 만약 우리가 사랑에 저항한다면 우리는 자신의 존재를 부정해야 한다. 아케디아에 빠진 사람은 옛 자아가 죽는 것을 꺼리기 때문에 자신의 영적 성장을 저해하는 것을 선택한다. 그 사람은 새 생명이 태어나는 산고의 고통보다 서서히 진행되는 영적 질식을 선호한다. 결국 그의 습관적인 방치는 열매를 맺는다. 그는 궁극적으로 자신에게 유일하게 기쁨을 가져다줄 그것을 온전히 받아들일 수 없다는 것을 알게 된다. 그는 결국 자신이 가장 원하는 것을 거부하고, 자신을 유일하게 만족시킬 수 있는 것에 혐오감, 체념, 싫증을 느끼며 그것을 외면한다. 자신의 죄의 비뚤어짐 속에서 그는 기쁨보다 자신이 만든 슬픔을, 충만함보다 공허함을, 안식보다 불안함을 추구한다.

아케디아를 설명할 때 우리는 은혜와 절제 사이의 적절한 균형을 찾기

---

33   Pieper, *On Hope*, 56.
34   U2, "Walk On," *All That You Can't Leave Behind* (PolyGram Intl. Music Pub., 2000).

어려울 수 있다. 그리스도인의 삶은 하나님께 헌신한 자녀로 인정받지 못하는 고통에 대한 또 다른 지루한 의무 목록이 되어서는 안 된다. 따라서 사막의 고행자나 아퀴나스는 의무를 리트머스 시험지로 삼지 않았으며, 오히려 이런 식으로 우리의 헌신을 측정하지 말라고 경고한다. 헌신은 그 여정의 일부이지만, 그 여정에는 기쁨도 존재한다(시 119편을 보라). 다른 한편으로 우리는 하나님께서 우리를 현재의 모습 그대로 기꺼이 내버려 두시고 우리의 시간이나 노력을 요구하지 않으실 것이며, 우리에게 불편을 주거나 우선순위를 뒤엎지 않으실 것이며, 오래된 집착과 욕망으로부터 고통스럽게 떼어내실 필요도 없으실 것이라고 함부로 가정해서는 안 된다. 사랑은 옛 자아에 대해 죽는 법을 배울 것을 우리에게 요구할 것이다. 게다가 모든 사랑의 관계에는 휴지기가 있고, 더 건조하고 힘든 시기가 있다. 사랑은 때때로 힘들고 매일매일 해야 하는 어려운 일이기도 하다. 하지만 우리는 전적으로 무의미하고 고된 일을 힘과 열정이 식어가는 시기에 인내하는 것과 혼동하거나 동일시할 필요는 없다. 후자의 경우에도 우리는 여전히 사랑의 관계에 연료를 공급하고 궁극적으로 성취감을 가져다주는 무언가에 장기적으로 자신을 헌신하고 있다.

쉬지 못함과 거짓된 쉼

아케디아는 하나님의 사랑이 우리 안에서 변화를 일으키는 힘인 성화를 방해한다. 아케디아는 하나님을 사랑하기 위해 우리의 옛사랑을 내려놓으려는 우리의 의지를 약화함으로써 선을 위한 우리의 모든 에너지를 약화하는데, 이는 하나님이 그 힘의 원천이시기 때문이다. 결과적으로 이 악덕은 두 가지 효과를 가져온다. 첫째, 기도, 예배, 성경, 성례 등 그리스도 안에서의 우리의 정체성과 마주하게 하는 사람이나 활동을 피하고 싶게 한다. 둘째, 아케디아는 타인에 대한 사랑의 요구와 우리 사이에 차가운 벽을 쌓는다. 이것은 왜 나태가 무관심 및 냉담함과 연관되어 있는지를 설명해준다. 아퀴나스는 정의의 요구에 귀를 기울이지 않는 것을 나태함(sluggishness)이라고 칭했다. 이웃 사랑은 하나님의 사랑을 받아들이는 데서 비롯된다.[35] 이 계명은 우리에게 이웃을 **우리 자신처럼** 사랑하라고 말한다. 아케디아에 빠진 사람은 자신을 향한 하나님의 사랑과 그로 인한 헌신을 거부함으로써 이웃을 사랑하고 이웃을 위해 헌신하는 데도 실패한다. 리타가 "당신은 자기 자신 외에는 아무도 사랑할 수 없으니까요!"라고 말하면서 그의 이기심을 지적할 때 필은 "그건 사실이 아니야, 난 나 자신도 좋아하지 않아"라고 솔직하게 대답한다.

사랑의 요구에 대한 저항에 뿌리를 둔 아케디아는 전형적으로 절망적인 체념(무관심 또는 "거짓 휴식")과 필사적인 현실 도피(회피 또는 "초조함")라는 두 가지 상반된 방식으로 나타난다. 카시아누스는 이 두 가지 현상을 모두 언급한다. "그러므로 완전함을 이루기 위한 싸움에 합법적으로 참여하

---

35 하나님 사랑과 이웃 사랑은 분리될 수 없지만, 아케디아는 일차적으로 원천적인 사랑, 즉 하나님에 대한 우리의 사랑을 공격하고 이차적으로 이웃에 대한 무관심으로 가지를 뻗어 나간다. *ST* II-II 36.4; 또한 25.1; 25.4를 보라.

기 원하는 그리스도의 참된 운동선수는 **잠의 칼에 베여 쓰러지지** 않고, 경건해 보이는 이유로라도 수도원이라는 보루에서 **도망치듯 떠나지** 않기 위해 가장 사악한 아케디아의 영에 맞서 양쪽에서 싸워야 한다."[36] 우리 대다수는 필 코너스처럼 먼저 탈출을 시도한다. 카시아누스는 다음과 같이 말한다.

> 대적[악마]은 일단 전투에 참여하면 즉시 자신의 등을 내어주고 승리나 투쟁이 아니라 도피에서 안전에 대한 희망을 발견할 것을 아는 사람을 더 자주 그리고 더 가혹하게 시험할 것이며, 결국 그가 서서히 수도원 독방에서 빠져나와 자신이 하는 일, 즉 오직 묵상과 계속 독방에 머무는 것과 침묵을 통해서만 얻을 수 있는, 무엇보다 가장 탁월한 하나님의 순결하심을 바라보고 명상하는 일을 하는 이유를 스스로 잊기 시작할 때까지 그를 시험할 것이다.
>
> 따라서 이 그리스도의 군병은 군대의 탈영병이 되어 "세상일에 얽매여" "병사로 모집한" 그리스도를 기쁘시게 하지 못하게 된다[딤후 2:4 인용].[37]

만약 우리가 현실에서든 환상 속에서든 성공적으로 탈출하지 못하면 아케디아는 주로 절망적인 체념의 형태를 취한다. 스스로 만든 곤경에서 벗어나려는 시도에서 실패하면 우리는 가혹한 절망과 좌절에 빠지는 경향이

---

36 Cassian, *Institutes* 10.5 (강조는 덧붙여진 것임).
37 Cassian, *Institutes* 10.3.

있다. 이 영화의 전환점 직전에 파자마 차림의 필은 리타에게 거절을 당한 후 안락의자에 기대 앉아 몸을 가누지 못한 채 술을 마시며 인사불성이 된다. 따라서 이 영화는 그의 내면의 무기력 또는 거짓 휴식을 외적으로 묘사한다. 필은 자신의 이기적인 옛 본성이 자신에게 진정으로 필요한 것을 줄 수 없다는 것을 깨닫지만, 새로운 삶을 마주해야 한다는 생각도 받아들이지 못한다. 그는 자신의 선택과 성격이 스스로 자초한 상황에서 벗어날 수도 없다. 필이 경험하는 긴장과 갇힌 느낌은 종종 이 악덕을 특징짓는 감정을 나타낸다. 우리는 자신이 어떤 존재로 부르심을 받았는지에 관한 진실을 피할 수 없음에도 그것을 직시하거나 이에 부응하는 삶을 살기를 거부한다. 현실은 견딜 수 없을 만큼 어렵게 느껴진다. 나태한 사람은 정신적으로나 감정적으로 스스로 체념함으로써 대처하는 경향이 있다. 그러나 비크너의 말에 따르면 이러한 체념은 "게으름과 혼동을 일으켜서는 안 된다."

게으른 사람, 앉아서 풀이 자라는 것을 지켜보는 사람은 평온한 사람일 수 있다. 햇살을 만끽하며 꿀벌처럼 되기를 꿈꾸는 것은 행동의 서곡일 수도 있고, 그 자체로 행동할 만한 가치 있는 행위일 수도 있다.…게으른 사람은 심한 감기에 걸린 사람처럼 대부분 미각과 후각을 잃었다. 그는 자신에게 문제가 있다는 것을 알지만, 무언가 조치를 취하고 싶을 만큼 잘못되지는 않았다고 생각한다. 다른 사람들이 왔다 갔다 하지만 그는 게슴츠레한 눈으로 그들을 거의 알아보지 못한다. 그는 그저 상황이 흘러가도록 내버려 둔다. 그는 그저 자신의 삶을

살아갈 뿐이다.[38]

내면적으로 나태한 사람은 움직이려 하지 않기 때문에 자신이 견딜 수 없는 자아와 되고 싶지 않은 자아 사이에 갇혀 있다. 눈에 보이는 그의 행동—무기력과 무반응—은 그의 메마른 마음 상태를 반영한다.[39]

이러한 상태가 얼마나 견디기 힘든 것인지를 감안하면 아무리 절망적이더라도 우리가 슬픔에서 벗어날 수 있다고 생각한다면 가능성이 보이는 모든 형태의 도피에 모든 에너지를 쏟아부을 것이다. 영화 초반에 필의 천박한 쾌락 추구와 유혹의 삶은 바로 그러한 사랑의 요구에서 벗어나려는 시도를 보여준다. 인생은 우리의 진정한 정체성과 사랑의 소명에 대한 진실을 외면하는 긴 프로젝트가 된다. 아우구스티누스는 우리가 "[하나님] 안에서 안식"을 얻을 때까지는 "쉬지 못할 것"이라는 유명한 말을 남겼다.[40] 블레즈 파스칼(Blaise Pascal)도 이에 동의했다. 그는 사람들을 진정으로 비참하게 만드는 가장 좋은 방법은 직장에서든, 여가를 통해서든, 생활에서든 모든 유형의 기분 전환을 위한 시간을 없애는 것이라고 말했다. "[기분

---

38 Buechner, *Wishful Thinking*, 109-10.
39 Garret Keizer는 "죽은 자는 화를 내지 않고, 죽음은 부활을 증오한다. 깊은 잠에서 깨어나는 것을 좋아하는 사람은 없다. 나태에 시달리는 사람들이 가장 분노할 수 있는 순간은 누군가 또는 무언가가 그들이 누리는 석관의 평온함을 방해할 때다"라고 말한다. Garret Keizer, *The Enigma of Anger: Essays on a Sometimes Deadly Sin* (San Francisco: Jossey-Bass, 2002), 50.
40 Augustine, *Confessions* 1.1, trans. Henry Chadwick (New York: Oxford University Press, 1991). 사막에서는 이 쉼이 그리스어 *hēsychia*로 알려져 있었다. 예를 들어 Sinkewicz는 이를 "평온함"이라고 번역한다.

전환을 위한 시간]이 없다면 우리는 지친 상태에 놓일 것이고, 이러한 지친 상태는 우리가 더 확실한 탈출구를 찾도록 자극할 것이다. 그러나 기분 전환을 위한 시간은 우리를 즐겁게 하고 무의식적으로 우리를 죽음으로 이끈다."[41] 빅터 프랭클(Victor Frankl)은 일 중독자의 "일요일 신경증"을 비슷하게 묘사했는데, 이는 정신이 깨어 있는 동안에 일 중독자의 일이 자신을 산만하게 하는 기능을 제대로 수행하지 못할 때 느끼는 허무함을 말한다.[42] 안타깝게도 이러한 도피 전략은 심지어 경건한 형태로 나타날 수도 있다. 우리는 종교 활동, 자원봉사, 사역의 기회에 열심히 참여하면서도 진정한 제자도, 사랑, 헌신, 변화의 요구를 외면하면서 평생을 보낼 수 있다. 우리는 하나님께 집중하지 않고 그분의 현존 안에 머물지 않을 핑계를 찾는다. 에벌린 워의 소설 『브라이즈헤드 리비지티드』(Brideshead Revisited)에 등장하는 시배스천 "플라이트"(Flyte, flight[도피]와 같은 발음—역자주)에게 적절하게 붙여준 이름처럼 우리의 도피 전략을 특징짓는 초조함은 평화롭지 못한 마음을 나타낸다. 우리는 마음속 깊은 곳에서 하나님의 사랑이 우리에게 요구하는 것을 외면하고 도피한다. 아퀴나스는 아케디아가 안식일에 쉬라는 계

---

41 본문에서 이 인용문 전에 Pascal은 다음과 같이 말한다. "우리의 불행에 대해 우리를 유일하게 위로하는 것은 기분 전환을 위한 오락이지만, 이것이야말로 우리의 불행 중 가장 큰 불행이다. 왜냐하면 이것이 근본적으로 우리 자신에 대한 성찰을 방해하고 우리 자신을 부지불식간에 파멸로 이끌기 때문이다." Blaise Pascal, *Pensées*, trans. W. F. Trotter (New York: Dutton, 1958), 171.

42 Viktor Frankl, *Man's Search for Meaning* (New York: Pocket Books, 1959), 129. 아케디아를 단순한 게으름으로 생각하면 악덕의 진정한 증상을 잘못 진단할 수 있다. 나의 에세이를 보라. "Sloth: Some Historical Reflections," in *Virtues and Their Vices*, ed. Timpe and Boyd, 177-98; 그리고 Lauren Winner, "Sleep Therapy," *Books & Culture* (January/February 2006): 7.

명(출 20:8-11)에[43] 반하는 것임을 지적하면서 "영혼은 오직 하나님 안에서만 안식을 취해야 한다"[44]는 기독교 전통을 따른다. 아케디아의 무기력함과 권태—쉬지 못함과 거짓된 쉼—는 모두 참된 안식에 반하는 것이다. 아케디아는 하나님의 사랑의 명령이 생명과 자유로 이끈다는 것을 믿게 하는 대신, 이 억압적인 명령에 저항할 것을 요구한다. 이에 저항함으로써 우리는 그분 안에서 쉼을 얻으라는 예수의 초대를 거부한다. "수고하고 무거운 짐 진 자들아! 다 내게로 오라. 내가 너희를 쉬게 하리라. 나는 마음이 온유하고 겸손하니 나의 멍에를 메고 내게 배우라. 그리하면 너희 마음이 쉼을 얻으리니 이는 내 멍에는 쉽고 내 짐은 가벼움이라"(마 11:28-30).

아케디아에 빠진 사람은 결국 자신이 부담스럽게 여기는 것에 대한 자기 생각을 고집하고 자기 방식대로 자신의 의지를 따르며 자신이 만든 거짓 안식을 추구한다. 그의 사랑과 헌신의 부족은 성령의 사역과 하나님이 요구하시는 어떤 변화에도 자신을 내어주지 않으려는 것을 의미한다. 아케디아라는 악덕은 이러한 저항 속에서 교만의 뿌리에서 자양분을 얻는다. 다른 형태의 무기력함, 슬픔, 심지어 우울증도 모두 아케디아로 오해될 수 있지만, 이 근원적인 악덕은 헌신하지 않으려는 마음, 즉 자신을 온전히 하나님께 드리고 그 길을 따르기를 거부하는 데서 비롯된다. 따라서 아케디

---

[43] "우리가 어떻게 받아야 할지 모르는 선물"(x), 즉 안식일의 쉼에 관한 상세한 논의는 다음을 보라. A. J. Swoboda, *Subversive Sabbath: The Surprising Power of Rest in a Nonstop World* (Grand Rapids: Brazos, 2018).
[44] *ST* II-II 36.3.

아의 이러한 부정적인 반응은 수태고지 때 마리아가 보인 긍정적인 반응, 즉 그리스도의 탄생의 말구유에서부터 그의 죽음을 지켜보는 십자가 밑까지의 신실한 반응과는 정반대의 의미를 지니고 있다. 사랑은 결코 쉬운 일이 아니다.

우리의 성품이 아케디아로 인해 기형화되면 우리는 자신을 내어주는 사랑의 일상적 요구를 외면하면서 스스로 행복을 찾으려고 노력한다. 우리는 지름길과 임시방편으로 스스로 행복을 찾으려는 노력을 선호한다. 우리는 사랑의 요구를 미루고 더 쉬운 방법으로 성취감을 얻으려 함으로써 사랑의 요구가 주는 부담을 회피한다. 하지만 이러한 교만한 전략은 성취와 행복의 가능성을 스스로 차단하는 결과를 낳는다. 그레고리오 1세는 결국 아케디아는 우리를 절망이라는 막다른 골목으로밖에 인도하지 않는다고 말한다.

비록 아케디아는 소파에 앉아 과자를 먹어대는 완전한 무기력함이나 끊임없이 움직이며 쉬지 못하는 산만함으로 나타날 수 있지만, 이 두 가지 증상 사이의 그 어딘가에는 하나님께 자신을 온전히 바친 사람을 위한 거룩한 안식이 있다. 이러한 사람은 "너무나 놀라운 하나님의 사랑이 내 영혼, 내 삶, 내 모든 것을 요구한다"는 생각에 크게 기뻐할 것이다.[45]

---

45 Isaac Watts, "When I Survey the Wondrous Cross," in *The Psalter Hymnal* (Grand Rapids: CRC Publications, 1987), #384.

안정된 장소(*Stabilitas Loci*)

아케디아라는 악덕에 대한 치료법을 상상하기란 쉽지 않다. 시기심과 같이 아케디아는 스스로를 영속적인 역학관계에 가두어 치료에 필요한 것을 거부하게 만든다. 따라서 아케디아에 대한 고대의 전략은 반직관적으로 보인다. 사막 교부들은 하나님과 우리의 관계에 생기와 활력을 불어넣는 새로운 방법을 모색하기보다는 안정된 장소(*stabilitas loci*), 즉 장소의 안정성을 권장했다. 교부들은 갇혀 있다고 느끼며 어떻게든 탈출하고 싶은 사람들에게 "머물러 있으라"고 조언했다. 에바그리오스는 "유혹의 순간에 그럴듯한 핑계를 대며 독방에서 도망쳐서는 안 된다. 오히려 그 독방 안에 남아 인내심을 발휘해야 한다.…그러한 투쟁에서 도망치고 빠져나가려는 것은 우리에게 미숙하고 비겁하며 회피하는 태도를 가르친다."[46] 그는 다른 곳에서 "인내는 모든 일을 세심한 주의력과 하나님에 대한 경외심으로 수행하는 것과 더불어 아케디아를 치료하는 방법"이라고 썼다.[47]

이 훈련에서 영혼은 육체를 반영해야 한다. "아케디아는 수도사를 독방에서 몰아내지만, 인내하는 수도사는 언제나 평온함을 유지할 것이다."[48] 데이비드 브래키(David Brakke)는 "무기력함[아케디아]은 수도사로 하여금

---

46 Evagrius, *Praktikos* 6.28.
47 Evagrius, *Eight Thoughts* 6.17, in Sinkewicz, *Evagrius of Pontus*. See also Cassian, *Institutes* 10.25.
48 Evagrius, *Eight Thoughts* 6.5.

악마와의 싸움을 포기하도록 유혹하므로 이에 저항하는 가장 좋은 방법은 독방에 남아 자기 자리를 지키는 것"이라고 말한다.[49] 시편 저자도 다음과 같이 말한다. "너는 여호와를 기다릴지어다. 강하고 담대하며 여호와를 기다릴지어다." 요컨대 이 훈련은 우리가 어떤 존재로 부르심을 받고, 어떤 일을 하도록 부르심을 받았는지를 외면하고 (바쁜 활동이나 기분 전환의 시간을 통해) 거기서 도망치려는 우리의 욕망에 대항한다.[50] 대신 초기의 사막 그리스도인들처럼 우리는 어떤 일이 있어도 우리의 진정한 영적 소명과 정체성을 받아들이고 헌신함으로써 이러한 악덕에 맞서 싸울 수 있다. 수녀와 수도사들은 도시나 더 재미있는 세상으로 탈출하지 않고 기꺼이 사막의 독방에 머물면서 수도사의 삶에 헌신했다. 독방을 떠난다는 것은 영적인 목적과 소명을 포기하는 것과 같았기 때문이다. 하지만 그들은 그곳에 머물기로 결정함으로써 옛 자아와 세속적인 사랑에서 벗어나 하나님과의 교제를 누리는 법을 배우는 과정에 계속 참여하게 되었다. 암마 싱클레티카는 "마치 새가 자신이 품고 있던 알을 버리고 떠나면 그 알이 부화하지 못하는 것처럼 수도사나 수녀가 한 곳에서 다른 곳으로 옮겨 다니면 신앙은 식고 죽어버린다"고 말했다.[51] 육체적으로 가만히 있는 것은 영적으로 가만히 있는 것을 의미한다. 로라 스완(Laura Swan)은 사막의 교모들에 관한 책에서 "사

---

49 David Brakke, *Demons and the Making of a Monk* (Cambridge, MA: Harvard University Press, 2006), 66.
50 *Evagatio mentis*(사고의 방황)와 *curiositas*(상상력의 새로움 추구)는 전통에서 언급하는 나태의 파생 악덕이다(*ST* II-II 35.4).
51 Amma Syncletica, Swan, *Forgotten Desert Mothers*, 46에서 인용됨.

막의 여정은 그 길이가 1인치이고 그 깊이는 수 마일에 달하며, 내면은…여행의 방향이다"라고 말한다.[52]

사막 교부들과 교모들은 왜 아케디아에 반대되는 덕목을 용기 있는 인내, 오래 참음, 끈기라고 묘사했을까? 과정을 계속 유지하는 것이 어떤 도움이 될까? 그들은 영적인 삶을 살다 보면 열정과 에너지가 시들해지고 하나님으로부터 소외감을 느끼거나 영적 탈진이 찾아오는 시기가 올 수 있다는 것을 잘 알고 있었다. 육체적 연약함과 변덕스러운 의지라는 인간의 상태와 죄의 본성을 고려할 때 일상의 권태에 맞서는 데 있어 우리에게 가장 필요한 것은 기분이 내키지 않을 때에도 꾸준한 헌신과 매일의 훈련을 실천해나가는 것이다. 나의 한 친구는 예배를 군사 훈련에 비유한 적이 있다.[53] 비록 개인적으로 매번 감동을 주진 못하더라도 규칙적인 예배는 습관적으로 올바른 대응을 할 수 있도록 우리를 훈련하고 무장시켜 앞으로의 행동을 위한 마음과 정신을 형성하고 압박감 속에서도 잘 대응할 수 있도록 준비시킨다. 이러한 삶의 리듬은 우리에게 자연스러운 습관을 만들어낸다.[54] 육체 운동 훈련이나 음악 리허설에서와 마찬가지로 도덕적·영적 실천에서도 우리는 현재의 행동에서 고결한 인격을 구현함으로써 더 고결한 삶으로 나아가도록 훈련을 받게 되는데, 이것이 우리의 감정을 훈련하는 방식이기

---

52 Swan, *Forgotten Desert Mothers*, 47.
53 Debra Rienstra, *Great with Child: On Becoming a Mother* (New York: Tarcher/Putnam, 2002), 186-87.
54 *Nichomachean Ethics*에 나오는 아리스토텔레스의 이 표현은 욕망을 훈련함으로써 생기는 도덕적인 인격을 묘사한다.

때문이다. 상담사들도 의욕이 떨어질 때 "마치 ~인 것처럼" 행동하라고 권하는 경우가 많은데, 이는 행동을 지속하면 적절하게 반응하고 느끼는 성향이 형성되기 때문이다. 매일 사무실에서 기도를 하거나 전례를 따르거나 전통을 지키는 것도 동일한 효과가 있다. 요점은 무언가가 몸에 밸 때까지 계속하는 것이다. 마찬가지로 성 베네딕토 규칙서는 사랑을 배우기 위한 조건으로 안정된 장소와 특정 종교 공동체에 대한 충성을 권장한다.[55]

어쩌면 우리 시대에는 그 어느 때보다 사랑을 감정으로만 너무 많이 기대하고 지속적인 선택과 헌신으로는 너무 적게 바라는 경향이 있는지도 모른다. 예배와 가정생활에서도 우리의 신실함을 유지하기 위해 일상생활에 전념해야 함에도 우리는 인생의 어려운 시기를 감정의 고조로 극복하기를 기대한다. 아케디아는 우리가 더 이상 경건하거나 사랑하고 싶지 않을 때 도피와 절망을 선택하도록 우리를 유혹한다. 우리는 배를 버리고 포기하거나 더 편안하고 즉각적인 위안을 주는 무언가를 향해 내적 또는 외적으로 이탈하거나 떠나고 싶어 한다. 에바그리오스는 "가벼운 산들바람은 연약한 식물을 구부리고, 어디론가 떠나고 싶은 여행의 환상은 아케디아에 사로잡힌 사람을 잡아당긴다"라고 말했다.[56] "바람의 힘은 뿌리 깊은 나

---

55 *The Holy Rule of St. Benedict*, Christian Classics Ethereal Library, http://www.documentacatholicaomnia.eu/03d/0480-0547._Benedictus_Nursinus._Regola._EN.pdf, and Dennis Ockholm, "Stability: Staying Put to Get Somewhere," in *Monk Habits for Everyday People: Benedictine Spirituality for Protestants* (Grand Rapids: Brazos, 2007), 89-98.

56 Evagrius, *Eight Thoughts* 6.5. 적어도 한 작가는 포르노에 대한 도피주의적 환상이 아케디아에 뿌리를 두고 있다고 주장한다. 아퀴나스도 아케디아와 욕망을 서로 연결한다. 다음을 보라. Reinhard Hütter, "Pornography and Acedia: A Spiritual Analysis of and Remedy for Lust

무를 흔들지 못하며, 아케디아는 굳건히 뿌리내린 영혼을 구부리지 못하기 때문에" 치료법은 **안정감**(*stabilitas*)을 유지하는 것이다.[57] 우리는 뿌리를 내리고, 정도를 지키고, 우리의 약속을 고수함으로써 벗어나거나 포기하고 싶게 만드는 아케디아의 충동에 저항할 수 있다.[58] 아퀴나스는 하나님의 임재 안에 거하고 그분의 얼굴을 구하면 영적인 것의 달콤함을 새롭게 맛볼 수 있다고 말했고, 시편 119편 저자도 이에 동의한다.[59] 우리는 성령의 도움으로 반쪽짜리 사랑에서 다시 전심을 다하는 사랑으로 나아갈 수 있다.

사막의 지혜를 오늘날에 적용해보면 우리의 분주한 도피 문화가 왜 심각한 영적 위험을 초래하는지 알 수 있다. 그것은 사랑을 배우기 위한 매일의 절제된 노력에서 너무 빨리 벗어날 수 있는 쉬운 길을 제공하기 때문이다. 아케디아에 빠지려는 경향을 극복하려면 하나님을 사랑하라는 요구에 저항하는 내적 근원을 인정해야 한다. 우리는 스트레스를 받거나 불편함을 느낄 때 또는 모든 것이 지겹고 피곤하다고 느낄 때마다 쉽게 기분을 전환할 수 있는 수단을 찾고 싶은 유혹을 받는다. 우리에게는 안정성의 학교가

---

of the Eyes," *First Things* 222 (April 2012), https://www.firstthings.com/article/2012/04/pornography-and-acedia.

57 Evagrius, *Eight Thoughts* 6.9.
58 "그 자리에 그대로 머물러 있으라"는 것은 학대를 당하는 상황이 아닌 일반적인 평범한 관계에 대한 건전한 영적 조언이다. 나는 "겸손"과 "복종"의 실천으로 학대당하는 결혼이나 가족 관계를 유지하라는 위험한 "기독교적" 조언을 용납하지 않는다.
59 *ST* II-II 35.1 ad 4. 또한 여기서 아퀴나스는 "우리가 영으로 선한 것에 대해 더 많이 생각할수록 그것은 우리에게 더 큰 기쁨이 되고 나태는 곧 사라지게 된다"고 말한다. 시 119편에서 28절("나의 영혼이 눌림으로 말미암아 녹사오니")은 기쁨을 가져다주는 하나님의 말씀을 신실하게 묵상하는 행위와 대조를 이룬다(예. 시 119:97-104).

필요하다. 사랑은 매일의 행동과 지속적인 헌신의 맥락 속에서 번성하는 반면, 아케디아는 편리하고 쉬운 도피의 맥락에서 발생한다. 간절히 기도하는 어떤 청원자는 "사랑이 살아남기 위해 행동을 요구할 때 그 사랑이 죽도록 내버려 둔 저를 용서해주십시오"라고 기도했다.[60] 사막 교부들이 깨달았듯이 아케디아가 우리를 짓누를 때 우리는 (정신적으로나 육체적으로) 도망치고 싶은 유혹을 뿌리치고 그 자리를 지켜야 한다. 사랑의 요구 앞에서 아케디아는 쉬운 길을 택한다.

더 깊이 성찰하기

1. 이 악덕의 역사에 관해 당신이 가장 놀랐던 점은 무엇인가? 이 악덕이 근원적인 악덕 목록에 포함되어 있는 이유는 무엇인가? 꼭 그래야만 하는 것일까?

2. 삶의 어떤 영역에서 또는 어떤 상황에서 당신은 사랑의 요구에서 벗어나고 싶은 유혹을 가장 많이 받는가? 어떤 사랑의 행위가 당신을 괴롭히거나 일상에서 부담스럽게 느껴지는가? 당신의 삶에서 가장 많이 나타나는 나태의 유형은 "쉬지 못하는 것"인가, 아니면 "거짓된 쉼"인가? 당신은 어떤 형태의 쉼의 부재 혹은 바쁨에 대해 문화적 보상을 받고 있는가?

3. 당신은 일, 예배, 휴식의 건강한 리듬 속에서 어떻게 의지적으로 사랑의 관계를 발전시켜나갈 계획인가? 우리 같은 현대인들은 어떻게 이를 실천할 수 있을까?

---

60 Carlos Fernandez, 채플 강연, Vanguard University, Costa Mesa, CA, 2007년 2월 27일.

추가로 읽을 만한 자료

Ruth Haley Barton, *Sacred Rhythms: Arranging Our Lives for Spiritual Transformation* (Downers Grove, IL: InterVarsity, 2006). 『영적 성장을 위한 발돋움』, 살림 역간.

Rebecca K. DeYoung, "Sloth: Some Historical Reflections on Laziness, Effort, and Resistance to the Demands of Love," in *Virtues and Their Vices*, ed. Kevin Timpe and Craig Boyd, 177-98 (Oxford: Oxford University Press, 2014).

Dennis Okholm, "Stability: Staying Put to Get Somewhere," in *Monk Habits for Everyday People: Benedictine Spirituality for Protestants* (Grand Rapids: Brazos, 2007), 89-98. 『수도원에서 배우는 영성 훈련』, 규장 역간.

나는 이 장의 내용을 집필하는 데 있어 다음에 실린 나의 글을 활용했다.

"Resistance to the Demands of Love: Aquinas on *Acedia*," *Thomist* 68, no. 2 (2004): 173-204; "Aquinas on the Vice of Sloth: Three Interpretive Issues," *Thomist* 75, no. 1 (2011): 43-64; "Sloth: Some Historical Reflections on Laziness, Effort, and Resistance to the Demands of Love," in *Virtues and Their Vices*, ed. Kevin Timpe and Craig Boyd (Oxford: Oxford University Press, 2014), 177-98.

The Glittering Vices

그들의 번영이 선한 일을 할 기회를 그들에게 제공하지 않는다면
그 번영이 그들에게 무슨 소용이 있겠는가?

아리스토텔레스, 『니코마코스 윤리학』

내가 왕좌에서 물러난 후 삶이 더 쉬워졌다.
소유할 수 없는 것에 대한 소유권을 포기하니 이 얼마나 다행인가.

바바라 킹솔버, 『투손의 만조』

이제 나는 위대한 진주를 발견했다.
그것을 사려면 내가 가진 모든 것을 팔아야 했기에 나는 망설였다.

아우구스티누스, 『고백록』

하퍼스 매거진에서 7대 죄악을 패러디한 탐욕에 관한 광고에는 "세계 최고의 권위자가 탐욕이라는 주제에 대해 발언하다"라는 머리기사와 함께 산타클로스의 사진이 실렸다. 그의 앞에 쌓여 있는 편지들은 모두 "친애하는 산타에게, 제가 **원하는** 것은 ~입니다"로 시작한다. 산타는 안경 너머로 바라보며 "당신이 어렸을 때 갖고 싶다고 나에게 말했던 것들을 모두 기억하

시나요? 그 목록이 바뀌었을지는 몰라도 더 짧아지지는 않았을 겁니다"라고 말한다. 영화 "월스트리트"(Wall Street)에서 고든 게코(마이클 더글러스)가 "욕심은 좋은 것이다"라고 말한 유명한 대사에 분명히 나타나 있듯이 욕심은 이제 더 이상 죄로 인식되지 않을 정도로 미국인의 삶의 방식이 되었다. "신사 숙녀 여러분, 달리 표현할 말이 없어 그냥 욕심이라고 부르겠습니다. 중요한 것은 욕심이 좋은 것이라는 점입니다. 욕심은 옳고, 욕심은 효과적입니다. 욕심은 진화의 정신의 본질을 명확히 드러내고 그것을 관통하며 포착합니다. 생명에 대한 욕심, 돈에 대한 욕심, 사랑에 대한 욕심, 지식에 대한 욕심 등 모든 형태의 욕심은 인류의 상승을 상징합니다. 그리고 욕심은 텔다 페이퍼(Teldar Paper)뿐만 아니라 미국이라는 또 다른 부실기업을 구할 것입니다. 감사합니다."[1] 욕심이 자본주의와 소비 경제의 원동력이라는 생각은 최근 들어 이를 정당화하기 위한 수단으로만 여겨진다. 2천 년 전 플라톤은 그의 저서 『국가』(*Republic*)에서 제한 없이 더 많이 가지려는 자기 확대 욕망이 모든 인간의 행위를 이끄는 주요 동기로 작용한다고 주장한 반대자들에 맞서 논쟁을 벌였다. 오직 힘의 부재만이 자신의 몫보다 더 많이 가지려는 우리의 욕망을 억제할 뿐이다. 그렇다면 어느 시대에 살고 있든 우리는 욕심에 의해 길들어져 현재의 상태를 정상이라고 생각할 수 있다. 우리는 이 악덕을 해결하기 위해 왜 우리의 가장 심각한 과욕을 줄이고

---

[1] Oliver Stone이 감독한 영화 "월스트리트"(1987: Century City, CA: Twentieth Century Fox, 2007), DVD.

약간의 생활 방식을 조정하는 것 그 이상이 필요한지 이해하지 못한다. 우리의 욕심은 이제 일상적이고 익숙한 것이 되었다.

성경은 탐욕에 대해 강경한 태도를 취하고 있으며, 이 악덕을 매우 자주 언급한다. 돈에 대한 경고는 섹스에 대한 경고보다 훨씬 더 많다. 예언자들은 탐욕이 구조적인 불의와 그에 따른 타인에 대한 억압에서 어떤 역할을 하는지 경고하지만, (우리가 별로 인정하고 싶지 않지만 우리와 더 닮은) 이스라엘 백성들은 놀라울 정도로 냉담한 반응을 보이고 귀를 막아버린다. 탐욕에 대한 가장 유명한 말씀은 예수의 말씀이다. "부자가 하나님의 나라에 들어가는 것보다 낙타가 바늘귀로 들어가는 것이 더 쉽다"(마 19:24; 막 10:25; 눅 18:25). 부유한 그리스도인들은 왜 우리가 물질적으로 부유하면서도 하나님에 대한 사랑이 풍부할 수 없는지 의아해할 수 있다. 위대한 신앙의 영웅 아브라함도 결국 하나님의 축복으로 큰 부를 소유한 사람이었다. 그러나 사도 바울은 돈에 대한 사랑을 "일만 악의 뿌리"(딤전 6:10)라고 명명했고, 이 본문은 교만(전 10:13의 초기 번역본에 따르면 "모든 죄의 시작")[2]이 아닌 탐욕이 악덕 나무의 뿌리가 될 자격이 있는지 의문을 제기했다. 이러한 난제 외에도 기독교 전통은 소유가 좋은 것인지 나쁜 것인지, 소유욕이 인간에게 자연스러운 것인지 부자연스러운 것인지, 그리스도인의 삶은 청지기 정신 및 기부 활동과 함께 적절한 부의 획득을 요구하는지 아니면 더 엄격한

---

2   불가타 성경과 두에-랭스 성경은 이 구절을 신구약 중간기의 책인 집회서를 따라 이렇게 번역하고 있지만, 현대 영역본은 보통 다른 의미로 번역하고 있다.

기준을 적용하여 자발적인 청빈과 소유의 완전한 포기를 요구하는지에 대한 내부적인 논쟁에 직면했다.

탐욕의 내적 집착

이러한 더 큰 문제를 다루기 전에 우리는 탐욕 자체에 대한 정의가 필요하다. 일반적으로 탐욕 또는 욕심은 무질서한 의도와 내적 집착, 과도한 소유, 저축, 비축, 사치스러운 지출과 같은 소유 행동 패턴 등 다양한 방식으로 식별된다. 이 장에서는 탐욕을 주로 "내면"의 모습을 기준으로 정의할 것인데, 이는 근원적인 악덕들이 마음의 습관을 나타내기 때문이다. 예수께서 부자 청년에게 모든 것을 버리고 나를 따르라고 말씀하셨을 때(막 10:17-31) 그는 그 청년이 가장 사랑하는 것을 재정리할 것을 명령하신 것이다. 알렉산드리아의 클레멘스는 "청년이 자신의 소유를 포기하지 못한 것은 그리스도께서 치유하기 원하셨던 더 심각한 인격적 결함을 가리킨다. 그리스도의 명령은 일부 사람들이 성급하게 해석하듯이 소유를 버리고 재산을 포기하라는 명령이 아니다. 예수께서 그의 영혼에서 제거하라는 것은 재물에 대한 그의 관념, 재물에 대한 집착, 재물에 대한 과도한 욕망, 재물에 대한 염려, 즉 생명의 씨앗을 질식시키는 존재의 가시다."[3]

---

[3] Clement of Alexandria, "Who Is the Rich Man That Shall Be Saved?," *Ante-Nicene Fathers* 2:594. Chris Hall, *Living Wisely with the Church Fathers* (Downers Grove, IL: InterVarsity, 2017), 81에서 인용됨.

마음의 내적 상태는 탐욕의 외적 발현을 야기하며, 일반적으로 돈이나 소유물을 과도하게 획득하고 과도하게 보유하는 것을 포함한다. 아퀴나스의 정의가 이를 입증한다. 우리는 돈이나 돈으로 살 수 있는 모든 소유물을 지나치게 사랑하거나 원할 때 탐욕스러운 존재가 된다.[4] 탐욕스러운 사람의 물건에 대한 과도한 애착은 넘쳐나는 장바구니나 소중히 여기는 물건 하나, 공격적이거나 보수적인 주식 포트폴리오, 신용카드로 가득 찬 지갑이나 소중히 보관하고 있는 보물이 담긴 금고, 고가의 자동차로 가득 찬 차고 또는 좋은 물건으로 가득한 옷장 등 다양한 얼굴을 하고 있다. 탐욕은 젊은이, 노인, 그 사이에 있는 모든 사람을 사로잡을 수 있다. 탐욕은 얻고 움켜쥐려는 다양한 욕망으로 표현될 수 있지만, 그 속에는 비뚤어진 사랑이 숨어 있다. 탐욕은 무질서한 욕망으로 가득 차 있다.

탐욕의 내적 집착의 문제에도 불구하고 우리는 외적 행동과 내적 생각과 욕망의 형성, 즉 탐욕의 "겉"과 "속" 사이의 연관성을 과소평가해서는 안 된다. 다른 습관과 마찬가지로 이 악덕도 우리 마음속에 무언가를 갈망하는 습관이나 패턴에 의해 형성된 행동에 달려 있다. 따라서 주어진 상황에서 (무엇을 소유할지) 옳고 그름을 따지는 것만으로는 탐욕을 제대로 감시할 수 없으므로 우리에게는 점진적이고 누적적인 사고가 필요하다. 대신 이런 질문을 해보면 어떨까? "내가 앞으로 10년, 20년 동안 이런 재산을 계

---

[4] *ST* II-II 118.2; Aquinas, *Disputed Questions on Evil* 13.1 ad 6 and 13.2, trans. Richard Regan, ed. Brian Davies (New York: Oxford University Press, 2003).

속 소유한다면 나는 어떤 성품을 갖게 될 것이며 어떤 사람이 될 것인가?" 우리가 주고받는 모든 일에서 탐욕은 관대함의 미덕을 부식시키고 정의의 요구를 무시하게 만든다. 탐욕을 이 두 가지 덕목과 대조해보면 탐욕의 내적 특성과 외적 표현, 그리고 이 두 가지 덕목이 서로에게 어떤 도움과 영향을 주는지 알 수 있다. 또한 탐욕이라는 악덕을 탐구하면서 우리는 행복과 안전을 위해 부를 신뢰하려는 탐욕스러운 성향이 어떻게 하나님에 대한 우리의 신뢰를 약화하는지 살펴볼 것이다. 교만에 뿌리를 둔 다른 악덕과 마찬가지로 탐욕은 하나님이 우리에게 주시는 좋은 것에 만족하고 그분의 공급하심에 감사하는 대신, 스스로 행복을 찾으려는 방법을 표현한다.

아퀴나스는 탐욕이라는 악덕을 관대함의 미덕과 대조한다.[5] 다만 그는 이 미덕의 라틴어 이름인 "너그러움"(liberality)을 사용하는데, 이는 영어 단어 "자유"(liberty)와 같은 라틴어 어근에서 유래한 것이다. 이러한 언어적 연관성을 통해 우리는 이 덕목이 자유(freedom), 즉 돈에 대한 집착과 돈이 줄 수 있는 것에 대한 약속으로부터의 자유와 관련이 있다는 힌트를 얻을 수 있다. 관대한 사람의 자유롭고 열려 있는 태도는 탐욕스러운 사람이 소유에 집착하고 돈을 "내 것"이라고 굳게 움켜쥐는 것과 대조를 이룬다.

창세기 13:1-13에서 아브람과 롯은 이 미덕과 악덕의 대조를 보여준다. 아브람은 롯에게 짐승 떼를 칠 땅을 먼저 선택하게 한다. 롯은 한 치의 망설임도 없이 이기적으로 자신에게 가장 좋은 것을 선택하고, 사막의 불

---

5   다음을 보라. *ST* II-II 117. *On Evil* 13에서 아퀴나스는 정의와 탐욕을 대조한다.

모지를 아브람에게 남겨준다(아브람은 불평 없이 이를 받아들인다). 하지만 비옥한 계곡을 선택한 롯은 소돔이라는 도시에 도착한다. 비록 롯은 그곳에 머물면 치명적인 위험에 직면할 수 있다는 것을 알았지만, 풍요로운 삶에 너무 집착한 나머지 나중에 천사들이 롯과 그의 가족을 그곳에서 이끌고 나와야 했다. 롯은 자신을 구하려는 하나님의 과감한 계획에도 저항할 정도로 탐욕에 사로잡히는데, 그곳을 떠난다는 것은 자신의 모든 보물과 그 위에 쌓아 올린 삶을 버리는 것을 의미했기 때문이다. 반면에 (매장지 외에는 재산이 없는) 아브람은 심지어 현재의 현실이 하나님의 약속과 일치하지 않는 것처럼 보일 때에도 하나님의 공급하심을 신뢰한다.

    탐욕에 빠져 있을 때 우리는 돈과 소유에 지나치게 집착하며, 라틴어 어근(*aveo, avere*: 갈망하다)이 밝혀주듯이 그것에 **지나친 관심**을 기울인다. 그러나 관대함의 미덕은 사물의 진정한 가치와 이에 대한 우리의 책임을 등한시하는 태도와도 대립한다. 아퀴나스는 이를 사치의 악덕이라고 부른다. 사치의 악덕을 가장 극적으로 보여주는 사례는 누가복음 15장에 나오는 탕자의 비유에서 발견할 수 있다. 탕자가 돈을 쓰는 모습을 보면 (아버지가 죽기 전에 유산을 받아) 부를 너무 지나치게 얻으려는 욕심과 덧없는 가치를 지닌 것에 돈을 낭비하는 모습을 볼 수 있다. 탕자는 돈을 충분히 소중히 여기거나 충분히 가치가 있다고 여기지 않기 때문에 돈을 마구 낭비한다. (그가 함부로 낭비한 돈이 자신이 번 돈이 아닌 것은 그저 우연일까?) 이 두 가지 악덕과는 달리 관대함의 미덕은 과잉(돈에 대한 지나친 애착)과 결핍(지나치게 적은 애착)

사이의 미세한 경계에 있다.[6]

우울한 이야기이지만 참고로 아퀴나스는 한 사람이 관대함에 반하는 두 가지 악덕, 즉 탐욕과 사치에 **모두** 빠질 수 있다고 생각한다. 만약 우리가 과도하고 부주의한 소비 생활에 빠져 있다면 우리는 정기적으로 더 많은 것을 얻으려는 욕구에 시달릴 가능성이 높다. 일단 빚을 지거나 현금이 절실해지면 우리는 너무 쉽게 부당하게 얻은 이익을 합리화하고 더 많은 것을 갖기 위해 시간을 지나치게 허비하게 된다. 따라서 우리는 돈과 관련하여 말 그대로 악순환에 빠질 수 있다. (이 악순환에는 소비주의적 버전도 존재할 수 있다. 먼저 과잉 구매한 후 과잉 소비하는 것이다). 그럼에도 사치의 이면에 있는 내적 성향과 태도는 관대함의 미덕에 훨씬 더 가깝다. 왜냐하면 사치와 관대함의 대표적인 특징은 모두 돈과 헤어지고 물건을 나누어주는 것이기 때문이다. 탐욕에 빠진 사람은 다르며, 자신의 소유를 움켜쥐고 끝까지 놓지 않는다.

다르게 표현하자면 우리는 관대하고 너그러운 사람을 주로 물질적인 부와 재화에 대한 내적 **초연함**을 지닌 사람으로 정의할 수 있다. 그들은 자신의 소유에 관심을 가질 수 있지만, "소유에 대한 무절제한 사랑"은 가지고 있지 않다. 따라서 아퀴나스에 따르면 관대한 사람은 "때와 장소를 가리지 않고…기꺼이 베풀 줄 아는" 모습을 보인다.[7] 관대한 사람은 기회가 왔을

---

6   여기서도 우리는 아퀴나스가 아리스토텔레스의 범주를 사용하는 것을 볼 수 있는데, 여기서 인격의 덕목은 결핍과 과잉의 악덕 사이의 잘 정돈된 욕구를 수반한다.
7   *ST* II-II 118.1-2; Aquinas, *On Evil* 13.1.

때 물건을 기부하는 것을 제2의 본능으로 삼는다. 미덕이 자연스럽게 느껴지는, 도덕적으로 성숙한 사람은 기부를 부담스러운 의무나 귀찮은 일로 여기지 않고 기쁘게 받아들인다. 관대한 사람인지를 테스트할 수 있는 방법은 물건을 나누어주는 것이 당신에게 쉽고 즐거운 일인지를 보는 것이다.[8]

베푸는 자의 마음

우리가 탐식을 단순히 과도한 양의 음식을 먹는 것으로 착각하듯이 우리는 종종 탐욕을 단순히 과도한 양의 물건을 소유하는 것과 혼동한다. 그러나 무엇보다도 미덕과 악덕은 우리 마음의 상태와 관련이 있다. 관대함의 척도는 **얼마나** 많은 양을 베풀었는지가 아니라 베푸는 방식과 그 이유에 있다. 베푸는 방식은 베푸는 사람의 내면의 욕망과 애착을 드러낸다. 누가복음에서 과부는 주님을 향한 헌신의 마음으로 마지막 남은 두 렙돈을 헌금하고, 예수는 그 과부를 칭찬한다(눅 21:1-4). 이 과부의 헌금은 교회의 주보한 장 값도 되지 않았지만, 가난함 속에서도 사랑과 헌신의 마음으로 기꺼이 드려진 것이다. 마찬가지로 복음서에는 부자인 아리마대 요셉이 예수의 시신을 안치하기 위해 새로 마련한 값비싼 무덤을 선물한 이야기가 나온다

---

8   의도적으로 **내가 소비하고 소유하기 위한** 것이 아니라 사물과 타인 자체에 집중하면 기쁨과 만족, 초연함과 열린 마음을 가져다주는 자유를 얻을 수 있다. 물론 (돈을 다루는 모든 일과 마찬가지로) 우리의 기부도 신중함, 즉 가장 적절한 대응에 대한 실용적인 이성의 판단을 바탕으로 관대함이 방탕으로 흐르지 않도록 노력해야 한다.

(마 27:57-60). 그의 관대함은 (단순히) 선물의 크기나 기부자의 재산에서 드러나는 것이 아니라 위험을 무릅쓰고서라도 자신의 것을 하나님께 드릴 준비가 되어 있는 모습에서 드러난다. 아퀴나스는 이 점을 강조하기 위해 아리스토텔레스와 밀라노의 주교였던 암브로시우스의 말을 인용한다. "철학자는 이렇게 말한다(*NE* iv.1). '관대함은 주는 사람의…재산에 비례한다. 왜냐하면 관대함은 베푼 양에 있지 않고, 베푸는 자의 습관에 달려 있기 때문이다.' 그리고 암브로시우스는 '선물을 귀하게 만들거나 시시하게 만들고 사물에 가치를 부여하는 것은 마음이다'(*De Offic.* I)라고 말한다."⁹

안타깝게도 우리는 이 점을 핑계 삼아 충분히 베풀지 않거나 과도한 소유의 포기를 정당화하는 명분을 쉽게 만들 수 있다. 만약 우리가 너무 많은 것을 갖는 데 익숙해져 있다면 사치품을 포기하는 것조차 희생처럼 느껴질 수 있다. 사순절 금식 기간에 주식(기본적인 생계) 대신 후식(사치스러운 과다섭취)을 포기하는 것이 적절하다고 생각하는 것처럼 우리가 나누어주는 것은 어차피 벼룩시장에서 팔다가 남은 것뿐일까? 아퀴나스의 조언을 비교해보라. "사람들은 몇 가지만 가지고 있어도 충분하므로 관대한 사람들은 일반적으로 자신이 가진 것보다 더 많이 베풀기 때문에 칭찬받을 만하다." 그는 당연하다는 듯, 하나님이 어떤 이들에게 과도한 재물을 주시는 것은 "선한 청지기의 자격을 갖추도록 하기 위해서"라고 설명한다.¹⁰ 아퀴

---

9 *ST* II-II 117.1 ad 3.
10 *ST* II-II 117.1.

나스는 물건을 소유하는 목적은 남을 섬기기 위해 사용하는 데 있다고 가정한다. 당신도 월급을 그렇게 생각하고 있는가? 우리 자신의 삶을 향상하는 데 사용하는 수입 중 얼마나 많은 부분을 타인의 필요를 충족하는 데 사용할 수 있고 또 그렇게 사용해야 할까? 초기 교회 교부들에 따르면 모든 물질에 대한 우리의 청지기 정신은 공동선을 위해 사용될 때 비로소 하나님을 본받는다. 기부를 한다는 것은 하나님의 마음을 세상에 전하는 것이다. "하나님께 속한 것은 무엇이든 모두가 공동으로 사용하기 위한 것이며, 그분의 혜택과 선물에서 누구도 배제되지 않으며, 인류가 하나님의 선하심과 관대함을 동등하게 누릴 수 있다. 재산을 소유하고 이러한 공평의 모범을 따르며 그 수익과 열매를 형제자매들과 나누고 무상으로 아낌없이 베풂으로써 공정하고 정의로운 모습을 보이는 사람은 누구든지 하나님을 본받는 사람이다."[11]

    헨리 나우웬은 "감사하는 마음을 가지고 하나님을 기억하는 것만큼 우리의 작은 자아가 더 큰 세계로 나아가게 하는 데 도움이 되는 것은 없다"고 말한 적이 있다. 본 장의 서두에서 인용한 아리스토텔레스도 우리의 번영은 다른 사람들을 **위한** 것이라는 말과 함께 친구와 동료 시민이 어떻게 서로 사랑할 수 있는지에 대한 논의를 시작한다. 놀랍게도 그는 우리의 소유는 공유되어야 한다는 것을 의심의 여지 없이 받아들인다. 현대 그리스도인들에게 이것은 전혀 당연한 일이 아니다. 우리가 물려받은 문화는 이

---

[11] Cyprian, "On Works and Almsgiving." Hall, *Living Wisely*, 83에 인용됨.

러한 사고방식을 함양하는 것을 매우 어려운 도전으로 여긴다.

물건을 나누어주는 것이 왜 그렇게 어려울까? 무엇이 물질을 획득하고 그것에 집착하게 만들까? 아퀴나스는 우리가 물건을 포기하지 못하게 만들어 관대함을 방해하는 두 가지 장애물을 언급한다. 첫 번째는 우리가 그것을 얻기 위해 땀을 흘렸다는 점이다. 우리가 스스로 노력해서 무언가를 얻었다면 베풀기가 더 어려워질 것이다. 아이들은 교회에서 엄마 아빠가 준 돈을 헌금함에 넣거나 신학기 옷을 사기 위해 부모의 신용카드로 쇼핑하는 것을 즐거워할 수 있다. 하지만 10대가 되어 자신이 힘들게 번 얼마 안 되는 수입을 쪼개기 시작하면 갑자기 기부에 대한 열의가 훨씬 줄어들게 된다. 우리는 어차피 적은 수입으로 조금 기부해도 큰 차이가 없다고 생각하거나 저축이나 지출을 먼저 충분히 하고 나서 남은 돈으로 기부해야겠다고 생각하며 자신의 행동을 정당화한다. 물론 이러한 합리화는 탐욕의 내적 집착을 치료하기 위한 방법으로서의 기부의 취지를 간과한다. 이러한 기부와 나눔의 취지는 불우 이웃을 돕는 것을 넘어 우리의 욕망을 수정하고 돈의 출처와 돈의 용도에 대한 근시안적인 시각을 바로잡는 데까지 나아간다. 하나님은 우리의 무분별한 기부를 요구하지 않으시고 오히려 우리의 신뢰를 요구하신다. 우리의 정기적인 기부 행위는 우리에게 자유를 길러주고 우리 마음속에 하나님을 의지하는 마음을 심어준다.

첫 번째 장애물의 경우, 무언가가 내 것처럼 느껴질수록 그것을 내어주는 것이 더 고통스러울 것이다. 아퀴나스의 말을 빌리자면 "탐욕스러운 사람은 자신을 재물의 소유자로 여기는 데서 즐거움을 느낀다."[12] 탐욕스러운 사람은 자신이 자신의 모든 욕구와 필요를 충족시키기에 충분한 재화를 소유한 주인이라고 생각하는 것을 중요하게 여긴다. "내가 이것을 얻었으니 이것은 내 것이다. 내가 주인이다." 돈을 벌고 소유하면 자신이 중요한 존재이고 자신의 삶을 통제하고 있다고 느낀다. 물건을 나누어 주는 것은 그것에 대한 소유권을 포기하는 것이다. 타인의 돈에 대해 관대해지기는 훨씬 쉽다. 왜냐하면 타인의 경우에는 돈이 필요하지 않거나 포기하는 데 큰 어려움이 없을 것이라고 판단하기가 항상 더 쉽기 때문이다. 마찬가지로 우리는 타인의 물건이 파손되거나 잘못 사용되거나 방치되거나 분실되었을 때("이건 그냥 빌린 거야"라고 말할 수 있는) 더 쉽게 분노를 참을 수 있다. 왜냐하면 우리는 내가 번 돈으로 사서 내 것이 된 물건에 우리의 자존심과 정체성을 부여하기 때문이다.[13] 탐욕이 뿌리를 내리도록 방치하면 우리는 단순히 **더 많은** 것을 갖고 싶어 할 뿐만 아니라 모든 것이 **내 것으로** 간주되기를 원한다. 하지만 결국 우리는 우리의 소유물을 소유하는 것일까, 아니면 그 소유물에 의해 소유되는 것일까?

아퀴나스는 스스로 얻은 것에 대한 과도한 집착과 함께 두 번째 장애물, 즉 가난의 경험에 대해 언급한다. 결핍의 삶이 가져다주는 취약성과 불안감은 우리 마음의 습관을 형성하는 데 깊은 영향을 주고 저축과 소비의

12　*ST* II-II 118.6(수정된 번역).
13　*ST* II-II 117.5 ad 1.

패턴을 변형시킬 수 있다. 우리는 종종 특정 물건 자체에 집착하기보다는 그 물건이 우리에게 어떤 의미나 상징을 지니고 있는지에 더 집착한다. "이것만 있으면 충분할 거야, 결핍으로부터 안전할 거야, 두려움과 필요와 걱정으로부터 보호받을 수 있을 거야"라고 생각한다. 대공황이라는 어려운 시기에 성장한 세대 중 상당수는 평생 궁핍의 그늘 아래서 살았다. 우리는 아낌없이 베푸시는 풍성하신 하나님을 믿는다고 말하지만, 그 믿음대로 살지는 않는다. 결핍에 대한 두려움은 우리를 힘들게 한다.

현재에 관대함을 키우려면 미래에 대해서도 하나님을 적절히 신뢰해야 한다. 나의 할아버지는 이 사실을 단지 말이 아닌 모범으로 나에게 가르쳐주셨다. 할아버지의 집은 너무 가난해서 지역의 기독교 고등학교의 학비를 낼 수 없었다. 할아버지는 담대하게 교장을 찾아가 학교에 다니고 싶지만 형편이 안 된다고 말씀드렸다. 교장은 한 가지 조건을 제시하고 즉시 그를 입학시켰다. "언젠가는 우리를 기억해 달라." 불확실한 미래에 대한 투자이자 이미 빠듯한 예산을 늘려야 했던 교장의 관대한 행동은 주님의 공급하심에 대한 그의 신뢰를 표현한 것이었다. 그의 신뢰는 보상을 받았다. 나의 할아버지는 수십 년이 지난 후에도 돌아가실 때까지 여전히 그 학교에 아낌없이 기부하고 계셨다.

기부할 때 우리는 항상 우리 자신과 우리가 돌보는 사람들의 필요를 적절히 채워주어야 한다는 것은 맞는 말이다. 아퀴나스와 다른 이들은 영적인 것과 세속적인 것 모두에 대해 이 점을 강조한다.[14] 우리 자신의 필요를 적절히 돌보는 것은 실용적인 지혜이며 사치를 피하는 올바른 방법이다. 하지만 필요의 적절한 공급과 과잉 공급을 분별하려고 할 때 어려움이 따른다. 4세기의 기독교 금욕주의자들은 이집트 사막에서 고독한 생활을 유지했으며, 시장에 가서 자신이 만든 바구니를 팔고 그 돈으로 빵과 기름을 사는 것 외에는 다른 외부 활동을 하지 않았다. 그 공동체의 원로들은 시장 가격보다 싸게 팔고 남은 돈으로 자선을 베풀라고 조언했다. 이윤을 남겨 집에 가져가면 매일 하나님을 의지하는 법을 배우는 대신 그 동전을 미래를 위한 담보로 여기고 싶은 유혹만 받게 될 것이 뻔했기 때문이다. 에바그리오스는 이것이 그들을 얼마나 취약하게 만드는지를 잘 알고 있었다. 그는 이 글에서 탐욕의 심리전을 폭로한다. "탐욕은 긴 노년기, 육체노동을 할 수 없는 상황, 다가올 기근, 발생할 질병, 가난의 쓰라린 현실, 자신의 필요를 채우기 위해 타인의 재화를 받아야 하는 수치심 등을 떠올리게 한다."[15] 사막에서 유래한 이 말씀은 불확실한 미래에 대비해 비축하려는 우리 자신의 성향과 그러한 행동을 정당화하는 우리의 생각에 도전한다. 그렇다면 사막의 금욕주의를 어떻게 우리의 일상생활에 적용할 수 있을까? 우리가 필요하고 원하고 마땅하다고 생각하는 것을 탐욕스럽게 움켜쥐고 있는 우리의 손을 어떻게 풀 수 있을까? 여기서 가장 중요한 것은 사물에

---

14 *ST* II-II 117.1.
15 Evagrius, *Praktikos* 3.9.

대한 이러한 관점과 그것이 유발하는 내적 집착에 변화를 주기 위해서는 어떤 외적 초연함의 실천이 필요하냐는 것이다. 카시아누스는 소유의 완전한 포기는 마음의 포기를 수반해야 한다고 가르친다. "복음서의 말씀이 몸이 더럽혀지지 않은 사람도 마음으로 간음했다고 선언하는 것처럼 돈에 짓눌려 있지 않은 사람들도 그들의 기질과 태도로 인해 탐욕스러운 사람들과 함께 정죄를 받을 수 있다. 왜냐하면 그들에게는 소유할 수 있는 기회가 없었던 것이지 욕망이 없었던 것은 아니었으며, 하나님이 항상 칭찬하고 싶으신 것은 [가난 그 자체]가 아니라 후자이기 때문이다."[16]

삶에서 드러나는 탐욕

탐욕의 내적 집착은 우리가 얻는 것과 베푸는 것 모두에서 드러난다. 우리는 흔히 소유욕에 눈이 멀어 타인의 필요를 외면했던 에버니저 스크루지(Ebenezer Scrooge)처럼 친숙한 구두쇠 인물 속에서 탐욕을 상상한다. 그러나 우리의 지나친 소유와 과소비(이 역시 타인의 실제적 필요에도 불구하고)[17]도 탐욕을 드러낸다. 설령 우리 문화가 이러한 형태의 탐욕을 사회적으로 합리화하더라도 말이다. 호라티우스(Horace)는 "탐욕스러운 사람은 항상 궁핍

---

16   Cassian, *The Institutes of the Cenobia and the Remedies for the Eight Principal Vices* 7.22, trans. Boniface Ramsey, OP, Ancient Christian Writers 58 (Mahwah, NJ: Newman, 2000).
17   부자와 나사로의 비유(눅 16:19-31)를 보라.

하다"고 말한다.¹⁸ 탐욕은 결코 "충분하다"고 말하지 않는다. 반면에 관대한 사람들의 욕망은 자신이 얻고자 하는 것과 자신을 위해 보유하는 것 모두에 대한 원칙이나 한계를 준수한다.

제임스 트위첼(James Twitchell)은 사치를 "완전히 불필요한 것"의 범주가 점점 늘어나는 것이라고 말한다.¹⁹ 과연 얼마나 많은 물건이면 충분할까? 남편과 결혼했을 때 우리 부부는 작은 복층 주택에서 살았다. 임대료가 저렴했기 때문에 우리는 낡고 오래된 건물이라는 사실에 별로 놀라지 않았다. 하지만 벽장의 크기를 보고 충격과 실망을 금치 못했다. 침실마다 작은 옷장이 하나씩 있었는데, 신발 한 켤레가 겨우 들어갈 정도였고, 지금까지 내가 본 옷장 크기의 8분의 1 정도밖에 되지 않았다. 운동복만으로도 그 벽장 중 하나를 가득 채웠다. 우리는 "이 집을 지은 사람은 그 많은 옷을 다 어떻게 했을까?" 궁금해졌다. 그러다가 나의 어머니가 어렸을 때 옷이 두 벌이 있었는데, 하나는 학교에 갈 때 입는 옷이었고, 다른 하나는 일요일에 교회에 갈 때 입는 옷이었다는 말씀이 떠올랐다. 그 정도면 우리 집 벽장도 충분했을 것이다! 현재 우리 집에는 대형 옷장은 없지만, 모든 방에 이중 옷장이 있고, 복도에는 삼나무 옷장이 있다. 모두 꽉 차 있다.

어떤 교수가 기독교 제자도를 주제로 강의를 진행한 적이 있다. 그는 학생들에게 자신이 오랫동안 몸소 실천하며 살았던 예수의 자발적 청빈의

---

18 Horace, *Epistles* 1.2.56, ed. O. A. W. Dilke (London: Methuen, 1954).
19 James Twitchell, *Living It Up: Our Love Affair with Luxury* (New York: Columbia University Press, 2002), xi, 1; 또한 57. 『럭셔리 신드롬』, 미래의창 역간.

모범을 고려해보도록 도전했다. 이 강의를 들은 학생 중 두 명은 끝없는 소유와 과소비라는 일반 기준 대신, 자신의 필요에 따라 살기로 결심하고 셔츠와 바지 두 벌씩을 제외한 나머지 옷을 모두 기부했다. 이들의 결심은 캠퍼스 신문에 실릴 정도로 주목할 만하고 칭찬받을 만한 일이었다. 그러나 그들이 자발적인 가난으로 규정한 것은 인류 역사상 대다수 사람들의 평균 또는 그 이상의 삶에 해당한다는 점을 언급할 필요가 있다. 그들의 부모는 여전히 6자리 숫자의 대학 등록금을 부담하고 있다는 것은 말할 것도 없다. 하지만 내가 학생들에게 옷 두 벌을 제외한 모든 것을 포기하는 것이 얼마나 힘들겠냐고 물으면 그들은 "거의 불가능한 일"이라고 대답하곤 한다.[20]

아퀴나스와 아우구스티누스는 음식이나 돈과 관련하여 "이생의 필요"에 대해 이야기할 때 단순히 생계유지를 위해 필요한 것뿐만 아니라 인간다운 삶을 사는 데 필요한 것도 강조한다. 예를 들어 프란치스코 교황은 교황직에 취임하면서 사치와 지출을 대폭 줄였지만, 여전히 교황의 품격에 걸맞은 의복을 착용한다. 또한 당신의 집은 단순한 주거 공간의 필요를 넘어 다른 사람들을 대접할 수 있을 만큼 충분히 넓을 수 있다. (또는 큰 집이 아니더라도 교회나 지역 공원과 같은 공용 공간에서 환대를 똑같이 잘 제공할 수 있다.) 예술적인 장식과 조경은 도시, 집, 교회와 같은 장소를 단순한 기능성을 넘어 아름답고 즐거운 공간으로 만들어준다. 따라서 온전한 인간다운 삶의 필

---

20   다음을 보라. Jen Hatmaker, "Month Three: Possessions," in *Seven: An Experimental Mutiny against Excess* (Nashville: B&H, 2012), 69-94.

요를 존중하는 행위는 우리 모두가 맨 벽에 누더기 옷을 입고 딱딱한 빵조각만을 먹으며 살라는 획일적인 요구가 아니다. 오히려 물질에 대한 욕망의 지배를 받지 않고 자유롭게 의미 있고 아름다운 삶을 사는 것을 가리킨다. 가장 중요한 질문은 우리가 관대하고 가벼운 마음에 더 가까워지고 있는지, 아니면 노예에 더 가까운 삶을 살고 있는지에 관한 것이다. 우리의 삶이 우리의 소유물을 섬기고 소유물에 대한 우리의 욕망에 따라 사는 것이 아니라, 우리의 소유물이 우리의 필요와 인간다움을 충족해야 한다. 이보다 더 넓은 의미에서도 "필요한 것"이 우리를 제한하는 원칙으로 작용하여 우리의 소유욕이 무한정 확대되지 않도록 해야 한다.

그러나 설령 우리가 자발적 가난의 삶에 대한 소명이 없다 하더라도 우리는 우리의 구매 및 소비 습관과 그것이 우리 마음의 욕망과 집착에 대해 드러내는 것에 관해 깊이 생각하면서 구두쇠나 쇼핑중독자가 될 필요는 없다. 다음과 같은 사고의 실험을 생각해보라. 다른 사람이 당신의 모든 재무 기록과 지출 습관(투자 포트폴리오, 저축, 수표 통장, 신용카드 청구서, 세금 신고서, 영수증, 현금 흐름 등)을 들여다볼 수 있지만, 당신에 대해서는 아무것도 알지 못한다고 상상해보자. 그들은 당신의 성격, 사랑, 가치관, 과잉과 결핍, 이상과 당신의 정체성에 대해 어떤 판단을 내릴 수 있을까? 탐욕은 마음과 정신에서 시작하지만 반드시 내면에 숨겨져 있는 것만은 아니다. 무언가를 얻고 베푸는 패턴은 우리 마음속에 존재하는 가장 깊은 사랑과 우선순위를 드러낼 수 있다. 자기 성찰을 위한 또 다른 도전적인 방법은 당신이 일주일에 어떤 물건을 사거나 획득하기 위해—쇼핑몰에 가거나, 인터넷을 검색하거나, 물건을 사기 위해 더 오랜 시간 일하거나, 주택 개조 및 인테리어 프로그램을 시청하거나, 친구나 이웃의 사례를 관찰하면서 현재 생활 방식을 업그레이드할 방법을 상상하는 등—얼마나 많은 시간을 투자하는지 계산해보는 것이다. 자신을 위해 무언가를 사면 좌절감이나 우울감이 일시적으로 완화되는가? 더 많은 돈을 벌거나 더 많은 물건을 사면 당신의 삶을 통제한다는 느낌이 새롭게 생기는가? 팀 켈러는 『내가 만든 신』(*Counterfeit Gods*)에서 우리가 쉬는 시간에 우리가 소유하고 있는 것에 관해 상상하거나 우리가 그것을 갖지 못했을 때 우리를 격분시키거나 절망하게 만드는 것이 무엇인지에 주목함으로써 우리의 우상을 진단할 것을 권장한다.[21] 다시 말해 우리는 우리의 꿈과 우리의 깨진 꿈 모두에서 우리의 과도한 집착이 무엇인지 알 수 있다. 이러한 자기 성찰 훈련은 우리가 분명히 잘 피하고 있는 틀에 박힌 탐욕의 모습을 넘어 "**내 것**"이라고 부르는 게 너무 좋아서 **더 많은** 것을 추구하려는 우리 자신의 탐욕스러운 성향을 솔직하게 고백하도록 우리를 인도할 것이다.

정의를 추구하고 자비를 사랑하기

탐욕은 마음속에서 관대함의 미덕을 부식시키고 자유롭게 베풀고자 하는

---

21 Tim Keller, *Counterfeit Gods* (New York: Penguin, 2009), 168-70. 『팀 켈러의 내가 만든 신』, 두란노 역간.

우리의 열심을 꺾을 수 있다. 그러나 최악의 경우 탐욕은 우리로 하여금 기본적인 정의의 요구조차도 완강하게 거부하도록 부추기며, 대신 자신의 몫을 더 많이 가지려는 선택을 하게 만든다. 탐욕스러운 사람은 다른 사람이 마땅히 누려야 할 것 또는 필요한 것을 박탈할 정도로 소유물을 획득하고 붙잡아 두기도 한다. 탐욕은 가난한 자들에 대한 무관심을 유발한다. 이 경우 탐욕은 다른 사람에게 정당한 몫을 주는 정의의 미덕을 훼손한다.

때때로 탐욕스러운 사람들은 악의적으로 자신의 몫보다 더 많은 것을 쌓아두기도 하지만, 때로는 그저 무심함에서 그러기도 한다. 그리스 철학자 플라톤은 정의(*dikaiosunē*)를 최고의 미덕이라고 칭했다. 정의에 반대되는 것은 항상 자기 몫보다 더 많은 것을, 더 많이 가지려는 욕망, 즉 "플레오넥시아"(*pleonexia*)라는 악덕이다. 플라톤과 현대 사이에는 2천 년의 격차가 있지만, 현대인들은 (나의 학생들과 같이) 플라톤이 의미하는 바를 즉각적으로 이해하는 것 같다. 탐욕은 우리가 다른 사람의 정당한 소유를 갖고자 할 때 정의를 짓밟고, 심지어 그것이 필요치 않더라도 그것을 얻기 위해 무엇이든 하도록 만들 수 있다. 마지막 피자 조각을 차지하기 위해 팔꿈치로 동생을 밀쳐내는 것과 같은 일부 사례는 지극히 평범해 보일 수 있지만, 나봇의 포도원 이야기(왕상 21장)에서 볼 수 있듯이 탐욕은 살인으로 이어질 수도 있다. 성경의 예언자들은 부유하고 "신앙이 좋은" 사람들의 생활 방식이 어떻게 가난한 사람들을 억압하고 무자비하게 대하는지에 대해 많이 언급하는데, 이러한 비판은 고대 이스라엘뿐만 아니라 21세기의 선진국들에도 쉽게 적용될 수 있다. "사람은 다른 사람이 부족한 상태에서 외적인 재물이 차고 넘칠 수 없기 때문에 탐욕은 이웃에 대한 직접적인 죄다. 왜냐하면 현세적인 재물은 많은 사람이 동시에 소유할 수 없기 때문이다."[22] 우리의 일상적인 쇼핑 습관이 우리로 하여금 형제자매의 고통을 외면하는 착취 구조에 얽매이게 할 때 우리는 문 앞에서 신음하며 구걸하는 나사로를 알아차리지 못한 부자와 점점 더 닮아간다. "그의 번영은 그에게 육체적, 정서적, 영적 마취제로 작용하여 그가 속한 환경의 참혹함에 무감각하게 만든다."[23] 우리의 지나친 욕심은 다른 사람의 진정한 필요를 무시하는 동시에 우리의 마음을 강퍅하게 만든다.

우리는 이미 탐욕에는 많은 증상과 파생 악덕이 있으며, 이것은 우리가 무엇을 살지, 어떻게 살지 계획하는 데 소비하는 시간과, 새로운 물건을 사면 행복하고 만족할 것이라고 믿는 믿음에서 드러난다는 것을 살펴보았다. 그것은 우리가 무언가를 얻을 수 있을 때까지 느끼는 불안한 초조함과 그것을 얻으면 그 불안감을 해소할 수 있다는 소비주의적 신념으로 나타난다. 그러나 탐욕은 특유의 무정함으로 인해 자신의 욕구를 채우는 데 그치지 않고 타인의 필요도 무참히 짓밟는다. 탐욕은 이미 충분하지 않은 삶을 사는 사람들에게 부차적인 피해를 입히는 것과는 무관하게 우리가 정기적으로 그리고 계획적으로 필요 이상의 것을 취하거나 자신의 몫보다 더 많이 취하는 생활 방식을 합리화하도록 유도하는 환상과 욕망의 이면에 숨어

---

22 *ST* II-II 118.1 ad 2.
23 Hall, *Living Wisely*, 90.

있다. 정의는 이미 우리의 시야에서 사라졌다. 우리 자신을 명확하게 보지 못하거나 설사 명확하게 볼 수 있다 하더라도 그다지 개의치 않는다면 어떻게 우리가 참회의 길로 돌아갈 수 있겠는가?

이에 대해 교부들은 우리가 진정으로 소유하고 있는 것에 대한 우리의 생각을 무너뜨리는 공동선을 끈질기게 강조한다. 성 대 바실레이오스는 더 큰 곡간을 짓는 부자에 관한 비유 설교에서 자신의 불의에 안주하지 않도록 탐욕스러운 사람들의 마음을 흔들려고 노력한다. 그는 다음과 같이 말한다. 여러분의 소유나 그것을 지키는 것이 다른 사람의 필요를 박탈하는 것이라면 "여러분이 쌓아두는 것은 주린 자의 빵이고, 헐벗은 자의 겉옷이며, 궁핍한 자의 돈이다. 그러므로 여러분은 여러분이 잘못한 만큼 다른 사람들을 구제할 수 있었다."[24] 혹은 현대적인 표현을 사용하자면 "오늘 아침 당신이 마신 비싼 커피는 아침을 굶고 학교에 간 아이의 것이었다. 옷장에 (지금은 유행이 지난) 다른 네 벌의 코트와 함께 걸려 있는 새 겨울 코트는 지난 주말 시내로 가는 길에 지나쳤던 노숙자의 것이다. 그리고 당신이 은퇴를 위해 저축한 돈은 당신이 좋아하는 (딱 두 번밖에 신지 않은) 등산화를 만든 작업장 노동자에게 생존과 굶주림 간의 차이를 만들 수 있다. 따라서 당신은 당신이 잘못한 만큼 다른 사람을 도울 수 있었다."

일반적으로 흔히 말하는 죄책감을 뛰어넘어 이 생각을 재구성해보자. 성 대 바실레이오스는 우리에게 세상을 새롭게 보는 방식을 가르쳐주고자

---

[24] Basil, quoted in *ST* II-II 118.4 obj. 2.

한다. 관대한 사람은 자신이 받은 것을 선물로 인식하기 때문에 베풀 기회를 찾는다. 예를 들어 마음이 너그러워질수록 당신이 받은 교육(그리고 그에 따른 수입)에 대한 당신의 시야도 더 넓어진다. 아마도 당신의 교육도 내 교육과 마찬가지로 부모의 지원과 (대대로 모범이 된) 가족의 안정, 그리고 이웃의 안전과 국가를 지키는 사람들이 제공하는 평화에 의존하지 않았다면 불가능했을 것이다. 마찬가지로 당신의 성공도 부분적으로 교회와 학교 등에서 받은 격려와 기대, 그들이 보인 모범은 말할 것도 없고, 당신의 배우자의 희생과 지원 덕분일 수 있다. 당신의 교육과 이후의 취업 기회를 가능케 한 환경의 목록은 계속 이어질 수 있다. 하지만 여기서 냉정하게 고려해야 할 점이 있다. 만족스러운 경력과 높은 연봉을 얻게 해준 당신의 재능도 그다지 좋지 못한 상황에서는 무용지물이 될 수 있다는 것이다. 너그러운 사람들은 마음까지도 넓힐 수 있는 더 넓은 시야를 가지고 있다.

어쩌면 우리는 우리의 소비와 소유가 다른 사람의 것을 박탈한다 하더라도, 그 사람이 우리의 관심 밖에 있다면 그다지 신경 쓰지 않을지도 모른다. (이 점이 실제로 도움이 필요한 사람들과 더 개인적인 만남을 추구해야 하는 좋은 이유일 수 있다.) 전통적으로 탐욕의 대표적인 파생 악덕을 "자비에 대한 무감각함", 즉 위에서 언급한 냉담한 비정함으로 규정하고 있다는 점을 고려하면 우리가 배려하지 않는다는 것은 전혀 놀라운 일이 아니다.[25] 어떤 의

---

25 *ST* II-II 118.8; Aquinas, *On Evil* 13.3. 아퀴나스는 『모랄리아』에 실린 그레고리오 1세의 목록을 사용한다.

미에서 무관심은 불의로 치닫는 미끄럼틀에 기름을 바르는 것과 같다. 무관심하면 노골적으로 상처를 입히기가 더 쉽다. 카시아누스에서 그레고리오 1세, 아퀴나스에 이르기까지 기독교 사상가들은 탐욕의 쓴 열매에는 돈을 위해 기꺼이 다른 사람을 속이고, 이용하고, 해치고, 심지어 배신하는 것까지 포함된다고 가르쳤다. 지극히 평범해 보이는 가족들이 엄청난 유산을 둘러싸고 법정에서 서로를 물어뜯거나 수년 동안 대화를 거부하는 모습을 생각해보라. 카시아누스는 유다가 그리스도를 배신한 것도 탐욕에서 비롯된 것으로 해석한다. "그는 더 이상 몰래 지갑에서 훔치지 않고 주님 자신을 팔려고 했다."[26] 다시 말해 탐욕이 우리를 지배하면 소유에 대한 과도한 욕망이 정의와 이웃 사랑이라는 가장 근본적인 요구보다 우선시된다.

무슨 소용이 있는가?

모든 악덕이 그렇듯이 탐욕은 좋은 것에 대한 우리의 갈망이 잘못되었음을 드러낸다. 돈과 소유를 악으로 규정할 필요는 없다. 사실 돈과 소유는 유용한 재화로 간주된다. 풍요로움은 인간의 삶에서 제 위치가 있다. 금식은 잔치를 배제하지 않는다. 단순함과 청지기 정신은 최저 생계 수준으로 사는 것이 탐욕을 피하는 유일한 길이라는 의미를 내포하고 있지 않다. 스타인웨이(Steinway) 콘서트 그랜드피아노 한 대가 작은 마을의 빈곤선 이하의 모

---

[26] Cassian, *Institutes* 7.24.

든 사람을 몇 달 동안 먹여 살릴 수 있는 가격이라는 사실만으로는 우리가 스타인웨이 피아노 구매를 중단할 충분한 이유가 되지 않는다(물론 잠시 주춤하게 만들 수는 있지만 말이다). 하지만 사치품에 대한 이러한 관점은 탐욕의 관점과 달리 소유물의 가치가 금전적 영역을 훨씬 뛰어넘을 수 있다고 본다.

탐욕에 깊게 빠진 사람들은 사람에 대한 사랑을 충족시키기 위해 돈을 사용하는 것이 아니라 돈에 대한 사랑을 충족시키기 위해 사람을 이용하려 한다. 미다스 왕도 금에 대한 욕심 때문에 딸을 잃었을 때 비로소 욕심을 멈췄다. 왜냐하면 딸은 금과는 달리 그에게 그 무엇과도 비교할 수 없는 가치를 지니고 있었기 때문이다. 딸을 사랑했기 때문에 그는 자신의 탐욕스러운 욕망을 채우는 데 딸이 이용되는 것을 참을 수 없었다. 더 많은 것에 대한 욕망을 떨쳐버리는 데 인간의 희생 제물이라는 위협이 필요했다는 것은 그의 탐욕이 얼마나 심각했는지를 보여주는 섬뜩한 징표다.

영화 "오션스 일레븐"(*Ocean's Eleven*)에서 대니 오션(조지 클루니가 연기한 전문 도둑)과 테리 베네딕트(앤디 가르시아가 연기한 카지노 주인)는 모두 돈에 대한 탐욕을 드러내며 부를 추구한다. 하지만 영화의 거의 마지막 장면에서 대니의 전 부인이자 테리의 현재 애인인 테스(줄리아 로버츠 분)가 보안 카메라를 통해 두 사람의 대화를 몰래 엿보는 장면이 나온다. 거기서 대니는 테리에게 날카로운 질문을 던진다. 내가 방금 너의 카지노를 털고 간 자가 누군지 알려주고 그 돈을 되찾을 수 있게 해준다면 너는 그 대가로 테스를 포기할 수 있겠는가? 테리는 주저 없이 냉정하게 "그렇다"고 대답한다. 여기서 갑자기 두 남자의 차이가 극명해진다. 왜냐하면 대니는 테스를 되찾기 위해서라면 자신의 모든 불법적인 이득을 주저 없이 포기할 것이기 때문이다. 당신이 가장 사랑하는 것은 무엇이며, 그것을 얻기 위해 당신은 어떤 수단을 사용하겠는가? 우리가 돈을 어떻게 취급하는지를 보면 우리 마음속에 있는 답이 드러난다.

아퀴나스는 탐욕의 대상을 돈 또는 돈으로 살 수 있는 **유용**하거나 **이익**이 된다고 여겨지는 모든 것으로 설명한다.[27] 반면에 정욕과 탐식은 우리에게 **기쁨**을 주는 것에 한해서 욕망한다. 우리는 우리의 탐욕이 얼마나 모든 것을, 그리고 실제로 모든 사람을 도구적 가치로 평가하는 우리의 기본적인 경향을 주도하는지 생각해볼 필요가 있다. 노년층이 더 이상 생산적인 노동을 하지 못하고 노인들이 이용하는 의료 서비스가 다른 사람의 물질적인 자원을 끊임없이 고갈시키기 때문에 사회의 짐만 된다고 한탄할 때 그들은 과연 단순히 비용 편익 분석의 관점에서 인간의 진정한 가치를 측정하는 가치 체계를 내면화한 것일까? 자녀와 함께 보내는 시간 역시 여러 가지 의미에서 수익성이 없는 것으로 간주되는데, 이는 육아가 주로 저임금 또는 무급으로 이루어지고 이에 대한 가시적인 보상이 거의 이루어지지 않기 때문이다. 금융 거래 은유를 사용하여 다른 사람에 대한 개인적인 보살핌을 설명하면 탐욕적인 가치 계산에 치우친 개념적인 틀을 잘 드러낸다. 특히 투자를 관리하는 금융 분야에서 일하는 사람들의 연봉과 서비스

---

27 *ST* II-II 118.2.

직종의 연봉을 비교한 차트는 우리가 암묵적으로 가장 중요하게 여기는 것에 대한 생각을 잘 보여준다. 사회 제도와 구조는 인간(우리 자신을 포함해서)을 유용성으로 측정하고, 그 유용성을 재화의 생산과 돈의 소유로 측정한다. 탐욕은 이제 이렇게 미묘한 방식으로 인간의 삶과 그 가치에도 침범해 들어오고 있다.

교황 요한 바오로 2세는 모든 것을 금전적 가치로 측정하려는 탐욕의 악의적 성향이 현대 사회에 성공적으로 침투했다고 주장했다. 이러한 성향은 표면적으로 드러난 우리의 행동과 결정 뒤에 숨겨진 암묵적인 가정을 형성하며 그 배경에 자리 잡고 있다. 그는 현대 문화가 인간다움에 포함된 모든 도덕적·종교적 의미와 함께 **인간이 되는 것보다 물건을 소유하는 것**을 더 중요하게 여긴다고 비판했다. 그의 견해에 따르면 가장 암울한 형태의 탐욕은 "자신의 물질적 행복을 추구하는 것을 유일한 목표로 삼는다. 소위 [인간의] '삶의 질'은 주로 또는 전적으로 경제적 효율성을 비롯해 기능성과 유용성의 측면에서 이해된다." 만약 사회가 모든 것을 궁극적으로 금전적 또는 물질적 가치로 판단한다면 경제적으로 기여하지 못하는 사람들은 너무 쉽게 무가치한 존재로 전락할 것이다. 요한 바오로 2세는 "사회에 아무런 이득을 가져다주지 못하고 큰 부담을 주는 상황을 회피하려는 공리주의만 중시된다면" 심지어 생명을 끊는 것조차도 매력적인 대안이 될 수 있다고 주장한다.[28] 이러한 미묘한 형태의 탐욕으로 형성된 사회에서는 약

---

28   Pope John Paul II, *Evangelium Vitae* I (New York: Random House, 1995), 40.

자, 어린이, 장애인, 노인이 가장 취약한 계층으로 분류된다. 하지만 우리는 모두 조만간 이러한 범주 중 하나에 속하지 않을까? 요한 바오로 2세는 돈을 모든 것의 척도로 삼는 것은 실제로 돈을 벌고 통제하는 **인간**이 다른 인간의 가치를 포함한 모든 것의 척도가 되는 것을 은폐하는 역할을 한다고 말한다. 타인에 의한 인간의 도구화와 상품화는 도둑질하거나 쌓아두려는 특정 개인의 충동보다 탐욕과 불의 사이의 연관성을 더 깊이 드러낸다. 탐욕으로 인해 서로의 인간성을 배신하면 우리는 우리 자신의 인간성도 배신하게 된다. 이 현상에 대한 성경의 놀라운 예는 아합과 이세벨이 나봇의 포도원을 차지하기 위해 나봇을 살해한 사건이다. 이 이야기는 다음과 같은 의미심장한 말로 마무리된다. "예로부터 아합과 같이 **그 자신을 팔아** 여호와 앞에서 악을 행한 자가 없음은 그를 그의 아내 이세벨이 충동하였음이라"(왕상 21:25, 강조는 덧붙여진 것임).

탐욕은 다른 모든 악덕과 마찬가지로 행동으로 나타나기도 전에 이미 우리의 생각, 태도, 반응, 감정에 깊숙이 스며들어 있다. 우리는 탐욕에 빠질 때 소유물에 대해 지극히 자기중심적인 관점을 가지고 행동한다. 즉 우리는 소유물을 **자신의 것**으로 생각하고 자신이 원하는 대로 사용할 수 있다고 생각한다. 윌리엄 T. 캐버너(William T. Cavanaugh)는 그의 저서 『소비되다』(*Being Consumed*)에서 탐욕스러운 사람들이 놓치고 있는 더 깊은 그림을 보여준다.

기독교 전통에서 물질적 재화로부터 벗어난다는 것은 그 물질을 더 큰 목적을 위한 수단으로 사용하는 것을 의미하며, 그 더 큰 목적은 하나님과 우리의 동료 인간에 대한 애착이다.…[이] 전통에서 물질의 사용은 더 많은 사람을 위해 공동으로 사용하는 것을 의미한다. 우리는 개인으로서가 아니라 서로의 구성원으로서 서로를 돕는 것이다.…우리가 물질에 집착하지 않는 이유는 바로 다른 사람들에 대한 애착 때문이다. 우리는 끊임없이 소유권을 포기하고 공동체 전체의 공동선을 위해 우리의 재화를 사용할 준비가 되어 있어야 한다.[29]

마찬가지로 폴 그리피스(Paul Griffiths)는 오직 하나님만이 모든 것을 소유할 수 있다는 아우구스티누스의 주장을 통해 공유(commonness)의 개념을 추적한다. 사물을 사유화하고, 점유하고, 압수하고, 소유하고, 지배하려는 우리의 열망은 환상과 우상숭배로 귀결된다.[30] 모든 것은 하나님이 우리에게 주신 선물이며, 우리의 임무는 모든 사람의 유익을 위해 그분을 대신하여 물건을 잘 관리하는 것이다. 2017년 라스베이거스에서 발생한 총기 난사 사건에서 낯선 사람들과 행인들은 부상자와 사망자를 병원으로 이송하기 위해 자신의 차를 제공했고, 사람들은 현장에 있던 펜스를 이용해 즉석에서 들것을 만들었다. 마찬가지로 영화 "됭케르크"(*Dunkirk*)에서는 영국 상선이 프랑스 해안에 좌초된 동포를 구조하기 위해 온갖 모양과 크기의 어선을

---

29   William T. Cavanaugh, *Being Consumed: Economics and Christian Desire* (Grand Rapids: Eerdmans, 2008), 52-53.
30   Paul Griffiths는 *Intellectual Appetite: A Theological Grammar* (Washington, DC: Catholic University of America Press, 2009)에서 이 아우구스티누스적 세계관의 기초를 소개한다.

이용하는 장면이 묘사된다. 비상 상황에서 우리는 자신의 물건을 가장 도움이 필요한 사람을 위해 사용해야 하는 공유재(common goods)로 취급하는 것을 당연하다고 생각하는 것 같다. 이런 순간에 우리가 보관하고 있는 물건은 진정으로 사랑의 도구가 된다.

"근원적인" 악덕

바울은 "돈을 사랑함이 일만 악의 뿌리"라고 말한다(딤전 6:10). 왜일까? 돈이 너무 매력적이어서 그것을 얻기 위해 많은 죄를 짓기 때문일까? 아니면 돈은 우리에게 어떤 사악한 욕망도 충족시킬 수 있는 힘을 주고 나서 영향력이나 면책권으로 그 욕망에서 벗어날 수 있게 하기 때문일까?

더 나아가 돈 자체가 가장 중요한 목표가 될 때 돈에 대한 사랑은 더 큰 악을 키울 수도 있다. 아퀴나스는 물질적 부가 우리를 유혹하는 이유는 우리가 자급자족할 수 있다는 환상을 심어주기 때문이며, 이는 아울러 하나님에 대한 필요성을 부정하는 강력한 동기로 작용한다고 주장한다.[31] 우리 중에 누가 이 세상에서 편안하고 안전하게 살 수 있는 기회를 거절할 수 있겠는가? 돈의 소유는 이러한 자급자족과 그것을 지킬 수 있는 힘을 의미한다. 이런 점에서 돈은 하나님을 대신하는 편리하고 훨씬 덜 부담스러운 대체물이다. 프레드릭 비크너는 다음과 같이 말했다.

31　*ST* I-II 84.3; Aquinas, *On Evil* 13.3.

부자가 되는 것의 문제점은 수표가 평범한 사람들을 괴롭히는 거의 모든 실질적인 문제를 해결할 수 있기 때문에 당신이 가장 한가한 시간에는 인간이 가진 가장 큰 문제, 즉 행복해지는 방법, 사랑하고 사랑받는 방법, 삶의 의미와 목적을 찾는 방법 등 인간의 가장 큰 문제만 남는다는 것이다. 절망에 빠진 부자들은 수표책으로 이러한 문제도 해결할 수 있다고 믿고 싶은 유혹을 끊임없이 받으며, 이 때문에 예수는 언젠가 부자가 천국에 가는 것은 캐딜락이 회전문을 통과하는 것보다 어렵다고 말씀하신 것 같다.[32]

탐욕, 즉 소유물과 소유에 대한 무질서한 집착은 교만에 뿌리를 두고 있기 때문에 모든 종류의 악의 근원이다.

이 마지막 설명은 우리가 얼핏 생각하는 것보다 더 깊은 의미를 담고 있다. 교만은 다른 모든 치명적인 죄와 마찬가지로 탐욕을 고착화하고 자라게 한다. 우리는 하나님이 공급해주시는 것을 신뢰하는 것보다 스스로 부양할 수단을 얻는 것이 훨씬 더 쉽다는 것을 알게 된다. 교만으로 가득 찬 탐욕 속에서 우리는 하나님의 역할을 대신하여 우리가 필요하다고 생각하는 것을 충분히 얻으려고 한다. 아우구스티누스는 힘과 탐욕의 연결고리를 **리비도 도미난디**(*libido dominandi*)로 규정했는데, 이는 우리 자신과 타인의 삶을 통제하고 지배하려는 욕망이며, 의존의 정반대 개념이다. 우리는 스

---

[32] Frederick Buechner, *Wishful Thinking: A Seeker's ABC* (San Francisco: HarperCollins, 1993), 98.

스로를 온전히 부양할 수 있으며, 자급자족하고 강해지면 하나님께 의지할 필요가 없어진다고 생각한다. 아퀴나스는 탐욕이 영적 악덕으로 여겨지는 이유를 지적하면서 탐욕과 교만의 연관성을 설명한다. 비록 탐욕은 표면적으로 돈과 소유에 초점을 맞추고 있지만, 우리가 가장 원하는 것은 물질적인 것이 아니다. 그는 더 근본적인 차원의 무질서를 주장한다. 그는 우리가 돈과 돈으로 살 수 있는 것을 좋아하는 이유는 "탐욕스러운 사람은 **자신을 재물의 소유자**로 여기는 데서 기쁨을 느끼기 때문"이며,[33] 여기서 "재물"은 "우리가 절대적인 주인이 되는 소유물"이라고 말한다.[34] 우리가 가장 소중히 여기는 것은 우리 자신을 하나님과 같은 존재로 여기는 것이다.

독성이 가득한 탐욕의 뿌리에서 문제가 사방으로 퍼져나간다. 우리는 점점 무정해지고 불안해하며, 더 많은 것을 얻으려는 우리의 욕망은 이성을 초월하여 더욱 커지고, 탐욕은 사물의 진정한 가치를 보는 능력을 약화시킨다. 또한 수 세기 전, 지상의 모든 재산을 잃은 보에티우스가 지적했듯이 돈과 물건을 많이 소유할수록 그 모든 것을 보호하고 돌보는 데는 더 많은 돈, 시간, 에너지가 필요하다.[35] 집이 크다는 것은 더 많은 가구, 더 많은 청소 시간과 비용, 더 많은 수리 및 유지가 필요하다는 것을 의미하며, 더 큰 건물과 차고에 더 많은 자동차와 장난감이 있다는 것도 마찬가지다. 부

---

33 *ST* II-II 118.6(강조는 덧붙여진 것임).
34 *ST* II-II 118.2.
35 Boethius, introduction to *The Consolation of Philosophy*, trans. Richard Green (New York: Macmillan, 1962); 또한 bk. 3, prose 10.

(富)는 불안으로부터의 자유와 욕구를 충족시킬 수 있는 충분한 공급을 제공하기보다는 분실에 대한 취약성과 물건에 대한 집착을 증가시키며, 업그레이드와 업데이트, 추가 및 액세서리에 대한 더 많은 욕구를 부추긴다. 그때쯤이면 우리가 너무 많이 투자했기 때문에 이 모든 것을 보호하는 차원에서 더 나은 보안 시스템이 필요해진다. 마크 뷰캐넌(Mark Buchanan)은 우리가 축적하는 생활 방식을 어떻게 합리화하는지를 설명하기 위해 다음과 같은 이야기를 들려준다.

인도 우화에 나오는 이야기다. 어떤 구루에게 한 제자가 있었는데, 그는 그 제자가 영적으로 성장하는 것을 보고 너무 기뻐서 그 제자를 혼자 내버려 두기로 했다. 그 제자는 작은 진흙 오두막집에서 살았다. 그는 먹을 것을 구걸하며 소박하게 살았다. 그는 매일 아침 명상을 마친 후 로인클로스(허리춤에 감아서 입는 인도 남자 옷-역자주)를 빨아서 널어 말렸다. 어느 날 제자가 돌아와 보니 쥐들이 로인클로스를 갉아먹어서 찢긴 것을 발견했다. 그는 마을 사람들에게 로인클로스 하나를 더 달라고 요구했고, 마을 사람들은 그에게 그것을 주었다. 하지만 쥐들은 그것도 갉아먹었다. 그래서 그는 고양이를 키웠다. 고양이 덕분에 쥐를 관리할 수 있었지만, 이제 그는 자기가 먹을 것을 구걸할 때 고양이에게 줄 우유도 구걸해야 했다. "이거 안 되겠군." 그는 "소를 키워야겠다"고 생각했다. 그래서 그는 소를 한 마리 구했는데, 이제는 소에게 먹일 꼴을 구걸해야 한다는 사실을 알게 되었다. 그래서 그는 오두막 주변의 땅을 경작하고 곡식을 심기로 했다. 하지만 얼마 지나지 않아 자신에게 명상할 시간이 없다는 것을 깨닫고 그는 하인을 고용해 농장을 돌보게 했다. 하지만 농작을 감독하는 것이 귀찮아지자 그는 결혼하여 아내를 얻어 일을 돕게 했다. 시간이 흐르자 제자는 마을에서 가장 부유한 사람이 되었다.

구루가 그곳을 지나가다가 들렀다. 그는 한때 소박한 진흙 오두막이 있던 곳에 광활한 대지에 둘러싸인 궁전 같은 집이 들어서고 많은 하인들이 일하는 것을 보고 깜짝 놀랐다.

"이게 다 무엇이란 말이냐?" 그는 제자에게 물었다.

"믿기지 않으실 겁니다, 선생님!" 제자는 대답했다. "하지만 제게는 저의 로인클로스를 지킬 다른 방도가 없었습니다."[36]

사막 교부와 교모를 대변하는 폰토스의 에바그리오스도 이에 동의한다. "소유물이 많은 수도사는 바다의 폭풍에 쉽게 가라앉는 무거운 짐을 실은 배와 같다. 물이 새는 배가 파도가 칠 때마다 물에 잠기듯이 소유물이 많은 사람은 걱정거리가 넘쳐난다."[37]

아우구스티누스는 현세적 재화에 대한 욕망의 충족 불가능성을 이렇게 설명한다. 영원하고 완전한 재화에 대한 인간의 깊은 욕구는 아무리 많은 현세적이고 불완전한 재화로도 결코 충족될 수 없다는 것이다.[38] 따라

36　Mark Buchanan, "Trapped in the Cult of the Next Thing," *Christianity Today*, September 6, 1999, 66.
37　Evagrius, *Eight Thoughts* 3.3, in *Evagrius of Pontus: The Greek Ascetic Corpus*, trans. and ed. Robert E. Sinkewicz (Oxford: Oxford University Press, 2003).
38　Augustine, *Confessions* 2.5, trans. Henry Chadwick (New York: Oxford University Press,

서 더 많은 것을 가지려는 탐욕스러운 자들의 욕망은 한없이 불어나 만족보다는 좌절과 불만족의 삶으로 치달을 수밖에 없다. 에바그리오스는 이렇게 말한다, "바다는 수많은 강물을 끌어들여도 결코 가득 차지 않는다(참조. 전 1:7). 탐욕스러운 사람의 욕망은 결코 재물로 채워질 수 없다. 그는 재산을 두 배로 늘렸고, 그것을 또 두 배로 늘리고 싶어 하며, 죽음이 그의 끝없는 열정을 멈추게 할 때까지 재산을 두 배로 불리는 것을 멈추지 않는다."[39] 젠 햇메이커(Jen Hatmaker)는 보다 현대적인 말로 가족의 재산 정리 과정을 기록하면서 과연 그들이 진정으로 재물을 축적하는 습관을 떨쳐버렸는지 냉정하게 질문한다. "내가 이 모든 것을 그냥 대체할 수 있을까? 3년 후에도 천 개의 물건을 또 처분하게 될까? 내가 빈 공간을 다시 천천히 채우게 될까? 아니면 우리 가족이 단순히 소비하는 것을 넘어 더 용기 있는 유산을 남기며 이 소비 기계를 중단할 것인가? 나는 '더'라고 말하는 [나의] 큰 자아가 '충분하다'고 말하는 나의 작은 자아를 마주하게 하고 싶다."[40]

아퀴나스는 자연적인 부와 인위적인 부를 구분하는 차원에서 이 점을 지적한다. 그는 자연적인 부를 무엇이든 진정한 인간의 재화에 대한 우리의 자연적인 욕구를 충족시키는 것으로 정의한다. 반면에 인위적인 부는 인위적으로 만들어지고 부풀려진 욕망의 대상이다. (광고 산업의 효과를 이보다 더 예언적으로 표현하기는 어려울 것이다.) 그는 우리가 이러한 욕망의 물건을

1991).
39 Evagrius, *Eight Thoughts* 3.8, in Sinkewicz, *Evagrius of Pontus*.
40 Hatmaker, "Month Three: Possessions," 93.

소유하면 우리는 그저 "그것을 싫어하고 다른 것을 찾게" 될 것인데, 이는 우리가 일단 그것을 소유하면 "그것의 부족함을 깨닫기" 때문이라고 지적한다.[41] 예수의 산상수훈도 같은 맥락에서 만족과 불안으로부터의 자유를 궁극적인 가치의 원천을 어디에 두느냐의 문제와 연결하고, 언제든 잃어버리거나 훼손되거나 빼앗길 수 있는 세상의 재화의 일시적 속성을 강조한다(마 6:19-34). 지속적인 만족을 추구하는 과정에서 우리가 스스로 움켜쥐는 것은 그 어떤 것도 우리를 결코 욕구로부터 온전히 지켜줄 순 없다.

탐욕의 손아귀에서 벗어나기

탐욕은 의심할 여지 없이 우리 가운데 많은 사람을 사로잡고 있다. 어떻게 하면 탐욕에서 벗어날 수 있을까? 우선 우리의 약점을 알아야 한다. 한 달 동안 모든 저축과 지출을 기록해보라. 우리가 지출할 때는 돈을 어디에 쓰고, 저축할 때는 왜 돈을 쥐고 있을까? 이 기록의 결과는 우리의 희망과 두려움을 드러낸다. 이 기록은 우리가 어디에 투자했는지에 대해 무엇을 알려줄까?

끊임없는 축적을 통해 행복을 추구하는 소비주의적인 모습에 노출된 우리의 상상력에도 휴식이 필요할 수 있다. 적어도 한 달 동안은 쇼핑몰에 가거나 카탈로그 또는 잡지를 보거나 온라인 검색을 하지 말고, 인터넷이

---

[41] *ST* I-II 2.1 ad 3.

나 TV를 포기하는 한이 있더라도 광고에 노출되는 것을 최대한 자제하라. (정말 과감한 방법을 시도하고 싶다면 대림절 기간 동안 지출을 포기하고, 대신 주님의 때에 주님의 선물을 기다리는 법을 배워보라. 분명 성탄절을 맞이하는 방식이 완전히 달라지리라고 나는 장담한다!) 모든 합리적인 수단을 동원해 소유욕에 불을 붙이려는 마케팅의 일상적인 공격에 우리가 얼마나 지쳐 있는지를 알면 우리는 충격을 받을지도 모른다. "악마는 왜 VISA카드를 받는가: 소비주의의 승리에 대한 그리스도인의 반응"(*Why the Devil Takes VISA: A Christian Response to the Triumph of Consumerism*)이라는 글에서 로드니 클랩(Rodney Clapp)은 1950년대의 한 소매업 분석가의 말을 인용한다. "엄청난 생산성을 자랑하는 우리 경제는…소비를 우리의 삶의 방식으로 만들고, 상품 구매와 사용을 의식으로 바꾸고, 소비를 통해 영적 만족, 자기만족을 추구하도록 요구한다."[42] "의식"이라는 용어는 항상 더 많은 것을 원하는 구매 생활 방식이 우리의 인격과 선에 대한 개념을 형성하기 때문에 예배의 패턴처럼 우리의 정신과 마음에 사랑과 충성심을 각인시킨다는 사실을 드러낸다. 무언가를 획득하고 소유하려는 욕망을 끊임없이 자극하는 공격으로부터 잠시 벗어나 휴식을 취하는 것은 부담이 되기보다는 오히려 반가운 안도감으로 느껴질 수 있다. 이것은 어쩌면 우리가 하는 일 중 가장 반문화적인 행동일지도 모른다.

요하네스 카시아누스는 수도원 생활의 조건으로 "완전한 포기"를 요

---

42 Rodney Clapp, "Why the Devil Takes VISA: A Christian Response to the Triumph of Consumerism," *Christianity Today*, October 7, 1996, 27.

구한다. 개인 소유물은 전혀 허용되지 않으며, 수도사와 수녀는 모든 것을 수도원에 의존해야 한다. 금욕주의적 수행은 극단적이긴 하지만, 진정으로 우리의 것은 아무것도 없다는 진리를 구현하고자 한다. 메리 마거릿 펑크 (Mary Margaret Funk)는 수도원 생활을 가정생활에 빗대어 다음과 같이 말한다. "건강한 결혼생활은 수도원의 완전한 포기 수행과 동일한 것을 요구한다. 모든 것은 공유해야 한다. 가족은 자산을 공유한다. 우선순위가 정해진다. 각 개인은 공동의 선을 위해 양보하는 동시에 개인의 필요를 최대한 충족시킨다. 가정은 수도원이다. 재화는 필요에 따라 공유한다. 물건은 사랑과 연민을 매개한다."[43] 소유물을 공유재로 취급하는 법을 배울 때 우리는 비로소 가정에서 이 훈련을 시작할 수 있다.

또 다른 방법은 아마도 돈 관리에 대한 가장 오래된 조언이라고 할 수 있는 매주 십일조 드리기일 것이다. 소유물을 완전히 포기하는 것은 어떤 이들에게는 선택 사항이지만, (음식과 같은) 물질적인 재화를 완전히 포기하고는 아무도 살 수 없다.[44] 소유를 완전히 포기하지 않고도 어떻게 하면 물건에 대한 우리의 사랑을 조정하여 욕구보다는 필요를 충족시키도록 우리

---

[43] Mary Margaret Funk, "On Things," in *Thoughts Matter: The Practice of the Spiritual Life* (New York: Continuum, 1998), 65.

[44] 기독교 전통에서는 이 주장에 대해 상당한 논쟁이 있다. 비록 수도원에서는 개인이 아무것도 소유하지 않지만, 수도원은 재산을 소유하고 재화를 거래하며 구성원들의 필요를 충족시킬 수 있다. 이 무소유 상태는 일부에게만 완전한 삶에 대한 조언일까? 교부마다 사유 재산이나 소유가 필요악인지, 중립적인 문제인지, 선인지, 소유에 대한 욕구가 인간의 자연스러운 욕구인지, 타락으로 인한 죄인지에 대해 의견이 일치하지 않았다. 나의 요점은 단순히 인간은 물질적 재화(예. 음식, 의복, 주거지) 없이는 아예 살 수 없거나 잘 살 수 없다는 것이다. 따라서 내가 제안하는 해결책은 이러한 재화를 덕스럽게 취급하는 것이다.

의 욕망을 재조정할 수 있을까? 그것은 바로 우리의 돈과 소유물을 주신 분께 정기적으로 되돌려드리는 것이다. 십일조는 우리의 소유물이 무엇보다도 하나님의 것임을 습관적으로 상기시켜준다. 우리 자신을 위해 먼저 소비하고 남은 것을 하나님이나 다른 사람에게 나눠준다면 우리는 소유물을 우리가 원하는 대로 사용하는 것이 우리의 특권이라는 사고방식에 사로잡히게 된다. 정기적으로(예. 매주), 그리고 한 주의 **첫날**에 그것들을 나눠주는 관행은 우리가 의식하기도 전에 형성되고 강화되는 우리의 집착을 느슨하게 한다. 십일조는 무엇보다 자신을 위해 저축하고 소비하려는 우리의 본성으로부터 쉼을 얻는 안식일과 같은 역할을 한다. 대신 우리는 하나님께 드리고 하나님을 의지한다. 이러한 돈의 사용은 우리가 받지 않은 것은 아무것도 없으며, 우리의 임무는 우리의 모든 (영적, 물질적) 선물을 하나님을 영화롭게 하는 방식으로 관리하는 청지기의 역할을 하는 것임을 상기시켜준다. 금식 이후의 잔치처럼 십일조 습관과 십일조가 주는 관대함은 우리의 사랑을 재정비하고 생명을 주는 새로운 삶의 리듬을 가르쳐준다. 안식일 준수와 마찬가지로 십일조는 하나님께 드리는 것에 우선순위를 두도록 가르치며, 그 우선순위에 따라 한 주의 나머지 시간과 지갑에 남는 돈이 결정되도록 한다.

이러한 훈련은 하나님이 우리의 공급자이시며 우리는 오직 그분만을 예배하도록 창조되었다는 진리를 구현하는 데 도움을 준다. 탐욕과 관련하여 우리는 우리가 말한 것을 실제로 행동으로 옮길 수 있을까? 엘리야는 사르밧 과부에게 마지막 남은 빵을 포기하고(왕상 17장) 하나님이 자신의 생명과 아이의 생명을 포함하여 미래의 필요를 공급해주실 것을 믿으라고 요구했다. 십일조는 결국 사르밧 과부와 같이 신뢰와 관대함을 실천할 수 있도록 우리를 준비시키는 일종의 손아귀를 푸는 훈련일 수 있다. 어떤 삶의 방식이 믿음으로 정기적으로 드리는 행위를 우리로 하여금 더 자연스럽게 느끼게 할까?

이러한 탐욕에 대한 저항의 실천은 단순함이라는 영성 훈련으로 요약할 수 있다. 리처드 포스터(Richard Foster)는 그의 저서 『심플라이프』(*Freedom of Simplicity*)에서 독자들에게 먼저 하나님 나라를 구하고 그 나머지는 더해질 것이라는 믿음에 바탕을 둔 반문화적인 삶의 비전을 제시한다. 하나님과 우리의 소유물에 대한 이러한 관점은 다음과 같은 실천적인 습관을 낳는다.

물건의 인기보다는 그 유용성을 보고 사라.
중독을 유발하는 것은 모두 거부하라.
물건을 나누어주는 습관을 기르라.
최신식 현대 기기를 선전하는 사람들의 선동을 거부하라.
물건을 소유하지 않고 즐기는 법을 배우라.
피조물에 대해 더 깊이 감사하는 마음을 키우라.
모든 "선구매, 후결제" 방식을 건전한 회의적인 시각으로 바라보라.
분명하고 솔직하게 말하라는 예수의 지시에 순종하라.
타인에 대한 억압을 조장하는 것은 모두 거부하라.

하나님 나라를 먼저 구하는 데 방해가 되는 것은 모두 피하라.[45]

물론 어떤 형태로든 탐욕의 세력으로부터 해방되는 훈련을 하는 요점은 어떤 행동 강령을 엄격하게 준수하는 데 있지 않다. 오히려 그러한 훈련은 성령의 역사에 우리의 마음을 열게 하며, 이로써 성령은 우리의 마음을 새롭게 변화시키고, 꽉 움켜쥐었던 우리의 손아귀를 느슨하게 하여 우리가 의무감에 의해 억지로 하는 것이 아니라 자원해서 나누고 기부할 수 있게 한다. 그렇게 되면 우리의 기부는 신뢰, 감사, 기쁨, 사랑의 깊은 우물에서 흘러나오게 된다.

리처드 로어(Richard Rohr)는 "모든 위대한 영성은 내려놓는 것"이라고 말한다. 많은 훈련이 처음에는 부담스럽고 어렵게 느껴지지만—애들 알버그 칼훈은 이를 심지어 "포기의 작은 죽음"이라고 부른다[46]—시간이 지나면서 우리는 항상 소유물을 관리해야 한다는 불안감에서 벗어나 더 가볍게 여행하고 더 쉽게 호흡한다는 것을 깨닫게 된다. 우리는 관대함과 같은 미덕과 단순함과 같은 영적인 훈련을 단순히 주어진 비율로가 아니라 자유, 가벼움, 기쁨의 수확으로 확인할 수 있다.

45　Richard Foster, "Guidelines for Simplicity," Renovare.org, June 28, 2014, https://renovare.org/blog/guidelines-for-simplicity. See also Richard Foster, *The Freedom of Simplicity: Finding Harmony in a Complex World*, rev. ed. (San Francisco: HarperSanFrancisco, 2005).『심플라이프』, 규장 역간.

46　Adele Ahlberg Calhoun, *The Spiritual Disciplines Handbook* (Downers Grove, IL: InterVarsity, 2005), 97.『영성 훈련 핸드북』, IVP 역간. Calhoun은 95에서 Rohr를 인용한다.

우리는 하나님을 신뢰한다

감사하는 마음에서 우러나오는, 믿음에 근거한 단순함과 너그러운 관대함의 실천은 탐욕의 가장 큰 해독제다. 그것은 우리가 하나님께 드리는 거룩한 낭비벽뿐만 아니라 죽을 때 세상의 모든 것들과 마지막으로 결별할 수 있도록 우리를 준비시킨다. 예수의 발에 값비싼 향유를 부은 여인에 대한 복음서 이야기를 떠올려보라. 유다는 그 향유를 팔아 그 수익금을 가난한 사람들에게 줄 수 있었다고 항변했다(요 12:5). 우리 귀에는 그의 말이 청지기답고, 신중하고, 자선적이고, 재정적으로 책임감 있는 것처럼 들리지 않는가? 설령 유다가 돈을 약간 빼돌리려고 했다 하더라도 "그건 정말 아깝다!"라는 그의 반응은 여전히 공감을 불러일으킨다. 만약 우리가 물건, 행동, 사람을 물질적인 가치나 수익성으로 측정하려는 고집스러운 탐욕 없이 이 세상을 바라볼 수만 있다면 과연 우리는 어떤 것을 낭비가 아닌 선한 청지기의 삶으로 올바르게 평가할 수 있을까? 우리는 그런 비전을 어떻게 소유할 수 있을까?

수 세기 전, 아리스토텔레스는 인간의 삶을 행복하게 만드는 요소에서 돈을 배제했다. 그 이유는 무엇일까? 돈은 행복을 위한 수단일 뿐이며, 돈으로 얻을 수 있는 다른 재화를 얻기 위해서만 가치가 있는 수단적 재화이기 때문이다. 탐욕스러운 사람들은 돈, 아니 더 정확하게는 돈과 물건을 소유하는 것 자체를 목적으로 착각하는 실수를 범한다. 왜 그들은 이것을 궁극적인 목적으로 간주하고 싶은 유혹을 받을까? 그들의 손에 쥐어진 부는 두려움과 욕구로부터의 안전과 자유, 즉 인간의 깊은 욕구를 표현하기 때문이다. 따라서 우리의 모든 것이 되신다는 하나님의 약속을 돈의 자급자족에 대한 약속으로 대체하려는 경향이 인간의 마음을 쉽게 사로잡는다. 과연 우리는 무엇을 먹을까, 마실까, 입을까 걱정하지 않는 삶(마 6:25-34), 이 땅에 보물을 쌓아두지 않는 삶(6:19)을 상상할 수 있을까?

로버트 멀홀랜드(Robert Mulholland)는 움켜쥐기를 좋아하는 우리의 탐욕스러운 자아를 영성 형성의 언어로 설명한다. 그는 "거짓 자아는 소유욕에 사로잡힌 자아"라고 말한다. "우리의 거짓 자아에 내포된 소유욕적 본질의 일부는 우리의 두려움 및 보호본능과 맞물려 있다. 소유는 우리의 거짓 자아에 대한 위협으로부터 자신을 보호하는 수단으로 여겨진다. 소유는 물질적 안전의 상실에 대한 대비책일 뿐만 아니라 우리의 거짓 자아를 우리의 현상(現狀)에 대한 위협으로부터 보호하는 방식이며, 세상을 조종하는 데도 귀중한 자산이 될 수 있다."[47]

성경에서 탐욕을 피하는 것과 관련하여 두려움을 반복적으로 언급하는 것은 결코 우연이 아니다. "적은 무리여, 무서워 말라. 너희 아버지께서 그 나라를 너희에게 주시기를 기뻐하시느니라. 너희 소유를 팔아 구제하여 낡아지지 아니하는 배낭을 만들라. 곧 하늘에 둔 바 다함이 없는 보물이니 거기는 도둑도 가까이 하는 일이 없고 좀도 먹는 일이 없느니라. 너희 보물

---

[47] M. Robert Mulholland Jr., *The Deeper Journey* (Downers Grove, IL: InterVarsity, 2006), 34-35.

있는 곳에는 너희 마음도 있으리라"(눅 12:32-34). 히브리서 저자도 다음과 같이 조언한다. "돈을 사랑하지 말고 있는 바를 족한 줄로 알라. 그가 친히 말씀하시기를 내가 결코 너희를 버리지 아니하고 너희를 떠나지 아니하리라 하셨느니라. 그러므로 우리가 담대히 말하되 '주는 나를 돕는 이시니 내가 무서워하지 아니하겠노라. 사람이 내게 어찌하리요' 하노라"(히 13:5-6). 우리는 영원하지 않고 안전하지 않은 것들을 쌓아둠으로써 두려움을 달래려고 할 수도 있고, 오직 진정한 안전을 약속하고 제공하실 수 있는 하나님을 신뢰하는 데 투자할 수도 있다. 떼제(Taizé) 공동체의 기도문은 두려움 없음, 하나님의 공급하심이 주는 안전, 움켜쥐기보다는 감사하는 마음 사이의 성경적 연관성을 반영한다. "주 안에서 나는 영원히 감사하리라 / 주 안에서 나는 기뻐하리라 / 하나님을 바라보라 / 두려워하지 말라 / 너희 목소리를 높여라 / 주께서 가까이 계시네 / 너희 목소리를 높여라 / 주께서 가까이 계시네."[48]

우리의 탐욕은 우리가 전능해지고, 누군가를 의존하지 않고, 스스로를 부양함으로써 결핍에 대한 두려움을 극복하려는 모습을 보여준다. 그러나 하나님 앞에서 우리의 안전과 자족을 확보하려는 시도는 언제나 거짓된 허상으로 드러날 것이다. 아우구스티누스는 "탐욕은 많은 소유물을 갖고 싶어 하지만, 당신[하나님]은 모든 것을 소유하고 계십니다"라고 썼다. 더 많

---

[48] 가사는 떼제 공동체, 음악은 Jacques Berthier의 것임(Les Presses de Taizé, 1991), in *Sing! A New Creation* (Grand Rapids: CRC Publications, 2001), #220.

은 것을 소유하려는 탐욕은 하나님의 전능하심을 "희미하게 닮은 것"에 불과하다.[49] 탐욕이 우리의 마음을 사로잡을 때 우리는 "왜 나는 하나님이 내게 필요한 것을 모두 주실 것이라는 것을 믿지 않는가?"라고 자문해볼 필요가 있다.

탐욕은 우리에게 영적으로 위험한 거짓말을 건넨다. 탐욕에 사로잡히면 우리는 우리가 소유한 물건이 우리의 것이며, 우리가 그것을 통제할 수 있고, 따라서 우리의 삶을 통제할 수 있다고 믿게 된다. C. S. 루이스의 책에 등장하는 가상의 악마 스크루테이프의 말처럼 말이다.

인간의 주인 의식은 항상 북돋아 주어야 한다네. 인간은 천국에서 들어도 웃기는 소리로 들리고, 지옥에서 들어도 웃기는 소리로 들리는 자신들의 소유권을 항상 주장하고 있단 말이야. 우리는 그들이 계속 그렇게 주장하도록 만들어야 한다네.…인간은 말이야 마치 아버지가 자기 자식을 사랑해서 지혜로운 참모들의 실질적인 통치하에, 어떤 큰 지방의 명목상의 지휘권을 부여받은 왕의 자식인 것처럼 행동하고, 마치 어린이집 바닥에 널려 있는 [블록쌓기 장난감]을 소유하듯 도시와 숲과 곡식들을 정말로 자기가 소유하고 있다고 생각하는 것처럼 행동하지.

우리[악마]는 교만뿐만 아니라 이러한 혼동을 이용해서도 이러한 주인 의식을 만들어내고 있다네. 우리는 소유대명사의 다양한 의미의 차이를 구분

---

[49] Augustine, *Confessions* 2.4.

하지 못하도록 가르치고 있지. 즉 "내 장화"에서 시작해서 "내 강아지", "내 하인", "내 아내", "내 아버지", "내 주인님", "내 나라", "내 하나님"에 이르기까지 미세하게 다른 차이를 알아차리지 못하도록 가르치고 있다네.…

그리고 언제 들어도 웃기기 짝이 없는 것은, 완전한 소유를 의미하는 "내 것"이라는 단어는 인간이 그 어떤 것에 대해서도 사용할 수 없다는 거야. 결국에는 우리 아버지[즉 사탄]나 원수[즉 하나님]가 이 땅에 존재하는 모든 것, 특히 각 사람에 대해 "내 것"이라고 말할 날이 오겠지. 마침내 그들은 자신의 시간과 영혼과 육체가 실제로 누구의 것인지, 즉 무슨 일이 있어도 결코 자신의 것이 아니라는 것을 알게 될 날이 올 것이란 말일세. 지금은 그 원수가 이 세상을 자신이 만들었다는 현학적이고 합법적인 근거에서 모든 것을 "내 것"이라고 말하고 있지. 하지만 우리 아버지께서는 이 세상의 정복이라는 보다 현실적이고 역동적인 근거에서 결국 모든 것을 "내 것"이라고 말하기를 바라고 계신다네.[50]

반면에 아낌없이 베풀 수 있는 자유와 불안으로부터 자유로운 삶은 우리의 소유물뿐만 아니라 우리 자신도 하나님의 것이라는 확신에서 비롯된다. 스탠리 하우어워스(Stanley Hauerwas)는 우리가 "이러한 하나님의 피조물이라는 점은…우리가 결핍이 지배하는 세상에 살지 않는다고 믿는 사람들임을 의미한다"는 것을 깨달아야 한다고 말한다. "우리의 주님은 풍요함의 주님

---

50   C. S. Lewis, *Screwtape Letters* (New York: HarperCollins, 2001), 113-15.

이시다."⁵¹ 우리의 참된 하나님은 아낌없이 주시는 분이다. 따라서 우리는 마땅히 우리 자신을 그분의 선물을 감사히 받는 존재로 보는 것이 옳다. 만물을 "하나님의 백성을 위한 하나님의 선물"로 받아들일 때 우리는 창조세계가 탐욕으로 소비하는 것이 아니라 감사함으로 기뻐하며 함께 공유해야 할 대상임을 새롭게 깨닫고 재발견하게 된다.

더 깊이 성찰하기

1. 탐욕은 주로 그것이 탐욕스러운 사람에게 하는 일(악덕) 때문에 문제가 될까, 아니면 다른 사람에게 끼치는 피해(불의) 때문에 문제가 될까? 탐욕의 내적 피해 가운데 무엇이 그렇게 나쁜가?

2. 당신의 필요와 욕구가 충족되는 안전하고 편안한 삶에 대한 당신의 그림은 무엇인가? 어떤 소유물과 구매 행위가 이 그림에 부합하는가? 어떤 종류의 욕망과 두려움이 당신의 저축과 소비를 주도하는가?

3. 당신이 경험한 관대함과 초연함이 주는 자유에 대한 가장 좋은 그림은 어떤 것인가? 자신의 삶에서 감사와 관대함을 어떻게 규칙적으로 실천할 수 있을까?

---

51 Stanley Hauerwas, *The Character of Virtue: Letters to a Godson* (Grand Rapids: Eerdmans, 2018), 174.

추가로 읽을 만한 자료

William T. Cavanaugh, *Being Consumed: Economics and Christian Desire* (Grand Rapids: Eerdmans, 2008).

Richard Foster, *The Freedom of Simplicity: Finding Harmony in a Complex World*, rev. ed. (San Francisco: HarperSanFrancisco, 2005). 『심플라이프』, 규장 역간.

____, "Simplicity," chap. 6 in *Celebration of Discipline: The Path to Spiritual Growth*, anniversary ed. (San Francisco: HarperOne, 2018).

7장

분노:
거룩한 감정인가, 지옥 같은 열정인가?

The Glittering Vices

[분노]는 정의를 사랑하는 마음이 타인에게 복수하고 상처를 입히려는 욕망으로 변질된 것이며, 정의는 분노의 모든 표현에 대한 선포된 동기다.

헨리 페어리, 『오늘날의 치명적인 근원적 7대 죄악』

분노의 힘은 사실 영혼의 저항의 힘이다.

조지프 피퍼, 『네 가지 기본 미덕』

다메섹 도상의 체험

4월의 어느 날, 우리 가족은 오랫동안 기다려온 봄방학 여행을 떠났다. 미시간주의 춥고 우중충한 날씨에서 벗어나 일주일 동안 따뜻한 햇살이 내리쬐는 "남쪽"으로 떠나는 것은 마치 깊은 동굴의 숨 막히는 어둠 속에 갇혀 있다가 밝은 햇살이 비추는 세상으로 나오는 것과 같은 기분이다. 그래서 우리는 기대에 부풀어 금요일 아침 일찍 길을 떠났다.

우리가 여행을 시작하고 몇 시간이 지나자 고속도로에 교통 체증이 발생했다. 우리는 인디애나를 느리게 빠져나와 켄터키를 기어나가다시피 하면서 소중한 휴가가 매시간 조금씩 사라지는 것을 안타깝게 지켜보고 있었다. 이동 경로에 포함된 주요 도시 네 곳 중 세 곳이 3월에 열리는 미국 대학 남자 농구 최대 토너먼트 개최지였던 모양이다. 봄방학으로 인한 교통 정체와 맞물려 끝이 보이지 않는 교통 체증이 이어졌다.

거의 10시간 동안 차 안에 갇혀 앞으로 나아갈 기회를 간절히 기다린 끝에 우리는 마침내 고속도로를 벗어나 테네시주의 굽이굽이 돌아가는 이면도로에서 기회를 잡았다. 시속 45마일로 푸른 언덕을 오르내리며 소 몇 마리와 작은 흰색 기둥의 침례교회 한두 곳을 쏜살같이 지나갈 때는 날아갈 것 같은 기분이 들었다. 그러다 우리 앞에 있던 차가 수십 대의 다른 차들 뒤에 서서히 멈추어 설 때까지 그랬다. "도대체 이게 무슨 일이야?" 아이들이 불평하기 시작했다.

남편이 창밖으로 목을 내밀었다. "어떤 남자가 도로 한가운데를 걷고 있는 것 같아." 그가 말했다.

"뭐?!" 나는 숨을 헐떡였다. "저 미치광이 바보가 지금 저기서 뭐 하는 거야? 적어도 스무 대의 차를 못 가게 막고 있는 게 안 보여?" 우리가 가까이 다가갈수록 화가 치밀어올랐다. "왜 길을 안 비켜주는 거야? 도대체 자기가 뭔데 저러는 거지?"

"잠깐만…." 우리가 가까이 다가가자 남편은 눈을 가늘게 뜨고 그를 유심히 응시했다. 그러고는 겸연쩍은 듯 나를 쳐다보았다. 그는 낮은 목소리로 "음, 십자가를 지고 가는 사람인 것 같아. 예수님 복장을 하고 있는 것 같아"라고 말했다. 우리는 서로를 쳐다보면서 문득 그날이 성 금요일이라는 사실을 기억해냈다. 차 안에 있던 모든 사람은 흰 가운에 가시관을 쓴 목사가 커다란 나무 십자가를 등에 지고 길 한가운데를 엄숙히 걸어가고, 그 뒤에는 성도들이 따라가는 모습을 조용히 지켜보았다.

그가 지나갈 때 뒷좌석에서 한 아이의 목소리가 들려왔다. "와, 엄마, 방금 예수님을 미치광이 바보라고 부르며 비키라고 말했죠?"

이 예수는 도대체 누구길래 나의 들뜬 마음을 가로막는 걸까? 그가 누구길래 나의 속도를 늦추고, 나의 계획을 방해하고, 내 길을 막는 걸까? (그리고 그 일로 인해 그에게 고함을 지르다가 내 아이들 앞에서 망신을 당하게 한 그는 누구인가?)[1]

우리 가운데 다수에게는 분노가 문제이며, 종종 **영적인** 문제를 노출시킨다. 앞에서 소개한 이야기에서 알 수 있듯이 우리는 무언가가 우리가 기대하거나 마땅히 받아야 한다고 생각하는 것을 방해할 때 이 감정을 표현한다. 분노라는 감정은 두려움이나 수치심과 마찬가지로 우리의 희망과 상처를 묻어둔 마음 깊은 곳에서 우리를 괴롭힌다. 분노는 강력한 에너지를 활용하기 때문에 변동성이 크고 위험한 잠재력을 지니고 있다. 분노에 맞서기 위해서는 우리가 어려운 영역으로 들어가야 하는데, 이는 우리가 우리 자신과 우리의 분노가 보호하는 대상을 모두 매우 강하게 방어하기 때문이다.[2]

---

1   이 이야기의 이전 버전은 "Why Are You Angry?," *The Table*, Biola Center for Christian Thought, August 2017, https://cct.biola.edu/why-are-you-angry-exploring-deadly-sinwrath/에 실렸었다.
2   두려워하고 보호하는 형태의 "거짓 자아"에 대해서는 다음을 보라. M. Robert Mulholland Jr., *The Deeper Journey* (Downers Grove, IL: InterVarsity, 2006), 30-34. 이 장 전체에서는 이

분노를 더 자세히 들여다보면 의문이 생긴다. 분노는 항상 영적으로 해로운 감정일까, 아니면 때로는 악에 대한 적절한 반응이 될 수 있을까? 의로운 분노를 느끼는 것은 도덕적으로 선한 것이 아닐까, 아니면 자기 기만적이고 독선적인 합리화에 불과한 것일까? 더 중요한 것은, 그리스도의 미덕을 함양하고자 하는 그리스도인들은 세상에서 경험하는 상처와 공격, 상처를 주는 적대적인 의견 불일치, 지속적인 불의에 어떻게 맞서야 할까? 우리는 분노를 습관화해야 할까?

양분된 전통?

기독교 전통 자체는 분노가 선한 것인지 악한 것인지에 대해 의견이 분분하다. 이 장을 시작하는 인용문에서 우리는 양쪽의 주장을 모두 들을 수 있다. 어쩌면 당신의 경험도 충돌을 일으킬 수 있다. 분노라는 감정을 떠올릴 때 이 감정은 활력과 열정을 불러일으킬 수도 있고, 추악하고 폭력적인 모습으로 나타날 수도 있다. 마틴 루터 킹 주니어(Martin Luther King Jr.)는 강단에서 설득력 있고 장엄한 수사로 불의를 맹렬히 비난함으로써 우리에게 영감을 준다. 그가 인종 차별을 인간의 존엄성을 훼손하는 용납할 수 없는 행위로 여기고서 큰 모욕감을 느끼지 않았다면 그의 말은 정당한 힘을 발휘하지 못했을 것이다. 개럿 케이저(Garret Keizer)는 예수에 대해 이야기하면

동일한 영적 함정을 근원적인 악덕으로 지목한다.

서 "나는 식탁을 뒤엎지 않는 메시아는 믿을 수 없다"고 말했다.[3] 분노는 안일한 사람이 용기 있게 행동하고 희생을 감수하고 지지할 수 있도록 독려할 수 있다. 그러나 분노는 파괴적일 수도 있다. 자녀를 학대하는 부모가 자녀에게 쏟아내는 광적인 분노나 평범한 시민이 교통 체증으로 인해 도로 위에서 서로를 향해 쏟아내는 인종차별적 분노나 욕설 또는 트위터를 통해 파급되는 거센 비난에서 볼 수 있듯이 말이다. 더 나아가 우리 사회의 정치적인 분위기는 경멸과 무례함으로 가득 차 있고, 시위 참가자들은 울분을 터뜨리며, 권리를 주장하는 소비자들은 무능한 서비스에 불만을 토로하고, 소셜미디어의 게시물은 경멸적인 수사로 가득 차 있다.

인간의 경우 선한 분노와 악한 분노를 구분하는 것은 종종 당혹스러운 일이다. 하나님의 분노를 생각하면 문제는 더욱 복잡해진다. 성경은 하나님이 분노로 불타고 있다고 명백히 말하고 있으며, 소예언서에서도 이에 대한 설득력 있는 사례를 제시한다. 모든 가톨릭 장례 미사에는 주님의 진노의 날을 두려워하라는 의미의 **디에스 이라이**(*Dies irae*)가 포함된다. 개신교에서는 조너선 에드워즈(Jonathan Edwards)의 유명한 설교에서 우리를 "진노하시는 하나님의 손안에 있는 죄인"이라고 부른다.[4] 그럼에도 사도 바울의 "죄 목록"에는 항상 분노, 비통함, 노여움과 함께 그로 인한 비방과 악의에 대한 경고가 포함되어 있다(예. 갈 5:20; 골 3:8). 잠언, 야고보서, 예수의 산상

---

[3] Garret Keizer, *The Enigma of Anger: Essays on a Sometimes Deadly Sin* (San Francisco: JosseyBass, 2002), 10. 『왜 자꾸 화가 나지?』, 청년정신 역간.
[4] Jonathan Edwards, "Sinners in the Hands of an Angry God," July 1741, Enfield, CT.

수훈 등 성경에서 분노에 대해 말하는 내용은 대부분 부정적이다.

기독교 사상가들도 분노에 대해 서로 동의하지 않는다. 기독교 전통은 크게 두 가지 진영으로 나뉜다. 아퀴나스를 비롯한 한 쪽 진영에서는 분노는 슬픔이나 두려움과 같은 인간 감정의 자연스러운 표현이라고 주장한다. 통증이 신체의 부상을 알리는 신호이듯 분노는 영혼의 부상을 알리는 신호다. 이 견해에 따르면 분노는 엉뚱한 대상을 공격하거나 통제 불능 상태가 되어 잘못된 방향으로 나아갈 순 있지만, 본질적으로 나쁜 것으로 여겨지지 않는다. 하지만 무질서한 분노를 분별하는 것은 우리가 이미 비정상적인 사례를 판단하는 기준으로 작용하는 잘 통제된 분노에 대한 그림을 가지고 있다고 가정한다. 아퀴나스는 의롭고 올바르게 통제된 분노를 두 가지 악덕, 즉 한편으로는 무관심 또는 냉담함이라는 결핍과 또 다른 한편으로는 분노라는 과잉과 대조한다. 따라서 이러한 사고방식은 인간의 정상적인 감정 반응 중 하나인 분노(anger)를 사악하고 과도하며 그릇된 형태의 분노를 지칭하는 악덕인 격노(wrath)와 신중하게 구분한다.[5]

아퀴나스는 분노의 정당한 표적은 불의, 즉 누군가가 잘못을 저질렀다는 사실을 인지하고 그 잘못을 바로잡고자 하는 욕구로 반응하는 것이라고 주장한다. 분노는 "이건 이래서는 안 돼! 상황을 바로잡기 위해 무언가 조치를 취해야 해!"라는 생각을 올바르게 표현한다. 따라서 피퍼는 "분노의

---

5   예컨대 *ST* II-II 158.1. 또한 열정이 어떻게 미덕에 의해 올바르게 정돈되는지는 *ST* I-II 59.2-3을 보라.

힘은 사실 영혼의 저항하는 힘"이라고 말한다.[6] 분노는 "책임"과 "의무"의 언어를 요구한다는 점에 주목하라. 조명탄처럼 분노는 단순한 상처가 아니라 **심각한 잘못**을 감지할 때 터져 나온다. 우리는 니콜라스 월터스토프(Nicholas Wolterstorff)의 적절한 표현대로 "잘못을 바로잡으려는" 열망을 표현할 때 분노를 거룩한 열정으로 규정할 수 있다.[7] 아퀴나스는 심지어 분노가 정의를 행하려는 우리의 의지를 더 전심으로 표현할 수 있고, 전적으로 냉담한 반응은 적극성이 부족하다는 신호일 수 있다고 주장한다.[8] 감정은 우리의 도덕적 가치를 반영하는 선택에 올바른 반향을 일으키고 활력을 불어넣는다. 우리가 "봉사할 준비가 된 하녀처럼 이성을 따르는 데서 물러서지 않는 한"(그레고리오 1세의 말), 깊이 느껴지는 선한 분노는 정의를 행하려는 의지에 동력을 불어넣어 준다.[9]

그리스도는 우리에게 올바르게 표현되고 목표가 분명한 분노의 모델을 제시한다. 아퀴나스는 복음서가 예수를 슬픔, 분노, 기쁨 등 죄 없는 감정을 온전히 갖춘 인간으로 묘사한다고 주장한다. 예수의 감정은 그로 하여금 의로운 행동을 하고 정의를 옹호하도록 이끈다. 카이저가 말했듯이 "뺨을 때리면 다른 뺨을 돌려대지만, 기도하는 집의 위엄을 훼손하면 상을

---

[6] Josef Pieper, *The Four Cardinal Virtues* (Notre Dame, IN: University of Notre Dame Press, 1990), 192.
[7] Nicholas Wolterstorff, *Justice: Rights and Wrongs* (Princeton: Princeton University Press, 2008), 118-20.
[8] *ST* II-II 158.8.
[9] 그레고리오 1세. Aquinas, *Disputed Questions on Evil* 12.1-2, trans. Richard Regan, ed. Brian Davies (New York: Oxford University Press, 2003)에 인용됨.

뒤집어엎는다."¹⁰ 여기서 주목할 것은 그의 분노가 결코 이기적이지 않다는 점과, 그럼에도 온유의 미덕이 그의 전반적인 인격을 규정한다는 점이다.

    세상에 만연해 있는 심각한 불의를 고려할 때 아퀴나스의 선한 분노에 대한 묘사는 정확히 맞는 것 같다. 그러나 기독교 전통의 다른 목소리는 두 번째 진영에 속하며 신중한 접근을 요구한다. 달라스 윌라드는 "분노하지 않고 잘할 수 있는 것을 분노하면서 더 잘할 수는 없다"고 말하고, 마틴 루터 킹은 이러한 생각으로 우리의 분노를 점검한다. "[우리는] 모든 인간의 갈등을 해결하기 위해 복수, 공격, 보복을 거부하는 방법을 계발해야 한다. 이러한 방법의 기초는 사랑이다."¹¹ 분노에 대해 단호한 태도를 보이는 이 두 번째 기독교 진영의 목소리는 우리에게도 교훈을 줄 수 있을까?

    폰토스의 에바그리오스는 분노는 언제나 "순수한 기도", 즉 사막의 삶과 훈련의 목표인 하나님과의 친교를 방해한다고 경고한다.

> 자신에게 잘못한 형제에게 복수하기 위해 하는 모든 행동은 기도할 때 걸림돌이 될 것이다.…
>
>   당신이 마땅히 기도할 때 그런 일이 머리에 떠오르면 이건 분노를 낼 수밖

---

10   다음을 보라. Keizer, *Enigma of Anger*, 26-27. 어떤 이들은 이 본문을 성전 된 우리를 깨끗하게 하려는 예수의 열망을 나타내는 것으로 해석한다("너희 몸은 너희 안에 계신 성령의 전이다"[고전 6:19]). 이런 식으로 표현하면 그의 열정도 죄를 몰아내고 우리를 치유하고자 하는 것이다.

11   Dallas Willard, *The Divine Conspiracy* (San Francisco: HarperSanFrancisco, 1998), 151; Martin Luther King Jr., 1964년 12월 10일, 노르웨이 오슬로에서의 노벨 평화상 수락 연설.

에 없다고 생각할 수 있지만, 이웃에 대한 정당한 분노라는 것은 절대로 존재하지 않는다. 당신이 찾으면 찾을 수 있을 것이다(마 7:7 참조). 분노하지 않고도 문제를 올바르게 해결할 수 있다는 것을 말이다. 그러므로 모든 수단을 동원하여 분노가 폭발하는 것을 막으라.[12]

반면에 기도는 "온유함의 산물이자 분노로부터 자유하는 것이다." 모든 일에 그리스도를 본받으려는 우리는 무엇보다도 "온유하고 겸손한 마음"(마 11:29)을 지향해야 한다. 따라서 사막의 전통은 분노를 다스리는 것을 영성 형성의 핵심 단계로 삼는다.

카시아누스는 이에 따라 자신이 속한 수도원 공동체에 "우리의 네 번째 영적 전투에서 분노라는 치명적인 독을 우리 영혼의 가장 깊은 곳에서 완전히 뿌리 뽑아야 한다"고 조언한다.[13] 그는 사도 야고보의 말을 청종하며 "[우리의] 분노는 하나님의 의를 만들어내지 못하며"(1:20), 어떤 의로운 것도 만들어내지 못할 가능성이 높다고 주장한다. 분노는 우리 자신의 죄와 우리가 그 죄를 짓도록 선동하는 악마에게만 적절하게 향할 수 있으며, 결코 인간에게 향할 수 없다. 이웃에 대한 사랑은 다른 사람을 직접 겨냥한 분노를 방지한다. 바로 이런 이유에서 예수는 "형제에게 노하는 자마

---

12 Evagrius, *Chapters on Prayer* 13 and 24, in *Evagrius of Pontus: The Greek Ascetic Corpus*, trans. and ed. Robert E. Sinkewicz (Oxford: Oxford University Press, 2003).

13 Cassian, *The Institutes of the Cenobia and the Remedies for the Eight Principal Vices* 8.1, trans. Boniface Ramsey, OP, Ancient Christian Writers 58 (Mahwah, NJ: Newman, 2000).

다 심판을 받게" 될 것이라고 가르쳤고(마 5:22), 사도 바울은 에베소 교인들에게 "모든 악독과 노함과 분냄과 떠드는 것과 비방하는 것을 모든 악의와 함께 버리"라고 지시하면서(4:31) 심지어 정당한 이유에서라도 이 원칙에는 예외가 없다고 말했다.[14]

왜 그렇게 무서운 경고가 필요했을까? 카시아누스는 모든 분노는 우리의 눈을 멀게 하여 그리스도를 볼 수 없게 한다고 주장한다. "분노의 감정은 영혼의 눈을 멀게 하고 의의 태양[즉 그리스도]을 보지 못하게 한다." 사실 "어떤 이유에서든 분노의 감정은 끓어오를 수 있고 마음의 눈을 멀게 할 수 있다. 그 눈 위에 금이나 납 또는 다른 어떤 금속을 덮는 것은 무의미하며, 그 금속의 귀중함[즉 동기의 의로움]은 실명이라는 사실을 바꾸지 못한다."[15] 이러한 결과는 분노를 "영적 생활의 근본적인 문제"로 만든다.[16] 표면상 우리의 선한 의도나 의로운 동기가 무엇이든, 우리가 그 상황에서나 다른 사람에게서 그리스도를 볼 수 없다면 어떻게 우리가 정의를 위해 살 수 있겠는가?

이것은 참으로 강력한 주장이다! 나는 이 사상가들의 글을 처음 읽었을 때 수사학적인 효과를 내기 위해 그들이 과장하고 있다고 생각했음을

---

14 카시아누스는 엡 4:31에 대해 주해하면서 다음과 같이 말한다. "[사도는] '모든 분노를 너희 안에서 제거해야 한다'고 말할 때 필요성과 유용성에 대해 아무런 예외를 두지 않는다"(*Institutes* 8.5).
15 Cassian, *Institutes* 8.6. Aquinas, *On Evil* 7.1 obj. 4에서도 인용됨.
16 Dallas Willard, lectures on *The Divine Conspiracy* (November 2, 2018), https://www.youtube.com/watch?v=NBBB9G6WW3w.

고백하지 않을 수 없다. 하지만 이들의 급진적인 조언 뒤에 숨어 있는 영적인 질문은 우리가 **왜** 화를 내느냐는 것이다. 에바그리오스는 수도사에게 다음과 같이 말한다. "분노에 사로잡힘으로써…[악마]에게 사악한 검을 주지 말라.…그대가 참으로 음식과 재물과 존귀를 경멸한다면 무엇 때문에 그렇게 '서둘러 나가서 다투는가'(잠 25:8)? 그리고 그대가 아무 소유도 주장하지 않는다면 왜 이 개를 먹이는가? 만약 이 개가 짖고 사람을 공격한다면 그 안에는 당연히 소유물이 있고 그것을 지키고 싶다는 걸세."[17] 분노는 당연히 보호하고 방어한다. 하지만 분노의 초점은 옳은 것을 지키고 잘못된 것을 막는 데 맞추어져야 한다. 사막 교부들과 교모들은 분노가 이성을 방해하여 죄나 불의에 대한 진정한 관심이 실은 자아를 위한 것이라고 착각하게 만든다고 말했다. 무엇이 당신을 화나게 하는지 살펴보라. 분노는 (어떤 대가를 치르더라도) 거짓 자아를 방어하려고 할 때 발생한다. 거짓 자아는 교만에 의해 지탱되는, 우리가 소중히 여기는 우리 자신의 모습이다. 영성 형성 관련 문헌에 등장하는 이 용어는 사도 바울이 "옛사람" 또는 "죄의 본성"이라고 부르는 것을 가리킨다. 우리는 명성, 부, 독립성, 성공, 호감도, 우월감, 통제권 등 이 책을 읽는 독자들에게 섬뜩할 정도로 친숙하게 들릴 수 있는 수많은 것에 기반을 둔 우리의 성공과 자기 중요성에 대한 이 환상을 열심히 지키려고 한다. 에바그리오스는 우리 각자에게 "당신의 분노는 무엇을 지키고 있는가?"라고 묻는다. 이러한 소유물과 그것을 지키려는 우

---

17 Evagrius, *On Thoughts* 5, in Sinkewicz, *Evagrius of Pontus*.

리의 치열함은 우리가 자신을 누구라고 생각하는지, 그리고 우리가 마땅히 누려야 한다고 믿는 것에 대해 무엇을 말해줄까?

사막의 지혜는 (분노와 같은) 강렬한 감정을 제자들이 그리스도의 발자취를 따라 겸손의 길로 나아갈 때 주의를 기울이고 경청해야 할 단서 또는 경고 신호로 받아들였다. 카시아누스가 사막에서 쓴 목회 보고서에 따르면 우리의 분노는 대부분 예수와 함께 십자가를 향해 걸어가는 것이 아니라 예수에게 비켜달라고 소리치는 도로 위의 분노처럼 보인다. 앞 장에서 언급한 켈러의 진단 방법을 떠올려보라. 당신이 언제 가장 강렬한 부정적인 감정(예. 공포, 분노, 좌절, 절망)을 느끼는지 기록해보라. 종종 이러한 상황과 감정은 우리가 세상적인 욕망에 대한 가장 강한 집착과 우리 정체성의 가장 중요한 원천을 지켜내고 하나님께 항복하지 못하도록 안전하게 보호하는 곳을 알려준다.[18] 분노는 우리의 우상 숭배적인 집착과 교만한 자아를 드러내기 때문에, 이론적으로는 분노가 선할 수 있다는 아퀴나스의 말에 동의하더라도, 모든 분노를 없애라는 카시아누스의 영적 조언은 대부분의 경우 우리 대다수에게 냉정하고 실용적인 조언이 될 수 있다.

표적 훈련

잠시 분노에 대한 아퀴나스의 더 온건한 입장으로 돌아가 보자. 분노가 건

---

[18] Tim Keller, *Counterfeit Gods* (New York: Penguin, 2009), 169-70.

강한 감정일 수도 있고 지옥과 같은 습관일 수도 있으며, 좋든 나쁘든 느끼고 표현할 수 있는 감정임을 인정한다면 선한 분노와 격노라는 악덕의 차이는 무엇일까?

아퀴나스는 분노를 저항의 감정적 힘이자 복합적인 감정으로 분석한다. 자신을 해치거나 위협하는 모든 것에 대한 공개적인 적대감은 선에 대한 열정적인 헌신에서 비롯된다. 적절한 분노는 "정의가 실현되는 데 필요한 것"을 실현하려는 열망을 표현한다.[19] 모든 일이 순조롭게 진행될 때는 불의를 바로잡는 것이 우리의 가치 있는 목표가 된다. 범죄(악)에 대한 처벌은 오직 이 선을 위해서만 추진될 수 있다. (반대로 다른 사람에게 고의로 악을 행하는 것은 사랑의 반대인 증오로 간주된다.) 분노가 인간의 독특한 죄라는 점에 유의하라. 왜냐하면 잘못된 분노는 우리로 하여금 정의에 대한 왜곡된 감정을 갖게 하기 때문이다. 이 선이 지닌 힘에 대한 한 가지 역설적인 예로, 잘못 화내고 분노하는 사람은 자신의 목적이 정당하다고 **인식하거나** 그것을 합리화하기 위해 무척 애를 쓴다. 두 경우 모두 정의를 바라는 열망은 실제적이든 피상적이든 우리에게 강력한 동기를 부여하며, 우리의 분노는 그 기치 아래 행진한다. 근원적인 악덕은 위대한 선으로부터 시작되며, 그것을 잘못 추구하거나 과도하게 추구할 경우 다른 많은 죄를 낳는 경향이 있다는 점을 기억하라. 따라서 분노는 스스로 선포한 선한 목적의 탁월함과 바

---

[19] 아퀴나스의 관점에서 볼 때 피해의 모든 측면은 "정의가 요구하는 것"에 해당해야 한다(*ST* II-II 158.1 ad 3). 또한 아퀴나스가 분노가 정당한 처벌에 의한 상해를 바로잡는다고 주장하는 *ST* I-II 46.7을 보라.

람직함 때문에, 그리고 그 힘으로 다른 많은 죄악을 짓도록 우리를 쉽게 부추기기 때문에 "성급함"과 마찬가지로 근원적인 악덕이 된다.

    우리는 분노의 감정을 신체적으로도 경험한다. 분노가 우리 몸에 미치는 효과는 우리로 하여금 경계하고 행동할 준비를 하게 한다. 분노는 위험, 악, 어려움에 대한 우리의 투쟁이냐 도피냐의 반응에서 "투쟁" 부분을 담당한다. 따라서 분노는 우리가 옳은 일을 추구하는 것을 방해하는 내적·외적 어려움에 대처할 수 있도록 도와줌으로써 행동에 있어 우리의 동맹군이 될 수 있다. 평소에는 수줍음을 많이 타는 사람이 억압받는 사람을 옹호해야 할 때 일어나 목소리를 내려면 분노의 힘이 필요하다. 평소에는 너무 나약하다고 느끼던 사람도 분노의 불이 붙으면 자신의 힘의 한계를 넘어 싸울 수 있다. 현실에 안주하는 회중이 무관심에서 벗어나 정당한 권익 옹호 활동에 나서려면 분노가 필요할 수 있다.

    그러나 분노가 우리에게 싸울 준비를 하게 한다면 분노가 악덕으로 바뀌지 않도록 "선한 싸움을 싸워야" 한다. 이것은 대의를 위해 싸우고 또 잘 싸워야 한다는 것을 의미한다. 우리의 분노는 대의를 위한 것이어야지, 그 반대가 되어서는 안 된다. 설령 때로는 우리가 화를 내서 분노를 해소하는 일반적인 실수를 저지르더라도 감정을 표출하는 것 자체가 분노의 목적은 아니다. 분노, 정욕, 탐식 등 절제에 반하는 모든 죄를 다루면서 아퀴나스가 관찰한(그리고 현대 심리학 연구를 통해 확인된)[20] 것은 이러한 감정은 마치 두

---

20   "화를 내는 것"은 주로 분노에 불을 댕긴다. 장기적으로는 "동정적 재평가"(단순한 감정 억

살짜리 아이처럼 우리가 더 많이 탐닉할수록 더 통제하기 어려워진다는 점이다.[21] 그러나 단순히 분노를 억제하는 것이 중요한 것은 아니다. 분노를 억제하거나 "절제하는" 목적은 이성의 판단을 분명하게 유지하기 위한 것이다.

윌라드는 "감정은 몇 가지 예외를 제외하면 착한 하인"이라고 말한다. "그러나 감정은 끔찍한 주인이기도 하다."[22] 우리는 분노의 표현이 정의의 목표를 효과적으로 달성하는지, 아니면 그 길에 놓인 모든 것을 파괴하는지 여부로 그 적합성을 판단한다. 번역하기는 어렵지만 "자기 지배"(self-mastery) 또는 "자기 억제"(self-possession)에 가까운 의미를 지닌 그리스 미덕 **소프로쉬네**(*sophrosunē*)는 감정이 선에 대한 전반적인 그림에 부합하고 이를 뒷받침해주는 사람을 묘사한다. 반면에 분노하거나 자제력이 없는 사람은 분노에 압도되어 선에 대한 시야가 좁아지고 세상을 붉게 물들인다. 분노는 자칭 최고 통수권자로서 통제권을 장악한다.

선한 분노는 정의에 대한 우리의 열정과 타인에 대한 사랑을 표현한

제와는 구별되는 용서를 향한 공감적 단계)가 가장 좋은 전략이다. 다음을 보라. C. Witvliet, N. DeYoung, A. Hofelich, and P. DeYoung, "Compassionate Reappraisal and Emotion Suppression as Alternatives to Offense-Focused Rumination: Implications for Forgiveness and Psychophysiological Well-Being," *Journal of Positive Psychology* 6, no. 4 (2011): 289; 또한 다음을 보라. C. Witvliet, A. Hofelich Mohr, N. Hinman, and R. Knoll, "Transforming or Restraining Rumination: The Impact of Compassionate Reappraisal versus Emotion Suppression on Empathy, Forgiveness, and Affective Psychology," *Journal of Positive Psychology* 10, no. 3 (2015): 250.

21 *ST* II-II 142.2.
22 Dallas Willard, *Renovation of the Heart* (Colorado Springs: NavPress, 2002), 122.

다. 특히 강한 애착 관계가 형성된 가족이나 친밀한 관계에서 격렬한 분노를 경험하는 경우를 생각해보라. 소설가 앨런 패튼(Alan Paton)은 어머니를 "자식에게 호랑이 같은 존재"라고 묘사한 적이 있다.[23] 사랑이 깊고 대의명분이 클수록 분노의 감정은 더욱 강렬해진다. 당신이 깊이 관여하거나 크게 신경을 쓰지 않는 경우에는 화를 내지 않는다. 무관심은 사랑과 분노 모두에 대한 미온적인 대안으로서 구별된다. 올바르게 표현된 분노는 사랑하는 대상을 열정적으로 보호하고 지킨다.

분노는 정의가 아닌 이기적인 목적을 위해 싸우거나 비열한 싸움을 할 때 격노로 변한다. 즉 분노는 그 대상(우리를 화나게 하는 것이 무엇이든) 또는 그 대상을 공격하는 방식(우리가 분노를 표현하는 방식)에 문제가 있기 때문에 격노의 악덕으로 변한다. 이러한 문제를 각각 차례로 살펴보자.

첫째, 선한 분노는 정당한 이유, 즉 정당한 목표를 위해 싸워야 한다. "당신은 무엇 때문에 화가 났는가?"라고 물어보라. 그 대답은 이기적인 목적(만약 격노가 당신이 화를 내는 동기라면)이거나 아니면 정의와 샬롬의 회복(만약 의로운 분노가 당신의 동기라면)일 것이다. "[격노의] 목적과 바람은 이기적인 것을 추구하는 데 방해가 되는 모든 장애물을 제거하고, 안전을 위협하는 모든 것에 보복하고, 우리의 인격에 모욕이나 상처를 준 이들에게 복수하는 것이다."[24] 격노의 전투력은 타인의 주장 대신 나의 자존심

---

[23] Alan Paton, *Too Late the Phalarope* (New York: Scribner, 1996), 199; 또한 다음을 보라. Keizer, *Enigma of Anger*, 35-36.

[24] Augustine, *St. Augustine's Prayer Book*, rev. ed., ed. Loren Gavitt (West Park, NY: Holy Cross

과 권리를 보호하려는 경향이 있다. 미국 심리학 협회(American Psychological Association)의 웹사이트에 따르면 "극도로 화가 난 사람의 근본적인 메시지"는 "'모든 일은 내 방식대로 진행되어야 한다!'는 것이다. 화를 잘 내는 사람은…자신의 계획을 방해하거나 변경하는 것을 참을 수 없는 모욕으로 여기며, 이런 식으로 고통을 받아서는 안 된다고 생각하는 경향이 있다. 다른 사람은 그럴지 몰라도 자신은 그럴 수 없다는 것이다!"[25] 분노가 격노로 변할 때 분노가 보호하는 대상은 나의 계획(당신의 어리석음, 경솔함 또는 다른 계획에 의해 좌절된), 나의 통제권(당신의 간섭 또는 하나님의 간섭에 의해 약화된), 나의 존엄성(당신의 모욕적인 발언, 무시, 또는 경멸적인 어투로 인해 훼손된), 나의 소중한 명성(당신의 조롱 조의 비방이나 진실 노출로 인해 실추된) 또는 나의 높은 기대치(당신의 실수, 실패 또는 불편한 현실에 실망한) 등이다. 만약 당신이 높은 기준과 이상을 가지고 있거나 큰 책임감을 가지고 지도자로 일하거나 기획하는 일에 많은 노력을 기울인다면 격한 분노는 당신에게 끈질긴 유혹이 될 수 있다.

우리는 일반적으로 잘못을 범한 실제 행위의 심각성이나 피해보다 가해자의 명백한 무례함에 더 민감하게 반응한다. 무례함은 우리의 마음을 상하게 한다. 피해에 대해 분노하는 사람들의 과잉 보호적인 태도는 그 분노의 뿌리가 자존심에 있다는 신호를 보낸다. 분노는 적절한 경계를 지키

Publications, 1967), 116.

[25] Dr. Jerry Deffenbacher, "Controlling Anger—Before It Controls You," American Psychological Association, https://www.apa.org/topics/anger/control.

는 데 도움이 될 수 있지만, 우리는 이러한 요구를 지나치게 부풀린다. 선한 분노는 자신이나 타인에게 "마땅히" 받아야 할 것이 무엇인지에 대한 올바른 인식과 정의가 무엇을 요구하는지에 대한 인식에 의해 좌우되지만, 우리는 정의와 자기 정당화를 구분하는 데 어려움을 겪는다. (망가진 세상에서 완벽한 정의를 기대하는 것이 분노를 더욱 부채질한다는 점은 말할 것도 없다.) 헨리 페어리(Henry Fairlie)가 지적했듯이 "정의는 모든 격노의 표현에 대해 선포된 동기"이므로 우리는 "우리의 정의에 대한 사랑이 누군가에게 복수하고 상처를 주고 싶은 욕망으로 왜곡되지" 않도록 진정한 정의에 대한 주장과 그 가짜 주장을 분별할 줄 알아야 한다.[26] 격노는 우리 모두 안에 있는 합리화 성향을 노출한다. 전통적으로 "생각 부풀리기"는 정신적으로 상대방의 잘못과 우리의 상처, 가해자에 비해 우리의 가치를 확대하는 격노의 파생 악덕을 일컫는 말이다. 격노는 그러한 "잘못"에 대해 보복하는 차원에서 표면적으로 잘못에 상응하는 보복을 가한다. 분노에 정의의 올바른 판단과 진정한 공정성이 결여되면 이성적 판단은 분노의 꼭두각시가 된다.

분노의 대상이 잘못되면 우리가 분노하는 **이유**가 부적절해진다. 어쩌면 실제로 상해를 입지 않고, 단지 오해거나 사실이 아닌 피해에 대한 상상일 수도 있다. 또는 우리의 분노는 엉뚱한 사람, 즉 가장 가까운 사람이거나 가장 쉽게 접할 수 있는 사람, 즉 사정거리 내에서 가장 쉬운 대상을 겨냥할

---

[26] Henry Fairlie, *The Seven Deadly Sins Today* (Washington, DC: New Republic, 1978; repr., Notre Dame, IN: University of Notre Dame Press, 1979), 108.

수 있다. 당신은 진짜 가해자를 찾지 못하거나 그와 맞서 싸울 수 없어서 중간에 있는 사람을 향해 화를 낸 적이 있는가? 어쩌면 우리는 하나님을 향해 주먹을 휘두를 수 없어서 심지어 주변 사람들에게 화를 낼 수도 있다.

분노를 잘못 표현할 수 있는 두 번째 방법은 분노의 표현 **방식**이다. 분노는 참으로 정당한 목적을 지향할 뿐만 아니라 그 목적을 효과적이고 필요하고 적절한 수단으로 표현해야 한다. 격노는 종종 이 두 번째 요건에도 반하는 경우가 많다. 카이저의 고백처럼 분노를 잘 표현하는 것은 쉽지 않은 일이다. "나의 분노는 종종 그 분노를 일으킨 사건에 비해 너무 크거나 너무 작아서(대개의 경우 너무 크다) 그것과 비례하지 않아 보였다. 나의 분노는 내가 화를 낸 사람보다 내가 사랑하는 사람들을 더 괴롭혔다. [그리고] 나의 분노는 내가 정당하게 화를 내게 한 것에 변화를 줄 만큼 효과를 내지 못했다."[27] 설령 분노가 하나님이 주신 자연스럽고 건강한 감정이라는 사실을 인정한다 하더라도 우리의 분노가 자주 통제 불능 상태에 빠진다는 사실을 인정해야 한다. 우리는 우리보다 더 강하고 심지어 악마적인 무언가에 사로잡혀 분노와 격분을 표출한다. 일부 중세 문헌에서는 공정한 판단을 올바르게 표현하는 의로운 분노를 지칭하기 위해 라틴어 **이라**(*ira*, 분노)를 사용하고, 비이성적으로 표현되거나 격렬하고 과도한 격노와 구별하기 위해 **푸로르**(*furor*, 격분)를 사용했다.[28] 심지어 정당한 불만(올바른 대상)도 파

---

[27] Garret Keizer, "The Enigma of Anger: Reflections on a Sometimes Deadly Sin," *Books & Culture* (September/October 2002): 9.

[28] 다음을 보라. Richard E. Barton, "Gendering Anger: *Ira*, *Furor*, and Discourses of Power and

괴적이고 처참한 방식으로 표출될 수 있다. 관주 성경을 빠르게 훑어보면 과도한 분노에 대한 조언을 제공하는 구절을 열두 개 정도 발견할 수 있는데, 대부분 잠언에 있다. 흥미로운 것은 그 중 어느 본문도 분노의 **대상**에 대해서는 일절 언급하지 않는다는 점이다. 분노를 올바르게 표현하는 것에 관한 구절은 "너희 쉽게 성내는 자들아! 진정하라"는 조언으로 요약할 수 있다.

아퀴나스는 분노의 무질서한 표현을 크게 세 가지로 분류한다. 우리는 너무 쉽게 화를 낼 수 있고(예. 성질이 급하고 화를 잘 내는 경우), 필요 이상으로 과도하게 화를 낼 수 있으며(예. 분노의 정도가 너무 심하거나 화나게 만든 일에 비해 분노가 지나칠 경우), 너무 오랫동안 화를 낼 수 있다(예. 분노가 쌓여 적의와 원한을 품게 되는 경우).

첫 번째 유형인 너무 쉽게 화를 내는 경우는 종종 짜증의 형태로 나타난다. 강한 분노가 우리의 기분을 망칠 정도로 공격해오면 우리는 사소한 일에도 화를 낸다. 우리는 싸우고 싶고 반항하고 싶어진다. 우리는 다른 사람을 비협조적이고 편치 않은 방해꾼으로 여기고, 짜증스러운 눈빛으로 대한다. 우리는 사소한 도발에도 말다툼, 무례함, 불평, 짜증, 말꼬리 자르기, 심지어 욕설로 대응한다. 만약 당신이 휴식이나 여유 없이 바쁘게 사는 사

Masculinity in the Eleventh and Twelfth Centuries," in *In the Garden of Evil: The Vices and Culture in the Middle Ages*, ed. Richard Newhauser (Toronto: Pontifical Institute of Medieval Studies, 2005), 371-92; Catherine Peyroux, "Gertrude's *Furor*: Reading Anger in an Early Medieval Saint's Life," in *Anger's Past: The Social Uses of an Emotion in the Middle Ages*, ed. Barbara Rosenwein (Ithaca, NY: Cornell University Press, 1998), 36-55.

람이거나 평소에 입이 험하거나 불평을 잘하는 사람이라면 이러한 형태의 분노가 당신의 삶에서 나타나지 않도록 주의하라.

(필요 이상으로 화를 내는) 두 번째 유형의 전형적인 사례로는 고함을 지르고 문을 쾅 닫아버리는, 우리에게 친숙한 감정 폭발이 있다. 사소한 일로 감정이 폭발하고 심지어 폭력적으로 변하기도 하는데, 분노의 관점에서 보면 이것은 오랜 상처의 역사에서 나타나는 마지막 지푸라기로 간주된다. 또는 우리의 과도한 감정은 우리가 애지중지해온 자아에 대한 공격으로 인식되기도 한다. 우리의 분노는 우리가 입은 피해에 대한 부풀려진 이해에 맞추어 조정되거나 사물에 대한 너무 협소한 시각으로 인해 더욱 심해진다. 운전자가 교통 체증 속에서 우리 앞에 끼어들고, 심판이 잘못된 판정을 내리고, 마트에서 손님이 우리가 서 있는 줄 앞으로 새치기할 때 우리는 이들의 무례함, 실수, 이기심을 보고 얼마나 분노할까? 심호흡을 하고 그들에게 관용을 베푸는 것이 우리에게 더 합리적일 것 같지 않은가?

분노의 표현이 악의적으로 변하는 세 번째 경우는 분노를 너무 오래 참는 것이다. 원망은 종종 시무룩해지거나 앙심을 품거나 용서를 거부하거나 복수를 꿈꾸는 형태로 나타난다. 좀 더 평범하게는 비협조적이거나 경멸적인 태도로 다른 사람의 즐거운 기분을 망치거나 강한 일격을 가하고 큰 고함을 지르는 대신, 계속 콕콕 찌르는 방식으로 분노를 발산하는 등 수동적인 공격 전술을 사용할 수 있다. 우리는 복수를 계획하고 상대방이 마땅히 받아야 할 대가를 치르는 모습을 마음속으로 그리면서 위안을 받는다. 하지만 음악가 돈 헨리(Don Henley)의 말처럼 "당신이 분노를 계속 품고 있으면 분노가 당신의 내면을 갉아먹을 것이다."²⁹ 게다가 과거의 잘못에 대해 원한을 품고 마음속에 분노를 키우면 앞서 언급한 두 가지 악의적인 분노 표현 방식에 더 쉽게 빠지게 된다. 원한이 수면 아래에서 떠오르면 우리는 마치 조금만 움직여도 당장 공격 태세를 취하는 뱀처럼 온종일을 보내게 되고(우리는 성질이 급해진다), 현재의 분노가 지금까지 자신이 입은 모든 피해의 크기만큼 부풀어난다(우리의 분노는 받은 피해에 비해 과도하게 커진다). 모든 분노가 합리화될 위험이 있지만, 그중에서도 원한은 우리 기억의 진실성을 왜곡할 수 있다. "나이를 먹을수록 나는 일어나지도 않은 일을 더 생생하게 기억한다"는 누군가의 말처럼 말이다.

화를 낼 자격이 없는 사람에게 지나치게 화를 내거나 너무 오래 화를 내는 경우처럼 분노는 이 여러 가지 그릇된 방식으로 한꺼번에 표출될 수 있다. 격노의 표현은 불의에 대해 화를 내는 것을 넘어 누군가에게 상처를 주고 대가를 치르게 하고 선이 아니라 악으로 그들을 벌하고 싶은 욕망으로 이어진다. 이는 종종 가해자를 "총체화"하는 것, 즉 가해자의 전체 인간성과 인생 스토리의 큰 맥락을 무시하면서 그의 전인격을 가해 행위로 축소하는 것과 함께 진행되기도 한다. 이러한 경우에 해결책은 "[가해자에 대한] 진실을 더 많이 말하는 것이지, 덜 말하는 것이 아니다."³⁰ 카시아누스가 분노로 인해 일시적으로 상황 판단을 못하게 되는 것에 대해 경고하는

---

29 Don Henley, "Heart of the Matter," *The End of the Innocence* (Geffen Records, 1989).
30 C. V. O. Witvliet, "Flourishing in a Messy Life" (lecture, Holland, MI, April 2017). 잘못을 최소화하고 피해를 인정하지 않는 것도 잘못이다.

데는 그럴 만한 이유가 있다.

우리 문화는 우리를 분노로 훈련하며 그것은 그 열매로 알 수 있다. 근원적인 악덕에 대해 말하는 기독교 전통에서 분노의 "자손" 악덕은 내부에서 외부로 드러나는 분노의 여러 가지 양상을 나열한다. 분노는 우리가 마음속으로 가해 행위를 반복해서 재생하면서(선택적으로 편집하면서) 우리 자신의 중요성과 가해 행위의 심각성을 확대함으로써 가해자를 모욕하게 만든다. 오늘날 우리는 과도한 대응을 합리화하는 첫 번째 정신적 단계를 "생각 부풀리기"라고 명명할 수 있는데, 이는 우리가 가상의 법정에 들어가 자신을 정당화하고 상대방에게 복수하는 장면을 머릿속으로 상상만 하더라도 그렇다. 우리의 말과 글에서도 분노의 습관이 나타난다. 이러한 죄의 습관에는 화를 터뜨리고, 다른 사람을 모욕하고, 심지어 하나님을 모독하는 것까지 포함된다. "[너희는] 마음에 가득한 것을 입으로 말"한다(눅 6:45). 만약 우리가 자주 다른 사람에게 모욕적인 말을 하거나 소셜미디어에서 막말을 하거나 운전 중에 경멸적인 말을 계속 중얼거린다면 그러한 습관의 내적 근원을 살펴볼 필요가 있다. 아퀴나스는 "욕설, 뒷담화, 험담, 조롱, 저주"를 포함하여 "말로 인한 상처"를 여러 형태로 분류했다.[31] 여기서 우리는 또한 분노하는 데 아주 익숙해져 있는 자신을 발견한다. 미국을 대표하는 새로운 문화적 특징은 경멸적인 의사소통이며, 종종 "유머러스한 농담"이나 "정치적 발언"으로 위장되기도 한다. 경멸은 중학생들이 즐겨 사용하

---

[31] *ST* II-II 72-76.

는 비하 발언, 밈과 조롱, 쓰레기 수다, 트위터에서 욕을 주고받으며 사회적 점수를 얻거나 토크쇼에서 혼자서 장황한 이야기를 쏟아내는 등의 형태로 나타난다. 나와 의견이 다른 사람을 습관적으로 악마화하는 것이 정상적인 대화처럼 보이려면 도대체 얼마나 오랜 시간 동안 텔레비전이나 라디오를 보고 들어야 할까? 여가 활동으로 소셜 미디어에서 사람들을 공개적으로 비방하는 것은 정말 괜찮은 것인가? 온라인 게시글에 달린 댓글을 읽는 것이 결코 현명한 생각이 아니라는 것을 우리는 모두 잘 알고 있다.

우리는 또한 끊임없이 쏟아지는 광고를 통해 우리가 "사야 할 것 같은" 상품에 대한 높은 기대치를 접하게 된다. 우리의 이상주의적이고 지나치게 부풀려진 생각은 특권적인 경제적 지위, 효율성과 속도를 중시하는 세상, 의사소통의 비인격화, 개인적인 편의가 예의와 공동선보다 우선시되는 상황 등으로 인해 더욱 자극을 받을 뿐이다. 우리가 분노라는 기형적인 모습을 보이는 것도 당연하다. 우리는 힘겨루기와 남을 깎아내려 자기 자존심을 세우는 데 능하며, 남에게 굴욕적인 말을 하는 것은 또 다른 형태의 유머일 뿐이다. 따라서 우리는 화를 내며 운전할 뿐만 아니라 화가 일상화된 삶을 살며 한 순간도 좌절에서 벗어나지 못한다. 나의 다메섹 도상의 경험은 현대인의 삶을 완벽하게 보여주는 은유와도 같다. 우리는 모두 운전대를 잡고 "예수와 다른 모든 사람들이여, 모두 저리 비켜요!"라고 외치고 있다.

분노, "욕망의 검을 든 자"[32]

치명적인 7대 죄악을 모티프로 한 나의 문화 유물 컬렉션에는 7대 악덕을 각각 묘사한 "사악한 집 인테리어의 화려한 컬렉션"이 담긴 책이 있다. 한 사진에는 커다란 크리스털 샹들리에가 바닥에 박살이 나 있고, 산산조각이 난 반짝이는 잔해 더미 중앙에 크리스털 손잡이가 달린 칼이 꽂혀 있다. 작가는 이를 "불안한 정물화"라고 부른다.[33] 비록 분노는 정욕, 탐식과 함께 "정감이 가는" 죄에 속하고, 분노하는 사람은 종종 "다혈질"로 불리지만, 분노의 결과는 궁극적으로 냉혹하다. 다시 말해 분노는 처음에는 열을 내며 시작하고 욕설을 퍼부으며 절정에 달하지만, 일단 상대방을 충분히 비인간적으로 취급하면 이 악덕은 상대방에게 상처를 입히고 심지어 그를 죽이는 악행으로까지 우리를 이끌 수 있다.

    18세기 유럽의 남미 식민화를 그린 영화 "미션"(*The Mission*)에서 우리는 가장 살인적인 분노와 가장 사랑스러운 의분을 대조하는 또 다른 초상화를 만난다.[34] 첫 장면에서 로드리고(로버트 드 니로)는 최근에 정글에 들어갔다가 돌아온 노예 상인으로 등장한다. 사랑하는 연인을 찾던 그는 자기 동생 펠리페와 함께 침대에 누워 있는 연인을 발견한다. 그는 격앙된 침묵 속에서 방을 뛰쳐나온다. 그의 동생은 급히 옷을 입고 그를 뒤쫓아 나와 이

---

32   이 어구는 니사의 그레고리오스에게서 유래했다.
33   Stephen Calloway and Susan Owens, *Divinely Decadent* (London: Octopus, 2001), 160-61.
34   Roland Joffé가 감독한 영화 "미션"(1986; Burbank, CA: Warner Home Video, 2003), DVD.

해를 구한다. 심한 말다툼이 벌어지고 곧 칼싸움으로 번진다. 로드리고가 펠리페를 찌르고 그 위에 서서 그가 죽는 것을 지켜보면서 싸움은 끝이 난다. 로드리고의 분노는 복수심에 가득 차 동생에게 치명적인 해를 입히는 것으로 표출된다.

양심의 가책을 느낀 로드리고는 가브리엘 신부(제레미 아이언스)에게 자신의 죄를 고백한다. 로드리고는 결국 사제가 되어 가브리엘 신부를 따라 과라니 인디언들이 그리스도인이 되고 예수회가 선교부를 설립한 이구아수 폭포 위의 외딴 원주민 마을로 향한다. 얼마 후, 경계선이 바뀌면서 폭포 위쪽으로 노예무역이 확대되고 마을은 소멸 위기에 처하게 된다. 로드리고는 그리스도의 인격(*in persona Christi*)을 따르기 위해 무기를 들고 타인에게 폭력을 행사하는 행위를 하지 않겠다는 자신의 서약에 따라 칼을 버리고 가톨릭 사제가 되었다. 그와 가브리엘 신부는 마을을 파괴하고 주민들을 노예로 삼기 위해 무력을 동원한 자들에게 어떻게 대항할까?

두 번째 장면에서 로드리고는 가브리엘 신부의 방에 들어가 사제 서약을 포기하고 다시 칼을 들고 마을을 지키기 위해 싸우겠다고 선언한다. 평소 온화하고 겸손하며 부드러운 말투를 사용하던 가브리엘 신부는 그에게 분노를 터뜨린다. 그는 로드리고에게 "자네는 절대 신부가 되지 말았어야 했어!!"라고 말한다. 그는 세상은 항상 폭력과 죽음, 칼의 힘으로 문제를 해결하려 할 것이라고 열정적으로 주장한다. 만약 당신이 마을 사람들을 돕고 싶다면 "**사제로서 그들을 도우라!**"

칼을 다시 잡는다는 것은 로드리고의 서약뿐만 아니라 과라니족에 대한 사제들의 증언까지 모두 무너뜨리는 일이었다. 마지막으로 가브리엘 신부는 로드리고에게 "자네는 하나님께 목숨을 바쳤고, 하나님은 사랑이시다!"라고 훈계한다. 이후의 장면에서 볼 수 있듯이 그는 로드리고의 행동에 마음속 깊이 슬퍼하면서도 로드리고를 결코 거부하지 않았다. 그의 격렬한 말은 로드리고의 영적 안녕과 올바른 하나님 경배에 대한 열렬한 사랑과 관심에서 비롯된 것이다. 그의 말은 로드리고에게 상처를 주거나 해를 끼치려는 것이 아니라 그를 바로잡고 보호하려는 것이었다. 사실 그는 자신이 원하는 방식이 아니라 하나님께 마땅히 돌아가야 할 것을 강력히 주장한다. 비록 그가 예수회에서 로드리고의 상관이긴 하지만, 그의 말과 태도는 로드리고의 불순종이 아니라 하나님께 대한 로드리고의 불순종이 그를 괴롭힌다는 것을 분명히 보여준다. 그의 분노는 비록 로드리고의 선택에 대한 깊은 슬픔과 좌절감을 드러내지만, 로드리고에 대한 반감을 표현하진 않는다. 그는 그리스도 안에서 형제가 된 자로서 로드리고의 유익을 갈망한다.[35]

결국 로드리고와 가브리엘은 모두 죽는다. 로드리고는 마을 사람들을 지키기 위해 용감하게 싸우다가 죽고, 가브리엘은 성체를 가지고 마을 교회 밖으로 나가 공격하는 적에게 봉헌하다가 죽는다. 로드리고는 검으로 살다가 검으로 죽었다. 결국 그는 자신의 이기적인 이익이 아니라 정의와 타인에 대한 사랑을 위해 칼을 휘둘렀지만, 그는 자신의 판단에 따라 자

---

35 아퀴나스는 이것을 기독교적 사랑의 행위로서 "형제간의 교정"이라고 부른다(*ST* II-II 33).

신의 힘으로 모든 것을 바로잡으려는 열망으로 싸웠다. 로드리고의 선택은 그의 궁극적인 충성심을 드러냈다. 그는 검을 버리는 것보다 서약을 포기하는 편을 선호했다.

당신은 어떤 사명을 수행하고 있는가? 그리고 그것을 위해 어떤 수단을 사용할 것인가? 달라스 윌라드는 분노를 "우리 하나님 나라를 모욕하는 것"에 대한 우리의 반응이라고 묘사한 적이 있다.[36] 때때로 우리는 자신의 왕국을 지키는 것과 먼저 하나님 나라를 구하는 것을 혼동한다. 자신의 방식과 자신의 때를 고집할 경우 과연 우리는 정말로 거짓되고 교만한 자아라는 무기를 내려놓았다고 할 수 있을까? 그리스도는 우리에게 "**주의 나라가 임하시오며**" "**주의** 뜻이…이루어지이다"(마 6:10)라고 기도하도록 가르쳤다. 일부의 주장처럼 하나님의 나라가 임하도록 기도하는 것이 소망의 가장 핵심적인 행위라면 우리의 조급함은 때로는 우리가 이해할 수 없는 방식으로 만물을 새롭게 하시는 하나님을 신뢰하지 못함을 드러낸다.

동생을 향한 로드리고의 분노와 로드리고를 향한 가브리엘의 분노의 차이점은 무엇인가? 첫 번째 장면에서 로드리고의 분노는 성적 배신이라는 자신의 상처가 동기가 된다. 게다가 동생에 대한 그의 악한 심정은 자신과 동생, 그리고 두 사람이 모두 원했던 여자에게 슬픔과 해를 끼치는 살인적 폭력으로 끝이 난다. 반면 가브리엘의 분노는 로드리고의 영적 유익과 마

---

36 Dallas Willard, "Divine Conspiracy 11: Living Without Anger," https://www.youtube.com/watch?v=NBBB9G6WW3w.

을 사람들의 영적 유익, 하나님이 원하시는 순종에 대한 우려에서 비롯된다. 그의 분노는 자신이 주장하는 것과 별다른 관련이 없다. 그는 자신의 분노를 해로운 일격이나 상처를 주기 위한 말이 아니라 하나님의 뜻에 신실할 것에 대한 열정적인 훈계로 표현한다. 로드리고의 분노는 분노의 무질서하고 불균형하며 궁극적으로 치명적인 형태를 보여준다. 가브리엘은 정의와 사랑을 위한 분노, 가해자에게 해를 입히거나 상처받은 자존심을 달래기 위한 분노가 아니라 가해자를 다시 회복시키려는 분노를 보여준다. 그의 분노는 그 대상과 표현 방식에서 모두 하나님과 이웃에게 마땅히 해야 할 바를 존중한다.

심지어 우리가 정당한 명분이 있다고 생각할 때에도 파괴적인 분노의 표현은 분노의 유혹을 알리는 일종의 경고의 신호로 작용한다. 우리는 로드리고처럼, 그리고 가브리엘 신부와 달리 조급하다. 우리는 하나님께서 이 세상에서는 아니더라도 다음 세상에서는 궁극적으로 모든 것을 바로잡아 주실 것을 잘 믿지 않는다. 우리가 화를 낼 만한 정당한 이유가 있고 또 그 이유가 옳다고 믿을 때에도 우리가 화를 내는 **방식**과 분노를 표현하는 **방식**은 우리 자신의 의도와 시간표가 어떻게 개입되는지를 잘보여준다. 분노를 피하려는 생각이 정의를 향한 우리의 열정을 당장 꺾어버려서는 안 되며, 오히려 분노의 열정과 에너지를 하나님의 의제와 그분의 뜻과 방식에 복종하는 데 집중하도록 주의를 환기해야 한다.

분노를 조절하게 되면 우리가 추구하는 목표, 즉 정의의 실현을 원하는 사람들의 필요와 현재 정의를 방해하는 사람들의 인간성을 명확히 볼 수 있다. 예를 들어 마틴 루터 킹 주니어(Martin Luther King Jr.)는 분노에 지배당하거나 인종 억압자들을 증오하지 않으면서도 열정을 가지고 인종적 불의에 저항했다. 정의에 대한 그의 사랑은 모든 사람들이 서로를 사랑하고 하나님의 방식대로 다른 사람을 보는 법을 배우기를 바라는 열망에 깊이 뿌리박혀 있었다. 그는 "버밍엄 감옥에서 온 편지"(*Letter from a Birmingham Jail*)에서 이렇게 썼다. "이 편지에서 제가…불합리한 조급함을 드러내는 말을 했다면 용서해주시기를 간곡히 부탁드립니다. 만약 제가 이 편지에서…형제애가 부족한 저의…인내심을…보여주는 어떤 말을 했다면 저는 하나님께서 저를 용서해주실 것을 간청드립니다.…저는 또한 상황이 곧 제가 여러분 한 분 한 분을 민권 지도자가 아니라…동료 성직자이자 그리스도인 형제로서 만날 수 있도록 개선되기를 소망합니다."[37]

영화 "미션"과 킹 목사가 주도한 운동은 불의에 대한 그리스도인의 올바른 대응이 어떠해야 하는지에 대해서도 질문을 제기한다. "그리스도인은 분노해야 하는가?"라는 질문은 모호하다. 이 질문은 한번 화를 내는 것과 화를 내는 성격이나 습관을 구분하지 않는다. 따라서 사막 교부들과 교모들의 견해를 더 강력하게 받아들일 때 우리는 모든 분노가 불필요하다거나 반드시 내려놓아야 한다고 주장할 필요가 없다. 대신 우리는 그들의 조언을 악덕과 평생에 걸친 형성 과정에 대한 대화의 일부로 읽을 수 있다. 분

---

[37] Martin Luther King Jr., "Letter from a Birmingham Jail," reprinted in *Exploring Ethics: An Introductory Anthology*, ed. Stephen Cahn (New York: Oxford University Press, 2017), 42.

노를 단발적인 사건이 아닌 습관으로 취급하고 그리스도를 닮은 성품을 함양하는 평생 프로젝트에 초점을 맞추면 우리의 질문은 달라진다. 예수를 닮아가는 것이 우리의 소명이라면 매일 매 순간 우리에게 요구되는 성품은 어떤 것일까? 예수도 불의가 실제적이고 지속적인 피해를 입히는 세상에 저항했다. 이러한 세상에서 우리가 올바르게 대응하는 데 도움을 주는 미덕은 무엇이며, 그 대응 방식에서 분노는 어떤 역할을 해야 할까?

영화 "블랙 팬서"(Black Panther)는 비록 기독교적인 관점은 아니지만 암묵적으로 같은 질문을 던지고 답한다.[38] 우리가 사랑하고 돌보아야 할 사람을 향한 조직적인 불의에 직면했을 때 가장 덕스러운 반응은 어떤 것일까? 방관하는 것이 아니라 개입이 요구된다. 하지만 어떤 종류의 행동이어야 할까? 폭력을 가하고 억압받는 사람들을 무장시켜 공평한 경쟁의 장을 만드는 것이 정말 현실적인 전략일까, 아니면 정당한 대응일까, 아니면 점점 더 많은 폭력을 낳는 처방일까? 에릭 킬몽거(마이클 B. 조던)와 티찰라 왕(채드윅 보스만)은 비록 둘 다 비슷한 선한 목적에 이끌리지만, 그 목적을 이루는 수단에 대해서는 근본적으로 서로 동의하지 않는다. 킬몽거는 로드리고처럼 칼을 손에 들고 폭력적으로 살아간다. 하지만 티찰라 왕은 "그건 우리의 방식이 아니다"라는 말로 라이벌의 제안을 거부한다.

왕좌를 놓고 경쟁하는 방식, 즉 목적을 위한 수단으로 무력을 사용하는 것과 자신의 존엄성과 상대의 인간성, 공동선을 존중하는 권력 행사 방

---

[38] Ryan Coogler가 감독한 영화 "블랙 팬서"(Burbank, CA: Marvel Studios, 2018), DVD.

식에서 두 사람의 성격 차이를 엿볼 수 있다. 티찰라는 자신의 의회를 주도해나가면서도 공동체의 문제에도 귀를 기울이는 반면, 킬몽거는 홀로 일을 처리한다. 영화 말미에 티찰라는 인종차별과 빈곤이 만연한 세상에서 정의를 염려하는 킬몽거의 모습에 감명을 받는다. 그는 현실의 "옳지 않음"을 인식하고 킹 목사처럼 열정적으로 이를 규탄하고 다른 사람들에게 행동에 나설 것을 촉구한다. 그러나 그는 자신의 자원을 동원하여 무너뜨리는 것이 아니라 세우는 데 주력한다.

우리의 전략은 우리의 마음을 드러낸다. 예수는 산상수훈에서 분노와 분노에 찬 모욕을 살인과 연결한다. "옛사람에게 말한 바 '살인하지 말라. 누구든지 살인하면 심판을 받게 되리라' 하였다는 것을 너희가 들었으나 나는 너희에게 이르노니 형제에게 노하는 자마다 심판을 받게 되고 형제를 대하여 '라가'라 하는 자는 공회에 잡혀가게 되고 미련한 놈이라 하는 자는 지옥 불에 들어가게 되리라"(마 5:21-22). 우리는 "라가"(이 바보야)라는 말을 정의나 공평을 회복하려는 의도가 아니라 해를 끼치고 파괴하려는 의도로 주로 사용한다.[39] 킹 목사가 말한 것처럼 "폭력을 폭력으로 갚는 것은 폭력을 배가시키고, 이미 별이 없는 밤에 더 깊은 어둠을 더할 뿐이다.…증오는 증오를 몰아낼 수 없고, 오직 사랑만이 증오를 몰아낼 수 있다."[40]

---

[39] 분노가 정의에 관한 것이고 정의가 다른 사람과의 관계에 관한 것이라면 우리는 자신에게도 분노할 수 있을까? 심리학적으로는 분명히 가능해 보인다. 여기서 논의하진 않겠지만, 자기를 향한 분노가 가능하다면 그것은 자신의 행동이나 감정 또는 판단을 고려하고 성찰하는 입장에서 판단하는 이차적 관점에서 자신의 행동을 성찰하는 능력에 달려 있을 것이다.

[40] Martin Luther King Jr., *The Strength to Love* (New York: Harper & Row, 1963; repr.,

우리가 상처와 증오의 악순환에 빠져 있을 때 분노는 우리의 마음을 위축시키고 삶과 우리를 단절시킨다. 프레드릭 비크너는 다음과 같이 말한다. "치명적인 7대 죄악 중에서 격노는 아마도 가장 재미있는 죄일 것이다. 당신의 상처를 핥고, 오래 전의 불만에 군침을 흘리고, 앞으로 닥칠 쓰라린 다툼을 혀끝으로 굴리고, 당신이 받은 고통과 당신이 되돌려주는 고통을 최후의 한 조각까지 음미하는 것은 여러모로 왕에게 어울리는 잔치다. 가장 큰 단점은 당신이 게걸스럽게 먹어치우는 대상이 바로 당신 자신이라는 것이다. 그 잔치의 해골이 바로 **당신**이다."⁴¹

분명 다른 대안이 있을 것이다.

하나님의 분노와 우리의 분노

장 칼뱅은 하나님의 형상대로 지음 받은 우리가 먼저 하나님에 대한 지식이 없다면 우리 자신을 결코 알 수 없다는 말로 그의 『기독교 강요』(*Institutes*)를 시작하는 것으로 유명하다. 이 말을 하나의 틀로 삼아 우리 삶에서 분노가 차지하는 위치를 생각해보자. 우리는 먼저 구약에 나타난 하나님의 성품이 어떤 것인지를 살펴보고, 이어서 성육신하신 그리스도께로 눈을 돌려 그림을 완성하고자 한다.

Philadelphia: Fortress, 1981), 53.
41 Frederick Buechner, *Wishful Thinking: A Seeker's ABC* (San Francisco: HarperCollins, 1993), 2(강조는 덧붙여진 것임).

구약성경에서 하나님을 바라보는 고정관념은 진노와 심판을 중심에 두지만, 하나님의 진노에 대한 보다 포괄적인 관점을 살펴보면 더 많은 맥락과 설득력 있는 반증을 발견할 수 있다. 첫째, 하나님은 무엇 때문에 화를 내시는 걸까?

구약성경에 따르면 하나님은 그의 백성이 계명을 어길 때, 즉 그들이 하나님께 신실하지 않을 때와 서로 간의 신뢰를 깨뜨릴 때 진노하시는 것을 볼 수 있다. 모세와 예언자들의 말을 들어보면 하나님이 우려하시는 바를 크고 분명하게 들을 수 있다. 그의 백성은 무엇보다도 그분을 신뢰하지 못하고, 서로에게 자비를 베풀지 못하며, 특히 가장 취약한 자들에게 자비를 베풀지 못한다. 우리는 율법의 첫 번째와 두 번째 계명, 즉 무엇보다 하나님을 사랑하고 네 이웃을 네 몸과 같이 사랑하라는 계명을 불순종할 때 하나님의 진노가 발동한다는 것을 그 표적을 통해 알 수 있다(마 22:37-39; 막 12:29-31). 아퀴나스에 따르면 이 계명은 우리가 하나님과 다른 사람들에게 빚진 것을 완전한 정의(perfect justice)로 요약하며, 이것은 사랑 안에서 온전히 성취된다. 하나님은 왜 화를 내시는가? 그분의 분노는 (우리의 분노와 마찬가지로) 그분이 가장 중요하게 생각하는 것에 뿌리를 두고 있다. 그분은 사랑을 침해하는 모든 것에 반대하신다.[42] 그러므로 우리는 그분의 분노를 통해 그분이 지으신 창조세계, 특히 사랑하는 자녀의 유익을 방해하는 모

---

42 하나님의 분노를 "진노"로 번역하는 것은 도덕적 장애 또는 감정(각주 36, 44 참조)이 아니라 하나님의 창조세계의 번영과 그분과 우리의 사랑의 관계를 방해하는 모든 것에 대해 전적으로 반대하는 하나님의 입장을 표현한다.

든 것을 물리치기 위해 수단과 방법을 가리지 않으신다는 것을 알 수 있다.

하나님은 **어떻게** 화를 내시나? 출애굽기부터 시편과 예언서(심지어 이스라엘에 대한 심판을 선포하는 본문도 포함하여)에 이르기까지 아주 많은 본문에서 후렴구처럼 계속 반복하는 내용이 있다. 주님은 노하기를 더디 하시고 변함 없는 사랑(*hesed*)이 풍성하시다(출 34:6; 느 9:17; 시 86:15; 103:8; 욜 2:13; 욘 4:2 등 참조). 성경을 아는 사람이라면 누구나 이스라엘의 역사 내러티브에서 후렴구처럼 반복되는 하나님의 특성을 알아차릴 것이다. 너희 하나님은 노하기를 더디 하시고 변함 없는 사랑이 풍성하시도다. 하나님의 사랑은 그의 백성과의 관계에 고정되어 있다. 그리고 그분의 사랑은 그분이 노하기를 **더디게** 만든다.

잠언에 나오는 지혜로운 사람에 대한 묘사도 이와 같은 생각을 반영한다. 분노에 대한 거의 모든 경고는 짜증을 내거나 쉽게 화내지 말라고 말한다. 우리는 잠언에서 우리가 어떻게 화를 내야 하는지에 대한 실용적인 정보를 풍부하게 제공한다는 점에 주목했다. 잠언 14:16-17, 17:27, 22:24-25, 29:1, 29:22 등 몇 구절만 예로 들어보면 잠언 저자는 갑자기 버럭 화를 내고, 성급하고 쉽게 화를 내는 것에 대해 경고한다. 인간의 분노에 대한 조언은 하나님의 분노에 대한 후렴구만큼이나 많이 반복된다. "내 사랑하는 형제들아! 너희가 알지니 사람마다 듣기는 속히 하고 말하기는 더디 하며 성내기도 더디 하라. 사람이 성내는 것이 하나님의 의를 이루지 못함이라"(1:19-20)는 신약성경 야고보서의 말씀도 같은 주제를 반영한다. 이러한 하나님의 모습과 지혜의 완벽한 화신이 신약성경에 나오는 예수의 성품과 일치하는 것은 물론 우연이 아니다.

예수는 자신을 "나는 마음이 온유하고 겸손"한 자로 묘사한다(마 11:29). 마태는 이사야를 인용하며 승리의 예루살렘 입성에서 그리스도를 "온유하게" 또는 "겸손하게" 나귀를 타신 분으로 묘사하는데, 이는 로마 정복자들이 군마를 타고 힘과 교만을 과시하는 것과 직접적인 대조를 이룬다. 바울이 우리에게 그리스도로 옷 입으라고 권면하는 "그리스도 닮기" 덕목에는 그리스도의 영의 열매 목록(갈 5:22-23)과 고린도후서에 나타난 예수에 대한 바울의 묘사("그리스도의 온유와 관용"[고후 10:1])에도 반영된 인내와 온유가 포함된다. 물론 예수는 많은 복음서 이야기에서 단호하게 행동하고 권위를 행사한다. 그러나 그의 전반적인 성품은 온유와 겸손으로 특징지어진다. 그리고 그분은 우리에게 그분처럼 되라고 말씀하신다(엡 5:1-2; 골 3:9-14).

예수의 분노에 관한 가장 인상적인 에피소드인 성전 정화 사건은 어떤가? 요한복음은 예수가 화를 낸 것이 아니라 "[주]의 전을 사모하는 열심"(요 2:17)에 사로잡힌 것으로 묘사하고 있으며, 다른 세 복음서는 내면의 상태가 아니라 그의 행동을 묘사하고 있다는 점에 주목할 필요가 있다. 이와는 대조적으로 잘 알려지지 않은 마가복음 이야기에서는 예수가 화를 내는 모습을 명시적으로 묘사하고 있는데, 이는 가장 간결하고 행동으로 가득 찬 복음서의 저자로서는 상당히 이례적이다. 이 신약성경 본문에 기록된 예수의 분노는 위에서 언급한 구약성경의 모습과 유사하다. 이 이야기는 간결함에도 불구하고 가슴 뭉클한 감동을 선사한다.

예수께서 다시 회당에 들어가시니 한쪽 손 마른 사람이 거기 있는지라. [종교 지도자들이] 예수를 고발하려 하여 안식일에 그 사람을 고치시는가 주시하고 있거늘 예수께서 손 마른 사람에게 이르시되 "한 가운데에 일어서라" 하시고 그들에게 이르시되 "안식일에 선을 행하는 것과 악을 행하는 것, 생명을 구하는 것과 죽이는 것, 어느 것이 옳으냐" 하시니 그들이 잠잠하거늘 그들의 마음이 완악함을 탄식하사 노하심으로 그들을 둘러 보시고 그 사람에게 이르시되 "네 손을 내밀라" 하시니 내밀매 그 손이 회복되었더라. 바리새인들이 나가서 곧 헤롯당과 함께 어떻게 하여 예수를 죽일까 의논하니라(막 3:1-6).

예수는 손 마른 사람을 사랑하기 때문에 그리고 바리새인들이 그렇게 하지 않는 것을 보고 분노를 느낀다. 예수는 도움이 필요한 형제에 대해 깊은 좌절감을 느끼고 "그들의 마음이 완악함을 탄식"한다. 그들의 교만한 율법 조문 준수와 그들의 그러한 "의무감"은 겉으로 드러나는 경건함과 달리 하나님에 대한 정의나 이웃 사랑과는 거의 상관이 없다. 그들은 바로 눈앞에 있는 사람 안에 있는 하나님의 형상을 인정하지 않는다. 그들은 예수가 자신들의 영역을 방해하지 않고 물러나기를 원한다.

예수의 분노는 분명히 불의를 겨냥하지만, 그 분노를 온유와 사랑으로 표출한다. 종교 지도자들의 차가운 침묵과 부반응에 예수는 어떻게 대응하는가? 예수의 분노는 어떻게 그를 행동에 나서게 했는가? 예수는 누구도 해하지 않는다. 그는 말이나 채찍으로 화를 표현하지 않는다. 하지만 그는 물러서지도 않는다. 대신 그는 그 사람을 치유한다. 그는 정당한 안식일

법을 위반한 지도자들에게 권위 있게 도전하고, 정의와 자비에 완강하게 거부하는 그들에게 하나님의 사랑과 정의의 모습을 보여주며 맞선다. 그는 사랑하고, 회복시키고, 바로잡는다. 그렇게 함으로써 그는 자신감을 가지고 강력한 권익 옹호 활동을 펼치는 모습을 우리에게 보여준다. 그리고 본문의 결말 부분에서 알 수 있듯이 예수는 이 사람을 치유할 뿐만 아니라 궁극적으로 이 세상의 상처, 심지어 자신을 원수로 삼는 사람들의 상처를 치유하기 위해 십자가를 받아들인다. "그가 찔림은 우리의 허물 때문이요…그가 채찍에 맞으므로 우리는 나음을 받았도다"(사 53:5). 예수는 상처 입은 치유자다.[43] 사막 공동체는 우리 안에 분노가 일어날 때 그분을 본받으라고 권면한다.

의심할 여지 없이 하나님의 분노는 우리의 분노와 다를 수밖에 없다.[44] 하나님은 모든 인류 역사를 고려하고 계시며, 정의에 대한 우리의 관점은 하나님의 계획과 목적을 충분히 존중하기에는 너무 협소할 수 있다. 아마도 바로 이런 이유에서 바울은 로마의 그리스도인들에게 교만한 분노를 표현하지 말라고 경고한 것 같다. "내 사랑하는 자들아! 너희가 친히 원수를 갚지 말고 하나님의 진노하심에 맡기라. 기록되었으되 '원수 갚는 것이 내게 있으니 내가 갚으리라'고 주께서 말씀하시니라"(롬 12:19). 우리의 분노

---

43 Henri Nouwen, *The Wounded Healer: Ministry in Contemporary Society* (New York: Doubleday/Image, 1979). 『상처 입은 치유자』, 두란노 역간.
44 일부 그리스도인들은 하나님은 육체를 소유하고 있지 않고 우리가 말하는 의미에서 욕구가 없기 때문에 하나님을 화를 내는 분으로 묘사하는 것은 신인동형론적·은유적—인간의 한계에 대한 성경의 양보—이라고 주장해왔다.

는 우리가 하나님의 섭리적 통치하에 있는 청지기임을 보여주어야 한다. 하지만 어떤 면에서 우리의 분노는 노하기를 더디 하고, 변함 없는 사랑이 넘치면서도 샬롬을 지키기 위해 목숨을 내놓을 정도로 정의에 열정적인 하나님의 모습을 본받아야 한다.

분노가 **거룩한** 감정인 경우에는 **정의**가 그 대상이고 **사랑**이 그 뿌리다. 정의는 마땅히 받아야 할 것을 다른 사람에게 주는 것과 관련이 있다. 선한 분노는 다른 사람들이 마땅히 받아야 할 존중을 받도록 하고, 억압과 폭정에 맞서며, 상처와 피해를 입힌 사람들에게 책임을 묻고, 우리의 다짐과 약속을 지키며, 소외된 사람들에게 동등하게 대우하고, 정당한 권위를 지키려는 열정적이고 지속적인 노력의 원동력이다. 선한 분노에 동기를 부여받은 우리는 의에 주리고 목말라하는데, 이는 정의를 그 대상으로 삼고 그것을 사랑으로 올바르게 표현하려는 욕구다. 이럴 때 분노는 정의를 구현하는 데 에너지와 열정을 더해준다. 하지만 분노의 밑바탕에 깔린 사랑은 분노를 억제하는데, 이는 사랑은 가해자를 파괴하려는 것이 아니라 모든 선한 것을 존중하고 보호하며 회복시키려는 것이기 때문이다. 이로써 우리의 분노 또한 하나님의 분노를 반영할 수 있다.

문화 전쟁에서 로마 가톨릭교회가 어느 편에 설 것인지에 관한 인터뷰에서 프란치스코 교황은 교회가 선두의 어느 한편에 서기보다는 "우리의 첫 번째 의무는 부상자를 돌보는 것"이라는 "전후 야전 병원"의 목표를 실현하는 역할을 하기를 바란다고 답한 바 있다.[45] 이는 그리스도인이 그리스도를 따를 때 어떤 사람이 될 수 있는지를 잘 보여주는 아름다운 모습이라고 할 수 있다.

격한 분노 밑바닥에 도사리고 있는 것

격노 또는 악의적인 분노는 왜 우리에게 그토록 큰 유혹을 불러일으킬까? 분노는 우리의 자기애와 자기방어 기제를 드러낸다. 우리의 연약한 자아를 강화하기 위한 모든 노력에도 불구하고 그 결과는 극도로 미약하고 쉽게 위협받는다. 분노는 악덕이라는 사실을 기억하라. 인간의 분노의 문제는 단순히 타인에게 주는 피해뿐만 아니라 과잉 분노의 이면에 도사리고 있는 마음의 문제다.

분노의 힘의 과시는 종종 우리가 인지하는 약점과 취약성을 은폐하거나 과도하게 보상한다. 마치 구석에 몰린 동물처럼 우리는 위협을 느낄 때 방어적인 태도를 취하고 분노를 표출한다. 특히 다른 사람의 생각과 시선이 두렵다고 느낄 때 우리는 지나치게 분노의 방어벽을 높이지 않는가? 분노의 뿌리는 자존심만큼이나 두려움과 맞닿아 있는 것 같다. 더 정확히 말

---

[45] Antonio Spadaro, SJ, "A Big Heart Open To God: An Interview with Pope Francis," *America*, Sept. 30, 2013, https://www.americamagazine.org/faith/2013/09/30/big-heart-open-god-interviewpope-francis. 「타임」 편집자 Nancy Gibbs는 프란치스코 교황을 2013년 올해의 인물로 선정한 기사에서 이 인용문을 언급했다("Pope Francis, the Choice," *Time*, December 11, 2013, http://poy.time.com/2013/12/11/pope-francis-the-choice/).

하자면 자신을 신뢰하는 교만함에서 비롯된 두려움은 하나님을 신뢰하는 데서 오는 자유와 평화와 상반된다. 우리가 위협을 받을 때 오직 자신만을 든든한 지원군이자 안전의 원천으로 여긴다면 우리는 두려워하고 분노할 수밖에 없다.

심리학자들은 분노가 다른 유형의 고통을 은폐하기 때문에 분노를 "2차적인 감정"이라고 부른다. 대다수의 사람들은 자신의 내면에서 무엇이 자신을 괴롭히는지를 인정하기보다는 다른 사람을 공격하는 것이 더 편하다고 느낀다. 결혼에 관해 연구하는 존과 줄리 고트먼은 우리의 감정을 빙산에 비유하며, 오직 분노만 표면 위로 드러나고 그 밑에는 두려움, 슬픔, 수치심이 숨어 있다고 말한다.[46] 분노는 우리가 고통을 피하고 자신의 힘으로 자신을 보호하는 방식을 드러낸다. 하지만 다른 모든 악덕과 마찬가지로 우리의 힘겨루기는 우리가 통제에 대한 또 다른 교만한 환상에 사로잡혀 있음을 보여준다. 우리는 자신에게 해를 끼치는 행동을 통제하거나 막을 수 없을 때 분노하고 격분한다.

우리는 심지어 슬픔 속에서도 우리의 상처를 안타까워하는 것보다 하나님을 향해 주먹을 휘두르는 것이 더 만족스러운 경우가 많다. 분노는 우리의 뜻대로 되지 않는 세상을 향해 "안 돼!"라고 외칠 수 있는 길을 제공한다. 분노는 상황을 비7고 변화시킬 수 있는 힘을 전제로 한다. 그렇기 때문

---

46 Kyle Benson, "The Anger Iceberg," *The Gottman Relationship Blog*, November 8, 2016, https://www.gottman.com/blog/the-anger-iceberg/.

에 분노의 에너지는 우리가 상처와 불의에 대처하는 데 도움을 준다. 모든 상황이 정정되기를 바라는 열망과 어려움 속에서도 미래지향적인 에너지를 지닌 분노는 희망과도 맞닿아 있다. 따라서 슬픔을 표현하는 것과 희망을 유지하는 것은 모두 분노를 완화하는 배경적 역할을 할 수 있다.

기독교 전통에서 탄원시는 우리의 버림받음, 상한 마음, 당혹감, 배신감을 충분히 대변해준다. 예수도 십자가 상에서 시편 22편의 말씀을 인용했다. 우리가 고통을 직면하고 공유할 수 있다거나 욥처럼 하나님이 우리가 부르짖는 고통의 외침을 듣고 계신다는 믿음을 가지고 "주여! 어느 때까지니이까?"라고 외칠 수 있다면 타인에 대한 우리의 분노는 어느 정도 사라질 수 있을까? 그리스도가 나사로의 무덤 앞에서 했던 것처럼 기꺼이 고통을 받아들이고 우는 자들과 함께 울 때 우리는 서로에게 하나님의 사랑이 육화하게 할 수 있다. 분노는 상대방을 차단하거나 매도하지만, 사랑은 고통 속으로 들어가 고통을 더 쉽게 견딜 수 있게 한다. 서로의 분노 뒤에 있는 상처와 연약함을 찾아 함께 애통해하는 것을 우리의 삶과 예배의 일부로 삼는다면 어떨까?

희망을 실천하는 것도[47] 분노를 재구성한다. 희망은 샬롬을 갈망하면서 분노의 에너지와 목적을 공유한다. 그리스도인은 예배와 일상에서 드리는 기도와 찬송 속에서 희망의 목소리를 발견한다. 기도는 하나님의 능력과 자비를 모두 포용하는 희망적인 행동이다. 희망의 기도를 통해 우리는

---

[47] 나의 소논문을 보라. "Practicing Hope," *Res Philosophica* 91, no. 3 (2014): 387-410.

모든 것을 하나님의 손에 맡기고 그분이 모든 것을 새롭게 하실 것을 신뢰하게 된다. 희망은 우리로 하여금 "[주의] 나라가 임하옵소서"라고 기도하게 하며, 그 나라가 어떤 모습이어야 하는지, 언제 어떻게 임해야 하는지에 대해서도 우리의 상상력을 펼치게 한다. 희망은 "강하고 마음을 다잡고 주님을 기다리라"고 말한다.

우리의 희망은 종종 노래의 형태를 취한다. 마리아의 찬가를 예로 들면 이 찬가(눅 1:46-55)는 미리암과 모세, 한나와 다윗 등 마리아 이전 사람들에게 하신 하나님의 약속을 반영한다. 이 노래의 현대 버전은 다음과 같다. "주께서 허락하신 날을 내 마음이 노래하리니 주의 공의의 불이 타오르게 하소서. 새벽이 가까워지고 세상이 곧 바뀔 것이니 모든 눈물을 닦아주소서!"[48] 분노의 주된 관심사를 반영하는 마리아의 찬가는 억압에서 구해주실 것을 구하고 불의에 대해 샬롬으로 응답해주실 하나님을 의지한다. 그러나 그리스도의 겸손과 온유함처럼 희망적인 자세로 "나는 주의 여종"이라고 말하는 마리아는 하나님 나라의 실현을 위해 주님의 대리자가 되기를 온전히 기대한다. 우리는 마리아처럼 마음속에 어떤 노래를 품고 있는가? 어떤 이야기와 약속이 우리의 정체성과 소명에 대한 비전을 불태우는가?

내 자신의 분노를 생각해보면 어쩔 수 없는 상황에 부딪혔을 때 온 우주를 다스리시는 하나님을 내가 실제로 믿지 않는다는 사실을 깨닫는다.

---

48 Rory Cooney, Gary Daigle, and Theresa Donohoo, "Canticle of the Turning," *Safety Harbor* (GIA Publications, 1990).

나는 십자가를 지고 천천히 길 한가운데로 걸어오시는 주님을 울면서 기다리기보다 주먹을 휘두르며 내 의사를 강요하는 편이 더 낫다고 생각한다. 애통함과 희망을 실천하는 것이 우리의 마음을 서서히 변화시킨다면 우리의 분노에는 격노보다는 올바른 분노가 훨씬 더 많이 남아 있을 것이다.[49]

분노 해독제

거룩한 감정이 아닌 지옥의 습관으로서 분노의 문제가 우리에게 있는지 어떻게 알 수 있을까? 그리고 우리는 이에 어떻게 대처할 수 있을까? 분노에 대한 기독교 전통의 양분된 입장으로 돌아가서 다시 생각해보자.

나는 카시아누스의 것과 유사한 자기 성찰 연습을 학생들에게 시킨 적이 있다. 일주일 동안 우리는 각자 화가 날 때마다 일기를 썼다. (휴대폰으로도 쉽게 메모할 수 있다.) 분노의 대상(즉 무엇 때문에 화가 났나?)을 적고, 분노의 강도를 1에서 5까지의 점수(즉 약간 짜증이 나면 1, 매우 화가 나면 5, 화가 난 이유에 대해 한 문단을 써야 한다고 느끼면 자동으로 5)로 평가하도록 지시했다. 몇 주 후 우리는 좀 더 냉정한 마음으로 우리를 화나게 한 사건으로부터 거리를 두고 일기장에 기록한 반응을 검토해보았다. 얼마나 많은 분노의 에피소드에 우리는 "의로운", "정당한", "비례하는", "선한"이라는 라벨을 붙일 수 있

---

[49] 나의 에세이를 보라. "What Are You Guarding? Virtuous Anger and Lifelong Practice," in *Becoming Good: New Philosophical Essays in Aid of Virtue Development*, ed. Adam Pelser and Scott Cleveland (Oxford: Oxford University Press, forthcoming).

었을까? 그리고 어떤 패턴이 나타났을까? 너무 자주 화를 냈을까? 아니면 너무 심하게 화를 냈을까? 당시에는 매우 정당하고 합리적으로 보였던 반응이 돌이켜보면 사소하고 이기적으로 보이는 경우가 많았고, 우리의 분노를 유발한 상황이 돌이켜보면 정말로 불쾌했다기보다는 사소한 일로 보이는 경우가 많았다. 또한 이 기록은 어떤 종류의 일들이 우리를 화나게 하는 경향이 있는지("분노 유발 요인")를 더 잘 파악하는 데에도 유용했다.

악덕 연구에 결코 낯설지 않은 나는 그 결과에서 심지어 과도하더라도 나쁜 분노를 일부 발견하리라고 예상했다. 하지만 결과는 내가 예상했던 것보다 훨씬 더 가혹했다. 아주 적은 양의 분노만이 선한 것으로 집계되었다. 만약 이것이 시험이었다면 우리는 완전히 낙제점수를 받았을 것이다. 우리는 깜짝 놀랐다. 갑자기 모든 분노를 내려놓으라는 카시아누스의 단호한 조언이 더 이상 급진적으로 느껴지지 않았다.

사막 교부들과 교모들은 사람들에게 조직신학이 아닌 영적으로 올바른 방향을 제시했다는 사실을 기억하라. 아마도 우리는 불의로 가득한 세상에서 올바른 대응 가운데 원칙적으로 분노를 수반하지 않는 대응은 상상할 수 없다는 아퀴나스의 말을 인정할 것이다. 하지만 그것이 그의 요점이 아니라면 어떨까? 에바그리오스와 카시아누스는 실천적인 제자도를 위한 인내시를 믿을있다. 목회 상담사이사 영적 시노사로서 그들이 던신 실문은 바로 "타인에게 해를 끼치고 거짓 자아를 보호하는 것이 우리의 분노에서 큰 비중을 차지한다는 점을 고려하면 그리스도를 닮아가는 우리에게는 어떤 종류의 영적인 훈련이 필요할까?"였다. 결과적으로 분노를 규칙적으로 정화하는 것은 우리 대다수에게 현명하고 가치 있는 훈련이 될 것이다. 만약 우리가 자기 성찰에 정직하게 응한다면 악한 분노를 없애는 것은 사실상 우리의 모든 분노를 없앤다는 것이라고 그들은 말한다.

우리는 오늘날 사막의 수행을 어떻게 우리의 삶에 적용할 수 있을까? 당신이 운전대를 잡을 때마다 습관적으로 혈압이 올라간다면 분노의 유혹에 맞서면서 "도로 위에서" 더더욱 그리스도를 닮아가는 훈련을 실천해보라. 영적인 훈련의 일환으로 당신의 차에 그리스도를 초대하라. 한 달 동안 제한 속도에 맞춰 운전하기로 결심하라(서두름과 성급함은 항상 동행한다). 빨간불이 켜질 때마다 리듬에 맞추어 호흡하는 기도를 드리면서 기다리라(주님의 임재에 주의를 기울이면서 주님을 기다리는 연습을 하라). 주변에서 과속하거나 난폭하게 운전하는 사람들의 안전을 위해 기도하라(그들은 아마도 당신의 욕설보다 당신의 중보기도가 더 필요할 것이다).

사막의 조언에 따르면 특히 분노라는 감정은 본능적인 차원에서 우리를 사로잡기 때문에 영성 훈련과 미덕 함양을 위해서는 우리의 육체적인 상태에 주의를 기울여야 한다. 육체적 분주함, 피곤함, 과도하게 긴장된 몸, 서두르는 생활 방식은 우리의 감정 반응, 인간관계, 영적 건강에 큰 타격을 준다. 여기서도 분노 일기는 파괴적이거나 위험한 패턴을 드러낼 수 있다. 스트레스가 많은 마감일, 피로감, 신체적 고통이 당신의 분노 폭발을 유발하는 원인의 대부분을 차지하는가? 만약 우리가 "노하기를 더디 하는" 상태를 유지하려면 우리 몸의 요구를 존중해야 한다. 이는 종종 신체적으로 속도를 늦추는 것을 의미한다. 매일 충분한 수면을 취하고, 매일 침묵과 고

독을 실천하고, 매주 안식일을 지키고, 업무에서 벗어나 깊은 심호흡을 하며 자연환경을 즐기는 진정한 휴식을 취한다면 우리는 분노를 더 잘 조절할 수 있을 것이다. 우리가 행동하기 전에 잠시 멈춰 깊게 심호흡을 하고, 말하기 전에 경청하는 시간을 가진다면 온유한 마음이 우리에게 좀 더 쉽게 생겨나지 않을까?

그러나 이러한 신체적인 전략도 중요하지만, 이러한 전략은 주로 증상 조절에 초점을 맞추고 있다. 이러한 전략은 문제의 근원을 밝히기 위해 반드시 우리의 마음을 파헤치지는 않는다. 그리고 분노는 하나의 악덕으로서 마음과 생각에서 시작된다. 분노의 습관을 버리려면 우리 몸에 더 주의를 기울여야 하지만, 마음의 변화, 습관과 우선순위의 재정비, 시각의 전환도 필요하다. 분노는 우리가 진정 자신을 누구라고 생각하는지, 자신과 세상을 얼마나 통제할 수 있다고 생각하는지, 무엇이 우리를 위협하거나 불안하게 만드는지에 대한 잘못된 사고를 드러낸다. 분노는 자존심에 뿌리를 두고 있지만, 온유의 힘은 깊은 신뢰에 뿌리를 두고 있다.

G. K. 체스터턴은 "하나님은 우리에게 이웃을 사랑하고 원수도 사랑하라고 명령하셨는데, 그 이유는 그들이 종종 같은 사람이기 때문이다"라고 말했다.[50] 하지만 때때로 우리 자신이 최악의 적일 때가 있다. 예수를 대적했던 종교 지도자들처럼 우리도 우상화되고 이상화된 자아를 지키기 위해

---

50   G. K. Chesterton, *Illustrated London News*, July 16, 1910.

어떤 일도 서슴지 않을 수 있다.[51] 기독교의 사막 전통은 교만과 겸손 간의 대비를 설명하기 위해 다음과 같은 이야기를 들려준다.

> 키 작은 수도원장 요한이 교회 앞에 앉아 있을 때 그를 둘러싸고 있던 형제들은 각각 자신의 생각에 대해 그에게 물었다. [그는 여러 젊은 제자들에게 장로로서 영적 가르침을 주고 있었다.] 그 모습을 본 또 다른 노인이 부러워하며 "수도원장님, 당신의 잔에는 독이 가득 차 있습니다"라고 말했다. 수도원장 요한은 다음과 같이 그에게 대답했다. "네, 아버지, 그렇습니다, 그러나 당신은 겉만 볼 수 있기 때문에 그렇게 말씀하셨습니다. 만약 안쪽도 보셨다면 뭐라고 말씀하시겠습니까?"[52]

수도원장 요한은 자신의 결점, 즉 하나님이 이미 보고 계시는 "잔의 안쪽"을 공개적으로 인정한 것이다. 겸손은 그의 평정심과 온유함의 근거가 된다. 그는 하나님을 전적으로 의지하기 때문에 교만한 사람처럼 자신을 방어할 필요가 없다. 공개적인 모욕을 당할 때 그의 온유한 대답은 진노를 누그러뜨린다(잠 15:1).

온유함은 그리스도의 성품을 닮은 미덕으로서 우리가 절대로 화를 내

---

[51] 겸손의 미덕에 대한 자세한 논의는 다음을 보라. Kent Dunnington, *Humility, Pride, and Christian Virtue Theory* (New York: Oxford University Press, 2018).

[52] *The Sayings of the Fathers* 16.3, in *Western Asceticism*, ed. Owen Chadwick, Library of Christian Classics 12 (Philadelphia: Westminster, 1958).

지 말라는 것을 의미하지 않는다. 또한 이것은 다른 사람에게 정의를 주장하거나 위협하는 사람으로부터 자신을 보호하는 것을 자제해야 한다는 의미도 아니다. 마찬가지로 우리가 온화하다고 해서 전심으로 "안 돼!"라고 말하는 우리의 외침이 줄어들거나 세상이 주는 상처로 인해 받은 우리의 깊은 심적 고통이 완화되는 것도 아니고, 다른 사람을 억압하는 잘못된 제도에 대항하는 우리의 의지나 지칠 줄 모르는 옹호 활동이 약화되는 것도 아니다. 하지만 이것은 분노가 우리 성품의 **주된** 특성이 되어서는 안 된다는 것을 의미한다. 예수도 성전에서 환전상들을 내쫓을 때 격렬하게 분노했을 것이며, 누구보다도 세상에 불의가 넘쳐나고 있음을 잘 알고 있었을 것이다. 하지만 그 누구도 그를 분노로 가득한 인물로 묘사할 순 없을 것이다. 온유의 미덕을 가진 사람들은 분노에 지배당하기보다 오히려 분노를 지배했다. 그들은 분노를 표출할 때 분노의 힘에 휩쓸리기보다 그 힘을 하나의 수단으로 잘 활용했다.

　그러나 겸손에 깊이 내재된 인격적 특성으로서의 온유함은 자제력 그 이상의 것에 의해 좌우된다. 우리는 이러한 미덕을 통해 세상을 바로잡는 하나님의 방식인 정의와 자비의 신비로운 조합을 인정하고 신뢰한다. 우리가 불의를 해결하는 데 실제로 할 수 있는 역할이 있음을 확신할 때 우리는 "모든 것이 다 잘될 것"이라는 깊은 신뢰를 가지고 하나님 나라와 그의 의를 구할 수 있다.[53] 오직 그럴 때에야 비로소 분노가 내 방식만을 고집

---

[53]　Julian of Norwich, "Revelations," in *The Complete Julian of Norwich*, ed. and trans. Fr.

하는 지옥의 습관이 아니라 불의에 맞서는 거룩한 "저항의 힘"으로 작용할 수 있다.

더 깊이 성찰하기

1. 일주일 동안 자신의 분노 일기를 써보라. 나중에 그것을 검토하면서 다음과 같이 질문해보라. 나의 분노 유발 요인은 무엇인가? 그 요인들은 나의 기대, 상처, 희망과 계획, 내가 마땅히 받아야 한다고 생각하는 것, 내가 통제할 수 있다고 믿는 것에 대해 무엇을 알려주는가? 내 분노 중 "선한 분노"는 얼마나 많은 비중을 차지하는가?

2. 기독교 전통의 두 가지 입장, 즉 아퀴나스의 입장(의로운 분노는 미덕이다)과 카시아누스의 입장(분노는 기도의 눈을 멀게 하므로 모든 분노를 버려라)을 고려할 때 당신은 어느 쪽이 더 설득력이 있다고 생각하는가? 이 장을 읽고 자신의 삶을 돌아보고 나서 당신의 생각을 재고해 보았는가?

3. 불의에 대한 덕스러운 반응이란 무엇인가? 어떻게 하면 애통함, 소망, 겸손, 온유함을 그리스도를 닮기 위한 당신의 영성 훈련에 접목시킬 수 있을지 성찰해 보라.

JohnJulian, OJN (Brewster, MA: Paraclete, 2009), 171.

추가로 읽을 만한 자료

Rebecca K. DeYoung, "What Are You Guarding? Virtuous Anger and Lifelong Practice," in *Becoming Good: New Philosophical Essays in Aid of Virtue Development*, ed. Adam Pelser and Scott Cleveland (Oxford: Oxford University Press, forthcoming).

Garret Keizer, *The Enigma of Anger: Essays on a Sometimes Deadly Sin* (San Francisco: Jossey-Bass, 2002). 『왜 자꾸 화가 나지?』, 청년정신 역간.

The Glittering Vices

대식가는 영적 영양실조의 치료제를 얻기 위해 아이스박스를 습격하는 사람이다.

프레드릭 비크너, 『통쾌한 희망사전』

살덩이인가, 쾌락인가?

슈퍼마켓 계산대에 있는 「패밀리 서클」(*Family Circle*) 잡지의 표지는 강렬한 이미지의 초콜릿 카푸치노 파이로 장식되어 있다. 이 잡지에는 "뱃살 빼기: 식욕을 억제하는 10가지 방법"이라는 제목의 기사와 그 바로 아래에 "거부할 수 없는 초콜릿 디저트"라는 제목의 기사가 실려 있다. 폭식과 싸우기 위해 **참을 수 없는** 욕구를 억제해야 한다면 우리는 죄책감이 수반된 즐거움과의 싸움에서 결국 패배할 수밖에 없는 것 같다. 이처럼 음식에 대한 강박적인 메시지가 도처에 깔린 세상에서 섭식 장애가 이제는 모든 중학생도 알고 있는 질병이라는 사실에 과연 우리는 놀랄 필요가 있을까?

패스트푸드는 비만 발생률을 급증시켰고, 다이어트 업계는 연간 수십억 달러를 벌어들이고 있다. 레스토랑은 각 메뉴의 칼로리 섭취량을 광고하고 자연식품만을 제공한다고 자랑하지만, 미국인들은 여전히 소고기와 햄버거를 전 세계에서 가장 많이 소비하고 있다. 슈퍼마켓에서 파는 빵 한

덩어리에는 여전히 발음하기 어려운 11가지 화학 첨가물이 들어 있고, 디저트 한 개 분량의 설탕이 시리얼로 교묘하게 둔갑한 아침 식사로 간주되는 등 무엇이 음식으로 간주되는지도 불분명하다(건강한지의 여부도). 치즈에 대한 미국 국민의 집착은 조금도 수그러들지 않고 있으며, 이제는 다양한 종류의 값비싼 수제 맥주와 같은 고급 음료를 치즈와 함께 즐길 수 있다. 건강에 해로운 음식이 값도 저렴한 편이기 때문에 이러한 음식을 정기적으로 섭취하는 것이 신체에 미치는 영향은 이미 빈곤층에 속한 사람들에게 더 큰 부담으로 작용한다. 문화의 힘은 음식에 대한 욕구를 일찍부터 형성하고, 우리는 건강, 생활 방식, 경제 등 다방면에서 평생 그 영향을 받는다.

탐식이라는 악덕이 적어도 이 모든 것과 큰 관련이 없다는 사실을 안다면 당신은 충격을 받겠는가? 탐식가에 대한 우리의 고정관념은 저녁 식사 후 자신의 벨트를 쳐다보며 "한 칸만 더 늘리자. 이건 디저트를 위한 거야"라고 말하는 뚱뚱한 남자가 등장하는 만화에 잘 나타나 있다. 마찬가지로 피트니스센터의 옥외 광고에는 작은 녹색 외계인이 경고하는 모습이 나온다. "그들이 오면 뚱뚱한 사람들부터 먹어치울 거다." (이 광고의 표적이 된 사람들은 "날 잡아먹어라!"라는 글이 적힌 팻말을 들고 길거리 시위를 벌이며 이에 맞대응했다.) 「하퍼스」 매거진에 실린 탐식을 패러디한 광고는 엄청나게 과체중인 사람이 물속으로 뛰어들고, 씨월드(SeaWorld)처럼 보이는 곳에서 관객들이 입을 딱 벌리고 바라보는 모습을 묘사한다. 광고의 자막에는 "탐식가 협회: 100년이 넘게 사람들이 마음껏 즐길 수 있게 돕는 단체"라는 문구가 적혀 있다. 하지만 과식을 하거나 과체중을 유지하거나 도넛을 먹기 위해 다이어트를 포기하는 것이 탐식에 해당하지 않는다고 말한다면 어떨까? 살이 찐다고 해서 심판의 저울이 더 죄 쪽으로 기울지 않는다면 어떨까? 건강식품을 먹는 사람, 무지방 라떼를 즐기는 사람, 미식가도 부실식품 중독자처럼 폭식할 수 있을까? 빠르고 편리하고 간편하게 먹을 수 있는 음식이라면 아무 생각 없이 먹는 사람들은 어떨까? 과체중인 사람들은 이미 정기적으로 조롱과 수모를 당하고 있다. 마른 사람들은 빠른 신진대사로 인해 부당하게 도덕성을 인정받지만, 체중이 많이 나가는 사람들은 탐식이라는 죄책감까지 짊어질 필요는 없다. 탐식은 우리의 연구 대상인 다른 많은 악덕과 마찬가지로 그동안 지나치게 단순화되고 오해를 받아왔다.

　탐식의 악덕은 마음의 습관이라고 할 수 있다. 만족을 추구하는 일상적인 탐식은 우리의 성품에 흠집을 내고 무질서한 욕망에 익숙해지게 한다. 우리는 다른 사람의 마음과 생각의 습관을 볼 수 없기 때문에 행동으로 나타나는 증상으로만 죄의 성향을 파악하는 경향이 있다. 하지만 탐식의 행동 신호는 우리가 생각하는 것보다 훨씬 더 복잡하다. 우리는 탐식이 먹는 것과 관련이 있고, 어쩌면 음주와도 관련이 있다는 것을 알고 있다. 그러나 우리의 확신은 거기서 멈춰야 한다. 음식을 섭취하는 일상의 신체적 활동이 우리의 영적인 삶에는 어떤 영향을 미칠까?

　간단히 말해 이 악덕은 쾌락에 집착하여 인간의 삶을 자기만족으로 전락시킨다. 탐식가는 자신의 쾌락을 생각하면 침이 고인다. 이것은 과도한 쾌락이며, 즉각적이고 가시적인 쾌락이다. 근본적으로 탐식은 주로 우리가 얼마나 많이 먹는지에 관한 것이 아니라 먹는 것에서 얼마나 큰 즐거움을 느끼고 왜 먹는지에 관한 것이다. 아퀴나스가 말했듯이 "폭식은 일차적으로 그리고 본질적으로 음식의 무절제한 소비가 아니라 음식을 소비하려는 무절제한 욕망을 의미한다." 그는 "우리가 미각의 쾌락에 대한 **욕망 때문에** 고의로 정량을 초과하여 먹을 때만 탐식에 해당한다"고 말한다.[1]

배가 고플 때 우리는 자연히 먹는 것을 즐기고 포만감에서 오는 만족감을 느낀다. 이러한 즐거움, 음식 자체, 먹는 행위는 모두 하나님이 주신 선한 선물이다. 하나님은 에덴동산에서 인간에게 보기 좋고 먹음직스럽고 맛있는 과일을 먹으라고 명령하셨고, 복음서는 예수가 비판을 받을 만큼 잔치를 즐기는 모습을 보여준다. 초기 교회에서 성령은 부정한 음식에 대한 이전의 규정을 없애 버렸다. 모든 악덕과 마찬가지로 탐식은 **선하게** 창조된 것으로부터 시작된다. 그러나 이러한 쾌락에 대한 우리의 욕망이 통제 불능 상태가 되면 죄가 들어와 이러한 쾌락을 타락시킨다. 바울은 쾌락에 "지배당하는" 사람이라는 측면에서 탐식과 정욕에 대해 이야기하고(고전 6:12), 다른 곳에서는 우리의 배를 신으로 삼는 것에 관해 이야기한다(빌 3:19). 탐식은 개인적인 쾌락이 다른 중요한 모든 것을 지배하는 것을 악덕으로 간주한다. 이 악덕은 우리를 단순한 자기만족 추구자로 전락시킨다. 쾌락을 우상으로 삼는 것을 우리는 어떻게 알 수 있을까? 쾌락에 대한 우리

---

[1] Aquinas, *Disputed Questions on Evil*, trans. Richard Regan, ed. Brian Davies (New York: Oxford University Press, 2003), 14.1 ad 2; *ST* II-II 148.2 ad 2(강조는 덧붙여진 것임).

의 욕망은 너무 강박적이고 모든 것을 소비하게 하여 몸과 영혼의 진정한 필요를 무시하고 스스로를 잡아 삼킬 정도로 커질 수 있다.[2]

따라서 음식과 음료에 대해 우리가 스스로에게 던져야 할 질문은 "어느 정도가 과도한 것인가?"가 아니라 "이 쾌락에 대한 욕망에 나는 얼마나 지배당하고 있는가?"다. 혹은 분별력 있는 질문을 던지는 차원에서 "그것을 포기하거나 그것 없이 사는 것이 얼마나 어려울까?"라는 질문을 던질 수 있다. 문제는 탐식으로 인해 우리의 먹는 행위가 쾌락에 대한 보상의 수단으로 전락하여 포만감과 만족감을 줄 수 있다고 생각되는 것은 무엇이든 다 먹고 마실 때 시작된다. 쾌락의 추구는 강박적으로나 의도적으로 추구하거나 또는 습관적으로 몸에 배어 무의식적으로 이루어질 수 있다. 탐식가들은 음식을 단순히 순수하게 즐기기보다 자신에게 필요한 "쾌락"을 충족시키기 위한 수단으로 음식을 마약처럼 활용한다.

식탁의 즐거움을 지나치게 추구하는 탐식증은 결국 우리가 먹는 음식, 그 음식을 먹는 즐거움, 함께 먹는 사람들, 우리가 먹는 음식을 창조하고 즐거움을 누릴 수 있게 해주신 하나님에 대한 감사하는 마음을 무디게 한다. 아우구스티누스가 말했듯이 "미덕을 갖춘 사람은 애호가의 집착이 아니라 사용자의 절제로 이 세상의 것들을 이용한다."[3] 또는 예수 그리스도께서 말씀하셨듯이 우리는 "떡으로만"(눅 4:4) 살도록 지음 받은 존재가 아니다. 음

---

2 Scot McKnight, *Fasting*, ed. Phyllis Tickle, Ancient Practices Series (Nashville: Nelson, 2009), 8.
3 Augustine, *On the Morals of the Catholic Church against the Manichees* 21, quoted in *ST* II-II 141.6.

식과 쾌락은 재화이지 신이 아니다. 인간의 행복에는 만족을 추구하는 탐식보다 더 많은 것이 내포되어 있다.

우리는 다양한 형태의 탐식을 좋아한다

중세 시대에 그레고리오 1세는 탐식에 대해 기억에 남는 명언을 남겼다. "너무 까다롭게, 너무 호화롭게, 너무 성급하게, 너무 탐욕스럽게, 너무 많이." 이 짧은 구절은 귀에 쏙쏙 들어오는 쉬운 곡조는 아니지만, 탐식의 여러 형태를 잘 요약해주는 장점이 있다. 현대 버전에서는 이 같은 다섯 가지의 머리글자를 따서 FRESH라는 약어로 표현한다. 까다롭게(fastidiously), 탐욕스럽게(ravenously), 과도하게(excessively), 호화롭게(sumptuously), 급하게(hastily) 먹기.[4] 각 형태의 탐식은 식탁 매너나 체중계에서 드러나든 그렇지 않든, 우리가 먹는 쾌락에 빠질 수 있는 무질서한 방식을 구체적으로 보여준다.

"너무 조심스럽게" 또는 너무 "까다롭게" 먹는 것은 탐식의 첫 번째 형태다. "너무 호화롭게" 먹는 것과 함께 이 형태의 탐식은 주로 우리가 먹는 것에서 즐거움을 추구하는 것과 관련이 있다. 나머지 세 가지 유형은 우리가 먹는 방식에서 쾌락을 추구하는 탐식을 보여준다. C. S. 루이스는 『스크루테이프 편지』에서 탐식에 대한 우리의 전형적인 생각을 깨드릴 수 있는

---

4   최근 버전을 제공해준 W. Jay Wood에게 감사드린다.

너무 까다롭게 먹는 예를 제시한다. 한 악마는 다른 악마에게 자신들이 과식을 하지 않기 때문에 탐식을 극복했다고 생각하도록 인간을 속였다고 자랑한다. 그러나 악마들은 그저 전략을 바꾼 것일 뿐, 이제 "과식의 탐식"이 아니라 "미식의 탐식"으로 우리를 교묘하게 유혹하고 있다며 흡족해한다. 루이스의 악마는 미식의 탐식에 시달리는 한 여성을 다음과 같이 묘사한다.

> 그녀는 여주인과 하인들에게 절대적인 공포 그 자체야. 그녀는 항상 자신에게 제공되는 음식을 거절하고 작게 한숨을 내쉬면서 미소를 머금고는 "오, 제발, 부탁이에요.…**내가 원하는 건 단지** 연하지만 너무 연하지 않은 차 한 잔과 아주 바삭하게 구운 아주 작고도 작은 토스트 한 조각이에요"라고 말하곤 하지. 자네, 이제는 알겠나? 그녀가 원하는 것은 그녀 앞에 놓인 것보다 더 작고 더 값싼 음식이기 때문에 그녀는 그것이 아무리 다른 사람들을 귀찮게 하는 일일지라도 자신이 원하는 것을 얻으려는 자신의 의지를 결코 탐욕으로 인식하지 못하는 걸세.…[악마가] 이 노파에게 수년 동안 공들여온 조용하고 눈에 띄지 않는 작업의 진정한 가치는 이제 그녀의 배가 그녀의 삶 전체를 어떻게 지배하는지를 보면 짐작할 수 있다네. 이 노파는 온통 "내가 원하는 것" 밖에 모르는 심리 상태에 놓여 있게 된 걸세.[5]

당신은 어떤 음식도 입맛에 맞지 않아 하거나 "아, 저는 그런 토스트를 안

---

5   C. S. Lewis, *Screwtape Letters* (New York: HarperCollins, 2001), 87-88.

좋아해요", "아뇨, 저는 이런저런 음식은 절대 안 먹어요" 등 음식에 대해 특별히 많은 요구사항을 늘어놓는 손님을 접대해 본 적이 있는가? 당신은 정기적으로 음식이 담긴 접시를 주방으로 두세 번씩 돌려보내는 불만스러운 레스토랑 고객인가? 특정 브랜드나 품질의 음료(커피, 와인, 맥주, 탄산음료)를 고집하며 그것이 아니면 마시기를 거부하는가? 음식에 대한 당신의 까다로운 태도가 함께 식사하는 다른 사람들에게 부담을 주는가? 만족할 줄 모르는 식습관 때문에 당신에게 환대와 서비스를 베풀려는 이들에게 끊임없는 도전이 되는가? 겉으로 드러나는 증상이 무엇이든, 까다로운 탐식가들은 특정한 즐거움을 얻으려는 생각에만 골몰하며 식사 자리에 나타나며, 그러한 즐거움을 얻기 위해서는 무엇이든 하겠다는 굳은 결심까지도 가지고 있다. 그들은 매너를 지키며 적당량을 먹을 수 있지만, 그 이면에는 자신의 요구로 인해 다른 사람에게 폐를 끼치거나 불쾌감을 주더라도 개의치 않고 자신만의 쾌락을 확보하려는 욕구가 있다.

여기서 내가 말하는 탐식가는 일반적으로 또는 자주 이런 종류의 반응을 보이는 사람이라는 점을 기억하라. 모든 탐식가는 자신의 만족감에 과도하고 편협한 집착을 가지고 있다. "너무 까다롭게 먹는다"라는 수식어는 단 한 가지, 즉 음식을 먹거나 마시는 경험을 즐겁게 만드는 것에만 집중하는 그들의 관심사를 정확히 짚어낸다. 이러한 형태의 탐식을 스스로 테스트해보려면 당신이 먹었거나 마신 음식이 당신이 기대했거나 원했던 것이 아니었기 때문에 당신의 기분을 완전히 망쳐버렸는지 스스로에게 물어보라.

그레고리오 1세의 두 번째 유형의 탐식—"너무 호화롭게" 먹는 것—은 우리가 먹는 **음식**에 집착하는 까다로운 식성을 가진 사람의 문제와 비슷하다. 그러나 이 탐식가는 포만감이 주는 즐거움을 지나치게 추구하기 때문에 이러한 느낌을 약속하는 음식을 선택한다. (저탄수화물 다이어트도 같은 원리로 작용하며, 단백질과 지방 섭취를 포함하기 때문에 최대의 만족감을 제공하고 포만감을 오래 유지한다.) 미국인이 매일 즐겨 먹는 전형적인 메뉴—소고기에 버터를 바르고 튀겨서 치즈나 크림소스를 곁들인—도 포만감을 주는 같은 조리법을 따른다. 디저트로 초콜릿을 먹는 것도 빼놓을 수 없다. 이러한 음식은 맛이 풍부하고 포만감을 준다. 많은 기독교 전통에서 따르는 사순절 금식은 육류와 유제품을 삼가고 대신 빵과 채소만 섭취하도록 제한함으로써 이러한 만족스럽고 호화로운 쾌락에 대한 과도한 욕구를 직접 겨냥한 것이다. 반면에 정기적으로 이루어진 이러한 쾌락 추구는 전 국민의 식습관을 형성했다.

이러한 유형의 탐식을 이해하려면 우리는 단지 음식이 맛있어서 먹는 것이 아니라 포만감을 원하기 때문에 먹는다는 사실을 인식하는 것이 중요하다. 윌리엄 이언 밀러(William Ian Miller)는 음식을 맛보고 그저 뱉어버리는 것만으로 충분하다면 다이어트는 어렵지 않다고 지적한다.[6] 우리는 음식을 맛보는 것뿐만 아니라 음식을 통해 배를 채우고 포만감을 느끼기를

---

6 William Ian Miller, "Gluttony," in *Wicked Pleasures: Meditations on the Seven "Deadly" Sins*, ed. Robert Solomon (Lanham, MD: Rowman & Littlefield, 1999), 33-34.

원한다. 90년대에 유행했던 체중 감량 워크숍의 창시자이자 종교 다이어트 전문가로 알려진 그웬 샴블린(Gwen Shamblin)은 두 가지 유형의 탐식—까다롭게 먹는 것과 너무 호화롭게 먹는 것—을 동시에 설명하면서 다이어트 계획에서 식사를 즐기는 방법에 대해 다음과 같은 "기독교적인" 조언을 제시한다.

일단 배고픔이 느껴지면 먹고 싶은 평범한 음식을 선택하라. 먹고 싶은 음식은 나쁜 것이 아니다. 여기에는 피자, 감자튀김, 사워크림, 디저트, 아이스크림이 포함된다.…

…[내] 집 주변에도 선택할 수 있는 여러 가지 음식이 있지만, 먹다 남은 바비큐가 가장 맛있어 보인다. 나는 바비큐, 코울슬로, 콩, 버터 롤, 다이어트 탄산음료, 브라우니를 먹었다. 내가 하는 일은 접시에 담긴 각 음식을 맛보고 평가하는 것이다.…

…이제 당신은 디저트를 제외하고는 당신이 좋아하는 음식을 먼저 먹고 싶을 것이다. 왜 그럴까? 당신은 언제 배가 부를지 확실히 알 수 없고, 일단 포만감을 느끼면 가장 좋아하는 음식을 남기는 것보다 덜 좋아하는 음식을 남기는 것이 더 쉬울 것이기 때문이다.

나는 심지어 각 범주 내에서 한 입씩 먹고 평가도 한다. 예를 들어 나는 돼지고기 중에서 가장 육즙이 많은 부위를 골랐다. 브라우니를 먹을 차례가 오면 배가 거의 부른 상태였기 때문에 피칸이 가장 많이 들어간 쪽으로 한입을 먹었다. 모든 범주의 음식을 접시에 조금씩 남겼지만, 가장 맛있고 육즙이 많은 음식이 나의 배 속에 들어 있었다. 내 접시는 마치 음식을 해부한 것처럼 보였다! 그리고 남은 음식은 전혀 나의 식욕을 돋울 만큼 맛있어 보이지 않았다.⁷

다른 세 가지 유형의 탐식, 즉 너무 급하게, 너무 탐욕스럽게("게걸스럽게"), 너무 많이("지나치게") 먹는 경우는 우리에게 더 친숙하게 느껴질 수 있다. 예상했듯이 이 세 가지 유형은 종종 함께 나타난다. 내 아이들은 너무 빨리, 너무 탐욕스럽게, 한꺼번에 너무 많이 먹는 사람을 일컬어 "삽질한다"는 용어를 만들어냈다. 삽질하는 사람은 "사람의 수고는 다 자기의 입을 위함이나 그 식욕은 채울 수 없느니라(전 6:7)"라는 성경 구절이 묘사하는 그림을 우리에게 생생하게 전달한다. 급하게 먹는다는 것은 마지막 음식을 씹고 삼키기 전에 한 입 더 넣는 것을 포함할 수도 있지만, 특히 코앞에 있는 음식이 먹고 싶어서 참지 못하거나 음식을 먹는 것을 오래 참고 기다리지 못해 정해진 시간 전에 찬장을 뒤지거나 스튜를 맛보거나 감자 칩을 야금야금 먹는 사람, 즉 (현대판이든 수도원에서든) 몰래 간식을 먹는 사람을 가리키기도 한다. 지나치게 많이 먹는 사람은 자신의 입맛을 만족시키기 위해 포만감을 느낄 수 있는 시점이 지나도 기꺼이 더 먹는다. 나중에 탈이 나거나 속이 더부룩할 것을 알면서도 한 입 한 입 음미하며 또 먹는다. 로알드 달(Roald Dahl)의 『찰리와 초콜릿 공장』(Charlie and the Chocolate Factory)에 나오는

---

7   Gwen Shamblin, *The Weigh Down Diet* (New York: Doubleday, 1997), 46-47. 그는 또한 110-11에서 감자 칩, 과카몰리, M&M을 먹는 방법에 대해 비슷한 지침을 제공한다.

오거스터스 글룹(Augustus Gloop)처럼 과식하는 사람은 포만감을 느끼지만 한 입만 더 먹고 싶은 욕구를 참지 못한다. 또는 "배는 부른데 치즈케이크가 너무 맛있어서 거절할 수 없다"고 생각하기도 한다. 과식하는 사람은 항상 다 먹지도 못하면서 식탐을 부리고, 실제로 육체적인 필요를 충족시키기에 충분한 양보다 더 많이 먹으려는 식욕 때문에 항상 "가장 큰 걸로 주세요!"를 외친다. "한 상자에 초콜릿 바가 두 개 이상 들어 있어요!"라고 광고하는 브라우니 믹스는 맛있는 것은 아무리 먹어도 충분하지 않다고 생각하는 대식가를 위한 제품이다. 비록 이러한 유형의 탐식가는 자신의 몸을 해칠 의도는 없지만, 지금 더 많은 즐거움을 누릴 수 있다면 나중에 발생할 수 있는 결과를 기꺼이 감수하거나 무시할 수 있다.

욕심쟁이 탐식가는 다른 사람이 먼저 먹기 전에 자신이 원하는 만큼의 맛있는 음식을 먹기 위해 더 빨리 먹는 경우가 많다. 그는 더 먹으러 갔다가 피자 상자가 이미 비어 있거나 다른 사람이 마지막 초콜릿 디저트 조각까지 다 먹어버린 것을 발견하고 실망하게 되는 것을 두려워한다. 욕심쟁이 탐식가는 사재기를 일삼는 사람처럼 뷔페 음식을 처음 접시에 가득 담고, 곧바로 두 접시를 다시 가져가 나중에 돌아왔을 때 아무것도 남지 않아 불만을 터트리는 상황을 사전에 방지하려는 경향이 있다. 아퀴나스는 방종을 유치한 죄로 묘사하는데, 그 이유는 쾌락을 추구하는 탐식가들이 어린아이처럼 식욕의 지배를 받으며 부끄러움 없이 (심지어 예의를 무시하고) 자신의 욕구에 따라 행동하기 때문이다.

나는 부모로서 내 아이에게 제과점의 도넛 진열대에서 가장 단 도넛을 먹게 하는 안타까운 육아 결정을 내린 적이 있다. 이미 두껍게 설탕을 입힌 초콜릿 케이크 도넛 위에 3인치 높이의 휘핑 초콜릿 무스 소용돌이를 얹고 인위적으로 여러 가지 색의 설탕 코팅 젤리 웜을 얹은 것이었다. 나는 이 어처구니없는 도넛을 한두 입 베어 먹으면 아이가 금방 질릴 것이고, 그러면 아이는 사람이 먹기에는 너무 역겹다는 나의 합리적인 판단을 더 흔쾌히 받아들일 것이라고 생각했다. 불행하게도 아퀴나스(그리고 스크루테이프)의 말이 맞았다. 내 아이는 그것을 전부 맛있게 흡입했다. 그뿐만 아니라 다음에 매장을 방문했을 때도 아이는 또 사달라고 졸랐다. 도넛에 대한 탐닉은 아이의 식욕을 자극하고 식욕을 돋울 뿐이었다. 쾌락에 대한 유아의 욕구를 충족시켜주는 것은 욕구를 감퇴시키는 것이 아니라 고조시킬 뿐이다. 성인이 된 우리의 입맛은 과연 얼마나 더 성숙해졌을까?

이 마지막 세 가지 유형의 식탐을 우리 자신의 모습에서 발견할 때 우리는 자신의 상태를 약간 한심하게 생각할 수도 있다. 교향곡을 작곡하고, 우주선을 발명하고, 하나님과 영적 교제를 누릴 수 있고, 만물의 영장으로 하나님의 형상을 따라 창조된 우리가 음식 접시 앞에 구부정하게 앉아 입에 음식을 가득 채우고 결코 충분하지 않다는 듯 더 밀어 넣는 모습은 얼마나 품위 없는 모습일까? 하지만 이것이 바로 우리가 어떤 피조물인지 생각해볼 수 있는 대목이다. 인간은 물질 그 이상의 존재이며, 식탐의 즐거움이 주는 그 어떤 것 이상의 성취감을 위해 만들어진 존재라는 뜻이다.

우리는 이미 너무 까다롭게 먹거나 너무 호화롭게 먹는 것은 일반적으로 **먹는 것**에 초점을 맞춘 쾌락에 대한 욕구를 표현하는 것이고, 너무 성급하게, 너무 탐욕스럽게, 너무 많이 먹는 것은 **먹는 방법**을 통해 얻는 쾌락을 지나치게 추구하는 폭식의 형태라고 말한 바 있다. 우리가 잘못된 대상에게 화를 내거나 지나치도록 격하게 분노하거나 이 두 가지를 동시에 할 수 있듯이 우리는 우리가 먹는 것에서, 먹는 방식에서, 또 이 둘이 동시에 잘못될 수 있다는 점에 유의하라. 건강하고 질 좋은 음식을 먹는 것도 부실식품을 탐닉하는 것만큼이나 우리의 잘못된 욕구를 얼마든지 드러낼 수 있다. 그러나 모든 탐식의 경우, 우리가 무엇을 어떻게 먹는지는 우리가 **왜** 먹는지에 대한 중요한 단서를 제공한다. 탐식에 대한 우리의 마음을 살펴보기 위해서는 우리가 뚱뚱한지 말랐는지, 예의가 바른지 무례한지, 입맛이 고급인지 아닌지를 묻기보다는 우리가 다른 좋은 것보다 자신의 만족감을 높이는 차원에서 자신의 욕구를 충족시키기 위해 먹고 있는 것은 아닌지를 물어볼 필요가 있다.

얼마 전 나는 몇 주 동안 과자와 간식을 완전히 끊는 실험을 해보았다. 그런데 놀랍게도 나는 나도 모르게 하루 일과 전체를 먹는 것을 중심으로 짜놓았다는 사실을 알게 되었다. 나는 거의 모든 시간에 항상 무언가를 먹고 있거나 먹는 즐거움을 고대하고 있었다. 나는 파티나 사교 모임과 같은 특별한 행사에 참석하는 사람만큼이나 그곳에 마련되어 있는 음식(또는 커피나 와인)에 대한 기대가 컸다. 내가 도착하기 전에 최고의 음식이 사라지면 그 실망감이 그 행사에 대한 나의 평가에 영향을 미쳤다. 나는 행사장에서 제공하는 음식을 행사 참여에 대한 당연한 특권으로 생각했다. 나는 직장에서 갖는 휴식 시간이 정신적인 쉼과 여유를 주는 것이 아니라 무언가를 먹는 것을 허락받은 시간이었기 때문에 휴식 시간을 즐겼고, 무언가를 먹는 것이 곧 정신적인 쉼과 여유였다. 나는 하루를 버텨낸 것에 대한 보상인 디저트를 즐기기 위해 아이들을 밤에 일찍 재우고 싶었다. 나는 내 자신의 이러한 모습을 발견하곤 다소 끔찍하다는 생각이 들었다. 하지만 단 음식을 끊은 지 몇 주가 지나자 배고픈 상태에서 식사를 시작하고 지나치게 배가 부르기 전에 식사를 중단하는 것이 상쾌한 기분이라는 것을 알게 되었다. 오후 내내 단것을 먹지 않으니 채소도 더 맛있게 느껴졌다. 오후에 간식을 먹지 않고 간단한 저녁 식사를 하니 기분도 한결 좋아졌다. C. S. 루이스 소설 속의 노파처럼 나도 과도한 스트레스로 인해 부족했던 휴식과 여유와 기쁨을 채우기 위해 음식이 주는 즐거움에 의존하고 있었던 것이다. 나를 온전히 인간답게 해주는 다른 것들을 내 삶에서 굶겨왔기 때문에 나는 음식을 두고 마치 굶주린 동물처럼 행동하고 있었다(이 이야기는 10장에서 더 자세히 다루겠다). 비크너는 탐식가를 "영적 영양실조의 치료제를 얻기 위해 아이스박스를 습격하는 사람"으로 규정하며 이러한 상태를 잘 요약한다.[8]

---

8   Frederick Buechner, *Wishful Thinking: A Seeker's ABC* (San Francisco: HarperCollins, 1993), 35.

행복한 삶의 맛

탐식가들은 자신의 쾌락 욕구를 충족시키는 관점에서 세상을 판단한다. 그러나 그들이 염두에 두는 쾌락은 육체를 지닌 피조물로서 우리가 가진 쾌락이다. 탐식가들은 육체적 쾌락을 갈망한다. 이러한 초점의 결과는 필연적으로 불만일 수밖에 없다. 왜 그럴까?

첫째, 우리가 가진 음식이 많든 적든, 육체적 욕망에 탐닉하면 우리는 일시적인 만족감밖에 얻을 수 없다. 에바그리오스는 다음과 같이 말한다. "음식에 대한 욕망에 자신을 내어주면 그 어떤 것도 당신의 쾌락을 충족시키기에 충분하지 않을 것이다. 음식에 대한 욕망은 언제나 불을 품고 타오르는 불덩이이기 때문이다."[9] 먹는 음식이 주는 쾌락이 제아무리 크다 하더라도 우리는 항상 다시 배고프기 마련이다. 즐거움은 지속되지 않는다. 성경에서 전도서 전체가 이 점을 지적하고 있다. 전도서에 따르면 이러한 쾌락 추구에 전념하는 삶은 예측 가능한 결과를 낳는다. "식욕은 충족되지 않는다." 이것은 왜 우리의 욕망이 점점 더 커지는지를 잘 설명해준다. 우리는 기분을 좋게 하고 배를 채우기 위해 우리가 이미 가지고 있는 육체적 쾌락보다 "더 많은, 더 나은" 쾌락이 필요하다. 이것이 바로 즉각적인 만족이 지닌 문제다. 즉각적인 만족은 한순간의 만족만 줄 뿐이다. 따라서 탐식의 불

---

9 Evagrius, *Eight Thoughts* 1.27, in *Evagrius of Pontus: The Greek Ascetic Corpus*, trans. and ed. Robert E. Sinkewicz (Oxford: Oxford University Press, 2003).

만족은 경건한 자족(딤전 6:6)과 감사에 반대되는 것이다.

둘째, 인간은 일시적이고 육체적인 쾌락 이상의 것에서 행복을 찾도록 창조되었다. 먹는 즐거움에 대한 욕구를 충족시킨다고 해서 전인격이 채워지는 것이 아니다. 영적인 것(예. 사랑, 우정, 정체성, 소속감, 의미)에 대한 욕구(따라서 이를 보상하기 위한 "위안 음식" 섭취)는 여전히 공허하게 남는다. 만약 이러한 영적 욕구를 충분히 채우지 않고 오랫동안 방치하면 영적 욕구는 시야에서 사라지는 경향이 있다. 대신 우리는 당장 눈앞에 보이는 것, 코앞에 있는 것에 지나치게 몰두하게 된다. 이러한 것들을 추구하다 보면 우리는 육체적 탐닉을 통해 영적 굶주림을 피하려는 헛된 악순환에 빠지게 된다. 탐식이 습관이 되면 우리는 영적 굶주림보다 육체적 욕구의 충족을 더 중요하게 여기는 습관에 빠지게 된다. 전통적으로 탐식가는 인간보다 동물과 더 닮은 모습으로 묘사된다.[10] 동물은 예절, 대화, 건강 또는 소셜커머스에 대한 생각 없이—즉 온전히 인간답게 만드는 음식 섭취 행위의 상징적 또는 사회적 측면이나 음식 너머에 있는 인간적 재화에 대한 관심 없이—곧장 음식을 찾는다. 악덕의 노예가 되어 영적 쾌락에 노출된 탐식가들은 그것을 알아차리지 못하거나 냉담한 반응을 보인다. 공허함이 엄습하면 그들은 마음 깊은 곳에서 만족감을 주는 자원이 아니라 초콜릿, 기분 전환용 술, 근사한 외식, 햄비기와 치즈 또는 곁에 있는 감자 칩 봉지 등 빠른 해결

---

[10] 우리는 이성을 이용하여 과도한 식욕 증진과 만족을 창의적으로 도울 수 있기 때문에 인간의 무질서 형태는 성욕과 마찬가지로, 악명 높은 로마의 구토장에서 볼 수 있듯이, 일반적으로 (인간이 아닌) 동물의 행동에서 관찰되는 그 어떤 것보다 더 심하다.

책을 찾는다. 육체적인 즐거움에 대한 욕구를 억제하거나 재훈련하지 않아서 탐식에 빠지게 되면 결국에는 정서적으로 고갈되고 영적으로 굶주리게 되더라도 그것만이 우리의 유일한 즐거움으로 남게 된다.

지금까지 우리가 육체적 쾌락에 대한 탐식의 욕구를 어떻게 묵인해 왔는지 생각해보라. 우리 사회는 껌과 같은 것들을 발명하여 실제로 어떤 음식이나 칼로리를 섭취하지 않고도 무언가를 입에 넣고 씹으며 박하 향이 나는 침을 삼키는 것에서 오는 기분 좋은 맛을 느낄 수 있게 했다. 철학자 슬라보예 지젝(Slavoj Žižek)은 다이어트 콜라를 허무주의자(nihilist)들의 음료라고 불렀는데, 그 이유는 라벨의 모든 영양소 항목에는 "아무것도"(nihil) 들어 있지 않기 때문이다. 하지만 다이어트 콜라는 여전히 맛은 좋은데 영양 성분과 칼로리가 **없다는** 이유로 수백만 명의 미국인이 선택하는 음료가 되었다. 우리는 슈퍼마켓에서 설탕이나 감미료가 첨가되지 않은 식품을 찾기가 어렵다. 현대인의 입맛은 더 맛있고 생산 비용이 적게 들기 때문에 실제 식품을 대체할 수 있는 화학 대체품을 발명하도록 부추긴다. 감자 칩이나 전자레인지 팝콘과 같은 제품의 지방 대체품인 올레스트라(Olestra)와 같은 발명품은 그 자체가 소화 가능한 물질이 아니면서도 이러한 식품의 훌륭한 기름진 맛을 즐길 수 있도록 도와준다. 다양한 신제품과 "더 건강한" 먹거리라는 미명하에 우리는 실제로 광고에 표기된 것보다 더 많은 인공 첨가물과 대두 또는 옥수수 증점제와 같은 식품 대체품을 섭취하고 있다. 이 모든 것을 합치면 우리의 식습관은 상당히 정도를 벗어난 것 같다. 우리는 칼로리가 없다는 이유로 특정 음식을 선택하고, 삼키지 말아야 할 것을 씹고, 음식처럼 보이도록 제조된 제품을 먹고, 소화가 되지 않는 물질을 섭취하는 등 음식 자체의 본질과 기능은 무시한 채 먹는 즐거움을 무제한으로 누리기 위해 음식을 섭취한다. 칼로리를 고려하지 않는 음식 소비는 신체적 필요, 기능, 용량에 의해서가 아니라 오직 우리가 갈망하는 쾌락의 양에 의해서만 제한을 받는다. 때때로 우리의 음식 소비는 제아무리 합법적일지라도 도덕적으로는 약물 남용에 준해 보인다.

죄책감을 동반한 쾌락 극복하기

그러나 이러한 비판적 관찰을 너무 지나치게 받아들이면 특히 격렬하게 먹는 즐거움에 대해 죄책감을 느끼기 시작할 수 있다. 정말 우리는 식사나 디저트, 와인 한 잔을 죄책감 없이 즐길 수 있을까? 탐식이 악덕이라고 해서 음식 자체나 음식을 먹는 것, 심지어 음식을 즐기는 것 자체에 "죄"라는 딱지를 붙여서는 안 된다. 오히려 아퀴나스는 자연스럽고 필요한 활동일수록 하나님이 더 많은 즐거움을 수반하도록 설계하셨다고 말한다.[11] 아퀴나스는 자기 보존을 위해 꼭 필요한 먹는 행위를 대표적인 예로 든다. 하나님은 우리 몸에 유익하고 맛이 좋은 음식을 만드셨다. 그분은 우리에게 즐거움을 주기 위해 먹고 마시는 것을 만드셨다. 우리 몸은 당연히 음식이 필요하며, 미각은 단맛, 신맛, 짠맛, 쓴맛, 고소한 맛 등 다양한 맛을 즐길 수 있

---

11 *ST* II-II 141.4.

게 한다. 또한 하나님은 우리에게 모든 종류의 요리를 만들어낼 수 있는 창의력을 주셨다. 이 모든 것은 다 옳고 좋은 것이다. 그렇다면 올바른 종류의 즐거움과 그릇된 종류의 즐거움을 어떻게 구분할 수 있을까?

이전 장에서 이미 살펴본 바와 같이 우리는 종종 악덕을 상반되는 미덕과 대조할 때 더 잘 이해할 수 있다. 실제로 아리스토텔레스와 아퀴나스는 모든 도덕적 덕목에 대해 일반적으로 두 가지 악덕을 식별하는데, 하나는 좋은 것을 지나치게 한 방향으로 추구하는 것이고, 다른 하나는 그 반대의 극단으로 나아가는 것이다. 예를 들어 용기의 덕목에는 성급함과 비겁함이라는 상반되는 두 가지 악덕이 함께 존재한다. 용기는 두려움을 잘 다루는 미덕을 말한다. 용기를 가진 사람은 수년간의 정서적 훈련을 통해 적절한 시기에 적절한 방식으로 올바르게 두려움을 느낀다. 용기를 가진 사람은 적절한 때와 적절한 방법으로 두려움을 느끼지만, 두려움 때문에 올바른 일을 못하지는 않는다.

성급함의 악덕은 용기의 미덕과 상반되는데, 성급한 사람은 충분한 주의나 고민 없이 위험이나 어려움 속으로 뛰어드는 습관을 갖고 있기 때문이다. 성급한 사람은 자기 생명의 가치를 제대로 인식하지 못하기 때문에 불필요하게 또는 무분별하게 위험을 감수한다. (스타워즈의 한 솔로나 해리포터의 시리우스 블랙과 같은 성급한 인물을 생각해보라.) 목숨을 걸고 불타는 집에 뛰어들어 아이를 구하는 것과 목숨을 위협하는 묘기를 부리거나 무모하게 과시하는 행위는 전혀 다른 문제다. 성급한 사람은 올바른 일에 대해 적절한 시기에 올바르게 두려움을 느끼지 못한다. 일반적으로 이런 사람은 자신의 생명을 심각하게 위협할 수 있는 것을 **충분히 두려워하지 않으며**, 진정한 가치를 지닌 것을 위험에 빠뜨릴 때 충분히 조심하지 못한다. 반면에 비겁함의 악덕을 지닌 사람은 **필요 이상으로 두려워하며**, 두려워하지 말아야 할 때 두려워하며, 그럴 필요가 없는 일을 두려워하는 등 지나치게 두려워한다. 두려움은 겁쟁이가 옳은 일을 하는 것을 방해한다. 겁쟁이의 문제는 지나치게 경계하는 것이다. 그는 자신을 위협하는 것을 너무 두려워하기 때문에 위험을 감수하거나 희생할 가치가 있는 것들을 제대로 평가하고 옹호하지 못한다. (예를 들어 시리우스 블랙과 피터 페티그루를 대조해보라.)[12]

성급함과 비겁함이라는 두 가지 악덕은 모두 두려움이라는 감정을 잘못된 방식으로 느껴서 두려움(그리고 다른 좋은 것들)을 잘못 다루는 것과 관련이 있다. 그러나 첫 번째 악덕은 두려움이 결여되어 있고 두 번째 악덕은 두려움이 과도하다는 점에서 서로 반대되는 방식으로 작용한다. 미덕은 이 두 가지 사이의 중간에서 감정을 조절하여 전체적으로 인간의 선함을 합리적으로 추구할 수 있도록 도와준다.[13] 인간의 미덕은 두려움과 욕망이 서서

---

[12] 나의 에세이를 보라. "Courage," in *Being Good: Christian Virtues for Everyday Life*, ed. Michael Austin and R. Douglas Geivett (Grand Rapids: Eerdmans, 2012), 145-66.

[13] 다음을 보라. Aristotle, *Nichomachean Ethics* 2.2, 6, 8-9, trans. T. Irwin (Indianapolis: Hackett, 1999). 미덕의 이러한 특징은 주로 욕구를 다스리는 것과 관련된 인격의 미덕에 국한되는 것으로 여겨진다. 미덕이 평균치에 있다는 개념을 쾌락을 적당히 바라거나 항상 적당히 두려워해야 한다는 의미로 해석해서는 안 된다(예컨대 생명을 위협하는 상황에서는 큰 두려움이 적절한 반응일 수 있다). 중도가 두 극단의 정중앙에 정확히 위치하는 것도 아니다(실제로는 주로 그렇지 않다). 오히려 다양한 상황에 대한 즐거움, 욕망, 두려움의 반응에서 우리는 이러한 감정을 과도하게 느끼면서 잘못된 방향으로 나아간다. 때로는 두려움을 느끼는 것이 적절할 때도 있지만, 너무 두려워서 임무를 완수하는 대신 의무를 포기하는 비겁의 악덕에 빠지기도 한다. 따라서 너무 많이 두려워하는 것은 도덕적인 문제다. 설령 두려움을 느끼는 것이 타

히 도덕성을 형성해 나갈 수 있기 때문에 가능하다. 우리의 미덕이 성숙해지려면 연습이 필요하다. (이 과정에 대한 자세한 내용은 10장을 보라.)

먹고 마시는 쾌락에 대한 욕망도 절제의 미덕을 통해 올바르게 질서화되므로(이러한 욕망은 보통 "절제"되어야 하므로 그렇게 불린다) 이와 동일한 패턴을 따른다. 먹는 즐거움에 대한 욕구는 두려움을 느끼는 우리의 본능과 마찬가지로 세상에 대한 우리의 자연스러운 본능적인 반응의 일부로 나타난다. 두려움이라는 감정적 반응은 우리를 보호하는 차원에서 실제적 위협의 존재를 우리에게 알려준다. 쾌락에 대한 욕구는 우리 몸을 지탱하고 생명을 유지하게 하는 먹고 마시는 행위에 동기를 부여한다.[14] 두 가지 감정 반응은 모두 우리처럼 신체적으로 취약한 육체적 생명체에게는 유용하고 좋은 것이다.

그렇다면 음식에 대한 우리의 욕망과 음식을 먹는 즐거움은 어떻게 왜곡될까? 이러한 욕망은 방치되면 너무 강력해져서 우리가 통제할 수 없을 정도로 커지고, 하나님이 설계한 용도 이상으로 부풀어 오르며, 다른 선한 욕망을 거칠게 짓밟고 때로는 완전히 소멸시킬 수도 있다. 그럴 때 우리에게는 탐식의 악덕, 곧 과잉의 악덕이 생긴다. (여기서 과잉과 결핍이란 우리 안에 있는 **욕망**의 질, 즉 우리가 무언가를 얼마나 간절히 원하거나 얼마나 강하게 집착하는지

당하다고 말하는 것이 옳더라도 말이다. 때로는 두려움을 별로 느끼지 않는 것도 적절하지만 (예. 운전할 때), 두려움을 **너무** 적게 느끼면 성급함이라고 불리는 결핍의 악덕을 갖게 된다 (예. 빨간불에 부주의하게 과속하는 것).

14 하지만 이를 단순한 배고픔과 혼동해서는 안 된다.

를 의미한다.)

특히 우리에게는 먹고 마시는 것이 일상의 일부분이기 때문에 이 영역에서는 삶의 모든 것이 쉽게 엉망이 될 수 있다. 그렇기 때문에 사막 교부들과 교모들은 자기 생각을 면밀히 살피는 연습을 하고 신중한 감정적 반응을 소중히 여겼다. 그들은 욕망의 누적 효과를 경계하면서 먼저 우리에게 더 큰 경계심을 갖고 더 자주 자기 점검을 할 것을 지시했는지도 모른다.[15]

그러나 우리가 탐식의 과잉에 반대되는 결핍의 악덕—음식과 음료가 주는 즐거움에 대한 인식 부족, 즉 아리스토텔레스가 "무감각"이라고 부른 악덕—도 확인하지 않는다면 우리의 설명은 불완전할 것이다. 우리가 자연스러운 감정을 악으로 정죄하거나 하나님이 우리에게 누리라고 하신 것들을 누리지 못하게 된다면 우리는 본래의 모습보다 더 못한 존재가 되고 우리의 삶은 상대적으로 더 가난해진다. 우리가 먹는 것을 빵과 물의 생계 수단으로 축소하고 먹는 것을 그저 참아야 하는 필요악으로 만든다면 우리는 좋은 것을 잃게 될 것이다. 그리스도의 성육신과 육체적 부활이 우리에게 보여주듯이 우리의 몸은 인간 본성의 일부로 간주된다. 미덕의 함양과 인간의 번영을 위해서는 우리의 육체성과 육체적 경험을 존중하고 귀히 여기는 것이 중요하다.

---

15 J. K. Rowling의 해리 포터 시리즈에 등장하는 앨러스터 "매드아이"는 내가 상상할 수 있는 현대판 사막 교부, 즉 주변 사람들에게 "끊임없는 경계!"를 실천하도록 권유하는 괴상하면서도(우리의 기준에서) 영감을 주는 어둠의 세력의 탐정에 가장 가까운 인물처럼 느껴질 때가 많다.

고전 영화 "바베트의 만찬"(*Babette's Feast*)은 식탁의 즐거움을 누리지 못하는 빈곤한 삶을 잘 보여준다. 자신의 신분을 숨기고 난민 신분으로 청교도 공동체에 들어간 프랑스 요리사 바베트는 두 자매가 사는 소박한 가정에서 일하게 된다. 뜻밖의 재산을 얻게 된 바베트는 그들에게 왕족에게 어울리는 만찬을 대접한다. 바베트는 만찬을 대접받는 그 작은 공동체 사람들이 음식에 대한 기쁨을 누리지 못하고 금욕주의를 고집함으로써 창조의 진정한 아름다움에 감사할 줄 아는 능력을 상실했음을 보여준다.[16] 좋은 포도주 한 모금을 음미하거나 추수감사절 잔치를 즐기는 것은 금지된 쾌락이 아니라 올바른 즐거움을 표현하는 것이다. 빵과 기름과 물만 먹는 엄격한 식단을 따르는 초기 기독교의 사막 고행의 극단적인 상황에서도 독방에서 금식하는 수도사나 수녀는 손님이 오면 식사를 제공할 뿐만 아니라 일시적으로 금식을 중단하더라도 손님과 함께 식사하는 것이 당연한 일이었다. 그들에게는 금식을 통해 욕망 자체를 억제하는 것이 목적이 아니었다. 대신 그들은 다른 사람들을 더 잘 섬기고 하나님과의 교제를 진심으로 누리기 위해 자신의 욕망을 절제하는 연습을 했다. 이 은둔자들은 일요일에 정기적으로 함께 모여 예배를 드리고 식사도 함께 나누었다. 따라서 욕망이 너무 없어서(무감각의 악덕) 좋은 것을 회피하는 행위는 너무 많을 것을 욕망하는 것(탐식의 악덕)과 함께 무질서한 태도로 간주된다.

아퀴나스는 지나친 금식도 이와 비슷한 오류를 범하는 것임을 다음과

---

16 Gabriel Axel이 감독한 영화 "바베트의 만찬"(Rome: Panorama Films A/S, 1987), DVD.

같이 설명한다. "이성은 자연이 필요한 지원을 거부할 만큼 먹는 음식을 줄이지 않는다. 따라서 히에로니무스는 '영양이 너무 부족하거나 너무 적게 먹거나 너무 적게 잠을 자서 몸을 지나치게 괴롭히는 것은 지나친 영양 부족이든, 너무 적게 먹든, 너무 적게 잠을 자든, 훔친 물건을 제물로 바치는 것이므로, 자신을 파괴한 시간이 길든 짧든 그것은 중요하지 않다'고 말한다."[17] 그는 또 다른 곳에서 그레고리오 1세의 말을 인용하며 우리는 결핍뿐만 아니라 과잉을 통해서도 자신을 제대로 사랑하고 돌보는 데 실패할 수 있다는 점을 강조한다. "그레고리오 1세는 그의 저서 『모랄리아』(*Moralia*)에서 '육체는 적정량보다 더 많이 억제되면 선을 행할 때에도 종종 약해져서 내면의 죄의 세력을 억누르느라 정작 기도하거나 설교할 힘이 부족해진다. 그래서 우리는 적을 쫓아가다가 사랑하는 시민을 죽이게 된다."[18] 하나님은 우리의 몸을 예리한 미각과 배고픔과 갈증을 해소하려는 강한 본능적인 욕구를 가진 존재로 창조하셨고, 생존을 위해서는 음식을 완전히 포기하지 않아야 하기 때문에 우리 대다수는 그 반대되는 악덕보다 탐식과 더 많은 투쟁을 벌인다. 이미 기원전 5세기에도 아리스토텔레스는 윤리적 성찰을 통해 인간이 일반적으로 쾌락(특히 육체적 쾌락)에 있어서는 결핍보다는 과잉 쪽으로 더 기울어져 있음을 관찰했다. 따라서 그는 다음과 같이 조언한다. 즉 과잉의 극단으로 치닫는 욕망을 결핍으로 보이는 것을 목표로 삼아

17　*ST* II-II 147.1 ad 2.
18　Aquinas, *On Evil* 14.1 ad 6.

균형을 맞추라는 것이다. 이러한 합리적인 조언을 따른다면 당신은 양극단 사이에서 중용의 미덕에 도달할 가능성이 높아진다. 그리고 이러한 행동이 반복되면 바람직한 욕망이 형성된다.

이러한 조언은 당연해 보이지만 여전히 따르기 어려울 수 있다. 하지만 아리스토텔레스는 우리의 욕망을 훈련하는 것이 인격 형성의 매우 중요한 부분이라고 주장한다. 즉 "매우 큰 차이를 만드는 것, 더 정확하게 말하자면 완전히 다른 차이를 만드는" 훈련이 중요하다는 것이다. 그는 다음과 같이 말한다. "도덕적 탁월성은 쾌락과 고통과 관련되어 있으며, 우리가 나쁜 짓을 하는 것은 쾌락 때문이고, 고귀한 일을 삼가는 것은 고통 때문이다. 그러므로 우리는 플라톤이 말했듯이 아주 어릴 때부터 마땅히 기뻐해야 할 일을 기뻐하고, 괴로워해야 할 일을 괴로워하도록 특별한 방식으로 양육되어야 한다. 왜냐하면 이것이 올바른 교육이기 때문이다."[19] 고대 그리스인들은 우리의 욕망이 올바르고 선한 것을 따르게 하는 것이 저절로 이루어지는 것이 아니며, 미성숙한 아이처럼 우리의 초기 욕망은 정상적인 발달 과정의 일부로서 가르침과 훈련이 필요하다고 생각했다. 우리의 욕망을 올바르게 다스리려면 (우리가 인식하지 못하는 사이에 다른 사회적, 문화적 힘이 우리의 욕망을 다스리지 못하도록) 의지와 노력이 필요하다. 악기를 연습하거나 글을 배우는 것과 마찬가지로 우리에게 주어진 모든 종류의 인간적 재화를 포함하여 특정 재화를 인지하고 즐기기까지는 수년간의 훈련이 필요할 수

---

19 Aristotle, *Nichomachean Ethics* 2.1-3 (특히 1040b10).

있다. 그러나 우리의 욕망은 적절하게 훈련되었든 그렇지 않든 간에 선하고 올바른 것을 인식하고 갈망하고 즐기는 능력을 기르고, 그에 따라 행동하도록 우리를 길들일 것이다.[20] 이것이 바로 아리스토텔레스가 앞서 말한 습관 형성의 누적 효과다. 철학자 아이리스 머독(Iris Murdoch)은 미덕 형성의 목표를 다음과 같이 설명한 적이 있다. "세상을 있는 그대로 보는 것은 [도덕적] 과제다."[21]

어떻게 하면 우리는 방종이라는 방패막이 시야를 가리지 않고 더 깊이 감추어진 인간적인 가치를 발견할 수 있을까? 우리는 가득 담긴 접시가 가져다주는 즉각적인 만족감을 뛰어넘는 성취감을 어떻게 찾을 수 있을까? 본 장의 나머지 부분에서는 다양한 재화에 대한 우리의 관점을 재정립하고, 먹고 마시는 즐거움에 대한 우리의 욕망이 왜 왜곡된 결과를 가져오는지 다시 한번 점검할 수 있는 몇 가지 방법을 살펴보고자 한다.

빵과 물, 빵과 포도주

아우구스티누스는 또한 탐식을 피하기 위한 몇 가지 실용적인 조언을 제시한다. 그의 조언에 따르면 우리의 건강과 우리와 함께 사는 사람과 우리의

---

[20] 욕구를 다스리고 무절제에 대한 유혹을 물리치는 훈련에 대한 자세한 논의는 다음을 보라. Myles Burnyeat, "Aristotle on Learning to Be Good," in *Essays on Aristotle's Ethics*, ed. A. O. Rorty (Berkeley: University of California Press, 1981), 69-92.

[21] Iris Murdoch, *The Sovereignty of Good* (London: Routledge & Kegan Paul, 1970), 91.『선의 군림』, 이숲 역간.

소명에 잘 어울리는 음식을 먹으면 무엇을 얼마나 먹느냐는 미덕에 아무런 영향을 미치지 않는다.[22] 인간은 단순한 육체적인 생존을 넘어 재화를 포함한 삶을 위해 창조되었다고 그는 지적한다. 따라서 우리의 식생활은 생명과 건강을 위한 육체적 필요뿐만 아니라 하나님이 우리에게 바라시는 존재와 일에 의해 조절되어야 한다. 또한 우리는 쾌락을 추구할 때 그 소명을 함께 이루어나가는 사람들에게도 관심을 기울여야 한다. 우리에게 정말 중요한 것이 무엇인지 테스트하기 위해 그는 우리가 언제 무엇을 먹든 그 쾌락에 지나치게 집착하여 의무나 필요가 요구할 때 불평 없이 쉽게 포기하지 못하는 것은 아닌지 생각해보는 실험을 제안한다.[23] 이것은 영양 성분표의 모든 성분을 면밀히 검토하는 것처럼 너무 복잡해 보일 수 있다. 아우구스티누스의 조언을 좀 더 자세히 설명하는 것이 도움이 될 수 있다.

우선 아우구스티누스는 탐식가에 대한 우리의 고정관념이 잘못된 것일 수도 있다고 말하며, 탐식가를 반드시 음식의 종류나 양, 빈도 등으로 구분할 수 없다고 말한다. 쌍둥이를 임신한 사람은 2시간마다 식사를 할 수 있고, 프로 운동선수는 일반인보다 매 식사마다 더 많은 음식을 섭취할 수 있으며, 당뇨병 환자는 다른 사람보다 당분을 더 많이 피해야 하고, 아기는 콜레스테롤 섭취가 필요하지만 성인은 피해야 한다. 따라서 어떤 단순한 규칙도 무엇을 얼마나 먹어야 하는지 알려줄 수 없다. (따라서 아퀴나스는 건

---

22 *ST* II-II 146.1에서 지적함.
23 Augustine, *Quaestiones Evangelorium* 2.11. *ST* II-II 146.1 ad 2에서 인용됨.

강을 위해 무엇을 얼마나 먹어야 하는지에 대한 판단은 도덕 이론이 아닌 의학 기술[현대 용어로는 영양사]에 맡겼다.)²⁴ 먹고 마시는 즐거움에 대한 적당한 애착을 측정하기 위해 아우구스티누스가 제시한 일반 지침 중 첫 번째가 바로 이것이다. 과연 우리는 전반적인 건강과 웰빙에 기여하거나 최소한 이를 유지하는 데 도움이 되는 방식으로 식사를 하고 있는가? 만약 우리가 특정 음식을 먹는 즐거움 때문에 우리에게 정말로 필요한 영양소를 섭취하는 대신 그저 그 음식을 섭취하거나 신체 기능을 손상함에도 불구하고 즐거움을 주는 그 음식을 먹는다면 이는 문제가 있다는 신호다. 즉 감각적인 욕구가 우리의 전반적인 유익에 대한 판단보다 우선한다는 것이다. 우리 몸이 잘 작동하려면 충분히 잘 먹어야 한다. 과잉이든 결핍이든 몸을 혹사하는 것은 잘못된 자기애를 드러낸다. 좋은 부모라면 자녀의 식욕에 어느 정도의 통제(예. 초콜릿 도넛 섭취의 제한!)가 필요하다는 것을 알고 있듯이 우리 몸에 대한 사랑은 무분별한 자기 방종을 방지한다.²⁵

아우구스티누스의 두 번째 지침은 우리 자신에 대한 관심을 우리 주변으로 확대하라고 말한다. 개인의 육체적인 건강도 분명 중요하지만, 먹는 것만이 유일하게 우리에게 유익을 가져다주는 것은 아니다. 우리는 함께 사는 사람들에게도 관심을 가져야 한다. 인간에게 있어 식사는 사회적 유

---

24   *ST* II-II 146.1 ad 2.
25   음식에 대한 지나친 절제(욕구 결핍과 무관하게)는 종종 허영과 특정 체형에 대한 욕망에 의해 동기가 부여된다. 이러한 관행과 식욕 이상 항진증 및 신경성 식욕 부진증과 같은 섭식 장애를 폭식이나 먹는 즐거움의 욕구 결핍과 혼동해서는 안 된다.

대감을 형성하는 사회적인 행위다. 우리가 무엇을, 어떻게, 왜 먹는지는 가족과 공동체에 속한 다른 구성원들의 필요에 따라 적절하게 반영되어야 한다. 맛있는 음식을 먹기 위해 정의, 관대함, 심지어 예의까지 저버린다면 이는 이러한 지침에 위배되는 것이다. 만약 자신의 쾌락 욕구를 충족시키기 위해 다른 사람에게 피해를 주거나 그들의 쾌락 욕구를 박탈한다면 우리는 이를 탐식의 증상으로 인식해야 한다. 예를 들어 식탁에 앉은 다른 사람이 더 원하거나 필요한지도 묻지 않고 자신이 마지막 또는 가장 좋은 부분을 먹거나, 건강에 해로운 음식에 대한 욕구를 억제하지 못해 아이들에게도 그 음식을 사주고 먹게 하거나 가족이나 함께 사는 이들이 먹을 수 없는 음식임에도 자신이 좋아하는 음식을 집안에 계속 구비해두거나, 맛있는 음식을 먹는 데 너무 몰두한 나머지 식사를 같이하는 다른 사람들과 대화하는 것을 소홀히 하는 등 다양한 경우가 이에 해당한다. 우리에게 즐거움을 주는 음식을 먹고 싶은 욕구가 우리와 함께 식사하는 다른 사람의 유익보다 우선시되고 있는 것은 아닌가? 우리 자신의 쾌락 추구가 식탁에서 다른 사람들과 함께 즐기는 일에 방해가 되고 있진 않은가?

내가 지도했던 나이지리아 출신의 한 학생은 장남에게 가장 먼저, 가장 많은 양의 음식을 주는 가족의 관습에 대해 이야기했다. 장남은 음식을 아주 천천히 먹어야 했는데, 이는 만약 식사를 먼저 마친 동생이 여전히 배가 고프다면 그 동생이 형의 접시에서 음식을 한 번 더 덜어 먹을 수 있게 하기 위한 조치였다. 따라서 장남의 식사는 (즐거움과 포만감을 위해) 항상 함께 식사하는 다른 아들의 필요에 따라 조절되고 반응해야 했다. 마찬가지로 많은 문화권에서는 손님에게 가장 먼저, 가장 좋은 부분을 제공한다. 이러한 사회적 관습은 우리 개인의 쾌락 욕구를 억제할 것을 요구한다.

오늘날 많은 윤리 사상가들은 우리의 식탁을 넘어 다른 이웃, 국가, 동물, 생태계가 우리의 식생활에 의해 어떤 영향을 받는지 물음으로써 우리의 상상력을 넓혀가고 있다. 우리의 사고의 틀을 더 넓히면 단순히 우리 자신의 취향과 필요보다 더 많은 재화가 우리 시야에 들어온다는 것을 깨닫게 된다.

세 번째 지침은 한 걸음 더 나아간다. 첫 번째 지침은 쾌락에 대한 욕구가 우리의 육체적 유익, 즉 건강의 유익을 방해하지 않는지 다시 한번 확인하라고 말하고,[26] 두 번째 지침은 다른 사람들의 유익과 그들과의 관계가 우리의 욕구 때문에 훼손되지 않는지 다시 한번 확인하라고 말하지만, 마지막 지침은 우리의 영적인 창조 목적을 존중하라고 말한다. 우리에게는 하나님 나라의 시민으로서 세상에서 수행해야 할 하나님이 주신 은사와 임무가 있다. 이러한 소명은 음식에 대한 욕구를 어떻게 처리해야 할지 결정할 때 다른 요소들도 고려하게 한다. 예를 들어 그리스도인으로서 규칙적인 금식은 그리스 철학자들이 흔히 모든 것에 절제하라고 말하는 조언을 넘어 음식을 얼마나 자주, 무엇을 먹을지를 선택하는 데 있어 더 필요하고 더 큰 역할을 할 수 있다. 음식을 더 절제하면 할수록 우리가 영적인 것에 집중

---

[26] 절제된 음주를 하려면 우리가 술 취함으로써 우리 몸의 다른 기능을 훼손하지 말아야 한다. 아퀴나스는 ST II-II 149-50에서 맨정신과 술 취함을 다룬다.

하고 일반적인 제자 훈련이나 하나님 나라의 특정 임무에 필요한 방식으로 기도에 집중하는 데 도움을 받을 수 있다. 우리의 식생활은 쾌락에 대한 욕망에 지배받아서는 안 되며, 오히려 하나님과의 영원한 교제를 위해 창조된 사람으로서 우리의 번영에 부합하도록 조절되어야 한다.

사막 교부와 교모들의 금욕주의나 베네딕토 수도원의 덜 혹독한 규칙과 같이 음식과 음료에 대한 엄격하고 규칙적인 제한은 예를 들어 공식 만찬에서 외국 귀빈을 접대하는 국가 원수나 결혼 축하연을 주최하는 사람들에게는 부적절할 수 있는데, 이는 직책의 품격과 환대와 축하의 의미로 인해 이러한 사회적 맥락에서 높은 양질의 음식을 제공하는 것이 옳고 바람직하기 때문이다. 다른 사례를 들자면 부모가 되거나 자녀의 교사가 된다는 것은 자녀에게 좋은 본보기가 되고 좋은 습관을 형성하도록 장려하기 위해 자신의 욕망과 소비를 억제하는 것을 의미한다. 또는 운동선수는 음식의 맛이 아니라 최상의 몸 상태를 유지하는 데 필요한 추가 영양소와 칼로리를 기준으로 음식을 선택할 수 있다. 또는 지나친 소비적인 문화 속에서 살아가는 그리스도인으로서 우리는 다른 삶의 방식을 보여줌으로써 동화의 힘에 저항하는 삶을 원할 수도 있다. 아퀴나스는 자신처럼 육신의 자식을 낳는 것보다 영적 열매를 맺는 데 헌신하는 자들은 먹는 즐거움이 많은 가정에서 필요한 수준 이상을 초과하지 않도록 제한할 임무가 있다고 주장한다. 수유하는 어머니의 삶은 수유와 식단을 중심으로 돌아갈 수 있지만, 가장 취약한 아기를 사랑하고 돌봐야 하는 그녀의 임무는 영양 섭취에 세심한 주의를 기울이는 것이다. 내가 아는 한 목회자는 매주 수요일마다 금식하며 기도, 고독, 성경에 몰입하는 규칙적인 생활을 하는데, 소명 받은 목회자는 사역의 진정성을 유지하고 그리스도의 필요성에 겸허하게 집중하기 위해 이러한 훈련이 필요하다. 사막 교부와 교모들은 손님이 찾아오면 그들을 환대하기 위해 하던 금식을 중단했다. 이 모든 사례의 요점은 우리가 어떤 존재로 부름을 받았는지, 그리스도를 따르는 자로서 어떤 일을 하도록 부름을 받았는지를 고려하면 우리가 무엇을, 왜, 어떻게 먹을지를 결정할 때 그 적절성을 더 잘 고려할 수 있다는 것이다. 바람직한 식습관은 삶의 다른 모든 영역에서와 마찬가지로 먹는 행위에서도 육체적인 필요나 만족을 위한 욕구에만 관심을 기울이는 것이 아니라 전인으로서 우리의 유익을 추구하는 것을 의미한다. 반면에 탐식은 우리 자신의 쾌락을 유일한 또는 주된 고려 사항으로 삼는다.

당신이 먹는 것이 바로 당신이다

먹는다는 것은 단순히 신체적인 활동이 아니다. 성행위와 마찬가지로 먹는 행위도 우리의 인간성과 정체성을 표현하며, 여기에 수반되는 모든 사회적·상징적 가치를 담고 있다. 군인이 하는 일을 비유로 들어보겠다. 나의 학생 중 한 명은 미국 해병으로 복무했다. 해외 파병을 마치고 돌아온 그는 나에게 MRE(Meal Ready to Eat, 즉 바로 먹을 수 있는 즉석 전투 식량)를 가져온 적이 있다. 두꺼운 갈색 비닐 포장에 들어 있는 음식에는 애피타이저, 치즈, 땅콩버터 또는 젤리가 들어간 크래커, 디저트 또는 간식(파운드 케이크도 나쁘지 않음), 사이다, 커피 또는 핫 코코아가 들어 있는 드라이믹스 팩, 작은 소금, 후추, 타바스코소스 팩, 플라스틱 식기류와 냅킨, 물과 섞으면 음식을 조리하기에 충분한 뜨거운 화학 반응을 일으키는 무화염 가열기가 들어 있었다. 군대용 MRE는 개봉하지 않은 상태로 수년 동안 보존이 가능하고, 섭씨 영하 50도에서 영상 50도에서도 견딜 수 있으며, 낙하산을 타고 380미터(또는 낙하산 없이 헬리콥터에서 30미터) 상공에서 낙하하는 상황에서도 견딜 수 있도록 설계된다. 이 식량은 현장에 있는 병사들이 베이스캠프로 돌아올 때까지 임무를 수행하는 데 필요한 영양소를 공급한다. 내가 아는 몇몇 해병대원 중에는 해외에 파병되어 임무를 수행할 때 몇 주 동안 이런 식사를 한 사람도 있다.

    해병대원으로서 특히 작전 분야에서 복무하기 위해서는 공동의 임무를 달성하기 위한 개인 훈련과 팀워크가 필요하다. 나의 학생이 들려준 혹독한 이야기는 해병이 쾌락의 욕구를 임무 수행의 요구에 복종시키지 않으면 자신과 전우를 심각한 위험에 빠뜨릴 수 있다는 것을 분명하게 보여주었다. 또한 본인의 임무 수행 효율성도 위태로워질 것이다. 군대에서는 최대한의 임무 지원을 목적으로 MRE를 설계했다. 그러나 외딴 사막에서도 인간다운 식사를 할 수 있도록 식기류와 냅킨이 제공되었다는 점에 주목해야 한다. 그리고 향신료와 디저트가 포함된 식사는 식욕을 돋우기 위해 고안되었다(일부 해병들은 **모든 음식**에 타바스코소스를 뿌렸다고 한다). 모든 식사는 여전히 즐거워야 한다. 그러나 분명한 것은 방종은 근무 중인 해병들에게 결코 용납될 수 없다는 것이다. 그들의 식습관과 일상적인 규율은 사회적으로 영향을 미치며, 그들의 식사 방식은 그들의 정체성과 공동 임무에 대한 그들의 헌신을 보여준다.

우리는 이 비유를 그리스도인의 삶으로 확대하여 우리의 식습관이 우리의 영적인 사명보다 우리 자신의 쾌락을 위한 것은 아닌지 자문해볼 수 있다. 하나님께서 우리 각자에게 어떤 사람이 되고 어떤 일을 하라고 말씀하셨는지를 고려할 때 우리가 쾌락을 추구하고 쾌락에 집착하는 것이 우리의 정체성과 소명을 구현하는 데 도움이 되고 있는가? 우리는 과연 제자의 삶을 사는 데 있어 우리의 몸과 식욕을 우리의 "적극적인 동역자"가 되도록 훈련하고 있는가?[27] 스캇 맥나이트는 "육체적인 훈련은 그리스도인을 장기전에 대비하도록 준비시킨다"[28]라고 말하고, 달라스 윌라드는 자기 부정과 자기 절제에 대한 "체계적인 훈련"을 권장하는데, 이는 이 훈련이 "모든 종류의 결핍"을 견디는 동시에 "하나님 안에서 우리에게 주어진 자원에 대한 지속적이고 분명한 인식"을 유지하도록 가르치기 때문이다.[29] 만약 우리가 일상의 습관을 통해 지금 당장 우리의 욕구를 충족시키는 데 덜 의존하는 법을 습득한다면 우리는 기다림을 필요로 하는 우리 자신 너머에 있는 재화, 즉 주로 영원한 재화에 자유롭게 관심을 돌릴 수 있을 것이다. 반면에 탐식가는 지금 당장 오직 자신만을 위해 음식을 먹는다. 그의 임무는 자신

---

[27] Kallistos Ware, "The Meaning of the Great Fast," in *The Lenten Triodion*, trans. Mother Mary and Kallistos Ware (London: Faber & Faber, 1978), 16.
[28] McKnight, *Fasting*, 67.
[29] Dallas Willard, *The Spirit of the Disciplines* (San Francisco: HarperSanFrancisco, 1988), 167.

의 식욕을 만족시킴으로써 자신을 섬기는 것이며, 이것은 빠를수록 좋다. 그는 "나의 쾌락이 최우선이다"와 "나의 쾌락은 지금 당장"이라는 표어를 자신의 인생 목표로 삼고 있기 때문에 그는 이 두 가지를 중심으로 남은 인생을 영위해나갈 것이다. 그의 신은 자신의 배이며, 그는 그 배의 요구를 날마다 충실히 따를 것이다.

군대에서는 신병을 곧바로 전투에 투입하지 않는다. 그 누구도 신병을 곧바로 최전방에 투입하여 야전 작전의 혹독함과 스트레스를 받게 하리라는 것을 꿈에도 생각하지 않는다. 그들은 먼저 대규모 훈련 프로그램을 함께 받는다. 중대한 임무를 맡은 그리스도인들에게 훈련은 어떤 것일까? 예수는 사역을 시작하기 전에 광야에서 40일 동안 금식했다. 그의 영적인 사명은 궁극적으로 육체적인 희생을 요구했다. 광야에서 받은 고립 훈련은 사명을 준비하는 데 필요했을까? 우리에게도 이와 비슷한 것이 필요할까? 먹는 것이 주는 육체적인 쾌락에 대한 영성 훈련의 문제를 생각할 때 우리는 아우구스티누스의 조언으로 되돌아갈 수 있다. 쾌락을 포기하라는 요구가 우리에게 주어진다면 우리는 불평하지 않고 기꺼이 그렇게 할 준비가 되어 있는가? 아니면 만족감과 포만감에 대한 갈망이 우리를 내면의 욕구로 향하게 할까? 우리는 하나님을 찾고 다른 사람을 섬길 수 있는 내면의 자유를 어떻게 함양할 수 있을까? 우리는 세상이 제공하는 것 너머를 보고 영원한 것을 바라보는 법을 어떻게 배울 수 있을까? 우리의 소명을 수행할 준비를 온전히 갖추려면 어떤 훈련이 필요할까?

우리는 또한 그리스도인의 사명과 정체성에는 금식뿐만 아니라 잔치도 포함된다는 사실을 기억해야 한다. 하나님은 음식을 즐기는 것을 포함하여 축하하고 기뻐하도록 우리를 창조하셨다. 내가 아는 그 해병은 해병대 창립기념일에 해외 파병 중이었다. 그는 밝은 색 설탕 장식으로 "미 해병대의 창립기념일을 축하합니다"라고 쓰여 있는 커다란 생일 케이크 옆에서 자신과 친구들이 찍은 사진을 보내왔다. 그들은 50도의 기온, 고된 근무 시간, 전쟁의 위험, 먼지가 가득한 캔버스 텐트에서의 스파르타식 생활에도 불구하고 그날을 기념하며 잔치를 벌였다. 임무를 효과적으로 수행하려면 자신이 누구이며 무엇을 위해 존재하는지 주기적으로 검토해야 했다. 이 일은 그것을 기억하며 특별히 준비한 음식을 즐기는 축하의 형태로 이루어졌다.

그리스도인은 성찬식, 즉 주의 만찬이라는 축제의 형태로 이와 유사한 정체성 표현 방법을 가지고 있다. 우리는 그 식탁에서 먹고 마시며 예수의 희생을 생생하게 경험하고 어린양의 혼인잔치를 고대한다. 그분의 식탁에 앉는다는 것은 우리가 누구인지를 기억하고 그분의 몸의 지체로서 장차 우리가 어떤 존재가 될지 상상하는 것이다. 가나의 혼인잔치에서 최고의 포도주를 만드시고 산 중턱에서 많은 무리를 위해 풍족한 빵을 만드신 그분의 기적은 신랑이자 생명의 떡이신 그분이 누구신지 깨닫는 방식으로 우리를 그분과 함께 먹고 마시는 자리로 초대한다. 우리는 음식을 통해 하나님의 정체성과 우리의 정체성에 대해 많은 것을 깨닫게 된다. 그분은 우리를 할렐루야와 감사로 축하하고 잔치하도록 초대하시고 우리를 적절하게 먹이신다. 어쩌면 음식은 사랑이라는 옛말이 맞을지도 모르겠다.

군대의 훈련과 정체성에 대한 비유에서 알 수 있듯이 음식과 음료는 단순히 육체를 보존하는 것보다 훨씬 더 중요한 가치를 지니며 훨씬 더 큰 목표를 달성하는 데 기여한다(물론 그것도 좋은 일이다). 음식과 음료는 완전한 인간의 형태로 사회적·상징적 가치도 지니고 있다. 쾌락에 대한 우리의 욕망을 질서 있게 통제함으로써 우리는 하나님과 타인과의 관계도 질서 있게 유지할 수 있다. 우리의 식사는 사회적 유대감을 형성하고, 서로에 대한 사랑을 전달하며, 공급과 안전의 원천이신 분께 우리를 연결하고, 축하할 일을 만들어낸다. 우리는 인생의 가장 중요한 순간을 음식으로 기념한다. 수유부와 아기의 유대감에서 결혼식 케이크나 생일 케이크에 이르기까지, 가족들의 명절 전통과 친구들과 나누는 커피 한 잔에서 교회의 공동 식사와 장례식 후의 따뜻한 저녁 식사에 이르기까지 식사는 우리에게 육체적인 영양소뿐만 아니라 정서적으로나 영적으로도 영양소를 공급한다. 그렇기 때문에 우리는 이러한 도덕적인 삶의 영역에서 미덕의 가치(그리고 악덕의 파괴력)를 인식할 수 있다. 미덕은 이기심과 방종으로 이끄는 탐식의 유혹에 맞서 쾌락의 선함과 쾌락에 대한 욕망을 절제하고 훈련할 필요성을 모두 긍정하도록 돕는다. 이 점은 금식과 잔치가 그리스도인의 삶에서 특징적인 부분인 이유를 이해하는 데 도움이 된다.

탐식증 치료제: 금식

과도한 쾌락을 위해 음식을 먹는 것이 도덕적인 관점에서 면밀한 조사가 필요한 삶의 영역임이 의심된다면 우리는 자기 점검의 첫 번째 훈련으로 아우구스티누스의 테스트를 시도해볼 수 있다. 이를테면 한 달 동안 아무런 불평 없이 무언가를 포기하는 것이 과연 얼마나 어려울까? 규칙적으로 실천하든 가끔 실천하든 무언가를 끊어버리는 훈련은 우리의 과도한 집착, 이기적인 집착, 정체성의 우상, 무질서한 사랑이 어디에 자리 잡고 있는지를 확실하게 드러낸다. 리처드 포스터가 말했듯이 "금식은 우리를 지배하는 것들을 드러낸다."[30]

나와 나의 학생들은 단 음식, 식사 사이의 간식, 카페인 음료, 술, 심지어 점심 식사까지 끊어보았다. 수 세기에 걸친 수도원 수행이 보여주듯이 이러한 음식이나 식사는 건강에 꼭 필요한 것이 아니었음에도 불구하고 우리 중 일부는 이것들을 끊어내는 것이 극도로 어렵다는 것을 알게 되었다. 이러한 분리의 어려움은 우리가 의식하지도 못한 채 먹고 마시는 것과 관련된 특정한 쾌락에 얼마나 의존하고 있었는지를 잘 보여주었다. 쾌락을 추구하는 우리의 삶은 우리의 욕구를 곧 충족시킬 수 있다는 우리의 기대감에 깊은 상처를 입혔다.

중요한 것은 나와 나의 학생들이 이러한 훈련을 함께 시도했다는 점이다. 군사 훈련이나 팀 스포츠와 마찬가지로 우리는 실천 공동체로서 고된 훈련을 할 때 인내심을 갖고 견뎌낼 수 있는 용기를 얻는다. 스캇 맥나이트는 교회의 정규적인(즉 매주 정해진) 금식은 군대의 보병대를 가리키는 라틴

---

[30] Richard Foster, *The Freedom of Simplicity: Finding Harmony in a Complex World*, rev. ed. (San Francisco: HarperSanFrancisco, 2005), 164.

어 **스타티오**(*statio*)에서 그 이름을 따왔다고 말한다.³¹ 그리스도의 몸인 교회는 또한 공동체적으로 기능한다. 바울은 교회를 공동의 사명을 가진 많은 지체들의 유기적인 연합체라고 부른다. 우리는 금식과 잔치를 통해 단순히 개인적인 선택의 문제가 아니라 공동의 프로젝트로서 참회와 축제를 제정한다. 전통적으로 교회는 매주 또는 매년 금식하는 날을 정했는데, 이는 매우 성스러운 소수의 사람만이 아니라 모든 사람을 위한 것이었다. 또한 크리스마스와 부활절이라는 큰 축제를 준비하기 위해 일 년 중 같은 절기(대림절과 사순절)에 모두가 같은 날(수요일과 금요일) 함께 금식했다. 한 공동체의 구성원으로서 우리는 영적으로 건강하고 준비된 사람이 되기 위해 함께 훈련한다.

영적 건강과 영적 사명을 위해 육체적인 훈련과 육체적인 금욕이 필요한 이유는 무엇일까? 달라스 윌라드는 이렇게 대답한다.

> 우리의 존재 중 우리의 의식의 지시에 따라 움직이는 것은 없으며, 우리의 행동 중 의식적으로 선택한 생각과 의도에 따라 움직이는 것은 거의 없다. 우리의 마음은 그 자체로 극히 미약한 도구이며, 우리는 삶에 대한 우리의 힘을 끊임없이 과장하는 경향이 있다. 우리는 본질적으로 육신을 가진 존재이며, 우리의 몸을 가지고 살아간다. 우리가 변화되려면 몸이 변화되어야 하며, 이는 몸한테 말을 한다고 해서 이루어지는 것이 아니다.

---

31 McKnight, *Fasting*, 85.

그러므로 우리가 예수의 말씀을 실천하도록 이끌어주는 훈련은 먼저 우리 몸으로 다른 일을 함으로써 우리의 "자동적인" 생각, 감정, 행동을 의도적으로 중단하는 일을 포함해야 한다. 그런 다음 우리는 다양한 의도적인 실천을 통해 우리 몸을 하나님께 바치고 이로써 우리의 전 자아는 우리 주변과 우리 안에 있는 옛 나라에서 벗어나 "그의 사랑의 아들의 나라"(골 1:13)로 들어가는 방식으로 재훈련된다.[32]

금식은 영적인 훈련으로서 적어도 두 가지를 성취한다. 한동안 특정 음식을 포기하고 포만감을 느낄 때까지 먹지 않음으로써 우리는 쾌락을 우리가 통제할 수 있는 우상으로서 내려놓고, 대신 그것을 선물로 받는 법을 배운다. 시간이 지나면 우리를 사로잡았던 생각들은 육체적인 욕구로부터 벗어나 더 자유로워지고,[33] 우리는 소박한 음식에 감사하고 만족하는 데 익숙해질 것이다. 매일 빅맥 햄버거를 여러 개 먹는 사람과 사순절에 금식을 하며 몇 주 동안 육류와 유제품을 절제한 사람 중 누가 더 소박한 치즈 한 조각에 감사할까? 우리는 금식을 식사와 음식을 평가절하거나 그것들을 악으로 간주하는 관행으로 오해해서는 안 된다. 그것은 전혀 사실이 아니다. 고된 산행 후 극심한 허기를 경험해본 사람만이 내 친구가 한때 한 말처럼 "3

---

32 Dallas Willard, *The Divine Conspiracy* (San Francisco: HarperSanFrancisco, 1998), 322.
33 "우리 성품에 대한 가장 심오한 계시는 우리가 생각에 깊이 잠기기로 선택한 것, 끊임없이 우리의 마음을 사로잡는 것, 우리가 생각할 수 있거나 심지어 생각할 수 없는 것이다"(Willard, *Divine Conspiracy*, 324).

천미터 위에서 먹는 땅콩버터와 젤리 샌드위치보다 더 맛있는 것은 없다"고 말할 수 있다. 금식은 물질적인 재화에 대한 우리의 감사함을 높이는 동시에 이러한 감사를 그대로 유지하면서 단순한 육체적인 쾌락과 영적인 재화를 모두 즐길 수 있는 여유를 갖게 해준다. 정교회 신학자 칼리스토스 웨어(Kallistos Ware)는 다음과 같이 현명하게 지적한다. "이러한 피로와 배고픔이라는 요소만을 언급하는 것은 오해를 불러일으킬 수 있다. 금욕은 단지 이뿐만 아니라 가벼움, 각성, 자유, 기쁨으로 이어진다.…금식은 자기 부인을 수반하지만, 신체에 폭력을 가하는 것이 아니라 건강과 균형을 회복하는 데 그 목적이 있다. 서구 세계의 우리 대다수는 습관적으로 필요 이상으로 많이 먹는다."[34] 카시아누스도 이에 동의한다. 우리가 어떤 금식 방법을 선택하든—그리고 그는 체력의 차이에 따라 놀라운 유연성을 보여준다—기본 원칙은 만족감이나 포만감을 추구하지 않고 먹는 것이다. "마음의 온전함"은 "공복과 밀접한 연관이 있다"고 그는 말한다.[35]

금식의 두 번째 효과는 영적인 재화에 대한 욕구를 증가시키고 하나님에 대한 의존성을 예리하게 인식하게 한다. 웨어는 다음과 같이 설명한다.

---

[34] Ware, "Meaning of the Great Fast," 16.
[35] Cassian, *Institutes* 5.9, in *The Institutes of the Cenobia and the Remedies for the Eight Principal Vices*, trans. Boniface Ramsey, OP, Ancient Christian Writers 58 (Mahwah, NJ: Newman, 2000): "그럼에도 이 모든 경우의 금욕에 한 가지 끝이 있는데, 그것은 자신의 능력의 척도에 따라 왕성한 포만감으로 부담을 느끼지 않는 것이다." 식이요법의 유연성에 대해서는 5.5.1-2와 5.9를 보라.

금식의 주된 목적은 우리가 하나님께 의존하고 있음을 자각하게 하는 것이다. 금식을 진지하게 실천한다면…사순절 기간 동안 음식을 먹지 않는 금식은 상당한 수준의 실제적인 배고픔과 피곤함, 육체적인 피로를 수반한다. 그 목적은 우리를 내면의 깨어짐과 참회로 이끄는 것이며, "나를 떠나서는 너희가 아무것도 할 수 없음이라"(요 15:5)라는 그리스도의 말씀의 온전한 의미를 깨닫게 하는 데 이르게 하는 것이다.

만약 우리가 항상 음식과 음료로 배를 채우면 자신의 능력에 자신감을 갖게 되어 그릇된 자립심과 자족감을 갖기 쉽다. 육체적 금식은 이러한 사악한 자만심을 약화시킨다.[36]

탐식은 다른 근원적인 악덕과 마찬가지로 교만에서 비롯된다. 교만과 같이 의기양양하게 만드는 죄와 탐식과 같은 본능적인 악덕은 어떻게 서로 연관될까? 지금까지 우리는 탐식을 먹고 마시는 쾌락에 대한 지나친 욕망으로 설명했다. 왜 우리는 탐식을 그토록 매력적으로 느낄까? 탐식의 습관이 우리의 기쁨과 갈망의 삶을 지배할 때 과도한 욕망은 우리 자신의 배를 채우고 우리 자신의 행복과 즐거움을 충족시키려는 과도한 욕구로 나타난다. 탐식에 빠지면 우리는 삶의 중심을 쾌락에 둘 뿐만 아니라 자신을 위해 스스로 그 쾌락을 제공하기를 좋아한다. 탐식에 빠진 사람들은 스스로 행복

---

[36] Ware, "Meaning of the Great Fast," 16.

을 정의하고 행복의 성취를 자신의 통제하에 두고 싶어 한다.[37] 우리는 음식을 하나님의 선물로 받아들이고 육체적인 허기뿐만 아니라 영적인 허기를 채우기 위해 하나님을 바라보기보다 우리의 필요와 욕구를 충족시키기 위해 하나님의 책임을 대신 떠맡는다. 탐식에 빠진 사람들은 필요나 공허함을 느낄 때 하나님을 의지하거나 하나님이 채워주실 때까지 기다리는 것을 원치 않는다. 우리는 자판기 기독교를 선호한다. 음식이 주는 즐거움은 당장(다수의 미국인에게는 하루에 여러 번) 쉽게 얻을 수 있을 뿐만 아니라 우리 자신의 필요와 갈망을 잠재우는 데도 사용될 수 있다. 음식을 통해 우리는 자신을 위로하고 배를 채우며 잠시나마 육체적으로라도 즐거움을 느낄 수 있다. 탐식에 빠진 사람들이 추구하는 만족감은 하나님이 주시는 것이 아니라 자신이 할 수 있는 것에 의해 좌우된다.

우리가 쾌락주의와 행복을 동일시할 때 탐식은 근원적인 악덕으로 여겨질 정도로 심각해진다. 우리는 쾌락을 행복으로 착각하기 쉽다. 우리는 다른 어떤 것을 위해서가 아니라 쾌락 그 자체를 추구하며, 쾌락은 성취감과 유사한 만족감을 가져다주는 것처럼 보인다. 하지만 아담과 하와처럼 우리는 단순히 순진한 잘못을 저지르지는 않는다. 습관적이고 중독적인 쾌락 추구는 나무에 매달려 있거나 접시에 놓여 있는 무언가 멋지고 맛있는 음식으로 우리 자신을 행복하고 배부르게 만들 수 있다는 우리의 교만한

---

37 아이러니하게도 많은 다이어트가 이렇게 무질서한 방식으로 이루어진다. 이러한 다이어트의 의지력이나 자제력은 금식과 대조를 이루는데, 후자는 하나님의 능력에 의존하고 육체적 또는 개인적 유익이 아닌 영적인 관계를 추구한다.

욕망을 드러낸다. 우리는 매 끼니마다 행복을 우리 손(과 입과 배)안에 단단히 붙잡아두는 연습을 한다. 이와는 대조적으로 사막 교부들의 금식은 단순히 기도의 목적뿐만 아니라 "오늘날 우리에게 일용할 양식을 주옵시고"라는 말씀을 삶에서 실천하기 위한 시도였다. 달라스 윌라드는 한 걸음 더 나아간다. 그는 "금식은 하나님께 대한 우리의 전적인 의존을 확인하고", 교만과 싸우며, 신뢰를 구현하고, "그분을 마음껏 즐기는 법"을 가르친다고 말한다.[38]

우리가 탐식하는 자로서 자신의 욕망을 추구할 때 우리는 (타인과 공유할 수 없는) 우리 자신의 쾌락을 가장 중요한 가치로 삼기 때문에 자기 자신을 섬기는 것을 우리 관심의 초점으로 삼는다. 그러나 우리가 음식을 통해 자신을 위로하는 방식과 포만감과 공급의 의미인 음식의 상징적인 가치는 단순한 방종 이상의 것이 탐식증에 작용하고 있음을 보여준다. 탐식하는 이들은 인간이 "떡으로만 살 것이 아니요"(마 4:4)라는 그리스도의 말씀의 진리를 거스르고 싶어 하는 것 같다. 그들은 떡으로만 살기를 원하며, 나아가 더 심오한 의미가 배제된 빵—성찬의 제물로서 그리스도의 몸—으로만 살기를 원한다. 탐식하는 이들은 감사보다는 만족감을 염두에 두고 음식을 대한다. 그들은 음식을 즐기고 축하하고 나눌 수 있는 좋은 선물로 받아들이기보다 자신을 만족시키기 위한 도구로 취급한다. 우리의 탐식하는 태도는 최후의 만찬에서 떡에 대해 감사하고 축사한 후 모든 사람에게 나눠주며 친교

---

38 Willard, *Spirit of the Disciplines*, 166.

를 나누셨던 그리스도의 모범과 정면으로 대립한다고 생각하면 된다.

그리스도인의 규칙적인 금식 관행은 현세에서의 만족이 아니라 아직 도래하지 않은 하나님과의 온전한 교제를 향한 우리의 열망을 담고 있다. 신랑이 오기를 소망하며 기다리는 사람들은 방해받지 않는 기쁨으로 신랑을 맞이하기 위한 "필요한 준비"로서 금식을 실천한다.[39] 음식을 즐기며 나누는 우리의 축제도 이와 마찬가지로 그 기쁨을 미리 맛보게 한다. 금식을 할 때마다 우리 몸은 영적 대본을 작성한다.

아이러니하게도 물질적인 재화와 그것이 가져다주는 쾌락을 추구하고, 쾌락의 형태로 그것을 자신에게 제공하려는 시도는 우리 자신을 제아무리 배부르게 채워도 결코 우리 자신을 충족시킬 수 없다. 인간으로서 우리의 온전한 본성에 대한 존중은 "우리의 영성에서 신체가 하는 역할"에 대해 다시 생각하게 만든다.[40] 우리는 심지어 그 어떤 선물로도 하나님과 사랑의 연합을 이루려는 우리 마음의 열망을 충분히 충족시킬 수 없다는 확신을 체화하면서도 선물로서의 육체적인 쾌락의 선함을 확인해야 한다. 우리의 몸은 하나님께 소중하다. 우리의 육체적인 필요와 빵에 대한 갈망은 (겸손과 기쁨의 마음으로 의존하는) 생명의 떡이신 하나님을 필요로 하는 우리의 모습을 가리키는 살아있는 비유다. 그래서 아무리 배가 부른 탐식가라도 영적으로 공허하고 항상 더 많은 것을 갈망하는 것은 당연하다.

---

39 McKnight, *Fasting*, 87. 그는 희망적인 기대감을 구현한다고 생각하는 다음의 책을 인용한다. Thomas Ryan, *The Sacred Act of Fasting* (Woodstock, VT: SkyLight Paths, 2005).

40 McKnight, *Fasting*, 82.

더 깊이 성찰하기

1. 탐식에 빠지는 데는 여러 가지 방법이 있다. 당신에게는 어떤 것이 가장 문제가 되는가? 포기하기 가장 어려운 음식이나 음료는 무엇이며, 그 이유는 무엇인가? 당신은 왜 먹는가?
2. 금식과 다이어트는 어떻게 다른가? 음식을 즐기는 것과 탐식은 어떻게 다른가?
3. 교만을 염두에 두고 위에서 인용한 웨어(Ware)의 말을 되새겨보라.

"금식은 자기 부인을 수반하지만, 신체에 폭력을 가하는 것이 아니라 건강과 균형을 회복하는 데 그 목적이 있다. 서구 세계의 우리 대다수는 습관적으로 필요 이상으로 많이 먹는다.…금식의 주된 목적은 우리가 하나님께 의존하고 있음을 자각하게 하는 것이다.…만약 우리가 항상 음식과 음료로 배를 채우면 자신의 능력에 자신감을 갖게 되어 그릇된 자립심과 자족감을 갖기 쉽다."

추가로 읽을 만한 자료

Scot McKnight, *Fasting*, ed. Phyllis Tickle, Ancient Practices Series (Nashville: Nelson, 2009). 『금식』, IVP 역간.

Robert C. Roberts, "Temperance," in *Virtues and Their Vices*, ed. Kevin Timpe and Craig Boyd (Oxford: Oxford University Press, 2014), 93-111.

The Glittering Vices

> 성은 인간성을 지닌 다른 인간과 더 가까워지게 하는 대신
> 몸을 하나로 묶어주지만, 그 내면의 삶은
> 이전보다 더 허기지고 외롭게 만든다는 점에서 죄악이다.
>
> **프레드릭 비크너, 『통쾌한 희망사전』**

성은 우리의 천적이자 모든 죄 중에서 가장 크고 부끄러운 죄일까? 그렇다면 왜 우리는 성을 우리의 욕망을 궁극적으로 충족시켜주는 행복의 열쇠로 간주하고 싶은 유혹을 받을까? 성은 거룩하고 친밀하며 아름다운 하나님과 우리의 관계를 묘사하는가, 아니면 단지 오락을 위한 가벼운 기분 전환용 놀이를 제시할 뿐인가? 만약 성경이 성과 결혼이 선하다고 말한다면 왜 대다수 기독교 라디오방송은 하나님에 대한 애절한 사랑의 노래만 틀어주고 우리가 마땅히 성적 욕망을 느끼는 혈과 육의 사람에 관한 노래는 틀어주지 않는 것일까? 한편, 봄 방학 동안에 즐기는 자유분방한 성관계와 파티에서 이루어지는 이성 교제가 우리에게 필요한 모든 흥분을 제공해준다면 왜 세속적인 록 노래들은 "나를 영원히 당신 품에 안아줘"라고 말하며 평생 사랑의 약속과 연결된 성에 대한 열망을 정기적으로 칭송하는가? 성은 정말로 중요한 것인가, 아니면 전혀 그렇지 않은 것인가? 성은 신성한 것인

가, 죄악인가, 아니면 그 중간인가? 성은 생식을 위한 것인가, 개인적인 친밀감을 위한 것인가, 아니면 육체적인 쾌락을 위한 것인가? 왜 성은 이토록 금기시되는 주제일까? 왜 성은 방송과 광고판 어디에서나 볼 수 있을 정도로 널리 퍼져 있는 것일까? 말할 필요도 없이 문화와 교회는 성에 대해 많은 상반된 메시지를 내보낸다. 이는 마치 우리가 성욕 자체를 다루는 어려움 외에 혼란도 필요로 하는 것처럼 말이다!

많은 문화계 인사들과 마찬가지로 윌리엄 개스(William Gass)도 정욕을 "성적 충동이 발동한 것"이라고 말한다. 그것이 무슨 해가 될까? 그것은 단지 "정신을 바짝 차리고, 친구들과 동료들에게 주의를 기울이며 고무적으로 살아 있게 만들 뿐이다. 왜냐하면 친구들과 동료들은 가려움을 완화해 줄 수" 있기 때문이다. 또한 "충족된 정욕은 두 사람이 행복하다는 것을 의미할 수 있다"는 장점이 있다. 그는 진짜 문제는 쾌락에 대한 인간의 자연스러운 욕망을 억누르는 사람들, 즉 종교적인 금욕주의자나 죄책감을 부추기는 "금기 사항"을 내세우며 쾌락을 더러운 것으로 치부하고 훼손하는 쾌락 혐오자들에게 있다고 주장한다.[1] 하지만 쾌락에 대한 우리의 순수한 접근을 제한하는 것 외에 성적 욕망을 적절히 조절하는 다른 방법은 없을까?[2]

---

[1] William H. Gass, "Lust," in *Wicked Pleasures: Meditations on the Seven "Deadly" Sins*, ed. Robert Solomon (Lanham, MD: Rowman & Littlefield, 1999), 134-35.

[2] 점점 더 보편적이 되어가는 이러한 의견의 대표적인 예는 다음을 보라. Simon Blackburn, *Lust: The Seven Deadly Sins* (New York: New York Public Library/Oxford University Press, 2004); Libby Anne, "The 'Problem' of Lust," Patheos.com, August 4, 2011, https://www.patheos.com/blogs/lovejoyfeminism/2011/08/the-problem-of-lust.html.

철학자이자 영성 작가인 달라스 윌라드는 좀 더 복잡한 견해로 반박한다. "친밀감은 인간 영혼의 영적 갈망이며, 우리는 친밀감에서 벗어날 수 없다. 이것은 항상 그랬으며 오늘날에도 마찬가지다. 우리는 이제 약간의 친밀감이 마침내 조금씩 흘러나오기를 바라며 섹스 버튼을 계속 두드리고 있다."[3] 개스와 윌라드는 인간의 성에 대해 극명하게 반대되는 두 가지 견해를 대변한다. 우리는 과연 여기에 흑과 백이 존재하는지, 아니면 단지『그레이의 50가지 그림자』(Fifty Shades of Grey)만 존재하는지 궁금해진다.

포르노 시청을 인정한 목사, 아동을 성적으로 학대하고 수십 년간 이를 은폐한 사제, 목회 현장에서 여성 동료를 성추행한 사실이 #미투 운동을 통해 드러난 남성 등 교회 내에서 무절제한 성욕이 가져오는 혼란에 대해 모르는 사람은 없을 것이다. 간통과 낙태는 다른 북미 문화권에서와 비슷한 비율로 기독교 공동체 내에서도 발생한다. 동시에 기업과 스포츠 팀, 연예계와 정치계에서 용인되는 행동과 태도는 무질서한 성적 욕망과 그 피해가 단지 교회만의 문제가 아니라 심각한 문화의 문제임을 보여준다. 고상한 체하는 사람부터 정치인까지, 교구 신자부터 직장인까지 우리가 모두 성적 욕망을 다루는 데 어려움을 겪고 있다는 사실을 인정하지 않을 수 없다. 우리는 성과 관련하여 우리가 만든 고통스러운 문제에 대해 뭐라고 할 수 있을까?

젊은 아우구스티누스는『고백록』(Confessions)에서 "저에게 순결과 절제

---

[3] Dallas Willard, *The Divine Conspiracy* (San Francisco: HarperSanFrancisco, 1998), 163.

를 허락하시되 아직은 아닙니다"라고 기도한다.[4] 그는 "저를 거룩하게 해주시되, 적어도 이번 주말만큼은 제가 좋아하는 성적 방종을 포기하지 않게 해주십시오"라고 하나님께 간청한다. 그러나 나중에 마침내 정욕을 포기하고 싶었을 때 그는 그럴 수 없다는 것을 깨달았다. "압도적인 습관의 힘"[5]에 사로잡힌 아우구스티누스의 욕망은 자신의 의지력으로는 도저히 떨쳐낼 수 없는 파괴적인 힘이 되어 버렸다. 동의를 구하는 것과 같이 규칙을 따르는 행위는 억제되지 않은 성욕의 위험에 대한 유용한 법적인 전략일 수 있지만, 이 책에서 다룬 기독교 전통에서 우리가 배운 것이 있다면 우리는 인격의 변화가 더 깊어져야 한다는 것을 알 수 있다.

처음으로 돌아가기

먼저 이 장에서는 정욕을 성적 쾌락에 대한 욕망과 관련된 좁은 의미에서의 악덕으로 다룰 것임을 미리 밝혀둔다.[6] "정욕"은 종종 과도한 욕망이나

---

[4] Augustine, *Confessions* 8.7, trans. Henry Chadwick (New York: Oxford University Press, 1991).
[5] Augustine, *Confessions* 8.11.
[6] 초판에 대한 서평을 통해 이 점을 더 명시적으로 밝혀준 Lawrence Cunningham에게 감사를 표한다. *Commonweal*, June 4, 2010, https://www.commonwealmagazine.org/religion-booknotes-11. 아퀴나스는 자신의 논의 대부분을 절제에 반하는 악덕으로 정의된 정욕에 할애하고 있으며, 일반적인 의미(과잉되기 쉬운 욕망을 절제하는 방식을 가진 덕)가 아니라 특정한 의미(즉 미각과 성적 접촉 등 "자연스러운" 쾌락에 대한 욕망을 절제하는 것)로 정욕을 정의하고 있다. 사실 아퀴나스는 기본적인 미덕을 구체적인 사안에 따라 정의하는 것을 선호하기 때문에 모든 기본적인 미덕과 이에 반대되는 악덕에 대해서도 마찬가지다(*ST* I-II 61.4). 순결과 정욕과 관련된 논평은 *ST* II-II 141.4-5와 151.2를 참조하라. "절제가 주로 그

강한 갈망(예. 아우구스티누스의 **리비도 도미난디**[*libido dominandi*]를 연상시키는 "권력에 대한 욕망")을 지칭하기도 한다. 이러한 일반적인 의미에서 "정욕"이라는 용어는 대부분의 악덕이 공유하는 과잉의 성향을 띈다. 또한 "정욕"은 지나친 탐닉이나 욕망의 강도를 나타내기 위해 탐욕(처벌에 대한 탐욕)이나 욕심("지식에 대한 욕심")의 일반적인 용법과 거의 동의어로 사용된다. 나는 이 두 가지 악덕을 서로 구별하기 위해 정욕의 특정 형태에만 초점을 맞추려고 한다. 따라서 나는 이 악덕을 일반적으로 과잉 또는 과다를 의미하는 후대의 더 광범위한 용어인 **룩수리아**(*luxuria*)보다는 **포르네이아**(*porneia*, 그리스어) 또는 **포르니카티오**(*fornicatio*, 라틴어)라고 부르고, 이를 성적 유혹으로 생각했던 초기의 사막 전통을 따르고자 한다.

그러나 무질서한 성적 욕망을 정의하기 전에 우리는 성경 기사의 시초로 거슬러 올라가야 한다. 성적인 욕망과 쾌락을 그 자체로 악으로 비난하거나 인간의 성관계를 수치심으로 얼룩진 필요악으로 용인하는 목소리는 성경의 창조 이야기와 일치하지 않는다. 창세기 1:27의 시적 평행 구절에서 알 수 있듯이 하나님은 우리를 성적인 존재로 창조하셨고, 우리는 남성성과 여성성 안에 하나님의 형상을 지니고 있다. 하나님은 인간을 매력과 흥분을 유발할 수 있는 성적인 몸으로 설계하셨다. 인간의 성은 신체, 호르

리고 적절하게 접촉의 쾌락에 적용되지만 결과적으로 그리고 일종의 유사성에 의해 다른 문제들에 언급되는 것처럼 정욕도 다른 무엇보다도 [인간의] 마음에 가장 큰 혼란을 일으키는 성적 쾌락에 주로 적용되지만 **이차적으로는** 과잉과 관련된 다른 모든 문제에 적용된다. 따라서 갈 5:19에 대한 난외주는 "정욕은 모든 종류의 욕망이다"라고 말한다(*ST* II-II 153.3, 강조는 덧붙여진 것임).

몸, 그에 따른 촉각적 욕망과 쾌락을 포함하며 하나님이 주신 좋은 선물로 간주된다. 이러한 이유로 창조의 선함을 강력하게 긍정하는 신학자인 아퀴나스는 에덴에서는 죄로 인해 타락한 이후보다 성관계가 **더 즐거웠을** 것이라고 생각했다.[7] 성경은 책 한 권(아가서) 전체를 남녀 간의 성적인 사랑을 다양한 에로틱한 표현으로 찬양하는 데 할애하고 있다. 신랑과 신부 사이의 결혼(성적인 관계)은 하나님께서 그의 백성들과 사랑의 교제를 나누는 관계를 가장 일관되게 보여주는 그림이다. 성경은 성이라는 선물의 아름다움과 위력, 우리 몸이 지닌 경이로움, 인간의 성을 통해 그의 백성에게 흘러넘치는 생명과 사랑의 축복을 증언한다. 무엇보다도 인간의 성과 그에 수반되는 쾌락은 두려워하며 정죄하거나 무심코 지나칠 것이 아니라 건전하게 존중하고 감사하는 마음으로 긍정해야 마땅하다.

인간의 성욕과 그 쾌락의 선함을 인정하는 것이 필수적인 첫 번째 단계다. 왜냐하면 다른 악덕들과 마찬가지로 우리가 먼저 정욕의 질서정연하고 유쾌한 형태를 파악하지 못한다면 정욕을 해롭거나 무질서한 쾌락 추구로 규정할 수 없기 때문이다. 이 위대한 선에 대해 올바른 관점을 가지면 두 가지 함정을 피할 수 있다. 한편으로는 성적 쾌락을 사랑이나 인간성과 아무런 관계가 없는 무의미하고 사소한 행위 또는 동물적 본능으로 격하시키는 것을 피할 수 있다. 다른 한편으로는 육체에 대한 두려움, 수치심, 혐오감으로 인해 성적인 쾌락을 너무 영적인 것으로 격상시켜 모든 황홀경을

---

[7] *ST* II-II 154.8 ad 2.

유사신비적인 경험으로 간주하는 것을 피할 수 있다. 우리는 성적 욕망과 그 표현을—영적으로 중요하고 지상에 구현된—전인적인 인간에게 속한 것으로 취급해야 한다.

지금까지 살펴본 다른 많은 악덕과 마찬가지로 성을 전인적으로 다룬다는 것은 행동에서 나타나는 증상 너머를 본다는 것을 의미하기도 한다. 내가 가르치는 기독교 대학 학생들 가운데 일부는 질서 있는 성생활은 다음과 같이 작동한다고 오해한다. 결혼 전에는 성관계를 가질 수 없고, 성적 충동은 억누르며 살아야 한다. 결혼 후에는 모든 통제가 사라지고 성적인 자유를 만끽할 수 있는 삶이 주어진다(물론 배우자와 함께라면 말이다). 언제든 원하는 시간에 원하는 방식으로 성적 욕구를 충족시킬 수 있다. 이러한 관점에서 순결은 혼전 상태에서 실제로 금욕을 실천하는 사람이나 독신주의를 선택할 정도로 미친 사람에게만 중요한 문제가 된다. 물론 그들은 보통 후자(독신주의)를 전혀 고려하지 않지만 말이다. (그들이 순결을 고려하지 않는 이유가 단순히 젊은 시절의 호르몬 때문인지, 아니면 성경과 달리 대다수 개신교 교회가 더 이상 이를 그리스도인이 진지하게 고려해야 할 사안으로 여기지 않기 때문인지는 불분명하다.)

나의 학생들처럼 우리 중 많은 이들은 인간의 성에 대해 지나칠 정도로 편협한 시각을 가지고 있다. 우리 가운데 순결의 미덕을 모든 사람이 평생 실천해야 하는 것으로 이해하는 사람은 거의 없다. 보다 폭넓은 관점을 갖지 않으면 아무리 올바른 행동 규칙이라도 별 의미가 없다. 요하네스 카시아누스는 순결한 성을 두 가지 형태로 구분했는데, 하나는 육체적인 행위에 관한 것이고, 다른 하나는 마음에 관한 것이다. 첫 번째 경우는 시각적인 유혹과 접근 가능한 여성이 없는 황무지로 알려진 사막에서 혹독한 금식과 고독을 통해 상당 부분을 줄일 수 있다(수도사들의 경우). 하지만 그 안에는 두 번째 싸움이 기다리고 있다. 카시아누스가 관찰했듯이 우리가 외적인 것들과 유혹을 끊어낼 때도 내면의 짐은 어디든, 심지어 사막까지도 가져갈 수 있다. 에바그리오스의 말을 빌리자면 "악마는 세속적인 [사람들]과 물건을 통해 더 많이 싸우지만, 수도자들과는 특히 생각을 통해 싸우는데, [수도자들은] 고독 때문에 물건을 박탈당하기 때문이다. 또한 행동보다 생각으로 죄를 짓는 것이 더 쉬운 만큼, 생각으로 하는 전쟁은 물건을 통해 하는 전쟁보다 더 어렵다. 생각은 쉽게 움직이고 그릇된 환상을 추구하는지를 확인하기가 어렵기 때문이다."[8]

우리는 성의 행동적인 측면에 대해, 즉 허용되는 행동과 금지되는 행동에 대해 토론할 수 있는 다른 많은 공간을 찾을 수 있다. 이 장에서는 그보다 더 깊은 근원이라고 할 수 있는 성품에 대한 질문으로 대화를 전환해 보겠다. 우리의 성적 욕구를 올바르게 발전시키고 우리를 온전한 성적인 존재로서 성장시키기 위해서는 어떤 덕목이 필요할까? 정욕의 악덕은 아름다움에 대한 우리의 시각을 어떻게 흐리게 하고 사랑할 수 있는 능력을 어떻게 훼손할까? 만약 우리가 무질서한 성적 욕망과 시간이 지남에 따라 그것이 우리에게 주는 행복을 따른다면 우리는 과연 어떤 사람이 될까?

---

8   Evagrius, *Praktikos* 48.

성적 정절과 자기 소유에 대한 고려, 선하고 참되며 아름다운 것에 대한 신실함은 우리가 금욕과 성관계에 대한 대화를 넘어 더 유익한 질문으로 나아가게 할 수 있고 또 그렇게 해야 한다. 만약 우리가 미덕과 악덕의 관점에서 대화를 재구성한다면 아마도 우리는 이러한 더 넓은 시각과 성의 선한 측면을 더 존중할 수 있을 것이다. 최근 청소년의 성을 주제로 책을 쓴 한 저자는 "우리가 청소년의 성을 바라보는 시각의 상당 부분은 잘못될 수 있는 모든 것에 의해 정의된다"고 말하며 안타까워했다.[9] 정욕이 우리의 마음과 정신을 왜곡시키면 중요한 것을 모두 가린다는 말은 사실이다. 이제는 성적 쾌락과 순결이 우리가 지금은 상상할 수 없는 방식으로 우리를 사랑과 아름다움과 교제에 부합하게 하는 방식을 되찾아야 할 때일지도 모른다.

"섹스는 니트로글리세린과 같다"

인정하자. 교회 안팎의 사람들은 그리스도인들이 성적인 죄를 너무 심각하게 취급한다고 생각한다. 교회는 성에 집착하고 불평을 쏟아내며, 강단에서 선포되는 말씀은 항상 부정적이다. N. T. 라이트는 모세가 시내산에서 계명을 들고 내려온 것에 대해 다음과 같이 농담한다. 그는 "'좋은 소식과 나쁜 소식'이 있다"고 말한다. "'좋은 소식은 계명을 40개에서 10개로 줄였다

---

[9] Al Vernacchio, *For Goodness Sex: Changing the Way We Talk to Teens about Sexuality, Values, and Health* (San Francisco: HarperCollins, 2014), 5.

는 것이고, 나쁜 소식은 간음죄가 여전히 남아 있다는 것이다.'"[10] 순결의 문화에서 포르노에 이르기까지 성에 대한 교회의 메시지는 왜 수치심에 집중되어 있는 것일까? 우리 문화의 성적인 난잡함은 끊임없이 정죄의 빌미를 제공한다(하지만 신기하게도 그리스도인들은 교회 내부의 조직적인 성차별을 간과하는 경향이 있다). 하지만 나의 학생들은 비판주의 자체나 권력 남용, 편견 등 똑같이 해롭고 문화 속에 만연해 있는 죄에 대해 교회가 어떻게 생각하는지 궁금해한다. 성경은 탐욕이나 우상숭배와 같은 다른 죄에 더 많은 관심을 보인다. 그리스도인들은 왜 특별히 이 뜨거운 쟁점에 집중하는 것일까?

나는 이러한 비난이 사실임을 처음부터 인정할 필요가 있다고 생각한다. 그리스도인들은 종종 성적인 죄가 마치 문화의 주요 문제인 것처럼 취급하고, 다른 죄의 욕망은 덜 중요한 것처럼 취급한다. 또한 교회는 성 윤리에 대해서는 방어적인 태도를 보이면서 이를테면 부나 권력과 같은 영적인 위험은 거의 무시하는 것처럼 보인다. 이것은 비극적인 실수일 수 있다. 이것은 분명 우려할 만한 일이며, 충분히 개탄할 만한 일이다. 예수는 그 당시 경건한 자세를 취하는 사람들과 권력자들에게는 엄하게 대하면서도 그가 만난 매춘부들에게는 긍휼과 자비로 대했다. 우리도 그를 닮아가는 인격을 함양하는 데 더 많은 노력을 기울이는 것이 좋을 것이다.

그러나 우리는 또한 성적인 죄에 대해 마땅히 분개해야 할 타당한 이

---

10   N. T. Wright, *Following Jesus: Christian Reflections on Discipleship*, 2nd ed. (Grand Rapids: Eerdmans, 1994), 66.

유를 설명함으로써 그리스도인을 향한 이러한 비난에 대응할 수 있다. 성이란 무엇이며 그 목적은 무엇인가? 이것은 교회나 문화에서 자주 다루는 질문이 아니다. 첫째, 성관계는 (생리적인 차원에서도) 두 사람이 함께 가장 친밀하게 유대감을 형성할 수 있는 행위 가운데 하나이며, 다른 성적인 욕망과 행동도 이 행위를 표면적인 목표로 삼는다. 성경은 성적 결합을 "한 몸"이 되는 것으로 묘사하며, 신랑과 신부, 남편과 아내의 결혼을 대표적으로 상징하는 행위이자 그리스도와 교회의 연합에 대한 묘사로 일관되게 다루고 있다(엡 5장).[11] 따라서 자연에 관한 책과 성경은 모두 인간의 성이 사회적, 심지어 영적 의미를 지니고 있음을 지적한다. 둘째, 인간의 성은 생식과 관련이 있다. 모든 동물과 마찬가지로 인간의 성기는 새 생명을 낳는 데 초점이 맞추어져 있으며, 성행위는 가족 및 후손과 연결되어 있는 것 같다. (물론 여기서 우리는 생리적 순리를 거스르거나 우회할 수 있지만, 그것이 바로 핵심이며, 여기에는 몇 가지 기본적인 기능이 있다.) 요컨대 성적인 욕망과 쾌락을 포함한 우리의 성은 인간의 가족 관계와 새로운 인간 존재, 즉 사랑과 생명 모두에 관련되어 있다. 그만큼 많은 것이 걸려 있기 때문에 정욕의 무질서한 잠재

---

11   이것은 논란의 여지가 있다. 나는 성경이 **말하는** 바를 보고하고자 한다. 성경은 이렇게 말하고 있으며 남편과 아내의 결혼을 사용하여 하나님과 그의 백성의 관계를 묘사한다. 성경이 말하지 않는 것은 믿음이 없거나 성경의 권위를 받아들이지 않는 다른 종교를 가진 사람들, 또는 기독교 신앙을 고백하지만 여기서는 성경이 너무 협소하게 해석하여 확대될 필요가 있다고 보는 사람들(예. 동성애 결혼을 포함하기 위해), 또는 다양한 다른 법적 결합과 가족 형태를 허용함으로써 문화적 이견을 수용하고자 하는 사람들, 성별 이분법을 기본적인 것으로 받아들이기를 거부하거나 "결혼"이라는 용어가 어떤 종류의 관계를 포함해야 하는지에 대해 동의하지 않는 사람들을 위한 법적 구조와 생활 방식에 대해 우리가 어떤 관점을 취해야 하느냐는 것이다. 나는 여기서 이러한 문제에 대한 견해를 밝히지 않는다.

력을 경계하는 것은 당연하다. 프레드릭 비크너는 좋든 나쁘든 성의 위력에 유의하라고 조언한다. "그룬디 부인의 주장과는 달리 성은 죄가 아니다. 휴 헤프너의 주장과는 달리 성은 구원도 아니다. 그것은 니트로글리세린처럼 다리를 폭파하거나 심장을 치료하는 데 사용될 수 있다."[12]

그러나 은혜의 관점에서 우리는 (아퀴나스의 말을 빌리자면) 정욕은 보통 악의의 죄가 아니라 약함의 죄로 시작한다는 사실을 잊지 말아야 한다. 사람들은 호기심에 이끌리거나 순간적으로 강렬한 감정에 사로잡히기도 한다. 다른 사람에게 상처를 주거나 평생 남을 상처를 주려는 의도는 없다. 어쩌면 그들은 강한 외로움을 느껴 성적 쾌락을 피상적인 만병통치약으로 사용하지만, 이내 스스로 자각한 욕망의 힘에 눈이 멀게 될 수도 있다. 여기서 우리가 우려하는 것은 이러한 선택이 습관으로 축적되어 통제 불능 상태에 빠지는 것이다. 성욕은 인간의 삶에서 강한 위력을 발휘하기 때문에 우리가 그 힘을 과소평가하고 그 강한 열기를 느끼기도 전에 그 힘이 우리를 사로잡게 되는 것은 이해할 만하다. 게다가 정욕은 실제로 큰 피해를 입힐 수 있는 잠재력을 지니고 있지만, 정작 그 정욕에 사로잡힌 사람은 수치심을 느끼곤 한다. 그들은 정욕에서 벗어나도록 도움을 주겠다는 손길을 환영하고 종종 자비로운 손길에 쉽게 반응하는 반면, 정죄는 자기혐오의 악순환을 더욱 부추길 뿐이다. 물론 누구나 시간이 지나면서 가벼운 음란물이

---

[12] Frederick Buechner, *Wishful Thinking: A Seeker's ABC* (San Francisco: HarperCollins, 1993), 107.

나 심각한 음란물로 굳어질 수 있으며, 이것이 바로 우리가 음욕을 습관화하는 것을 경계해야 하는 이유다. 하지만 우리 중 많은 사람에게 있어 음란은 마치 우리의 삶을 점령한 원치 않는 괴물처럼 느껴진다. 일단 그것이 무엇인지 알게 되면 우리는 다른 사람들처럼 그 괴물로부터 벗어나고 싶어진다.

현대 문화에서 가벼운 성관계에 관한 논의는 인간이 지닌 성욕의 힘을 더 솔직하게 인정할 필요가 있다(광고업계에서 성욕을 악용하는 사례가 암묵적으로 증명하고 있듯이). 우리 몸과 마음속에 내재되어 있는 삶을 변화시키는 힘은 피상적이거나 오락적인 의미 이상의 것을 말해준다. 그러나 교회에서 시도하는 대화는 성의 왜곡이나 금지가 아니라 성의 선함과 고결한 성욕, 즉 사랑과 생명을 부여하는 힘에서 시작해야 한다. 이 두 가지에 대한 올바른 질문은 다음과 같다. 우리의 성욕은 어떻게 우리의 온전한 인간다움에 기여해야 할까? 적절하게 사용하고 건전하게 즐길 때 우리의 성, 성욕, 그리고 그 만족감은 사랑을 주고받을 수 있는 인간의 능력에 기여하고 이를 강화하며 의미를 부여한다. 따라서 정욕을 악덕으로 간주하는 접근 방식은 다음과 같은 질문을 던진다. 무절제한 성욕은 우리의 인격과 지각과 감정을 어떻게 부적절하게 변질시키는가? 쾌락에 대한 우리의 습관적인 집착은 하나님과의 관계를 어떻게 강화하거나 약화할까? 그것은 인간관계를 어떻게 구축하기도 하고 무너뜨리기도 하는가?

정욕을 악덕으로 생각할 때 우리의 관심은 증상에서 더 근본적인 원인으로 이동한다. 정욕은 무질서한 욕망으로 여겨지기 위해 반드시 행동으로 옮겨질 필요는 없다. 이 장의 나머지 부분에서는 정욕이 어떻게 허리 아래의 발정의 문제이기 이전에 허리 위의 마음의 문제인지를 살펴볼 것이다.

무질서함 정의하기

성욕과 쾌락은 건전한 성행위가 주는 선물의 필수적인 요소다.[13] 문제는 정욕의 퇴행적인 충동에서 비롯된다. 정욕은 성적 쾌락의 추구를 한 사람과의 사랑의 관계를 떠나 개인적인 만족으로 축소한다. 탐식과 마찬가지로 정욕은 우리의 유일한 목적을 개인의 감각적인 자극으로 축소한다. 성과 그 목적에 대한 총체적인 관점이 없으면 정욕에 이끌린 쾌락은 성의 모든 좋은 점을 가장 저급한 육체적인 차원으로 격하시킨다.

인간의 온전한 성적 표현은 우리를 다른 사람들과 연결하고 관계를 맺게 하는 풍부한 대인관계 및 사회적인 차원을 가지고 있다. 정욕은 성적 쾌락이 개인의 특권이라는 허상에 사로잡히게 하여 이러한 잠재력으로부터 우리를 단절시킴으로써 성욕을 부적절하게 변질시킨다. 정욕에 사로잡힌 이들은 자기만족, 즉 자신의 쾌락을 지배적이고 때로는 배타적인 목적으로

---

13 "쾌락은 자연적인 작용에서 비롯되므로, 더 자연적인 작용에서 비롯될수록 쾌락은 훨씬 더 크다. 이제 동물에게 가장 자연스러운 작용은 고기와 음료를 통해 개인의 본성을 보존하고, 남녀의 결합을 통해 종의 본성을 보존하는 작용이다"(ST II-II 141.2). 아퀴나스는 성행위가 인류 전체의 지속을 위해 질서정연하게 이루어지는 한, 이를 "매우 큰 선"이라고 부른다(ST II-II 151.3). 성에 대한 현대의 논의는 성의 (생식적 측면뿐만 아니라) 통합적 측면을 강조하고 똑같이 긍정하지만, 아퀴나스는 이미 그보다 앞서간 자들(예. 사막 전통)보다 인간의 성행위와 그 선함을 훨씬 더 많이 받아들이는 방향으로 나아가고 있었다.

추구한다. 이러한 정욕의 특징은 다른 어떤 것보다도 질서 있는 성적 즐거움과 절대적으로 상반된다. 정욕은 성적 쾌락의 추구를 다른 사람을 사랑하는 행위와 단절시키고, 서로 자신을 내어주는 것이 아니라 내가 취하고 얻는 것을 의미한다. 정욕의 즉각적인 육체적 요구는 장기적인 인격적 유대 관계와 극명한 대조를 이룬다. 일단 만족감을 느끼면 정욕은 돌아서서 떠나간다. 우리가 정욕에 사로잡히면 우리는 사랑을 나누거나 생명을 주는 것과는 아무런 관련이 없다고 생각하며, 심지어 그런 생각조차 들지 않는다. 정욕은 성적 쾌락은 **나의** 쾌락이라고 말한다.

이것은 왜 특징적으로 정욕이 성의 고귀함을 그보다 못한 것으로 축소하는지를 설명해준다. 폴 리쾨르(Paul Ricoeur)는 "성적인 만남을 쉽게 만드는 모든 것은 동시에 그 만남을 **빠르게** 무의미하게 만든다"고 말한다.[14] 우리가 경험하기 전까지 가장 이해하기 어려운 것은 아마도 성적 표현의 매우 인간적이고 지극히 개인적인 특성일 것이다. 만약 우리가 욕망이 요구하는 대로 우리 성의 개인적·정서적·사회적 의미를 무시한다면 결국 침대에서 "더 뜨겁게" 만드는 팁과 기술을 제시하는 「코스모폴리탄」(*Cosmopolitan*) 잡지에 나오는 섹스 이야기만 남게 될 것이다. 「코스모」(*Cosmo*), 「맥심」(*Maxim*) 등은 사랑의 친숙함, 따뜻함, 취약함, 친밀감으로 가득 찬 성욕과 그 표현이 어떤 모습인지에 대해서는 할 말이 전혀 없다. 10대

14　Paul Ricoeur, *Sexualität. Wunder—Abwege—Rätsel* (Frankfurt: Rischer Bücherei, 1967), 15. Josef Pieper, *Faith, Hope, Love* (San Francisco: Ignatius, 1997), 266에서 인용됨.

소년들은 포르노 동영상의 허접한 줄거리를 가지고 농담을 하고, 동영상에서 묘사된 섹스에는 실제 이야기가 없으며, 거짓된 각본으로 만들어진 모든 신체적인 동작 때문에 인류의 역사가 모두 사라졌다고 암묵적으로 인식한다. 이러한 성 묘사는 성을 특정 개인이나 개인의 완전한 인격에 대한 존중 없이 요구에 따라 얻을 수 있는 상품(쾌락)을 만들어내는 하나의 공연(육체 플러스 행동)으로 전락시킨다. 비크너의 표현을 빌리자면 이러한 "인간성이 결여된 섹스"는 차갑고 냉정하며 피상적이다. 정욕에 사로잡힌 성은 상대방을 나의 쾌락을 위한 도구로 만든다. 조지프 피퍼(Josef Pieper)의 말처럼 정욕은 비인격적인 "그것"을 원하는 반면, 올바른 욕구는 우리를 기꺼이 독특하고 사랑스러운 사람으로 만들어준다.[15]

어떤 목사는 이 점을 다음과 같이 설명했다.

정욕은 상대방을 비인간화한다. 사실 정욕은 상대방을 비인간화할 필요가 있다. 정욕은 상대방이 온전한 인간일 때는 작동하지 않는다. 그래서 스트립댄서들은 항상 예명을 사용한다. 댄서가 본명을 사용하는 경우는 절대 없다. 왜 그럴까? 그 이유는 정욕이 필요로 하는 대상화(objectification)에 방해가 되기 때문이다. 스트립댄서를 훔쳐보는 남성은 그녀의 진짜 이름을 알고 싶어 하지 않는다. 이 클럽들을 텅 비게 하는 가장 좋은 방법은 댄서가 등장하기 전에 먼저 일어나서 "이쪽은 관능적인 수잔이지만, 본명은 메리 월린스키입니다. 수잔에

---

15 Pieper, *Faith, Hope, Love*, 265.

게는 네 명의 형제자매가 있습니다. 부모님은 다섯 살 때 이혼하셨습니다. 어머니는 알코올 중독자입니다. 그녀는 두 번 결혼했고, 마지막 남편은 그녀를 구타했습니다. 그녀에게는 두 자녀가 있으며 어렵게 살아가고 있습니다. 그녀는 개를 좋아하고 언젠가 치위생사가 되고 싶어 합니다"라고 소개하는 것이다. 그렇게 하면 그 자리가 텅 비게 된다. 그런 식으로 소개하면 친밀감과 인간성이 다시 부각되기 때문에 정욕을 차단할 수 있다. 정욕은 필요와 취약성을 포함하여 그 사람의 온전한 인간성을 원치 않는다. 정욕은 어두운 조명과 술에 취해 몽롱한 상태와 많은 거짓말을 원한다.[16]

우리가 정욕을 악덕으로 간주하는 이유는 정욕이 우리 성의 온전함을 온전한 인격으로 존중하지 않기 때문이다. 정욕은 성관계의 목적인 교감과 교제를 단절시킨다. 사실 정욕에 의한 쾌락의 추구는 서로 가까워져야 할 때 서로 멀어지게 한다. 정욕은 친밀한 행위를 모방할 순 있지만, 사실 그와는 정반대다.

    인간은 어느 정도 상실감을 느끼지 않고는 정욕에 빠지기가 어렵다. 이러한 공허함은 욕망의 힘과 함께 정욕을 강박적인 과잉으로 몰고 간다. 쾌락의 극치에 대한 다른 중독과 마찬가지로 만약 당신이 이와 관련된 것들에 무감각해졌다면 덜 온전한 인간이 되는 데도 성공한 것이다. 모든 고

---

16 Rev. Peter Yonker, "Lust" (sermon, La Grave Avenue Christian Reformed Church, Grand Rapids, MI, March 11, 2018), https://www.lagrave.org/sermon-archive/.

착화된 악덕의 패턴은 우리를 자신을 훼손하고 파괴하는 길로 인도한다. 정욕도 예외는 아니다. 따라서 정욕이 우리로 하여금 외롭고 성취감을 느끼지 못하는 상태에 빠지게 하는 것은 당연하다.

나를 채우고 만족시키기

쾌락을 추구하는 정욕의 역학관계는 가까운 사촌격인 탐식의 역학관계와 유사하다. 이 두 가지 악덕의 과잉은 쾌락 그 이상을 위한 것을 단순한 쾌락으로 전락시킨다. 비크너는 이 두 악덕의 유사성에 대해서도 주목한다. "누군가를 성적으로 알고 싶은 욕망의 뿌리는 그 사람을 인간적으로 알고 그 사람에게 알려지고 싶은 욕망이다. 영양분이 없는 음식은 오래도록 배를 채우지 못하며, 인간다움이 결여된 성관계도 마찬가지다."[17] 탐식가가 음식을 즐거움과 만족감을 채우는 유용한 수단으로만 보는 것처럼 정욕에 빠진 사람은 성을 자신에게 쾌락을 제공하는 데 유용한 측면에서만 본다.[18]

정욕이 이런 측면에서 탐식과 닮았다는 사실에 우리는 놀랄 필요가 없다, 왜냐하면 둘 다 촉감이라는 육체적 쾌락에 관한 악덕이기 때문이다. 먹는 즐거움에 대한 무질서한 욕망을 가진 탐식가는 평범한 양질의 단순한

---

17 Buechner, *Wishful Thinking*, 107.
18 그리스 철학자 아리스토텔레스의 용어를 빌리자면 욕망은 (우리가 자신을 사랑하듯이) 다른 사람을 위해 사랑하는 미덕의 우정을, 상대방이 우리가 기대하는 유용성과 쾌락을 제공하는 한 계속되는 효용과 쾌락의 우정으로 격하시킨다. 다음을 보라. *Nichomachean Ethics* 8.

식사가 주는 즐거움에 점점 더 감사하고 만족할 수 없게 된다. 그는 점점 더 자극적이고 만족스러운 음식을 필요로 한다.[19] 그리고 습관적인 방종은 욕망과 만족에 대한 요구를 더욱 강화할 뿐이다. 이것이 그의 잘못인가? 그는 음식으로 배를 채움으로써 무한한 영적인 허기를 채우려고 노력한 것이다. 그러한 자기 성취는 처음에는 확실히 더 쉬워 보인다. 그러나 설령 방종이 육체적 욕구를 달래고 공허함을 당장은 잠재울 수 있다 해도 영생과 온전한 성취감에 대한 그의 욕망은 일시적인 식욕의 즐거움으로는 결코 해소될 수 없다. 정욕이 점차 커지는 것도 마찬가지다.[20] 절제와 순결 같은 미덕은 욕망을 억제하거나 금지하는 것이 아니라 욕망을 훈련하고 관리하여 쾌락이 주는 만족감을 누리고 즐기는 방법을 우리에게 가르친다.[21] 이러한 미덕에 대한 거짓된 평판이 기만적일 수 있듯이 사실 진정한 쾌락의 파괴자는 자기 조절이 아니라 과잉이다. 육체적인 것에 진심으로 감사하려면 이를 영적인 욕구를 충족시키는 데 사용해서는 안 된다.

정욕은 몸을 필요로 하는 육체적인 쾌락을 가리킨다. 그러나 정욕을 악덕으로 이해하는 것은 우리의 육체적인 행위가 영적인 필요 및 영적인 영향과 불가분의 관계에 있음을 이해하는 것이다. 비크너가 지적했듯이

---

19 *ST* II-II 142.2 and 151.1-2.
20 이 역학관계는 일반적인 형태(성욕)와 특정한 형태, 즉 성적인 형태 모두에 적용된다. 각주 6을 보라.
21 평생 금욕을 맹세한 사막 교부들에게 있어 금욕의 목표는 모든 성적 욕망을 억제하고 금지하는 것이었다. 후대의 사상가들은 금욕적인 지침을 완화했다. 해석자들은 그들의 조언을 질서 있는 성생활과 결혼을 통한 성의 표현에 대한 일반적인 견해로 오해해서는 안 된다.

"간음이든, 이성 또는 동성 간의 문란한 성행위이든, 자위든 간에 가장 매력적인 관점은 아무도 다치지 않으면 무엇이든 괜찮다는 것이다. 문제는 인간은 워낙 정신신체적으로(psychosomatic) 구성되어 있어서 신체[soma]에 일어나는 일은 정신[psyche]에도 일어나고 그 반대의 경우도 마찬가지라는 점이다."[22]

정욕은 왜 감각적인 만족을 추구하면서 인간을 공허하게 만들기도 하고 과잉으로 몰아가는 것일까? 그 이유는 더 나은 것을 더 못한 것으로 대체하려고 하기 때문이다. 육체적인 면뿐만 아니라 영적인 면을 지닌 우리는 자신을 충족시키기 위해 육체적 만족 이상의 무언가가 필요하다. 일시적인 육체적 해결책이나 한순간의 열정으로는 충분하지 않다. 습관적인 악덕인 정욕은 만족할 줄 모르는 특성이 있는데, 이 특성은 우리에 관한 이러한 사실을 잘 보여준다.

그리스 철학자 플라톤은 아리스토파네스라는 희극 시인의 목소리로 에로스(성적 욕망)에 관한 신화를 들려준 적이 있다.[23] 그가 들려준 기상천외한 이야기에 따르면 신들은 원래 인간을 네 개의 팔과 네 개의 다리, 두 개의 머리를 가진 둥근 형태의 생물로 창조했다. 자신의 능력을 빼앗으려 한 것에 대한 벌로 신들은 인간을 "가자미처럼" 반으로 잘라버렸다. 따라서 현재의 인간은 원래 전체의 절반만 남은 채로 쇠약해져 있다. 아리스토파네

---

22 Buechner, *Wishful Thinking*, 108.
23 Plato, *Symposium*, trans. Alexander Nehamas and Paul Woodruff (Indianapolis: Hackett, 1989), 189c–94e.

스에 따르면 **에로스**는 나머지 반쪽과 재결합하려는 인간의 갈망을 가리키며, 우리의 성적 욕구는 완전함에 대한 갈망을 표현한다.[24] 이 고대 이야기에서 묘사하는 갈망은 오늘날에도 여전히 우리의 삶을 주도하고 있다. 저스틴 팀버레이크(Justin Timberlake)는 자신을 거울처럼 비춰주는 여성에 대한 욕망을 묘사하는 최근의 많은 음원 중 하나를 다음과 같이 소개한다. "난 지금 당신을 잃고 싶지 않아 / 나는 나의 반쪽을 바로 보고 있어."[25]

하지만 아리스토파네스는 설령 성적인 결합이 현재로서는 재결합이나 잃어버린 온전함을 회복하기 위한 최선의 소망이라 할지라도 그것은 불완전하며 일시적이라고 말한다. "연인들이 서로에게 진정으로 원하는 것이 섹스의 친밀함이라고 생각하는 사람은 아무도 없으며, 단순한 섹스가 각 연인이 상대방과 함께 있을 때 그토록 크고 깊은 기쁨을 느끼는 이유라고 생각하는 사람도 없다. 모든 연인의 영혼은 다른 무언가를 갈망하고 있으며, 그것이 무엇인지 말할 수는 없지만, 신탁처럼 자신이 원하는 것이 무엇인지를 감지하고 있으며, 신탁처럼 수수께끼 뒤에 숨어 있다."[26] 이러한 재결합은 본래의 "온전함" 또는 하나 됨을 되찾으려는 우리의 열망을 표현하지만, 제아무리 많은 육체적 성관계나 쾌락을 즐긴다 해도 그 욕구를 채워줄 수는 없다고 그는 주장한다. "단순한 섹스"와 그 관능적인 쾌락

---

24 이 생각은 제리 맥과이어의 그 유명한 "당신은 나를 완성합니다"라는 장면보다 더 심오하다. 물론 그 아이디어를 분명히 반영하고 있지만 말이다. Cameron Crowe가 감독한 영화 "제리 맥과이어"(Culver City, CA: TriStar Pictures, 1996), DVD.
25 Justine Timberlake, "Mirrors," *20/20 Experience* (Sony, 2013).
26 Plato, *Symposium* 192d.

으로 인간의 만족감을 모두 채우려 할 때 우리는 실패할 수밖에 없는 전략에 목매고 있는 것이다. 성적인 쾌락을 통해 인간의 근본적인 행복에 대한 갈망을 충족시키려는 시도는 결국 실망만 안겨줄 것이 뻔하다. 그렇다면 우리는 왜 그것으로 충분하리라고 스스로를 속이면서 그것을 계속 시도하는 것일까? 우리는 왜 끊임없이 정욕이 가져다주는 약속과 계략에 유혹을 받을까?

악덕을 추구하면 좋은 것에 대한 애착이 과잉으로 변해 자신과 욕망의 대상을 모두 왜곡한다. 분노는 정의와 명예에 대한 피상적인 관심에서 비롯되고, 탐욕은 충분한 소유를 원하며, 탐식은 생명을 지탱하는 음식과 음료에서 행복을 찾고, 허영은 타인의 인정과 긍정을 추구한다. 악덕은 하나님만이 채울 수 있는 우리 마음의 빈자리와 필요를 이 좋은 것들로 채우려고 할 때, 그리고 그것들을 하나님의 (유한한) 선물로 이해하고 받아들이기보다는 그것들을 기준으로 행복을 정의할 때 생겨난다.

여기서도 우리는 정욕을 통해 근원적인 악덕과 교만의 친숙한 연관성을 발견한다. 우리의 선을 위한 하나님의 뜻과 섭리를 신뢰하지 않으려는 유혹은 에덴동산에도 있었고 지금도 여전히 큰 유혹으로 남아 있다. 정욕은 나 자신을 위해, 나 혼자의 힘으로 행복을 설계하려는 또 다른 형태의 습관에 불과하다. 정욕 속에서 나는 나 자신의 쾌락을 목표로 삼고, 그것을 어디서, 언제, 어떻게 얻을지를 결정한다. 내 삶은 내 욕망, 욕구, "필요"를 중심으로 돌아가고 내가 원할 때 이를 내 방식대로 충족시킨다. 나는 모든 것을, 그리고 모든 사람을 그 목적을 이루기 위한 도구로 삼는다. 나는 하나님의 사랑과 타인의 사랑이 필요하다는 사실을 부인하고, 그것을 선물로 받기 위해 기다리지 않는다. 나는 나 자신의 기쁨을 찾고, 나 자신의 만족을 위한 욕구를 충족시키고, 나 자신을 채우는 것을 선호한다. 다른 사람의 사랑에 의존하여 위험을 감수하며 다른 사람에게 자신을 내어주는 사람과는 달리 정욕을 추구하는 사람은 자율성과 통제력을 가지고 자신의 선을 자신에게 제공하는 것을 선택한다. 탐욕과 마찬가지로 자신을 위해 취하는 것이 다른 사람의 손이나 마음에서 우리가 필요로 하고 갈망하는 것을 받아들이는 것보다 더 안전하다고 생각한다. 항복, 취약성, 친밀감, 의존성은 우리가 어떤 대가를 치르더라도 거부하기 어려운 것이다. 독립을 고집하고 스스로를 위해 거짓된 형태의 행복을 창출하는 행위는 정욕이 교만한 뿌리를 드러내고 있다는 신호다. 정욕은 다른 악덕과 마찬가지로 지겹고 오래된 게임을 계속한다. 다른 모든 악덕과 마찬가지로 게임에서 승리한다는 것은 곧 패배를 의미한다.

  인간은 하나님에 대한 사랑과 서로에 대한 사랑에서 진정한 만족을 얻기 때문에 사랑을 표현하는 성적인 행위에는 진정한 인격체가 필요하다. 그것은 단순히 유익하거나 즐거운 거래가 아니라 온전한 인격적인 만남을 요구한다. 서로에게 자신을 내어줄 수 있는 자유와 상대방을 기꺼이 받아들일 수 있는 의지가 필요하다. 아무도 이와 관련된 위험을 부인하지 못할 것이다. 우리는 주변에서, 때로는 우리 가족 안에서 다양한 실패를 목격해 왔다. 사랑을 선택한다는 것은 결점이 있는 사람이 우리에게 해줄 수 있는 일이나 그가 우리에게 주겠다고 약속하는 즐거움 때문만이 아니라 그 사람 자체로 인정하고 소중히 여길 수 있는 기회다. 그러나 이 진실하고 날것 그대로인 사랑의 특징, 즉 서로에게 자신을 내어주는 자유는 상대를 도구화하고 조종하는 정욕의 시각에서 배제되어 있다. 인간의 성에서 사랑과의 연관성을 제거하면 성적 쾌락을 더 안전하고 쉽게 얻을 수 있고 표면적으로는 우리가 통제할 수 있어 보이지만, 교만한 자기만족을 추구하는 안전은 우리에게 진정으로 필요한 것들로부터 우리를 차단하기도 한다.

쾌락의 역설

우리가 습관적으로 무언가를 오용할 경우 우리는 그것의 진정한 가치를 인식하는 능력을 잃어버리는 경향이 있다. 탐식과 마찬가지로 우리가 쾌락을 얻기 위해 무언가를 전심으로 집요하게 추구할수록 쾌락에 대한 욕구가 충족될 가능성은 낮아진다. 성적 자위는 점차 그 맛을 잃게 된다. 한때는 황홀하게 느껴지던 것이 결국 둔해지고 지루해진다. 포르노 시청은 이러한 역학관계를 잘 보여주는 사례로, 마약 퇴치 단체인 "신약[새 마약]과 싸워라"(Fight the New Drug)에서 충분한 자료를 제공한다.[27] 이 자료는 포르노 시청(이 활동을 우리가 소비주의적으로 이야기하는 방식에 주목하라)이 놀라운 증가율을 보인다는 것을 보여준다. 포르노를 상습적으로 시청하는 사람들은 자신의 삶을 방해하고 지배할 정도로 포르노 시청 빈도를 빠르게 늘려나가고

27　Fight the New Drug, September 1, 2018, https://fightthenewdrug.org/overview/.

있다. 한편, 이들의 흥미를 유발하는 데 필요한 변태적이고 참신한 콘텐츠의 수위는 싫증이 난 성인들도 충격을 받을 정도로 빠르게 높아지고 있다. 이 업계는 마약상처럼 이러한 진보적 역학관계를 극대화하기 위해 경험과 노출을 신중하게 설계한다. 심지어 일반 시청자들도 순식간에 모든 종류의 추악한 일탈 행위(가학성 폭력과 강간, 아동 포르노 등)에만 흥분하게 된다. 한 남성은 다음과 같이 말한다. "저도 힘겹게 싸우고 있는 포르노 중독자로서 포르노가 점점 더 여성에게 잔인해지고 있다는 [포르노 영화] 제작자의 말이 사실이며, 점점 더 심해질 것이라는 것을 알고 있다. 인간의 본성에는 평범한 것에 둔감해지는 무언가가 있다."[28] 정욕으로 추구하는 쾌락은 왜 우리를 만족시키지 못하는 것일까? 진정으로 만족스러운 쾌락은 왜 정욕에 빠진 사람에게 그토록 도달하기 어려운 목표일까?

고대 그리스인들이 지적했듯이 우리는 쾌락과 인간의 성취감을 쉽게 혼동하는데, 이는 우리가 행복과 마찬가지로 쾌락을 그 자체로(또는 철학자들이 말하는 것처럼 "그 자체를 목적으로") 추구하기 때문이다. 그러나 쾌락의 역설은 쾌락을 직접 추구한다고 해서 얻을 수 없다고 말한다. 아리스토텔레스는 우리가 특정한 방식으로 이루어지는 특정 활동의 부작용으로서 쾌락을 경험하며, 특정 활동은 그 특징적인 열매로서 그에 상응하는 쾌락을 가져다준다고 말했다. 우리는 쾌락을 단독으로 얻을 수 있는 것으로 착각할 수 있지만, 사실 쾌락은 연관된 활동 없이는 경험할 수 없다. 쾌락은 그에

---

[28] XXXchurch.com, February-March 2008, http://www.xxxchurch.com/prayerwall.

수반되는 대표적인 활동만큼이나 독특한 것으로 드러난다. 햇살 아래 앉아 있거나 축구를 하는 즐거움은 좋은 책을 읽는 즐거움과 같지 않다. 『언브로큰』(*Unbroken*)과 같은 흥미진진한 전기를 읽는 즐거움은 『캘빈과 홉스』(*Calvin and Hobbes*) 같은 만화책을 읽는 즐거움과 다르다. 내 자신을 위해 책을 읽는 즐거움과 자녀에게 책을 읽어주는 즐거움은 다르다.[29]

성적 쾌락도 이와 다르지 않다. 이는 정욕이 점점 더 자극적이고 새로운 것을 요구하는 반면, 행복한 결혼생활을 하는 사람은 같은 배우자와 결혼한 지 수십 년이 지나도 여전히 전통적인 성관계를 즐길 수 있고 시간이 지날수록 더 그럴 수 있는 이유를 설명해준다. 성적 쾌락은 그 질과 만족감 모두 어떤 유형의 활동을 통해 얻는지에 따라 달라진다. 정욕에 사로잡힌 사람은 잠깐은 기분이 좋지만 그 이상의 만족을 얻을 수 없는 얄팍한 버전의 육체적 쾌감을 얻는다. 여러 연구에 따르면 일부일처제의 결혼생활을 하는 사람들이 난잡한 성관계를 맺는 사람들보다 성적 만족도가 (질적, 양적 측면에서) 더 높은 것으로 일관되게 나타났다. 왜 그럴까? 그러한 결혼생활에서 얻는 성적 쾌락은 시간과 경험이 쌓일수록 더 커지는 사랑의 열매이기 때문이다. 육체적인 쾌락만을 추구하고 자신의 쾌락만을 위해 성관계를 맺는 사람들은 **그러한** 종류의 쾌락을 얻을 수 없다. 매들렌 렝글(Madeleine

---

[29] Aristotle, *Nichomachean Ethics* 10.5 (1175a25), trans. T. Irwin (Indianapolis: Hackett, 1999). 또한 다음을 보라. Alasdair MacIntyre, *After Virtue* (Notre Dame, IN: University of Notre Dame Press, 1981), 197-98. 아퀴나스는 이 기준을 사용하여 성적 접촉의 쾌락과 미각의 쾌락(촉각도 포함)을 구분한다. 다음을 보라. *ST* II-II 151.3.

L'Engle)은 "오랫동안 사랑한 연인에게"(To a Long Loved Love)라는 시에서 이렇게 썼다.

> 초승달이 차오르는 것을 함께 보아온 우리
> 추운 겨울이 들판과 돌을 뒤덮는 것을 보아온 우리
> 마치 땅과 물을 영원히 차지할 것처럼
> 살의 촉감과 뼈의 모양을 아는 우리
> 흰 들판에 그림자를 드리우는 초승달을 알고 있네
> 꽃이 만발한 봄보다 더 아름다운
> 시련을 견뎌낸 육체를 안다는 것이 여전히 얼마나 많은 열정을 가져다주는지
> 이 정든 방이 얼마나 기쁨과 위로를 주는지를.
>
> 이제 달도 없고 등불도 없는 이 어두운 침대에서
> 내 몸은 당신의 모든 선과 곡선을 알고 있네
> 내 손가락은 당신의 팔다리와 머리의 모양을 알고 있네
> 수학의 황홀경이 지속하는 것처럼 순수하게.[30]

이 경우 친숙함은 경멸과 지루함이 아니라 더 깊은 신뢰와 친밀감을 가져

---

[30] Madeleine L'Engle, "To a Long Loved Love," in *The Ordering of Love: New and Collected Poems of Madeleine L'Engle* (Colorado Springs: Shaw Books/Waterbrook, 2005), 3.

오며, 바로 이런 맥락에서 성적 쾌락이 무르익고 만개한다. 아가서 저자는 이렇게 조언한다. "내 사랑하는 자가 원하기 전에는 흔들지 말며 깨우지 말지니라"(8:4). 이러한 반문화적인 조언은 성경의 나머지 부분에서 알 수 있듯이 성적 쾌락을 억제하려는 사람들이 아니라 성적 쾌락의 절정이 우리에게 가능하다는 것을 알리려는 사람들에게서 나온 것이다. 이러한 예를 통해 알 수 있듯이 온전한 인간적인 친밀감 없이 쾌락을 충족시키는 것은 정욕이 가장 좋아하는 거짓된 약속이다. 다른 악덕과 마찬가지로 정욕은 우리에게 행복의 모조품, 즉 진짜를 대신하는 대체품을 제공한다. 만족스러운 성적인 즐거움은 나를 있는 그대로 좋아하는 사람과의 사랑스러운 관계에서 얻을 수 있다. 당신이 잠시 독신으로 있든, 결혼을 했든, 평생 독신으로 살든, 욕망을 올바르게 조절한다는 것은 당신의 마음과 생각과 몸으로 하는 모든 일에서 그 진리를 존중하는 것을 의미한다.[31]

정욕의 희생자

정욕에 대한 가장 일반적인 가정 중 하나는 욕망은 누구에게도 해를 끼치

---

[31] 여기서 나는 비록 그러한 경우를 명시적으로 다루고 있진 않지만, 순결의 미덕, 즉 성욕은 평생 사랑하는 관계(전통적으로는 오직 결혼 관계)에서 추구하고 충족해야 한다는 것을 존중하는 것도 적절한 조건이 갖춰지지 **않을** 때 성욕의 충족을 자제하는 것을 요구한다. 이는 조건이 선택된 경우(예. 종교적 서약을 하는 경우)나 선택되지 않은 경우(예. 결혼할 수 없거나 배우자가 사망하거나 병에 걸리거나 한동안 부재한 경우)에 해당한다. 올바른 조건과 올바른 종류의 선(즉 인간적이든 신적이든 다른 사람과의 사랑스러운 관계)을 위해서만 성적 욕구를 충족하도록 의도적으로 자신을 훈련하면 두 가지 유형의 상황에 모두 잘 대비할 수 있다.

지 않는다는 것이다. 아퀴나스는 13세기에 이미 이러한 "무해성"에 대한 반론을 예고했다. 간음(전통적으로 혼외 성관계를 가리키는 용어)에는 두 명의 자발적인 성인이 관여한다. 아무도 다치지 않았으므로 간음은 죄로 여겨지지 않는다.[32] 현대 문화에서는 "해를 끼치지 않았으므로 잘못이 없다"라는 논리가 성립된다. 당사자가 동의했다면 성적 욕구를 표현하는 것이 합법적이지 않을 이유가 무엇이겠는가?[33] 욕구를 충족시키는 것은 즐겁고 재미있는 일인데, 뭐가 문제란 말인가?

어떤 경우에는 정욕으로 인한 상처를 더 쉽게 인정한다. 다윗과 밧세바의 이야기(삼하 11-12장)에서 왕의 욕망은 모든 것이 끝나기도 전에 엄청난 희생자를 낳는다. 다윗의 이기적인 성적 욕구의 충족으로 인해 우리아가 먼저 목숨을 잃고, 밧세바가 남편과 아이를 잃고, 마지막으로 다윗과 하나님의 관계가 고통스럽게 단절되고(시 51편) 그가 아들을 잃는 대가를 치른다. 하지만 피해는 직접 연루된 사람들에게만 국한되지 않는다. 우리아는 충실히 섬겨온 왕에게 배신을 당하고, 다윗의 장군 요압도 그 배신에 연루되어 죽음을 맞이한다. 그래서 다윗의 군대와 (예언자 나단의 방문 이후에는) 궁궐의 신하들과 백성들은 왕이 자신의 이기적인 욕망을 채우기 위해 순종

---

32 *ST* II-II 154.2 obj. 4. 아퀴나스가 미혼자 간의 성관계("음행")에 대해 이의를 제기하는 이유는 그것이 잘못된 것이라고 인식하기 가장 어려운 성적 부적절함의 사례라고 생각하기 때문이다. 반면에 십계명은 간음을 금지하는데, 이는 간음이 가장 쉽게 인식할 수 있는 사례이기 때문이다. 그는 이 계명이 산상수훈(마 5:27-28)에서 예수가 가르친 것처럼 "음욕을 품기 위해 다른 사람을 보는 것"을 포함한 **모든** 성적 부적절함에 적용된다고 지적한다.

33 현대 문화가 제대로 보고 있는 것은, 비록 충분하지는 않지만, 의지적으로 동의하는 것이 **인간**으로서 맺는 성적 관계의 필수 요소 중 하나라는 점이다.

적인 신하들을 기꺼이 희생시키는 것을 목격한다. (여기에는 죽음을 각오해야만 왕의 요구를 거절할 수 있었던 밧세바도 포함된다.) 다윗의 정욕은 신뢰를 깨고 충성심을 약화하며 모든 관계(개인적, 정치적)에 타격을 입힌다.

간음은 분명히 해를 입히지만, 정욕은 심지어 신실한 결혼생활 안에서도 깊은 상처를 입힐 수 있다. (친밀감의 가능성을 잊을 정도로 성의 생식 목적을 지나치게 강조한) 아퀴나스가 남편은 자신의 성적 쾌락을 위해 아내를 음란하게 이용하지 말라고 명시적으로 경고했다는 점은 주목할 만하다. 이는 남편과 아내 사이의 "신뢰를 깨뜨리기" 때문에 간음보다 더 나쁜 범죄일 정도로 "결혼의 선에 반하는 것"이라고 그는 말한다.[34] 아내도 남편이 자기를 이용하고 무시하고 있음을 알게 될 것이며, 이는 또한 배신감으로 느껴질 것이다.

정욕이 우리를 직접 불로 태워 죽이지는 않더라도 그 연기에 의한 피해는 광범위한 파괴를 일으킬 수 있다. 성범죄자가 이사를 오면 이웃이 위협을 느낀다. 어린아이들은 곳곳에 널려 있는 광고 전단지로 낯뜨겁고 노골적인 성적 콘텐츠에 노출된다. 성관계를 가진 청소년은 더 우울감을 느끼고, 그들의 선택은 다른 사람들에게 압력 문화를 조성하며, 성희롱과 음담패설은 공공장소와 직장을 적대적이고 불편한 장소로 만든다. 이성에게 작업을 거는 행위는 술에 취한 상태에서 낯선 사람과 만나는 것을 정상으로 여기게 만들고 질병 발병률을 증가시킨다. 우리는 섹스를 의미하는 추

---

34   *ST* II-II 154.8 ad 2.

악한 단어(F자로 시작하는 욕설 폭탄)를 사용하여 심한 경멸을 표현하고, 동거하는 젊은이들은 이후의 관계에 피해를 주며, 성적 학대와 외도는 가정, 교회, 공동체를 파괴한다. 최근 통계에 따르면 15-17세 청소년의 80% 이상이 높은 수위의 인터넷 음란물에 여러 번 노출된 경험이 있는 것으로 나타났다. 설령 보지 않는다 하더라도 이러한 이미지가 머릿속에 각인되는 힘은 누구나 잘 알고 있다. (나오미 울프는 대학 내에서 이루어지는 성관계에 대한 남성의 관점을 이렇게 설명한 적이 있다. "실제로 벌거벗은 여자는 그저 나쁜 포르노에 불과하다.")[35] 이러한 경험은 남녀공학의 강의실, 데이트, 사무실, 결혼생활의 분위기를 어떻게 오염시킬까? 한 공동체의 일원으로서 우리는 종종 정욕의 부수적인 피해를 오랫동안 안고 살아간다.

그 피해는 덜 선정적이고 더 미묘할 수 있다. 우리는 우리의 지속적인 문화 형성 과정이 우리 자신의 위험에 미치는 영향을 과소평가한다. 지속적인 정욕의 습관은 우리 사회를 더욱 거칠고 조잡하게 만들고 세상을 덜 아름답게 만든다. 정욕은 좋은 관계를 훼손히는데, 그 이유는 부문적으로 성에 대한 우리의 상상력과 서사가 기형화되었기 때문이다. 정욕적인 태도는 우리가 이성에 대해 생각하고 말하는 방식에 스며들어 있다. 속어 사전에서 성과 관련된 용어를 확인해보면 경멸적이고 폭력적인 용어가 놀라울 정도로 매우 높은 비율을 차지한다는 것을 알 수 있다. 우리가 일상적인 말

---

35 Naomi Wolf, "The Porn Myth," *New York Magazine*, October 9, 2003, http://nymag.com/nymetro/news/trends/n_9437/.

과 행동에서 우리 내면의 가장 깊은 감정을 안전하게 차단하거나 자기검열을 할 수 있다고 생각하는 것이 합리적일까? 우리가 음악과 영화 속에서 접하는 여성 혐오와 성폭력에 대한 일상적인 경험은 비록 그것이 "왕좌의 게임"(Game of Thrones)에 나오는 랩 가사나 등장인물이 보여주는 과도한 수준까지는 아니더라도 우리가 남성과 여성 모두에게 성적으로 무엇을 기대할 수 있고 기대해야 하는지에 대한 우리의 사고를 암묵적으로 형성한다. 왜곡된 성적 관념이 우리가 숨 쉬는 공기를 오염시키면 정욕은 우리에게 더 이상 개인적이고 사적인 문제가 아니다.

로버트 솔로몬(Robert Solomon)은 "야한 플레이보이 화보를 너무 많이 보며 즐기는" 무해한 재미를 정죄하는 종교적 신사들을 조롱하는데,[36] 그의 발언은 부끄러운 (또는 아마도 의도적인) 무지를 드러낸다. 오늘날 포르노 시청과 그 강제력에 대한 통계를 읽어보지 못했거나 중독자들의 증언을 통해 자기혐오와 그로 인한 가정 파탄을 인식하지 못했다는 것은 거의 불가능한 일이며,[37] 수십억 달러 규모의 섹스(및 성매매) 산업의 착취적인 성 역학관계와 그 남용으로 인해 삶이 피폐해진 사람들은 더 말할 것도 없다. 윌라드는 이러한 관행에는 항상 "경멸이나 심지어 혐오라는 요소가 포함되어 있다"고 지적한다. "그 동영상에 등장하는 사람들은 **명백히** 이용당하고 있으며, 시청자에 의해 혐오감 또는 고통을 받아 마땅한 존재로 여겨지기도 한다.

---

[36] Robert Solomon, ed., *Wicked Pleasures: Meditations on the Seven "Deadly" Sins* (Lanham, MD: Rowman & Littlefield, 1999), 3.
[37] 다양한 사례는 음란물 사역 사이트인 www.xxxchurch.com/connect를 보라.

따라서 그들과 적절한 인간관계를 맺을 가능성은 전혀 없다."[38]

정욕이 이러한 유형 또는 수준의 피해를 입히지 않는다고 해도 그것이 언제나 감추어져 있는 것만은 아니다. 윌라드는 정욕에 대한 예수의 산상수훈 말씀을 해설하면서 비록 정욕은 마음과 생각에서 시작되지만, 빠르게 전인격과 사회적 관계로 퍼져나간다고 주장한다.

시각적인 정욕에 대한 환상에 사로잡히면 정욕은 분노와 경멸처럼 자신의 존재를 드러낸다. 이는 "신체 언어"와 표현[성과 이성에 대해 이야기할 때 사용하는 언어를 포함]에서 감지된다. 그 결과, 그것은 정작 "행동으로 옮겨지지 않더라도" 그 상황과 맞닿아 있는 모든 사람에게 광범위한 영향을 미친다. 실제로 그것은 **체화된 사회적 자아**[강조는 덧붙여진 것임]의 조건이기 때문에 **항상** 어느 정도는 행동으로 나타나며 단순히 사적인 현실로만 남아 있을 순 없다. "외모"는 그것이 이루어지는 개인적 관계의 전체 틀을 재구성하는 공적 효과를 가진 공적 행위다.

환상의 대상이 된 사람뿐만 아니라 그 주변에 있는 사람들도 그러한 욕망에 크게 영향을 받는다.…피해를 당한 당사자와 주변의 모든 사람은 지속적인 계획과 관리를 통해 "이에 대처해야" 한다. 우리가 알고 있는 성희롱은 예수의 성 윤리 아래서는 단순히 사라질 것이다.[39]

---

38 Willard, *Divine Conspiracy*, 164. 그의 맥락에 따른 자세한 논의는 158-68을 보라. 욕망과 폭력의 연관성에 대해서는 56을 보라.
39 Willard, *Divine Conspiracy*, 161.

이기적인 성적 쾌락을 상습적으로 탐닉하는 것이 일상화된 사회는 친구, 동료, (미래의) 배우자와의 건강한 관계를 저해한다. 이러한 사회는 순결한 삶이나 금욕 기간의 실천을 너무 어렵게 만들어서 우리는 이제 사람들에게 그러한 다짐을 요구하는 것이 불가능하다고 생각한다. 그리고 이것은 정욕이 하나님의 사랑을 인식하고 받아들이는 능력에 영적으로 미치는 영향력을 고려하기 전의 이야기다.

앨런 패튼(Alan Paton)은 그의 저서 『너무 늦은 도요새』(*Too Late the Phalarope*)에서 욕망의 부식 능력에 대한 이야기를 들려준다. 남아프리카 공화국의 경찰관 피터 반 블란덴(Pieter van Vlaanderen)은 늦은 밤 도시 외곽의 공터에서 한 젊은 여성과 성관계를 가진 것을 후회하며 반성한다.

자신이 얼마나 거기에 오래 머물렀는지 기억이 나지 않지만, 그는 마침내 그 자리에서 일어나 그 공터에서 나왔다. 그리고 그의 몸과 옷에서는 잡초 냄새가 났고, 그 지독한 냄새는 그의 타락의 상징이었다.…그리고 그는 자녀들을 생각하면서 다시 심한 고통을 느꼈다. 어떤 사람이 자신이 만든 것을 파괴하고 자신이 사랑했던 것을 해치겠는가?…지난 열두 시간 동안 한 사람의 어리석은 행동으로 인해 온 세상은 바뀌었다. 그리고 어떤 광기가 한 사람으로 하여금 그토록 말로 표현할 수 없는 일을 저지르게 하고, 아내와 자식, 어머니와 친구들의 울음소리에 귀를 막고, 그들의 위험에 눈이 멀어 기쁨도 주지 않는 말할 수 없는 쾌락, 즉 자식의 머리털 하나만큼의 가치도 없는 그 쾌락을 좇게 만들었을까? 그런 욕망은 틀림없이 육체의 욕망이 아니라 병들고 일그러진 영혼의 미친 욕망이었을 것이다. 왜 내가 이런 욕망에 빠져야 할까? 그는 스스로에게 물었다. 그것은 어디에서 왔을까? 그리고 어떻게 치료할 수 있을까? 그러나 그는 이 질문들에 대한 답을 얻지 못했다.…

그리고 자신에 대한 끔찍한 깨달음은 그를 무겁게 짓눌렀고 그의 웃음과 아내의 웃음을 빼앗아 갔으며, 그 집에서 유일하게 웃는 생명체는 아이들뿐이었다. 그는 어둡고 무거운 마음으로 일하러 갔다가 어둡고 무거운 마음으로 돌아와서 아이들과 놀아주는 것이 일상이었지만, 그의 아내는 그것이 예전과 같지 않다는 것을 보고 알 수 있었다.[40]

패튼의 이야기에서 알 수 있듯이 정욕은 정욕을 품는 사람에게도 피해를 준다. 이러한 피해는 무기력함에서 절망감에 이르기까지 다양하며, 우울증, 외로움, 수치심, 냉담함, 아름다움을 느끼지 못하는 무감각함, 자기혐오 등을 포함한다. 정욕은 분명 즉각적인 쾌락을 가져다줄 수 있다. 그렇지 않다면 누가 다시 되돌아가겠는가? 그러나 정욕은 자신과 타인에 대한 무례함도 가져다준다. 비크너는 이렇게 말한다. "누가 상처를 받고 누가 상처를 받지 않는다고 어떻게 누가 함부로 말할 수 있겠는가? 어쩌면 그 상처들은 모두 내면적인 것일 수도 있다. 어쩌면 엑스레이에 무언가가 나타나기까지는 몇 년이 걸릴지도 모른다. 어쩌면 다친 사람은 오직 당신 자신뿐일 수도 있다."[41]

---

[40] Alan Paton, *Too Late the Phalarope* (New York: Scribner, 1996), 154, 163, 200.
[41] Buechner, *Wishful Thinking*, 108.

몸과 영혼

초기 그리스도인들의 금욕주의와 독신주의는 때때로 육체에 대한 거부를 암시하는 것처럼 보이기도 한다.[42] 에바그리오스는 정욕을 피하려는 젊은 수도사들에게 여성과의 만남을 피할 것을 권한다.[43] 또한 그는 다음과 같이 경고한다. "여자를 보는 것은 독화살과 같아서 영혼에 상처를 입히고 독을 주입하며, 그 독이 거기에 오래 머무는 동안 상처가 더 많이 곪게 한다."[44] 우리는 초기 그리스도인들이 인간의 마음이 아니라 여성을 정욕의 원인으로 지목했다고 생각하고 싶은 유혹을 받을 수 있다(다른 곳에서 그들이 밝힌 견해와는 달리). 이에 대해 사막의 어머니 암마 테오도라(Amma Theodora)는 "육체를 훈련하라. 그러면 우리는 그것이 육체를 만드신 분을 위한 것임을 알게 될 것이다"[45]라고 말했다. 그러나 기독교 전통을 다소 순화해서 읽을 필요가 있음에도 불구하고 그것을 너무 엄격하게 해석하면 초기의 관점을 너무 단순화하고 과장하는 경우가 있다. 우선, 이 기독교 사상가들은 평생 금욕을 서약한 사람들에게 이러한 조언을 한 것이다. 조언의 대상은 모든 세

---

42 Cassian, *The Institutes of the Cenobia and the Remedies for the Eight Principal Vices* 6.9, 20, trans. Boniface Ramsey, OP, Ancient Christian Writers 58 (Mahwah, NJ: Newman, 2000). See also *ST* II-II 151.4.

43 Evagrius, *Eight Thoughts* 2.8, in *Evagrius of Pontus: The Greek Ascetic Corpus*, trans. and ed. Robert E. Sinkewicz (Oxford: Oxford University Press, 2003).

44 Evagrius, *Eight Thoughts* 2.6, in Sinkewicz, *Evagrius of Pontus*.

45 Amma Theodora. Laura Swan, *The Forgotten Desert Mothers: Lives, Sayings, and Stories from Early Christian Women* (Mahwah, NJ: Paulist Press, 2001), 80에서 인용됨. Amma Theodora는 육체의 선함을 부정하는 마니교도에 대해 적절하게 논박한다.

속적인 일에서 떠나 사막이나 수도원으로 들어가 오직 하나님께만 전적으로 헌신하려는 그리스도인들이었다. 나와 당신도 은둔과 겸손, 철저한 순종으로 부름을 받았을 수는 있겠지만, 그런 극단적인 형태의 은둔은 아닐 것이다. 따라서 우리는 그들의 통찰력과 조언을 우리의 시대와 상황에 맞게 해석할 필요가 있다. 그들의 금욕적인 상황과 우리의 상황 사이에는 차이가 있지만, 여러 면에서 초기 그리스도인들은 우리보다 몸과 영혼의 연합을 더 중요하게 생각했다. 그들은 사도 바울이 말한 것처럼 우리가 몸으로 하는 일이 우리의 영적인 삶에 영향을 미친다고 주장했다(고전 6:13-20). 유명한 근대 철학자 데카르트는 "나는 내 몸과는 정말 별개이며 몸 없이도 살 수 있다"고 말했다.[46] 반대로 정욕의 습관을 진지하게 받아들인다는 것은 인간으로서 몸을 우리 존재의 필수적인 부분으로 취급한다는 것을 의미한다.

따라서 카시아누스는 순결의 미덕을 외면뿐만 아니라 내면도 함양해야 하는 것으로 묘사한다. 그가 말하는 "몸과 영혼의 순결"은 "무엇보다도 우리 마음의 숨겨진 곳을 매우 조심스럽게 정화해야 한다"는 의미다. "다른 사람들이 몸의 순결이라는 측면에서 얻고자 하는 것을 우리 자신도 양심의 깊은 곳에 소유해야 한다." 수도자들의 독신 생활에 대해 이야기할 때 그는 "육체의 썩지 않는 것은 여자를 멀리하는 데 있지 않고 마음의 정결함에 있다"고 말한다.[47]

---

[46] René Descartes, *Meditations on First Philosophy*, meditation 6, trans. Donald A. Cress, 3rd ed. (Indianapolis: Hackett, 1993).

[47] Cassian, *Institutes* 6.17, 19. 여기서 그는 마 5:28에 나오는 정욕과 간음에 대한 예수의 말씀을

바울도 마찬가지로 우리 자신을 둘로, 즉 "속사람"(영혼)과 "겉 사람"(몸)으로 나눌 수 없다는 진리를 주장한다. 우리가 육체적으로 하는 일은 영적으로 중요하다. "창녀와 합하는 자는 그와 한 몸인 줄을 알지 못하느냐? 일렀으되 '둘이 한 육체가 된다' 하셨나니"(고전 6:16). 바울은, 당신의 의도가 무엇이든 성관계는 다른 사람과 하나가 되는 것이라고 말한다. 우리의 몸이 하는 일에는 인간적인 의미와 영적인 의미가 있다. 당신은 연루된 "육신"의 "하나 됨"에서 당신을 영적으로 분리함으로써 영혼을 육체적인 성관계와 분리할 수 없다. 다시 말해 우리가 욕망하는 그 대상도 단지 우리의 머릿속이나 침대에만 머물지 않는다. 우리의 정신과 마음은 우리 육체에 영향을 미치며, 이는 단지 성적인 부분만이 아니라 모든 영역에서도 마찬가지다. 예를 들어 불안하거나 슬플 때는 차분하게 숨을 쉬지 못하거나 식욕을 잃을 수 있다. 또한 잠을 충분히 자지 못하면 짜증이 나거나 집중력이 떨어지는 것처럼 우리 몸은 마음과 정신에도 영향을 미치며, 긍정적인 측면에서는 운동 후에는 기분이 좋아지고 집중력이 향상되며 시야가 더 밝아진다. 우리는 육체를 가진 존재로 창조되었고, 바로 그러한 모습으로 부활할 것이다. 그리스도는 우리와 같은 완전한 인간이 되기 위해 육신을 입으셨다. 우리는 우리의 영적인 삶을 너무 영적인 것으로 만들어서는 안 된다. 우리가 몸으로 하는 일은 우리의 인격 형성에 도움이 되며, 우리의 육

반향한다.

체적인 욕망과 일상적인 활동은 영성 훈련과 제자도를 위해 중요하다.[48] 성적 욕망은 왜 이와 달라야 할까? 기독교 전통은 인간의 모든 활동에서 몸과 영혼의 일체성을 가정하여 생각과 욕망을 모든 선한 것에 대한 우리의 외적 추구와 통합한다. 성적 쾌락에 대한 욕망의 경우, 네 이웃을 **네 몸과 같이** 사랑하라는 소명을 받았다는 것은 사람과 그 몸을 존중하는 것이 이웃의 몸과 자신의 몸을 모두 포함한다는 것을 의미한다.

존 메이어(John Mayer)는 2001년에 "당신의 몸은 원더랜드"라는 노래를 불렀다. 당연히 제목과 가사는 경외감을 나타내는 의미의 경이로움을 표현하지 않는다. 대신 이 노래는 연인의 몸을 솜사탕으로 가득한 한 개인의 놀이공원으로 묘사한다. 거기는 재미있게 놀고, 마음껏 구경하며, 신나게 탐험할 수 있는 곳이다. 그리고 하루가 저물고 놀이가 끝나면 우리는 쓰레기와 땀이 밴 플라스틱 의자를 그대로 남겨둔 채 그곳을 자유롭게 떠날 수 있다. 우리는 우리 몸을 신성한 공간으로 여기고 있을까, 아니면 값싼 전율을 느끼기 위한 장소로 여길까? 정욕을 가지고 바라보는 음흉한 시선은 몸과 성에 대한 집착만큼이나 무례한 태도다. 우리의 몸은 마음대로 사용하고 버릴 수 있는, 쾌락을 전달하는 장치와는 차원이 다른 것이다. 성적인 매력이 있거나 다른 사람이 그렇게 생각하는 것이 잘못된 것은 아니지만, 그것이 우리 자신이나 서로의 관계에서 전부가 될 수는 없다. 정욕에 빠

---

[48] 더 자세한 예로는 안식일 지키기라는 규율을 육체적·영적·반문화적 실천으로 구현한 A. J. Swoboda의 주장을 보라. *Subversive Sabbath* (Grand Rapids: Brazos, 2018).

진 사람은 쾌락에 대한 왜곡된 욕망 때문에 자신과 타인 모두를 충분한 가치와 존엄성을 부여하지 않고 함부로 대한다. 따라서 음탕한 성적인 표현은 성이나 우리에 대한 진실을 전달하기에 부적절하다. 그리스도인은 자신의 몸을 거룩하고 영원하신 하나님이 거하시는 그리스도의 몸의 지체로 여긴다(고전 6:19). 우리는 오묘하게 지음을 받았다(시 139편). 하나님은 우리를 자신의 형상대로 창조하셨고 우리의 인성을 통해 그분의 신성을 나타내도록 우리를 부르셨다. 따라서 우리가 성적으로 서로를 하찮게 여길 때 우리는 "왕[또는 여왕]을 비하하는 일"에 기꺼이 동참한다.[49]

마인드 게임

정욕은 인간의 존재 이유, 인격의 깊이와 가치, 우리의 사랑에 대한 욕구를 부정하기 때문에 그 유혹적인 목소리는 카니예 웨스트가 "아름답고 어둡게 뒤틀린 판타지"라고 부르는 특징적인 모습으로 변모한다.[50] 뮤직비디오, 로맨스 소설, 광고, 비디오게임, 영화에 묘사된 성은 우리의 상상력을 키우고 우리의 태도를 형성하며 우리의 성향에 영향을 미친다. 세심하게 선별된 이러한 사진들은 실제는 아니지만, 현실을 버리고 그것이 약속하는 것

---

49 Cornelius Plantinga Jr. and Sue A. Rozeboom, *Discerning the Spirits: A Guide to Thinking about Christian Worship Today* (Grand Rapids: Eerdmans, 2003), 159.
50 *My Beautiful Dark Twisted Fantasy*, Kanye West (Def Jam Recordings, Roc-A-Fella Records, 2010).

을 추구하고 싶게 만들 만큼 매력적이다. 우리가 음란한 것에 노출된 수준을 고려할 때 우리의 삶이 왜곡된 선의 모습을 반영하지 **않는다면** 그것이 오히려 놀라운 일일 것이다. 욕망이 인격의 형성을 놀라울 정도로 효과적으로 수행하기 위해 그 콘텐츠가 노골적인 외설물일 필요는 없다. 테일러 스위프트(Taylor Swift)의 노래는 로미오와 줄리엣의 열정적인 "러브스토리"를 현대화한 것부터(이번에는 하얀 드레스를 입은 해피엔딩) 연인의 "가장 헛된 꿈"(Wildest Dreams)에서 자신을 기억해 달라고 애원하는 것까지 그런 환상을 통해 수백만 달러를 벌어들인다. 나의 의도는 스위프트의 작품만 특별히 거론하려는 것이 아니라—우리의 관심을 끌기 위한 이러한 방법은 도처에 널려 있다—본서에서 소개할 만큼 확실한 예를 제공하려는 것이다. 남성 독자들은 포르노에 관한 모든 논의에 약간 불쾌감을 느낄 수도 있지만,[51] 여성 독자들 역시 여기에 연루되어 있다. 우리의 상상 속에서 시작된 정욕은 로맨스 소설(즉 감성 판타지)부터 중년 여성들이 대형스크린으로 가학적 섹스를 보기 위해 구매하는 티켓(즉 50가지 그림자 시리즈)에 이르기까지 모든 것을 판매하고 있다. 수 세기 전에 사막 교부들과 교모들이 지적했듯이 우리는 이러한 상품의 수익성만 보더라도 정욕이 어떻게 우리의 마음을 사로잡는지를 확실히 깨닫게 된다. 에바그리오스는 모든 것이 "생각"(*logismoi*)에서 시작된다는 사실을 예리하게 간파했다. 생각을 그대로 방치하면 열정과

---

51 그러나 통계에 따르면 현재 여성의 포르노 사용률은 40%에 육박하고 있으며 점점 더 증가하고 있다.

욕구를 불러일으키고, 이는 결국 외적인 표현과 행동으로 표출된다. 로맨틱 소설의 관능적인 남자 주인공에 매료된 기혼 여성은 남편이 점점 더 짜증스러울 정도로 형편없고 불만스러운 존재임을 깨닫게 되고, 포토샵으로 완벽해지고 성형수술로 한층 더 향상된 모델들의 사진을 자주 들여다보는 남성은 실제로 함께 사는 불완전한 여성보다 자신을 더 흥분시키는 무언가를 갈망하게 된다. 렝글의 시처럼 심지어 진정한 사랑도 판타지의 힘에 맞서 싸우고 있다.

당신은 내가 원하는 당신이 아니니까

나는 진실로 당신을 모른 체하고 있습니다

사막에서 피어나는 신기루를 찾아 나선 나는 망치고 있습니다

당신의 **당신을**. 아아, 나는 보고 싶습니다

모든 망상에서 벗어난 현실을

그러면 나는 당신의 얼굴에서 하나님의 형상을 볼 것입니다

당신의 손에서 그분의 손을, 당신의 눈에서 그분의 은혜를

나는 내가 원하는 내가 아니기 때문입니다

나는 어느 곳에도 없는 두 사람을 우상으로 섬기고 있습니다

당신도 나도 아닌, 그래서 우리는 절대 닿지 않습니다

현실은 불타오를 것입니다. 나는 그것을 별로 좋아하지 않습니다

하지만 당신 안에서 내 안에서 나는 발견합니다

뚫고 나가려고 몸부림치는 사랑의 흔적을

나와 당신의 숨겨진 사랑스러운 진실을.[52]

정욕은 보는 사람의 눈과 마음을 채색한다. 드라마, 뮤직비디오, 로맨스 소설, 잡지, 상품 홍보 책자, 쇼윈도, 청소년 관람 불가 영화, 심야 케이블 방송, 무의식적으로 외우는 라디오의 노래 등 우리 내면의 레퍼토리에는 어떤 성적인 만족의 이미지들이 쌓여 있을까? 이러한 것들은 과연 인간의 성에 대한 진실과 그 아름다움을 전달하고, 우리 몸의 진정한 아름다움과 우리 마음의 욕구를 표현해줄까? 아니면 도처에 널려 있는 이 매체들은 우리의 음탕한 환상을 살찌우기 위해 끊임없이 사료를 공급하고 있는 것일까?

기독교 전통은 정욕의 장기적인 영향을 우리의 욕망이 마음의 콘텐츠와 반복적으로 연결하는 악순환으로 설명한다. 아퀴나스와 그레고리오 1세는 정욕의 가장 심각한 파생적 악덕을 "의식의 실명"(blindness of mind), 즉 육체의 쾌락이나 순간의 유혹보다 더 높은 가치를 인식하고 부여할 줄 모르는 무능함이라고 불렀다.[53] 정욕이 우리의 마음과 생각을 가득 채우면 영적인 선은 어두워진다. 그 결과 우리는 육체적인 쾌락이 마치 우리가 누릴 수 있는 행복의 전부인 양 더 많은 에너지를 쏟아부으며 육체적인 쾌락을 추구한다. 정욕은 우리의 세계를 효과적으로 축소하여 우리의 사고력과 상상력이 선에 대한 매우 이기적이고 육체 지향적인 비전을 따르게 한다. 피

52　L'Engle, "To a Long Loved Love: 7," in *Ordering of Love*, 138.
53　*ST* II-II 153.5; Aquinas, *Disputed Questions on Evil* 15.4, trans. Richard Regan, ed. Brian Davies (New York: Oxford University Press, 2003).

퍼(Pieper)는 정욕의 "자기중심적인 쾌락 의지"의 왜곡된 힘과 진정한 선에 대한 사랑의 비전을 극명하게 대조한다. "순수한 눈으로 세상을 바라보는 사람만이 그 아름다움을 경험할 수 있다."[54]

순결과 다른 불가능한 미덕들

물론 문제는 우리가 정욕이 인간 사이의 사랑을 망치고 하나님과의 관계를 단절시킨다는 사실을 전적으로 확신하면서도 여전히 정욕에 저항할 수 없다는 것이다. 정욕에 어떻게 대처할지가 문제라면 우리는 설교나 성교육 이상의 것을 해답으로 제시해야 할 것이다. 더 좋은 책 한 권으로 유혹이 사라질 것을 기대해서는 안 된다. 마찬가지로 영양의 문제에 있어서도 건강을 지키는 데 칼로리가 얼마나 필요한지를 아는 것과 디저트나 감자튀김을 포기해야겠다고 생각하는 것은 같지 않다. 검게 그을린 피부로 넘쳐나는 해변에서도 정욕의 힘은 여전히 우리 곁에 있다. 정욕을 다스리려면 우리는 우리가 알고 있는 진리를 무질서한 욕망에 맞서 싸우는 일상생활에서 구현해야 한다.

무엇이 우리를 정욕으로 이끌까? 사방에서 우리를 둘러싸고 있는 신호에 의해 유혹을 받고 반복적인 선택과 잘 발달한 신경 경로를 통해 습관화

---

54   Josef Pieper, *The Four Cardinal Virtues* (Notre Dame, IN: University of Notre Dame Press, 1966), 167.

된 생리적 충동은 분명 중요한 요소 중 하나다. 하지만 그보다 더 중요한 것은 정욕이 **인간의** 어떤 욕구와 갈망을 충족시켜주겠다고 유혹하느냐는 것이다. 스스로를 진단하는 차원에서 주로 언제 당신이 가장 취약한지를 생각해보라. 피곤하고 스트레스가 많았던 하루를 마치고 돌아와 휴식을 취하는 늦은 밤, 혼자 있고 다른 사람과의 힘든 만남으로 정서적으로 고갈되어 있는 순간, 탈출구가 필요하거나 그것을 원하는 시간, 외로움과 그리움이 견디기 어려워 보이는 날 등 말이다. 특히 카시아누스와 다른 사람들은 탐식과 정욕을 한 쌍으로 짝을 지었는데, 그 이유는 이 두 가지가 유혹을 유발하는 유사한 원인과 취약점을 가지고 있기 때문이다. 표면 아래를 들여다보면 무엇이 보일까? 이러한 "온기가 느껴지는" 육체의 죄를 연민의 시각으로 바라보면 종종 이러한 죄가 공허함과 두려움, 상처와 연약함, 방어적이 되거나 좌절감을 느끼는 우리를 먼저 포착하고 내면의 고통으로부터 벗어날 수 있는 즉각적인 해결책을 우리에게 약속한다는 것을 알 수 있다.[55] 친밀한 관계가 위험하고, 어렵고, 많은 투자가 필요하고, 때로는 끔찍한 상처를 주는 세상에서 위안을 찾으려 하지 않는 사람이 어디 있겠는가? 정욕은 기분 전환이나 사전 계획 또는 비용 부담 없이 떠나는 유쾌한 휴가처럼 더 쉽고 편안하게 느껴진다. 때로는 우리가 소속감을 느끼고, 인정받고 싶

---

55 죄책감과 무가치감은 전형적인 강박의 역학관계에서 해독제의 역할을 하기보다는 탐식과 정욕으로 도피하려는 전략을 촉진할 가능성이 더 높다. 다음을 보라. Kent Dunnington, *Addiction and Virtue: Beyond the Models of Disease and Choice* (Downers Grove, IL: InterVarsity, 2011).

고, 다른 사람들과 교류를 나누고 싶은 욕구가 우리를 정욕이 이끄는 거짓된 약속의 땅으로 유인할 수도 있다. 또는 우리가 맺고 있는 관계가 충분하지 않다고 느끼거나 과거의 상처를 움켜잡고 있기 때문에 만족감을 높이기 위해 안간힘을 쓰고 있는지도 모른다. 누군가에게 거절당하고 있다고 느끼거나 자신이 사랑스럽게 느껴지지 않을 때 우리는 왠지 피상적인 형태의 성적인 만남으로 도피하려는 유혹을 받는다. 왜냐하면 그런 관계가 더 안전하다고 느끼기 때문이다. 이러한 거리 두기는 설령 인간성이 결여되더라도 우리가 더 통제력을 가지고 있다고 느끼게 한다.[56] 따라서 정욕은 우리가 가장 사랑에 굶주렸을 때 그 모습을 제일 잘 드러난다. 인간은 사랑 없이는 살아갈 수도 없고 번영할 수도 없다. 우리는 사랑을 얻기 위해 아니면 사랑을 받지 못하는 고통에서 벗어나기 위해 필사적으로 노력할 것이다. (그렇다면 정욕이 나태함의 전형적인 현실 도피의 부작용인 것은 우연이 아니다.) 이러한 상태에서는 수치심과 무가치감을 몰아내기 위해 은혜가 필요하고, 소외감을 잠재우기 위해 진정한 환대의 따뜻한 포옹이 우리에게 필요하다.

악덕에 대한 우리의 이해가 깊어진다는 것은 정욕으로 여겨지는 것의 기준을 넓혀 순결에 포함되어야 할 영역을 더 잘 볼 수 있다는 의미이기도 하다. 순결을 함양한다는 것은 우리 자신과 타인에게 숨겨진 음탕한 생각,

---

56 정욕이 더 강해짐에 따라 쾌락 추구와 이러한 "갑질"의 결합은 성적 흥분과 함께 더 큰 지배로 이어질 수 있으며, 따라서 하드코어 포르노의 폭력성과 정욕과 강간(과도한 성적 열정이 아니라 타인에 대한 굴욕과 비인간적인 권력의 범죄로서)의 모호한 연관성은 더 커질 수 있다.

상상력, 매력에 무심코 빠져들게 하는 모든 행동에 개인적으로나 문화적으로 대응하는 것을 포함한다. 우리 자신의 성적 만족감이 세상을 바라보고 파악하는 렌즈가 되지 않도록 우리는 어떻게 우리의 성품을 내적으로나 외적으로 함양할 수 있을까?

정욕은 은밀하게 혼자 있을 때 강해진다. 정욕에 빠진 사람들은 종종 수치심을 느끼기 때문에 자신의 어려움을 다른 사람에게 숨기려고 한다. 하지만 우리가 마음을 숨기면 내면의 어둠과 마주할 수도 없고 고백을 통해 밖으로 드러낼 수도 없다. 따라서 정욕을 퇴치하려면 공동체, 개방성, 책임감이 필요하다. 개인의 의지력만으로는 해결되지 않는다. 혼자서는 이 악덕을 이겨낼 수 없다. 욕망의 악순환은 중독의 역학관계를 모방한다. 우리는 욕망을 관리해야 할 문제로 인식하지만, 정신적·정서적 삶을 은밀하게 유지하면서 스스로 유혹에 맞서려고 하기도 하고 새로운 결심을 굳게 다져 보기도 한다. 하지만 결국 우리는 그 결심을 지키지 못하고 자신을 경멸하며 절망에 빠진다("이건 가망 없는 싸움이야", "나는 패배자야"). 우리는 이번에는 더 깊은 절망에 빠지는 것으로 절망을 보상한다. 이러한 수치심과 실패의 고리에서 벗어나려면 우리에게 도움이 필요하다는 사실을 인정하고 도움을 요청해야 하며, 우리가 정직하고 책임감 있는 모습을 보일 수 있도록 도움을 줄 수 있는 다른 사람에게 우리의 마음을 열어야 한다. 고립시키려는 성욕의 성향에 맞서 순결을 지키기 위해서는 구출과 회복의 이야기를 들려주며 우리에게 격려와 용기를 주는 성도들의 친교를 포함하여 사랑과 생명을 공급하는 공동체에 기꺼이 참여하는 것이 필요하다. 나는 또한 예수와 그의 영이 우리에게 새로운 길을 단계적으로 구축해나갈 힘을 주실 것을 우리가 진정으로 신뢰하고 있는지도 궁금하다. 우리는 과연 그분이 우리의 필요에 응답하실 수 있고 또 응답하실 것이라는 믿음을 가지고 매일 도움을 요청하며 그분의 응답을 바라고 있는가?

물론 실무적인 차원에서는 작고 실용적인 것도 도움이 될 것이다. 이것들은 심지어 인내와 진전의 전제 조건도 될 수 있다. 우리는 공공장소에서 컴퓨터를 사용하고, 필터와 방화벽을 설치하며, 휴대폰에 차단 앱을 설치할 수 있다. 이러한 것들은 이미 지역사회의 자원에 의존하는 중요한 방법으로 간주된다. 우리는 무엇이 우리를 취약하게 만드는지 더 잘 알고 있기에 그 시간 동안 대체 활동을 계획하거나 도움을 요청할 수 있다. 우리는 서로를 존중하는 언어를 사용하고 건전한 농담을 하기로 결심할 수 있다. 우리는—남성과 여성 모두—매력적이고 전문적이면서도 성적 자극을 유발하지 않도록 신중하게 옷을 입을 수 있다. 우리는 어떤 영화와 TV 프로그램을 시청하고, 어떤 음악을 듣고 어떤 비디오게임을 하며, 어떤 인터넷 사이트에 자주 접속하는지를 보다 의도적으로 조절할 수 있다. 미닛메이드(Minute Maid)의 "좋은 것을 넣으면 좋은 것이 나온다"라는 슬로건은 무엇보다도 우리의 도덕적 상상력에 적용된다. 우리의 머릿속은 수많은 이미지와 생각으로 가득 차 있을 것이다. 하지만 과연 어떤 것으로 가득 차 있을까? 우리는 바울의 조언을 따라 아무 생각이나 떠오르는 대로 받아들이지 말고 참되고 명예롭고 정의롭고 순수하고 훌륭하고 칭찬받을 만한 것을 추구할 수 있다(빌 4:8).

그러나 유혹을 불러일으키거나 자극하는 일을 하지 않는 것만으로는 충분한 해결책이 될 수 없다. 순결을 함양한다는 것은 무조건 금지 사항을 따르는 것이 아니라 아름답고 선한 것을 진심으로 사랑할 수 있는 마음을 가꾸어나가는 긍정적인 프로젝트다. 우리는 이에 대해 너무 자주 소극적인 자세를 취하며 음란한 자극으로 우리의 상상력과 감각을 채우고 욕망과 행동을 억제하지 못하는 자신에게 절망한다. 우리는 가능한 한 절벽 가장자리 위를 걸으면서도 균형을 유지하며 떨어지지 않기를 바란다. 순결은 우리 자신을 가치 있는 대안에 투자함으로써 벼랑 끝자락에서 완전히 벗어나려는 결심을 한다. 말하자면 절벽에 매달리는 대신 도시를 건설하는 편을 선택하는 것이다.

물론 "음행을 피하는 것"(고전 6:18)도 필요하다. 아퀴나스는 관능적인 유혹은 일반적으로 특정한 물리적인 자극이 있어야 하므로 그 대상이나 자극으로부터 피하거나 아예 그것으로부터 자신을 멀리하는 것이 우리의 반응이어야 한다고 말한다. 하지만 선한 것에 시선을 고정하고 그것을 향해 달려가는 것이 더 훨씬 바람직하다. 우리는 어떻게 그렇게 할 수 있을까? 먼 안목에서 우리는 우리의 주된 세속적인 집착에 대항하는 동시에 하나님의 임재 안에 거하는 영성 훈련을 실천할 수 있다. 당신은 언제 마지막으로 명상 기도를 드리면서 하나님이 당신을 "내 사랑하는 자"라고 부르는 장면을 깊이 묵상해보았는가? 당신을 향한 하나님의 사랑과 신실하심을 가장 잘 떠올리게 하는 성경 구절을 암송해본 적이 있는가? 당신은 이를 얼마나 자주 암송하는가? 누군가 당신의 일상 습관을 관찰한다면 그는 과연 당신이 다른 곳에서 행복과 교제를 찾으려는 우리의 깊은(때로는 절박한) 욕구를 잠재우시는 하나님의 사랑에 의식적으로 잠겨 사는 삶을 엿볼 수 있을까? 우리는 매일 가장 아름답고 선한 것을 떠올리는 습관이 필요하다. 또한 우리는 신실함과 희망 속에서 성령의 능력에 의지하는 방법을 보여주는 공동체도 필요하다. 이 책의 첫 장에 나오는 조와 제인의 이야기에서 알 수 있듯이 미덕은 유혹에 끊임없이 맞서 저항하는 것 이상의 결과를 낳는다(물론 그것은 종종 거기서 시작되지만 말이다). 미덕은 우리가 사랑할 수 있게 해줌으로써 진정한 아름다움과 진정한 선함에 흠뻑 빠져 더 이상 우리를 괴롭히지 못하게 한다. 좋은 성품은 진실함, 편안함, 기쁨의 열매를 맺는다.

미혼이든 기혼이든, 나이가 많든 적든, 하나님은 우리가 자존심을 앞세우지 않고 선하고 매력적인 것에 감사하는 법을 배우기를 원하신다. 온전한 미덕으로서 순결은 성의 상품화, 욕망, 쾌락을 그 사람의 유익과 사랑의 소명을 위해 질서 있게 통제한다.[57] 순결은 "어떻게 하면 나의 생각, 선택, 감정적 반응, 대화, 행동 등 내 삶 전체가 나를 다른 사람과의 관계에서 사랑을 주고받을 준비가 가장 잘 된 사람으로 만들 수 있을까?"라는 근본적인 질문에 초점을 맞춘다. 순결은 항상 우리의 모든 관계에서 온전함을 이루는 길을 열어주고 보존하고 보호해준다. 물론 그것이 다른 직업, 다른 관계, 다른 삶의 단계에 있는 사람들에게 다른 훈련을 통해 이루어지긴 하지

---

57 다음을 보라. Karol Wojtyla, *Love and Responsibility* (San Francisco: Ignatius, 1993), esp. 130, 167, 256-57.

만 말이다. 우리는 모두 좋은 인간 공동체를 필요로 한다.[58] 성적 욕구를 건설적으로 표현하면 우리는 서로를 더 잘 사랑할 수 있다.

이러한 사랑에 도달할 수 없을 것 같더라도 절망하지 말라. 우리 마음을 지배하는 정욕의 힘을 꺾으려면 우리는 깊은 심연까지 내려오셔서 우리를 회복하시는 사랑의 하나님의 초자연적인 능력과 선하심을 간구해야 한다. 17세의 아우구스티누스의 당돌한 기도를 떠올려보라. "[주님,] 저에게 순결을 허락하소서.…그러나 아직은 아닙니다." 훗날 아우구스티누스는 자기 선택의 누적 효과를 "습관의 사슬"이라고 불렀다. 그의 이야기는 우리가 악덕의 속박에 대항할 수 없는 무력한 자신을 발견할 때 하나님은 어떤 사슬도 끊을 수 있는 힘을 가지고 계신다는 것을 보여준다. 아우구스티누스의 희망적이고 은혜가 넘치는 간증에 따르면 그가 의지력이 부족하여(그리고 심지어 정욕에서 자유로워지려는 간절한 마음마저 부족하여) 절망 속에서 계속 실패하는 자신을 발견했을 때 하나님께서 자기에게 이런 질문을 하시는 것을 들었다고 한다. "결국 너 자신은 신뢰할 수 없는 존재임을 알면서도 왜 너 자신을 의지하느냐?"[59]

아우구스티누스의 이야기는 시대를 초월해 인간적인 면모를 보여준다. 그의 정욕과의 싸움은 죄의 힘을 고통스럽고 생생하게 보여준다. **모든**

58　가톨릭 전통의 수도회 구성원은 독신 서약을 하는데, 이 서약은 그리스도와의 결혼을 전제로 한다. 수도회 구성원은 가족처럼 친밀하고 의도적인 공동체에서 생활한다. 개신교가 독신의 불가능성 또는 상상 불가능성에 대해 어려움을 겪는 이유 중 하나는 아마도 순결이나 독신의 실천을 조직적으로 또는 공동체적으로 충분히 체계화하지 않았기 때문일 것이다.

59　Augustine, *Confessions* 8.11.

죄는 우리 모두에게 이와 같기 때문이다. 우리 마음을 사로잡고 있는 죄의 세력은 오직 하나님의 은혜로만 깨뜨릴 수 있고 사랑으로만 치유할 수 있다. 다른 치료법은 없다. 결국 안도감을 느끼며 새롭게 자유를 얻은 아우구스티누스는 "나의 하나님,…**당신**이 나의 사슬을 끊어주셨습니다"라고 고백한다.[60] 순결은 우리가 선택한 습관, 우리가 의도적으로 주장하고 삶으로 구현하는 새로운 정체성이어야 한다. 그러나 순결은 언제나 그리고 그 무엇보다도 하나님의 은혜롭고 아름다운 선물이다.

따라서 정욕을 억제하는 가장 좋은 방법은 좋은 인터넷 필터를 설치하는 것이 아니라(물론 그것도 해야 하지만) 아름다운 우정을 쌓는 것이다. 우리가 적절하고 만족스러운 방식으로 사랑을 주고받는 법을 배울 수 있는 온전한 인간관계를 맺는다면 가짜 대용품이나 임시방편을 찾아 방황하는 일은 줄어들 것이다. 아름다운 우정은 서로를 존중하고, 올바른 육체적인 애정을 표현하고, 대가를 바라지 않고 상대방을 인정하고 배려하며, 서로를 신뢰하는 방법을 가르쳐준다. 성적인 관계에서든 아니든 진정한 사랑이 어떤 것인지 아는 사람은 유혹적인 대안으로 제시되는 정욕적인 쾌락에 덜 흔들릴 것이다. C. S. 루이스는 "우리가 '사랑에 빠졌다'고 말하는 것은 영광스러운 상태이며, 여러 면에서 우리에게 좋은 일이다. 그것은 우리를 관대하고 용감하게 만드는 데 도움이 되며, 사랑하는 사람의 아름다움뿐만 아니라 모든 아름다움에 눈을 뜨게 하고, 우리의 단순한 동물적인 성욕을

---

60 Augustine, *Confessions* 8.1 (강조는 덧붙여진 것임). 이 이미지는 8.5, 11, 9.1에서도 반복된다.

굴복시킨다. 그런 의미에서 사랑은 욕망의 위대한 정복자다."⁶¹ 라고 말했다. 다른 사람과의 관계와 하나님과의 관계가 사랑하고 사랑받고자 하는 욕구를 적절히 채워준다면 당신은 욕망이 주는 것을 꿰뚫어 보고 경멸하게 될 것이다.

아퀴나스는 요한복음 15장에 나오는 예수의 말씀을 따라 하나님과 우리의 관계를 놀랍게도 "친구의 사랑"으로 묘사한다.⁶² 정욕을 극복하기 위해서는 궁극적으로 인간의 사랑이 대체할 수 없는 이러한 사랑에 근본적으로 닻을 내려야 하며, 이는 (우리가 쉽게 우상화하고 너무 많은 것을 기대할 수 있는) 결혼생활에서도 마찬가지다. 그리스도는 모든 제자와 그의 몸의 지체에게 주신 새 계명(요 15:12)으로 하나님의 사랑을 삶 속에서 실천할 것을 우리에게 도전한다. 순결은 그리스도의 지체이자 하나님의 사랑을 받는 사람이라는 우리의 정체성을 우리의 자기 이해와 타인을 바라보는 방식에서 가장 중심에 둔다.

성적인 악덕은 선의 힘과 아름다움이 커질수록 추함과 악의 파괴력과 잠재력이 더 커진다는 것을 보여준다. "플레임"(*Flame*)이라는 단편 영화는 성을 불에 비유한다. 불의 힘을 존중하고 불을 적절한 장소에 둘 때 우리는 그 아름다움을 감상하고 그 따뜻함을 만끽할 수 있다.⁶³ 영화의 마지막 부

---

61 C. S. Lewis, *Mere Christianity*, rev. ed. (New York: HarperCollins, 2001), 108.
62 *ST* II-II 23.1.
63 Rob Bell이 감독한 영화 "플레임", NOOMA #002 (Fringe, 2002), http://www.nooma.com. 우리가 그의 신학을 어떻게 평가하든, 여기서 그는 인간의 성의 아름다움과 잘 형성된 도덕적 상상력의 힘을 보여준다.

분에서 한 남자가 집 높이만큼 쌓아놓은 장작 더미에 휘발유를 뿌린다. 그리고 라이터의 작은 불꽃을 가져다가 거기에 불을 붙인다. 눈 덮인 황량한 풍경 한가운데서 불꽃이 하늘로 솟구치고 밤하늘 전체가 환하게 밝아진다. 그는 하나님이 주신 좋은 선물에 안주하지 말라고 말한다. 대신 사랑의 진정한 힘을 존중하고 보호함으로써 "**큰** 불꽃을 발견할 수 있다"고 말한다.

렝글은 "오랫동안 사랑한 연인"에게 이렇게 말한다.

> 당신의 주먹을 펴세요.
> 당신의 손을 내밀어
> 내 손을 잡으세요.
> 우리 서로 손을 잡아요.
> 이로써 그분의 영광이
> 드러나지요.[64]

더 깊이 성찰하기

1. 당신은 무질서한 성적 쾌락과 자기만족의 추구로 인해 어떤 상처를 입었는가? 그로 인해 어떤 부수적인 피해가 발생했는가? 당신의 어려움은 어디에 뿌리를

---

[64] L'Engle, "Epiphany," in *Ordering of Love*, 139.

두고 있는가? 당신은 언제 가장 취약한가? 당신이 속한 공동체는 당신에게 도움을 주었는가, 아니면 더 힘들게 만들었는가? 어떤 식으로 당신에게 도움 또는 어려움을 주었는가?

2. 정욕은 즐거움을 경험하는 능력을, 아름다움을 감상하는 능력을, 공동체 안에서 기뻐할 수 있는 능력을 어떻게 망가뜨리는가?

3. 절제와 순결의 미덕을 기르는 데 도움이 되는 실천은 무엇인가? 어떻게 하면 우리는 인간의 성과 건강한 육체적인 관계를 아름다운 선물로 더 잘 누리며 즐길 수 있을까? 이를 위해서는 인체에 대한 어떤 인식이 필요할까? 이러한 실천이 표현하는 우리 인간성과 서로 간의 관계는 어떤 모습일까?

추가로 읽을 만한 자료

Colleen McCluskey, "Lust and Chastity," in *Virtues and Their Vices*, ed. Kevin Timpe and Craig Boyd (Oxford: Oxford University Press, 2014), 115-35.

Dallas Willard, *The Divine Conspiracy* (San Francisco: HarperSanFrancisco, 1998), 158-73.

XXXchurch.com

The Glittering Vices

인생에서 가장 중요한 것은 당신이 무엇을 하느냐가 아니라
당신이 어떤 사람이 되느냐다.

달라스 윌라드, 존 오트버그의 『영혼 지키기』에서 인용

제자도는 예수가 만약 당신이라면 어떤 사람이 되셨을지를 상상하며
그분을 닮아가는 과정이다.

달라스 윌라드, 『마음의 혁신』

어느 날 나는 내가 사랑하는 나의 현명한 친구에게 내가 겪고 있던 깊은 좌절과 영적인 싸움을 털어놓았다. 나는 하나님이 내 삶에서 하시는 일 속에서 오직 나의 깨어짐만을 들여다보면서 당혹감을 감추지 못했다. 나는 겟세마네 동산의 고통스러운 눈물을 맛볼 수 있었다. 나는 이 쓴 잔이 지나가기를 간절히 기도했지만 지나가지 않았다. 나는 이제 십자가에 못 박힐 것만 같았다. 고통은 극심했고 내 마음은 아팠다. 나는 무엇이 죽어가고 있고, 무엇이 벗겨지고 있는지를 끔찍할 정도로 선명하게 볼 수 있었다. 솔직히 나는 버림받은 기분이었다.

내 친구는 침울한 침묵 속에서 내 싸움에 대해 들어주었다. 그러더니

사진 한 장을 나에게 보여주었다. 공사 인부들이 깨진 창문을 교체하기 위해 그녀의 집에 온 것이었다. 단순히 낡은 것을 새 것으로 교체하는 간단한 작업을 기대했던 그녀는 공사가 끝난 후에 벽에 또다시 금이 가고, 방은 공사 쓰레기로 가득 차고, 모든 것이 먼지로 뒤덮인 모습을 보고 크게 실망했다. 모든 것들이 교체되거나 복구되지 않고 더 엉망이 되어 있었기 때문이다.

며칠이 지났다.

결국 인부들은 다시 돌아와 벽을 다시 바르고 페인트를 칠했다. 그들이 떠났을 때 그 방은 그 어느 때보다 좋아 보였다. "나는 그들이 작업을 마칠 때까지 기다려야 했어"라고 그녀는 말했다.

그러고는 나를 향해 "오늘 네가 하나님으로부터 들어야 할 말씀은 아마도 '모든 것이 끝날 때까지 나를 기다리라'는 것일지도 몰라. 나는 망가진 것에 대한 고통의 어둠 속에서 하나님께서 모든 것을 새롭게 하실 것이라는 소망을 가지고 기다리는 것을 잊고 있었어.[1]

경건함 속에서 성장하기

나는 이 악덕에 대한 연구를 통해 촉발된 자기 성찰이 우리로 하여금 악덕

---

[1] 이 말을 전해준 Sharon Garlough Brown도 이 이야기를 *Remember Me: A Novella about Finding Our Way to the Cross* (Downers Grove, IL: InterVarsity, 2019), 85-87에 담았다.

이 얼마나 심각한 위협인지 인식하는 데 도움을 주기를 바란다. 악덕은 우리의 가장 깊은 사랑에 장애를 일으키고 우리의 관계를 훼손한다. 그러나 그것이 우리가 악덕을 연구하는 이유의 전부는 아니며, 우리 삶의 전부가 될 수도 없다.

이러한 악덕의 전통은 죄에 대한 설득력 있는 깨달음을 우리에게 제공한다. 우리는 "근원"(capital, 라틴어로 *caput, capitis*)이라는 단어가 "머리" 또는 "원천"을 의미한다는 것을 배웠다. 7대 악덕 목록은 원래 다른 많은 죄가 생겨나는 "제일 원리" 또는 "근원"의 역할을 했기 때문에 이 명칭을 얻었다. 앞 장들을 읽기 전에 당신은 당신의 마음속에 교만이 얼마나 깊이 뿌리내리고 있었는지 또는 악덕들이 얼마나 많은 열매를 맺었는지 상상할 수 있었는가?

그 실상을 본다는 것은 실망스러울 수 있다! 그러나 이 책이 우리를 실망과 절망에 빠뜨린다면 이것은 불완전한 책일 것이다.

우리는 카시아누스와 함께 죄를 뿌리, 줄기, 가지, 열매가 있는 나무에 비유했다. 교만은 나무의 뿌리와 몸통의 역할을 한다. 이러한 악덕의 묘사는 교만을 다른 일곱 개의 주요 가지가 자라나는 주된 원천으로 삼는다. 각 가지는 고유한 열매를 맺는다. 교만에 뿌리를 둔 나무는 단단히 뿌리를 내리고 모든 가지에 영양을 공급한다.

이 이미지는 우리 삶의 뿌리에 죄를 남겨둘 수 없다는 것을 가르쳐준다. 죄는 그저 안전하게 땅속에 가만히 있는 것이 아니다. 죄는 자라고 가지를 뻗고 열매를 맺는 등 유기적이고 역동적이다. 또한 우리는 어쩌다 가끔 열매를 따거나 잔가지 몇 개를 다듬을 수 없다. 뿌리가 잘 내리고 영양분을 충분히 공급받은 나무는 계속해서 더 많이 자랄 것이다.

왜 교만을 이 궁극적인 위치에 두었을까? 교만한 사람은 하나님이 자신의 궁극적인 선이 아니며 자신을 부양하기 위해 하나님이 필요하지 않다고 주장한다. 이러한 초기의 거부 행위는 연쇄적인 반응을 일으켜 우리가 생각하고 느끼고 행동하는 나머지 모든 것에 영향을 미친다.

잠시라도 교만한 욕망을 따라가다 보면 우리는 우리의 궁극적인 선이신 하나님을 거부하고 다른 것들에 이끌려 다니는 모습이 어떤 것인지 곧 알게 된다. 이전 일곱 장에서는 쾌락, 안전, 편안함, 통제, 부, 지위, 인정, 성공, 평판 등 우리가 고를 수 있는 많은 선택지를 제시했다. 이것들도 모두 좋은 것이 아닌가? 맞다. 그래서 우리는 좋은 것, 이를테면 부를 택해서 그것이 우리를 행복하게 해줄 것이라고 결론 내린다.

어떻게 돈이 하나님을 대신할 수 있을까? 돈만 충분하다면 당신은 돈이 우리에게 필요한 모든 것을 제공할 수 있다고 생각할 것이다. 그리고 돈은 하나님 없이도 우리 스스로 얻을 수 있는 무언가처럼 보인다(만약 우리가 열심히 일하고, 인맥을 잘 쌓고, 현명하게 투자하라는 친숙한 조언을 잘 따른다면 더욱 그럴 것이다). 그래서 우리는 하나님 안에서 행복을 발견하는 것을 부로 대신한다. 하지만 하나님 대신 돈을 중심에 두면 이 재화를 추구하는 것이 하나의 패턴, 즉 삶의 방식이 된다. 이것은 "가끔" 짓는 우발적인 죄가 아니다. 전통적인 관점에서 보면 우리는 하나의 악덕을 고안해냈다. 우리의 마음과 생각, 꿈과 상상력, 기대와 감정의 형태를 반영하는 하나의 습관이 비로소 생겨난 것이다. 우리의 습관은 우리가 누구인지에 대해 많은 것을 말해준다.

그러나 돈이나 안전과 만족을 약속하는 창조물 목록에서 우리가 선택할 수 있는 다른 모든 것에는 문제가 있다. 우리는 많이 가질수록 더 많은 것을 원한다. 그리고 우리는 그것을 더 많이, 더 많이 원한다. 우리의 욕망은 점점 더 커지고, 그 욕망과 함께 이것들을 추구하는 우리의 노력과 헌신도 커진다. 조금씩 우리의 삶은 돈으로 살 수 있는 것에 얽매이게 된다. 인간의 필요에는 점점 더 무관심해지고, 경제적인 지위와 성공은 내가 쟁취한 것이므로 당연하게 여겨지며, 할인을 받거나 이익을 얻기 위해 윤리적으로 타협하고, 이미 가진 것에 만족하지 못하고 업그레이드하는 데 안달하며, 심지어 더 많은 것을 소유하고 얻는 삶의 방식을 위해 관계를 단절하거나 타인의 피해를 외면하기도 한다.

우리의 탐욕은 악덕의 나무가 예견하는 성품의 열매, 즉 비정함, 속임수, 불안과 같은 열매를 맺는다. 탐욕의 악덕은 **가끔** 돈을 과대평가하거나 자신을 위해 너무 많이 간직하는 사람이 아니라 탐욕스러운 **사람**에게 적용된다. 탐욕스러운 사람의 생각은 탐욕으로 물들어 있으며, 그의 대화는 자신의 수입과 소유물, 이에 대한 관심을 중심으로 이루어진다. 그는 자신의 소유물 때문에 기분이 좋고 자신감이 생긴다. 그의 눈에는 다른 사람이 기여한 것과는 무관하게 자신이 가진 것은 당연히 자신의 특권으로 여기며 감사할 필요성을 느끼지 못한다. 마찬가지로 탐욕스러운 사람의 감정과 욕망은 그의 탐욕 중심의 가치관을 반영한다. 그의 헌신과 우선순위와 시간은 그가 소유하고 있는 것과 그가 사고 싶은 물건에 대한 욕망에 의해 형성된다. 그의 정체성과 대화는 그의 구매를 중심으로 이루어진다.

어쩌면 당신의 특별한 약점이 탐욕이 아닐 수도 있다. 어쩌면 당신이 성취하고 싶은 것은 편안함이나 쾌락, 권력이나 지위, 다른 사람들로부터 인정이나 칭찬을 받는 것과 같은 것일 수도 있다. 악마는 우리 각 사람을 위해 특별히 고안된 "죄 패키지"를 가지고 있다. 하지만 당신이 어떤 악덕에 더 빠지기 쉽다고 생각하든 하나님을 대신해 창조물을 습관적으로 추구하면 불행과 자기 파멸과 속박으로 이어진다는 점은 같다. 겉으로 보기에는 만족스러워 보였던 것이 결국에는 우리를 공허하게 만든다. 때때로 우리는 너무 늦었다고 느낄 때까지 우리가 무엇을 하고 있는지, 어디까지 왔는지조차 깨닫지 못한다. 때때로 우리는 죄에 너무 사로잡혀서 우리가 얼마나 멀리 왔는지, 얼마나 단단히 집착하고 있는지, 얼마나 변했는지조차 깨닫지 못한다.

다시 말해 죄는 끊기 어려운 습관이라는 말이다.

그리고 모든 것이 우리의 손에 달려 있다면 우리는 모두 결국 망가지고 말 것이다.

우리가 예수 그리스도를 따르는 제자의 삶을 시작하려면 이러한 사악한 습관은 죽어야 한다. 우리는 고백과 회개를 통해 우리의 깨어진 자아를 십자가 밑으로 가져와야 한다. 우리는 오래된 나무를 베고 가지를 잘라 불 속에 던져달라고 하나님께 간구해야 한다.

그러나 이 힘들고 혼란스러운 과정 중에도 우리는 새 생명에 대한 약속을 잊어서는 안 된다. 왜냐하면 우리는 자신의 오래된 나쁜 습관을 드러내고 고백하고 우리의 깨어진 옛 자아를 뿌리 뽑을 뿐만 아니라 부활과 재창조를 이루어내실 수 있는 예수의 능력을 의지하기 때문이다. 이것을 나무 이미지에 비유하자면 미덕에도 나무가 있다. 우리가 새로운 뿌리 체계에 접붙여지면 우리는 새로운 존재로 성장하기 시작한다. 예수는 이렇게 약속하신다. "나는 포도나무요 너희는 가지라. 그가 내 안에, 내가 그 안에 거하면 사람이 열매를 많이 맺나니 나를 떠나서는 너희가 아무 것도 할 수 없음이라"(요 15:5). 성령은 우리가 경건하게 성장하도록 자양분을 공급한다. 우리가 하나님의 사랑에 뿌리 내림으로써 우리는 새로운 가지를 내고 새로운 열매를 맺기 시작한다. 이러한 새로운 습관은 새로운 삶의 방식을 형성하고, 이를 통해 우리는 점점 더 그리스도를 닮아가는 사람이 된다.

영성 훈련은 우리를 의도적으로 이 성장 과정에 몰입하게 한다. 영적으로 변화하는 삶은 죽음과 부활, 회개와 갱신이라는 패턴을 따른다. 충분한 자기 성찰을 통해 우리는 악덕에 대한 집착으로 점철된 옛 자아와 그리스도를 닮은 미덕으로 재창조될 수 있는 새로운 자아 사이의 현저한 간극을 발견할 수 있다. 그 간극은 무엇으로 메울 수 있을까? 그것은 성령의 능력을 힘입은 영성 훈련을 실천하는 것이다. 전통적인 훈련은 우리가 회개하고 새로운 삶의 방식을 받아들일 수 있도록 우리의 마음 문을 열고 옛 습관에 대항하는 것이다. 이러한 훈련은 우리가 지금까지 살아온 방식을 "따르지 말 것"을 촉구하며, 성령을 통해 예수 그리스도의 성품을 닮은 자아로

"변화"되도록 도와준다(롬 12:2).² 이러한 훈련은 우리에게 죄에 대해 저항하고 성령에 순응하는 것을 가르쳐준다.

요하네스 카시아누스는 이러한 훈련의 배후에 있는 두 가지 전략을 다음과 같이 설명한다. "가장 숙련된 의사가 현재의 병을 치료할 뿐만 아니라 예리한 전문 지식으로 미래의 병에 맞서고 처방을 통해 예방하는 것처럼… 영혼의 참된 의사도 마음의 병이 막 나타나려고 할 때 그 병이 젊은이들의 마음에서 자라지 못하게 할 뿐만 아니라 그들을 위협하는 정욕의 원인과 건강을 회복하는 방법을 모두 공개하면서 하늘의 명약으로 그 마음의 병을 파괴한다."³ 카시아누스의 은유는 자기 성찰의 과정이 잘못된 것, 파괴적인 것, 망가진 것을 드러내기도 하지만, 앞으로 나아갈 길, 삶의 방식도 드러낸다는 것을 보여준다. 결국 우리가 의사를 찾아가는 이유는 잘못된 진단을 받기 위해서가 아니다. 우리는 의사가 나를 치료하고, 치유하고, 온전하게 회복시키는 방법을 아는 전문가이기 때문에 찾아가는 것이다.

내면을 들여다보고 앞으로 나아갈 길을 찾기 위해서는 하나님에 대한 신뢰뿐만 아니라 우리의 결연한 의지가 필요하다.

---

2   "삶의 방식"에 대한 이야기는 구약성경의 지혜 문헌(예. 시 1편과 잠 1-9장의 지혜와 어리석음의 대조)의 주제를 반영하고 있다.

3   Cassian, *The Institutes of the Cenobia and the Remedies for the Eight Principal Vices* 11.17, trans. Boniface Ramsey, OP, Ancient Christian Writers 58 (Mahwah, NJ: Newman, 2000). 사막의 분별 과정, 즉 "생각"(*logismoi*)에 주목하여 이름을 붙이고 그것이 우리의 열정을 행동으로 옮길 기회를 갖기 전에 의도적으로 대응하는 것은 이냐시오회의 시험과 영 분별의 관행과 유사하다. 다음을 보라. Timothy M. Gallagher, OMV, *The Discernment of Spirits: An Ignatian Guide for Everyday Living* (New York: Crossroad, 2005), 16-25.

자기 인식은 힘들고 고통스러운 내면의 작업과 연결되어 있다. 변화는 진통 속에서 일어난다. 그러한 길을 걷기 위해서는 용기가 필요하다. 많은 사람들은 자기 자신의 심연 속으로 빨려 들어가는 것이 두려워 자기 인식의 길을 회피한다. 그러나 그리스도인들은 그리스도께서 인간의 삶의 모든 심연을 다 겪어내셨고, 우리가 자신과 진지하게 대면하려 할 때 우리와 함께하신다는 확신을 가지고 있다. 하나님은 우리의 어두운 면을 포함하여 우리를 무조건적으로 사랑하시기 때문에 우리는 자신을 회피할 필요가 없다. 이러한 사랑에 비추어볼 때 자기 인식의 고통은 동시에 치유의 시작이 될 수 있다.[4]

영성 훈련은 하나님이 우리를 지으신 목적에 부합하는 삶을 점점 더 온전하게 살아가는 법을 배우는 재활 및 복지 프로그램이라고 생각할 수 있다. 또는 나무 비유로 돌아가자면 단순히 악덕이라는 잡초를 없애는 것이 아니라 그리스도를 닮은 미덕의 정원을 가꾸는 것이 우리의 목표다.

예를 들어 안식일을 지키는 영성 훈련은 자신이 이룬 업적에 지나치게 자신감을 갖거나 자기 일, 계획, 성과에 지나치게 지배당하는 우리의 나쁜 습관을 밀어내거나 제한하는 방법이 될 수 있다. 그러나 동시에 안식일은 하나님께서 우리에게 맡기신 일을 더 잘하고 전심으로 할 수 있도록 우리에게 필요한 휴식과 재충전의 달콤한 맛을 선사하기도 한다. 또한 우리가

---

[4] Richard Rohr and Andreas Ebert, *The Enneagram: A Christian Perspective* (New York: Crossroad, 2016), xi.

하나님의 부르심에 주의 깊게 귀 기울일 수 있을 만큼 충분히 가만히 있을 수 있는 시간을 제공한다. A. J. 스워보다(A. J. Swoboda)는 다음과 같이 말한다. "병든 사회에 잘 적응하는 것은 결코 건강하거나 경건하다는 표시가 아니다. 안식일은 우리가 구축한 세상의 구조와 체계 자체에 반하는 것이다. 따라서 안식일은 그 세상에 대한 일종의 저항이 된다."[5] 이러한 저항은 외부 체계와 함께 내면의 리듬을 겨냥한다. 우리의 마음은 우리가 만들고 내면화하고 우리의 정체성을 쏟아부어 만든 세계에 과도하게 헌신하고 있다.

따라서 처음에는 안식일이 "우리가 어떻게 받아야 할지", 어떻게 귀하게 여길지, 심지어 어떻게 사모해야 할지 "모르는 선물"일 수 있다.[6] 그렇기 때문에 영성 형성에는 훈련이 포함된다. 연습을 통해 안식일 준수는 점차 새로운 갈망을 일깨우고, 새로운 습관을 길러주며, 새로운 시각을 열어주고, 새로운 삶의 리듬으로 우리를 인도한다. 그럴 때 우리는 하나님이 우리 안에서 그리고 우리를 통해 일하고 계신다는 것을 아는 평화를 맛보며 깊은 사랑의 우물 속에서 일할 수 있다. 지금까지 자기 일에 쏟아부은 정체성을 내려놓고 의도적으로 그 일에 대한 세상의 보상 체계에 반하는 삶을 선택하려면 (처음에는 고통스러운) 그러한 삶과 거리를 두는 것이 필요하다는 것을 깨닫게 될 가능성이 높다. 하지만 만약 우리가 더 잘 쉬고 규칙적으로 주님의 현존 앞에 조용히 머무른다면 더 충만하고 풍성하고 은혜로운 삶을

---

5 A. J. Swoboda, *Subversive Sabbath* (Grand Rapids: Brazos, 2018), xi.
6 Swoboda, *Subversive Sabbath*, x.

살지 못할 사람이 우리 중에 얼마나 되겠는가? 만약 우리가 안식일을 하나의 습관처럼 꾸준히 지킨다면 우리의 탐욕스러운 소비와 세상에 분노하는 태도가 어떻게 변화할까? 이 책은 무기력함을 극복하려는 나 자신의 이야기와 내가 초보자로서 안식일을 지키기 위해 안간힘을 썼던 노력에서 시작되었다. 지금으로부터 20년 전의 일이다. 거의 모든 사람들이 아주 오랜 세월의 힘든 과정을 통해 자신을 내려놓는 법을 배운다는 것을 하나님은 알고 계신다.

영성 훈련의 또 다른 예를 생각해보라. 고요함이나 침묵을 연습한다는 것은 우리 삶의 중심에 있는 진정한 공허함을 편리하게 채우는 역할을 하는 끊임없는 소음, 음악, 수다를 억제해야 한다는 것을 의미할 수 있다. 그것은 우리가 외로움이나 무의미함을 직면해야 한다는 의미일 수도 있다. 그러나 그것은 또한 깊게 심호흡을 하는 법을 다시 배우고 침묵이 얼마나 하나님의 임재와 아름다움으로 가득 차 있는지를 재발견하는 기회가 될 수도 있다. 그것은 우리에게 인생에서 방황하는 것을 멈추고, 완전히 깨어 있고 완전히 살아 있으며 매일의 삶에서 주어지는 선물을 온전히 인식하는 방법을 가르쳐줄 수도 있다. 우리는 침묵 속에서 자신의 의제에 방해받지 않고 경청하는 법을 배울 수 있다. "오직 침묵하는 자만이 들을 수 있다"는 조지프 피퍼(Josef Pieper)의 말이 타당할 수도 있다.[7]

우리는 매일 참회의 실천과 갱신의 패턴으로서 이러한 모든 영성 훈련

---

7 Josef Pieper, *Leisure: The Basis of Culture* (New York: Pantheon, 1952), 27.

에 참여할 수 있는 기회를 갖게 된다.

다시 말하자면 만약 당신이 그리스도 안에 깊이 뿌리 내리면 당신은 변화를 기대할 수 있다. 만약 당신이 그분의 사랑과 능력에 뿌리를 깊이 내리면 당신은 경건하게 성장할 것을 기대할 수 있다. 만약 당신이 열린 마음으로 당신의 삶 속에 역사하시는 성령께 감사하는 마음으로 "예"라고 응답한다면 당신은 새로운 열매를 맺는 자신을 발견하게 될 것이다.

다만 한 가지 유의할 점은 단지 성장뿐만 아니라 예상치 못한 일도 기대해야 한다는 것이다. 이러한 훈련은 더 나아지기 위한 인간의 용감한 노력이 아니라 **은혜로 이루어지는** 훈련이다. 우리는 금식을 인간의 의지력과 고섬유질 및 저열량 간식에 의존하는 일종의 영적 다이어트 계획으로 축소해서는 안 된다. 대신 금식은 우리가 하나님께 이렇게 말하는 것이다. "제가 먹는 것도 일상생활만큼이나 제자도를 실천하는 삶의 일부입니다. 저는 주님께서 여기서 저를 빚어가는 방식을 기꺼이 따르고 싶습니다. 이 훈련은 여기서 제 욕망이 제가 이해하지도 못하는 방식으로 변질되었지만, 주님께서 그 욕망을 변화시켜 주시기를 바라는 마음을 표현하는 제 방식입니다."

나는 또한 이러한 훈련은 **매일의** 실천, 습관 형성, 수련일 뿐이라는 점을 명심해야 한다고 말하고 싶다. 훈련은 항상 흥미롭게 재미있는 것은 아니다. 우리는 도대체 무엇이 그리 대단한 일인지, 사소해 보이는 것들이 어떻게 마법처럼 변화를 가져오는지 궁금해할 수도 있다. 하지만 하루가 몇 주가 되고, 몇 주가 몇 달이 되면 당신도 어느새 새로운 사람으로 변해 있는 자신을 발견할 것이다. 당신은 이미 당신에게 일어난 일과 당신 안에서 여전혀 일어나고 있는 일을 "이해"하는 데는 수년간의 충실한 연습이 필요하다는 것을 알게 될 것이다.

나는 일부러 "당신에게", "당신 안에서" 일어나는 일이라는 표현을 사용하고 있다. 영성 훈련은 적어도 처음에는 "나는 금식하고 있다", "나는 안식일을 지키고 있다", "나는 침묵을 연습하고 있다" 등 우리가 스스로 행하고 있는 것처럼 느껴지는 경우가 많다. 하지만 이것은 겉으로 보이는 모습일 뿐이다. 예수의 말씀을 기억하라. "가지가 포도나무에 붙어 있지 아니하면 스스로 열매를 맺을 수 없음 같이 너희도 내 안에 있지 아니하면 그러하리라"(요 15:4).

당신은 어디에 뿌리를 내리고 있는가? 어떻게 성장하고 있는가? 삶의 어떤 부분을 하나님께 기꺼이 열어드리고 싶은가? 하나님의 사랑에 깊이 뿌리를 내리는 데 도움이 되는 의도적이고 신실한 실천에는 어떤 것이 있나? 예수의 명령에는 약속이 따른다. "내 안에 거하라. 나도 너희 안에 거하리라.…그가 내 안에, 내가 그 안에 거하면 사람이 열매를 많이 맺나니 나를 떠나서는 너희가 아무 것도 할 수 없음이라"(요 15:4-5). 주님과 함께라면 우리는 많은 열매를 맺으며 우리가 주님의 제자임을 보여줄 수 있다.

따름(과 닮아감)의 선물과 실천

(아마도 당신이 이 책을 읽으면서, 그리고 내가 이 책을 쓰면서 촉발된) 자기 성찰은 고통스럽게 느껴질 수 있다. 불편함, 슬픔, 괴로운 후회, 심지어 절망감까

지 불러일으킬 수 있다. 우리는 종종 근원적인 악덕이라는 렌즈를 사용하여 내면을 들여다볼 때 발견하게 되는 것을 좋아하지 않는다. 아마도 우리가 발견한 혼란과 어둠을 어떻게라도 처리하고 싶은 것이 우리의 가장 흔한 반응일 것이다. 충분히 이해할 수 있는 반응이다. 하지만 그것은 다음 단계에 대해 신중해야 하는 이유이기도 하다.

악덕을 다루는 책의 마지막 부분에서는 스스로 해결책을 찾고 어떻게든 해볼 수 있는 해결책을 제시해야 하지 않을까? 악덕과 미덕의 대응을 깔끔하게 제시하면 얼마나 편리할까? 만약 당신이 욕심이 많으면 너그러워지고, 정욕에 빠졌다면 순결해져라. 미덕 팀이여, 힘내자!

하지만 그것은 문제의 본질을 호도한다고 나는 생각한다. 그 이유는 다음과 같다. 아리스토텔레스가 습관화에 대해 한 말은 맞지만 부분적으로만 맞다. 습관화란 단순히 고결한 성품과 생활 방식을 연마함으로써 습관을 형성하는 것을 의미한다. 이 접근법은 부분적으로만 옳다. 왜냐하면 우리가 해야 할 일이 들어 있기 때문이다. 우리는 어쨌든 기독교를 단순히 어떤 신념의 집합이 아니라 "삶의 방식"이라고 올바로 부른다. 달라스 윌라드는 "제자는 자신의 삶에서 가장 중요한 것은 예수가 말씀하신 것을 실천하는 방법을 배우는 것이라고 굳게 믿는 사람"이라고 말한다.[8] 따라서 연습, 즉 일상적인 활동은 확실히 모든 것의 중심에 서 있다. 아리스토텔레스도

---

8   Dallas Willard, "Rethinking Evangelism," reprinted from *Cutting Edge* magazine, Winter 2001, http://www.dwillard.org/articles/individual/rethinking-evangelism.

동의했듯이 연습은 단순히 행동을 만들어내는 것이 아니라 인격을 형성하는 것을 목표로 한다. 윌라드는 말한다. 예수는 "[단순히] 그분이 행하신 일을 우리도 행하라고 부르시는 것이 아니라 그분처럼 사랑이 넘치는 사람이 되라고 우리를 부르신다. 그렇다면 그분이 행하시고 말씀하신 것을 행하는 것은 바로 그분 안에서 얻은 우리의 정체성을 자연스럽게 표현하는 것이 된다."[9]

하지만 영성 훈련은 우리가 아무리 노력해도 그리스도를 닮을 순 없다는 냉정한 진실을 마주하기 전에는 오래 지속되지 않는다. 인간의 선택이 전부가 아니기 때문에 연습과 훈련, 우리가 하는 모든 일이 전부가 될 순 없다.

우리는 아우구스티누스의 『고백록』에서 이 교훈을 배운다. 우리 자신의 이야기도 하나님의 능력과 섭리에 대한 신앙고백으로 기록된다면 단순히 우리가 하는 일과 지금까지 해온 일을 이야기하는 것 이상이어야 한다. 그것은 우리 삶의 주인이신 하나님을 인정하는 기도가 되어야 한다. 아우구스티누스가 자신의 삶에 대한 서사를 측량할 수 없는 하나님의 지혜를 찬양하는 것으로 시작하는 것이 과연 그리 놀라운 일인가? 이로써 아우구스티누스는 비록 자신의 인생 이야기를 서술하고 있지만, 자신이 이 이야기의 전부가 아니라는 것을 인정한다. 궁극적으로 그의 이야기는 하나님이 그의 삶 속에서 그를 위해, 그리고 그와 함께 행하신 일에 관한 이야기

---

[9] Dallas Willard, *The Divine Conspiracy* (San Francisco: HarperSanFrancisco, 1998), 183.

다. 따라서 그 책의 마지막 부분에서 아우구스티누스는 그동안 무질서했고 이제는 습관적인 욕망과 수십 년간 씨름하며 실패한 끝에 마침내 자신에게 하나님과 그의 은혜가 필요하다는 사실과 직접 마주한다. 하나님은 그를 그리스도와 같이 겸손하도록 부르셨지만, 아우구스티누스는 스스로 변화하기 위해 자신의 의지력을 발휘하려고 했다. 이 얼마나 우리와 같은 모습인가! 내가 가장 좋아하는 『고백록』의 한 구절에서 아우구스티누스는 다음과 같이 묻는 하나님의 음성을 듣는다. "결국 너 자신은 신뢰할 수 없는 존재임을 알면서도 왜 네 자신을 의지하느냐?"[10] 만약 우리가 이렇게 자신을 의존하는 것을 교만한 옛 자아의 또 다른 초라한 모습으로 인식한다면 우리는 논의의 틀을 다시 새롭게 짜야 한다. 더 큰 미덕, 더 나은 자아, 더 행복한 삶을 위해 기꺼이 노력하는 것보다 더 많은 노력이 필요하다.

사막의 자기 성찰 프로그램의 요점은 결국 예수 그리스도를 닮아 하나님과 교제하며 사는 것이었다. 골로새서 3장에서는 우리가 갖춰야 할 그리스도를 닮은 덕목을 "긍휼과 자비와 겸손과 온유와 오래 참음"(12절)으로 묘사하고 있다. 우리는 이 모든 것 위에 사랑을 더하는데, 그 이유는 완전한 사랑의 관계를 위해 이러한 성품이 우리에게 필요하기 때문이다. 이 책이 우리에게 보여준 것이 있다면 그것은 사랑하고 사랑받을 수 있는 우리의 능력을 방해하는 것이 바로 악덕의 가장 나쁜 점이라는 것이다.

---

[10] Augustine, *Confessions* 8.11, trans. Henry Chadwick (New York: Oxford University Press, 1991).

하지만 골로새서의 문맥을 자세히 살펴보면 우리는 거기서 우리가 함양해야 할 미덕 목록 그 이상을 발견할 수 있다. 우리는 이러한 덕목이 그리스도 안에서 거듭나 이제는 하나님의 영으로 충만한 새로운 피조물이 된 자들의 성품이라는 것을 깨닫게 된다. 우리가 이러한 성품을 스스로 연마할 수 있다는 생각은 정말로 끔찍하고 크게 잘못된 생각이다. 우리가 "이력서에 들어갈 만한 덕목"과 "칭찬받을 만한 덕목"의 차이에 대해 토론하고, "행복 프로젝트"에 착수하고, 건강과 체력을 위한 새로운 신경 경로를 성실하게 육성하는 66일 프로그램을 계발할 순 있지만, 우리는 이 프로젝트가 근본적으로 인본주의적이고 자기 힘에 의존하는 방식이라는 점을 여전히 깨닫지 못하고 있다.[11] 우리의 최종 목표가 그리스도를 닮은 인격과 그 인격에 합당한 모든 덕목을 소유하는 것이라면 인간의 방법은 항상 그 목표에 미치지 못할 것이다. 그러한 성품에 도달하기 위해서는 다른 유형의 연습이 필요하다.

차이점은 무엇일까? 결국 연습은 다 똑같지 않은가? 영성 훈련은 해야 할 일이 더 많아 보일 수 있다. 결국 그래서 훈련이라고 불리지 않는다. 존 스토트는 언젠가 "거룩은 우리가 어쩌다가 우연히 도달할 수 있는 상태가 아니다"라고 말했다.[12] 내가 가장 좋아하는 만화 중 하나는 "예수와 함께 커

---

[11] 예컨대 다음을 보라. David Brooks, *The Road to Character* (New York: Random House, 2015), xl. 『인간의 품격』, 부키 역간. Gretchen Rubin, *The Happiness Project* (San Francisco: HarperCollins, 2012). 『무조건 행복할 것』, 21세기북스 역간.
[12] John Stott, *God's New Society* (Downers Grove, IL: InterVarsity, 1979), 193.

피를"(*Coffee with Jesus*)이다. 한 에피소드에서 칼(Carl)이라는 주인공은 예수에게 능청스럽게 다음과 같이 말한다.

"예수님, 저는 당신을 믿는 신자라는 것이 좋아요. 당신은 정말 좋은 친구예요."

"나도 자네가 신자라서 좋다네, 칼!" 예수가 대답한다. "하지만 나는 자네가 제자가 되었으면 좋겠네."

"차이점이 뭐지요?" 칼이 묻는다.

예수가 대답한다. "훈련이라네."[13]

영성 훈련은 우리를 제자로 만들지만, 우리 안에서 강력하면서도 인내심을 가지고 변화를 가져오는 성령의 역사에 복종하도록 가르침으로써 그렇게 한다는 것이 핵심이다. 영성 훈련은 우리 안에 하나님의 사랑을 받을 수 있는 공간을 만들어준다. 영성 훈련은 X 또는 Y라는 영적 결과를 산출하거나 달성하기 위해 만들어진 7단계 10주 프로그램이 아니다. 영성 훈련은 점진적으로 우리를 성령의 역사에 노출한다. 샤론 갈로 브라운(Sharon Garlough Brown)은 자기 성찰과 그에 따른 변화의 작업을 "심장 수술"이라고 부른다. 이러한 은유에 잘 어울리는 언어 사용에 주목하라. 우리는 수술을 받는다. 이 프로그램에서 그리스도는 위대한 의사다. 따라서 당신은 복종하고, 하나님은 수술하신다. 영성 훈련은 우리가 필요한 것을 받을 수 있는 위치에 놓이게 한다. 영성 훈련이 행동을 촉구할 때도 우리가 하는 일은 그

---

13 David Wilkie, *Coffee with Jesus* (Downers Grove, IL: InterVarsity, 2013), 42.

리스도가 이미 현존해 계시고 그분의 영이 이미 역사하시는 방식에 우리를 맞추어준다. 영성 훈련이 우리에게 미치는 결과와 영향은 궁극적으로 우리가 통제할 수 있는 것이 아니다. "모든 위대한 영성은 내려놓는 것이다."[14] 따라서 모든 영성 훈련은 겸손, 신뢰, 열린 믿음을 구현한다.

그리스도의 성품을 닮아가고 하나님의 생명과 마음에 이끌리는 법을 배우는 일은 평생에 걸쳐 이루어진다. 이러한 이유로 일부 저자는 영적인 삶을 여정이라고 부른다. 요점은 목표를 향해 전진하는 것이지만, 때로는 그것이 더디게 느껴질 때도 있다. 우리는 종종 우리가 어디로 향해 가고 있는지 안다고 생각하지만, 지체되거나 우회해야 하는 상황에 직면하기도 한다. 때로는 너무 어둡고 방해물이 많아서 어디로 가는지 전혀 보이지 않을 때도 있다.

골로새서 3장에 나오는 바울의 은유를 빌리자면 우리는 비교적 쉽게 옷을 갈아입을 수 있다. 한 번의 변신으로 우리는 실패한 패션에서 경이로운 스타일로 발전할 수 있다. 하지만 새로운 자아, 즉 온전함을 갖춘 새로운 정체성을 입는 것은 훨씬 더 어렵다. 이러한 미덕으로의 변화에는 단순히 옷차림뿐만 아니라 우리의 전인격이 필요하다. 바울의 말처럼 "너희는 하나님이 택하사 거룩하고 사랑 받는 자처럼 긍휼과 자비와 겸손과 온유와 오래 참음을 옷 입어야 한다"(골 3:12).

---

[14] Richard Rohr, "Commodity Culture," https://cac.org/commodity-culture-2016-09-01/. Rohr and Ebert는 "우리 자신을 내려놓고 마음을 여는 것조차도 우리의 업적이 아니며, 우리의 사랑을 '구애'하신 하나님께 공을 돌려야 한다"고 말한다(*Enneagram*, 41).

이렇게 생각해보라. 우리는 항상 무언가에 의해 영향을 받고 무언가에 순응하기 때문에 누구를 따르고 무엇에 순응하느냐에 따라 모든 것이 달라진다. 옛 자아를 따르지 않고 악덕을 따라 사는 것을 멈추는 가장 좋은 방법은 그리스도를 지속적으로 따르는 것이다. 에베소서 4장에서도 거짓을 벗고 진실을 입으며, 분노를 벗고 용서를 입으며, 불건전한 말을 벗고 격려하는 말을 하며, 악의를 벗고 친절을 입는 제자도의 삶에 대해 "벗고" "입는" 은유를 사용한다. 바울은 이 모든 명령을 전인격과 전체 생애의 언어로 요약한다. "너희는 하나님을 본받는 자가 되고 그리스도께서 너희를 사랑하신 것 같이 너희도 사랑 가운데서 행하라"(엡 5:1).

인간의 삶은 매일의 일상, 정신적인 기본패턴, 상상을 통한 습관, 감정적인 기대 등 틀에 박힌 온갖 생활 습관으로 점차 지쳐간다. 이 책을 읽으면서 당신 자신도 이러한 습관 중 일부를 발견했을지도 모른다. 때로는 자신도 모르는 사이에 습관으로 자리 잡는다.

따라서 항상 순응한다는 것은 우리가 광고나 문화의 영향을 받을 때처럼 아무 생각 없이 순응하는 것을 의미하지 않는다. 사막 교부들과 교모들의 말이 옳다면 우리의 기본 패턴(악덕)은 스스로 무너뜨리는 경향이 있다. 우리는 어떻게 이러한 틀에 박힌 습관에서 벗어날 수 있을까? 바울이 우리에게 예수 그리스도의 성품을 닮으라고 말할 때(엡 5장) 그가 그렇게 하라고 **지시한다는** 사실 자체가 우리가 의도적으로 노력할 것을 기대한다는 것을 의미한다. 마찬가지로 그는 "위의 것을 생각하고 땅의 것을 생각하지 말라"(골 3:2), "오직 마음을 새롭게 함으로 변화를 받아"(롬 12:2), "오직 너희의 심령이 새롭게 되어"(엡 4:23), "무엇에든지 칭찬 받을 만하며 무슨 덕이 있든지 무슨 기림이 있든지 이것들을 생각하라"(빌 4:8)고 말한다. 다시 말해 그냥 휩쓸리지 말고 자신이 어떤 사람이 되어가고 있는지에 주의를 기울이고, 그 과정에서 자신의 선택이 변화를 가져온다는 사실을 인식하고, 자신의 말과 행동이 그리스도의 모습을 닮아가고 있는지 살펴야 한다. 이 책에서 제시하는 자기 성찰의 메시지가 그 길로 나아가는 데 도움이 되었기를 바란다.

그리스도를 의식적으로 따르는 것은 어떤 모습일까? 여기서 다시 설명할 필요는 없을 것이다. 그리스도의 제자들은 오랫동안 이를 실천해왔다. 예수 그리스도의 성품을 따르는 이들은 어떻게 살고, 일하고, 기도하고, 먹고, 쉬고, 저축하고, 소비하고, 교제하고, 공부하고, 놀고, 축하하고, 애도하고, 모이고, 예배할까? 역사를 뒤돌아보고, 성경을 깊이 들여다보며, 주변을 살펴보라. 예수의 제자들은 안식일을 지키고, 금식하고, 죄를 고백하고 애통하며, 시편을 통해 기도하고, 구제하고 십일조를 드리고, 하나님의 신실하심을 이야기하고, 영적인 노래를 부르며 감사와 찬양을 드리고, 병든 자에게 기름을 바르고, 나그네를 접대하고, 배고픈 사람을 먹이고, 성경을 묵상하고, 기뻐하고 감사하고, 침묵과 안식의 시간을 가지며, 울더라도 희망이 없는 사람처럼 울지 않는다.

일부 그리스도인들은 이러한 순응의 실천 목록을 가지고 있다. 우리는 이를 영성 훈련이라고 부른다. 하지만 우리가 이를 뭐라고 부르든, 우리는 이를 소수가 간헐적으로 행하는 영웅적인 행동이나 거룩한 행위가 아니라 모든 사람을 위한 일련의 일상적인 관행으로 이해해야 한다. 티시 해리슨 워렌(Tish Harrison Warren)의 말을 빌리자면 이러한 행위는 "평범한 사람들의 예전"을 형성한다.[15] 우리가 무엇을 먹고, 무엇을 입고, 어떻게 일하고, 얼마나 자고, 무엇을 사고, 어떻게 말하고, 무엇을 이야기하는지는 모두 평범하고 일상적인 것들이다. 그런데 비범한 순응은 평범한 일상에서 드러난다. 그리스도를 본받는 것은 오늘 그리고 매일 해야 할 일이다. 우리는 가끔 수련회에서 또는 학기가 끝났을 때 또는 마침내 쉬는 날에 예수처럼 사는 프로젝트를 시작할 수 없다. 우리는 **항상** 그리스도를 따라야 한다.

이미 탐식에 관한 장에서 간략하게 언급했듯이 내가 매일 실천하는 일과의 또 다른 이야기를 들려드리려고 하는데, 이것이 단순히 예수 그리스도의 성품을 닮기 위해 더 열심히 **노력하는** 문제라는 인상을 주지 않을까 걱정된다. 우리는 이미 리처드 포스터로부터 "금식은 우리를 지배하고 있는 것들을 드러낸다"는 말을 들었다.[16] 그의 책을 처음 읽었을 때 나는 약간 당황했다. 금식은 단순히 적게 먹고 더 많이 기도하는 것 아니었던가? 전에는 단식을 해본 적이 많지 않았기 때문에 호기심이 생겼다. 그래서 그해 사순절 기간에 금식을 해보기로 결심했다. 금식은 여러 가지 형태로 할 수 있는데, 여기서 세부사항은 중요하지 않다. 나는 하루의 대부분을 평소에 먹던 음식을 거르거나 평소보다 훨씬 적게 먹었다. 결과는 어땠을까? 거의 모

---

15 Tish Harrison Warren, *Liturgy of the Ordinary* (Downers Grove, IL: InterVarsity, 2012).
16 Richard Foster, *The Freedom of Simplicity* (San Francisco: HarperCollins, 1981), 174.

든 시간에 배가 고팠다. 처음에 예상했던 것보다 더 많은 재훈련과 절제가 필요했다는 것은 그리 놀랍지 않을 것이다. 하지만 더 큰 문제는 업무 중 쉬는 시간이 모두 먹는 것과 관련되어 있다는 것이었다. 나는 우선 10시에 커피타임을 갖고, 점심시간을 짧게 가진 다음, 방과 후 아이들과 간식을 먹고, 저녁 식사를 한 후, 디저트 타임을 가졌는데, 이것은 무엇보다도 모든 일과를 마친 후 마지막으로 긴장을 풀면서 휴식 시간을 갖는 것이었다. 나는 이 작은 보상 체계를 중심으로 일과를 계획했다. 이런 시간에 평소처럼 식사를 하지 않으면 어떻게 해야 할지 나는 막막했다. 그래서 나는 그 시간을 기도하는 데 사용하기로 했다. 처음에는 어색했지만, 일을 멈추고 지금까지 나에게 주어진 모든 것에 대해 하나님께 감사드리며 남은 하루를 축복해달라고 기도했다. 새로운 습관이 자연스럽게 느껴지는 데는 시간이 걸렸지만, 넉 주째쯤 되자 무심코 먹던 음식이 내면의 고요함과 기도를 방해하는 또 하나의 바쁜 일정이었다는 것을 깨닫기 시작했다. 커피 한 잔이나 쿠키 한 조각보다 기도하는 시간이 나에게는 더 절실히 필요했다.

그러나 (무심코) 배우기 시작한 이 고귀한 영적 교훈 외에도 나는 금식은 적게 먹는 것이라는 단순한 사실에서 또 다른 교훈을 얻게 되었다. 대부분의 시간을 배고프게 지내다 보니 짜증이 많이 났다. 부분적으로는 내가 원하는 것을 얻을 수 없었기 때문에 짜증이 났던 것이다. 나는 내가 마땅히 누려야 할 즐거움으로 내가 하는 일을 보상할 수 없었다. 하지만 적게 먹으면 피곤해져서 짜증이 나기도 했다. 금식 중에는 평소에 하던 활동을 계속 유지할 수 없었다. 그 활동들은 카페인, 설탕, 간식(심지어 건강에 좋은 것조차도)을 규칙적으로 섭취하는 데서 활력을 얻었기 때문이다. 나는 성과를 내야 하는 분주한 생활 양식에 활력을 불어넣기 위해 닥치는 대로 무엇이든 마구 먹는 대식가였다. 나는 그렇게 먹으면서 살았다. 나는 매일매일 "예전의 나의 모습"이 효율성, 해야 할 일 목록, 성과, 생산성의 측면에서 나 자신의 가치를 평가하는 사람이라는 사실을 깨달았다. 반면에 금식 중에는 더 많은 휴식, 더 많은 정신적 휴식, 더 많은 수면이 필요했다. 즉 나는 이미 바쁜 일정임에도 더 추가했을 법한 몇 가지 일을 포기해야 했다. 당연히 나는 멈추고 쉬어야 할 때 더 많은 일을 처리하느라 간과했던 사람들(하나님을 포함하여)과 대화를 하게 되었다.

정기적으로 하는 금식은 단순히 음식만 멀리하는 것이 아니다. 금식은 우리가 잘못된 방식, 잘못된 이유, 잘못된 욕망으로 음식을 먹음으로써 가능했던 생활 양식을 조금씩 바꾸어나가기 시작했다. 놀랍게도 나는 나의 잘못된 성공 기준에 맞추기 위해 음식을 이용하고 있었다는 사실을 깨달았다. 사순절이 시작되고 약 3주가 지났을 때 나는 하나님과 다음과 같은 대화를 나누었다. "주님, 저는 제가 **먹는 일**을 주님께 맡겼습니다. 저는 제 일정과 해야 할 일에 대한 모든 계획을 주님께 맡기지는 **않았습니다!**" 금식은 겉으로 드러난 나의 기독교 신앙을 긁어내고 교만이 살아 활개 치며 홀로 원맨쇼를 벌이고 있다는 사실을 낱낱이 드러내 주었다.

확실히 하나님은 우리에게 필요한 곳이면 어디서든 변화를 일으키신다. 하나님의 영은 훈련을 통해 행복에 대한 우리의 잘못된 이미지와 우리가 되고자 하는 자아에 대한 잘못된 견해에서 우리를 분리하여 그리스도를 닮은 자아에 더 가까이 다가가게 하신다. 영성 훈련은 우리가 의도적으로 하는 것일 수도 있지만, 동시에 우리 자신을 복종시키고 수용하며 필요한 변화에 자신을 개방할 것을 요구한다.

따라서 음식을 포기하는 것만큼이나 금식을 하면서 힘들었던 것은 음식과 함께 포기해야 했던 나 자신, 즉 극도로 소중히 여기는 나의 자아상이었다는 것은 결코 놀라운 일이 아니다. 항상 바쁘고, 성취도가 높고, 통제력이 뛰어난 나의 모습, 즉 나의 정체성을 걸고 사회적으로 많은 인정을 받아온 나 자신을 버리는 것은 정말로 고통스러운 일이었다. 그런 일들은 나 자신을 성공하고 중요한 사람으로 여기는 나의 생각을 확인시켜주었다. 그렇게 일하는 나의 모습은 내 삶이 가치 있고 소중하다고 느끼게 해주었다. 금식을 하는 과정에서 나는 나의 거짓 자아와 마주하게 되었다. 나는 비로소 깨달았다. "사람들이 자기 자아상만큼 집착하는 것은 없다. 우리는 그것을 포기하지 않으려고 말 그대로 지옥을 통과할 각오가 되어 있다. 그것은 우리가 할 일과 하지 않을 일, 할 말과 하지 않을 말, 우리가 몰두할 일과 몰두하지 않을 일의 대부분을 결정한다. 우리는 모두 그것에 영향을 받는다. 문제는 과연 이것 말고 다른 것이 될 자유가 내게 있느냐는 것이다."[17]

금식이 **훈련**으로 여겨지는 이유는 그것이 도전적인 훈련일 뿐만 아니라 내 옛 자아의 여러 측면에 도전하고 새로운 것을 불러일으키는 하나님의 훈련 방법이었기 때문이다. 의도적인 순응 훈련을 통해 하나님은 내 옛

---

17   Rohr and Ebert, *Enneagram*, 26.

자아의 일부를 벗겨내시고 그분의 형상을 내가 더 닮아가도록 하셨다. 하나님은 새로운 창조 사역을 이루어나가신다. 그 과정에서 하나님의 영의 능력은 나를 놀라게 했다. 얼마 후 나는 음식을 적게 먹어도 기분이 훨씬 좋아졌고, 해야 할 일의 목록이 줄어들면서 조용한 시간과 다른 사람들과 함께하는 시간을 즐기게 되었다. 이제는 내 일정이 꽉 차면 그 좋은 것들에 대한 나의 욕구가 다시 살아나는 것을 느낀다. 하나님은 엄격한 관행과 무의미한 규칙을 맹목적으로 따르는 것이 아니라 진정한 쉼과 사랑과 자유를 맛볼 수 있는 은혜로 가득한 기회를 갖도록 우리를 초대하신다.

하지만 조금 전에 언급했던 "항상 순응한다"는 말에서 "항상"의 의미로 되돌아가 보자. 이것은 마치 내가 사순절 기간에 금식하고, 은혜와 그리스도를 닮은 새로운 자아에 관해 명쾌하고 영원한 교훈을 배웠다고 해서 모든 것이 끝났다고 말할 수 없는 것과 같다. 매년 나는 조금 뒤로 물러나 그리스도의 성품과 미덕을 본받는 사람으로서 다시 배우고 새로워지기 위해 새로운 사순절이 필요하다. 사순절이 매년 돌아오는 데는 다 이유가 있다. 교회력은 계속해서 돌고 돈다. 여기에도 "항상"에 대한 교훈이 있다. 우리는 계속해서 그리스도 예수를 닮아가야 한다. 그렇게 할 때 우리는 무한한 깊이와 영원한 열매를 발견하게 될 것이며, 평생을 살아도 그분을 닮아가는 방법은 소진되지 않을 것이다.

"항상 순응하기"라는 프로젝트는 궁극적으로 우리 안에서 일하시는 성령의 역사를 묘사하기 때문에 인간의 힘으로 스스로 미덕을 함양하는 것은 결코 적절하지 않다. 그리스도를 닮아간다는 것은 우리가 기대하거나 상상할 수 있는 것보다 훨씬 더 많은 것을 요구하기 때문에 우리에게는 성령이 필요하다. 옛 자아를 벗어버리고 새 자아를 입는 과정은 무엇보다도 우리 안에서 역사하시는 하나님의 능력을 드러낸다.

금식했을 때 일어난 변화를 우리는 어떻게 해석할 수 있을까? 하나님의 작품일까, 아니면 나의 작품일까? 둘 다였다. 내가 통제할 수 있었을까? 그렇다고도 할 수 있고 그렇지 않다고도 할 수 있다. 내가 실천하기로 결심하고 실행에 옮겨야 했기 때문이다. 하지만 재활이 필요한 부분을 내가 자의적으로 결정했을까? 사실 그렇지 않았다(나의 발차기와 나의 부르짖는 소리가 말해주듯이). 이 훈련은 성령께서 치유가 필요한 부분을 고치러 들어오시도록 문을 열어주었다. 스탠리 하우어워스와 찰스 핀치스도 이에 동의한다. "우리의 성품은 참으로 업적이지만 선물로 주어지는 것이다.⋯우리는 기독교적 미덕 안에서 성장할 수 있지만, 은혜 안에서 이루어지는 성장이라고 표현하는 것이 가장 좋다."[18] 은혜 속에서 훈련의 삶을 사는 것은 점진적인 과정, 즉 유진 피터슨이 현명하게 "같은 방향을 향한 긴 순종"이라고 불렀던 그리스도의 발자취를 따라 걷는 회복의 과정에 영향을 미친다.[19]

은혜와 하나님의 영은 우리의 노력의 한계를 넘어 변화의 기적을 일으킨다. 훈련은 우리가 그 사역에 복종하고 필요한 변화에 자신을 개방하도

---

[18] Stanley Hauerwas and Charles Pinches, *Christians among the Virtues: Theological Conversations with Ancient and Modern Ethics* (Notre Dame, IN: University of Notre Dame Press, 1997), 124, 128.

[19] Eugene Peterson, *A Long Obedience in the Same Direction: Discipleship in an Instant Society* (Downers Grove, IL: InterVarsity, 2000).

록 가르친다.

포괄적이고 구체적이며 공동체적인 훈련

다행히도 세상에는 이미 영성 훈련에 대한 통찰력과 가르침이 담긴 보고(寶庫)가 있다(자세한 내용은 이 장의 마지막 부분을 참조하라). 나는 여기서 그 내용을 중복해서 소개하지는 않을 것이다. 하지만 더 깊이 파고들고 탐구하면서 다음 세 가지를 기억하길 바란다.

첫째, 훈련은 포괄적이다. 영성 훈련은 일상의 분주함과 번잡함에서 벗어나 규칙적이고 조용한 경건의 시간을 갖게 해주지만, 동시에 먹고, 자고, 일하고, 듣고, 쉬고, 말하고, 주의를 기울이고, 읽고, 축하하고, 돌보고, 베풀고, 소비하고, 받는 우리의 행동에도 방향 전환을 가져다준다. 훈련을 잘 실천하면 우리 삶에 영향을 미치지 않는 영역이 없고, 우리 마음 구석구석에도 손길이 닿지 않는 곳이 없다. 애들 알버그 칼훈(Adele Ahlberg Calhoun)은 영성 훈련에 대한 글에서 다른 모든 활동에 참여하는 방식에 영향을 주는 "느리게 하기"와 "내려놓기" 등 모든 것을 포용하는 훈련을 나열한다. 여기에는 지구와 이웃을 대하는 크고 작은 방식을 포함하여 "창조세계 돌보기"와 "환대"도 포함된다.[20] 우리가 어떻게 쇼핑하고, 어떤 오락을 선택하고 즐기며, 어디서 살고, 무엇을 소비하며, 여가를 어떻게 보내고, 우리가 어떤 교

---

[20] Calhoun, *Spiritual Disciplines Handbook*, 11-13.

통수단을 사용하는지 등 우리 마음의 가장 깊은 애착을 형성하고 표현하는 것이 모두 그리스도의 주권과 성령의 변화시키는 사역에 해당한다. 기도와 예배를 "부차적인 활동"으로 간주하고, 다른 모든 영역에서는 평소처럼 생활하는 것은 그리스도인으로서 충분하지 않다. 오히려 하나님의 삶과 사랑에 참여하는 우리의 새로운 서사는 우리가 꿈꾸고 소망하며 행하는 모든 것, 즉 우리의 삶의 방식 전체에 영향을 미친다.[21]

둘째, 이러한 훈련은 구체적이다. 당신은 이 훈련을 내가 "영성 훈련"이라고 부른다고 해서 그저 천상적, 정신적 또는 영혼을 돌보는 유형의 문제만을 포함한다는 의미로 말하지 않는다는 것을 이미 눈치챘을 것이다. 오히려 세속적이고 구체적이며 일상적인 실천이라고 생각하라. 캐슬린 노리스(Kathleen Norris)는 이를 "일상적인 신비"(quotidian mysteries)라고 불렀다.[22] 이 훈련은 해야 할 일, 즉 육체를 가진 존재가 수행하는 활동이다. 그리스도의 마음을 품고 내적으로 변화되었다는 것은 우리가 말하고 행동하는 방식에서 나타나야 한다. 그러나 그 반대도 마찬가지다. 반복되는 행동, 즉 삶의 방식을 형성하는 훈련도 우리의 마음과 사고를 형성하고 반영한다. 어떻게 미덕을 갖춘 사람이 될 수 있을까? 그것은 미덕의 행위를 행함으로써 가능

---

21 예를 들어 Paul Griffiths는 포괄적인 감사 습관으로 "쉬지 않고 기도하는 것"이 가능하다고 주장한다. 다음을 보라. Griffiths, "Pray without Ceasing," *Christian Reflection* 32 (2009): 11-17; reprinted in *All Things Hold Together in Christ*, ed. J. K. A. Smith and M. Gulker (Grand Rapids: Baker Academic, 2018).

22 Kathleen Norris, *The Quotidian Mysteries: On Laundry, Liturgy, and Women's Work* (Mahwah, NJ: Paulist Press, 1998).

하다. 우선 초보자 또는 수습생으로서 미덕을 갖춘 사람의 행동을 (불완전한 동기, 부자연스러움, 심지어 약간의 저항과 불편함을 감수하면서) 따라 하는 것이다.[23] 이 시점에서 학습자는 자신이 지시받은 일을 왜 해야 하는지 완전히 파악할 수 없다. 그러나 습관화 자체에는 일종의 실용적인 노하우가 포함되거나 주입된다. 그는 반복을 통해 세상을 다른 방식으로 살아가는 법을 배운다. 그의 연습은 다른 "열정과 인식"을 형성하고 영향을 미친다.[24] 시간이 흐르고 롤모델의 지도와 훌륭한 수행자들의 조언이 더해지면 수행은 점점 더 능숙해진다. 미덕을 갖춘 성숙한 사람은 마침내 자신의 훈련을 되돌아보고 그 과정이 자신을 진정한 성장과 발전으로 이끌어주었다고 인정할 수 있다. 그 순간에 그는 선한 것을 더 명확하게 볼 수 있을 뿐만 아니라 그러한 삶의 방식이 자신에게 가장 적합하다는 것을 의도적으로 인정할 수 있다.[25]

요컨대 "존재"와 "행동"은 별개의 것이 아니다. 인격 형성은 삶의 방식

---

23 Julia Annas, *Intelligent Virtue*(Oxford: Oxford University Press, 2011)는 학습자에서 미덕의 전문가로 성장하는 것을 강조한다. 특히 2-3장을 보라.
24 Hauerwas and Pinches, *Christians among the Virtues*, 127. 그들은 궁극적으로 그가 다른 세계에 살게 될 것이라고 주장한다. "보는 것"에 대한 비슷한 요점에 대해서는 기쁨, 참회, 감사, 희망과 같은 "영적 감정"에 관한 Robert C. Roberts의 "개념" 설명을 보라. *Spiritual Emotions: A Psychology of Christian Virtues* (Grand Rapids: Eerdmans, 2007).
25 인격 형성에 대한 자세한 논의는 다음을 보라. Alasdair MacIntyre, *After Virtue* (Notre Dame, IN: University of Notre Dame Press, 1981), 188-91; Myles Burnyeat, "Aristotle on Learning to Be Good," in *Essays on Aristotle's Ethics*, ed. A. O. Rorty (Berkeley: University of California Press, 1981), 69-92; Annas, *Intelligent Virtue*. 또한 나의 에세이를 보라. "Pedagogical Rhythms: Practices and Reflections on Practice," in *Teaching and Christian Practices*, ed. David I. Smith and J. K. A. Smith (Grand Rapids: Eerdmans, 2011), 24-42.

이며, 우리의 삶의 방식이 곧 인격 형성이다. 감사를 실천하는 사람은 감사한 일을 하고 감사를 표현하는 동시에 또한 세상을 다른 시각으로 바라보며 그 선함을 선물로 경험한다. 충분한 훈련을 통해 그가 이전에 가졌던 냉소적인 태도가 주변에서 일어나는 일에 대한 근시안적인 시각을 갖게 함으로써 정말로 존재하는 것의 실제 가치와 아름다움을 놓치게 만들었다는 것이 분명해진다. 그가 이전에 가졌던 불평은 더 이상 주목할 만한 수준으로 부상하지 않거나 기쁨을 유발하는 다른 주변 경관에 의해 묻혀버린다.

마지막으로 영성 훈련은 공동의 노력으로 이루어져야 한다. 특히 개신교 신자들은 개인적으로 혼자서 영적 수련이나 훈련에 참여하려는 실수를 범하기 쉽다. 각 그리스도인은 개인으로서 하나님의 특별한 사랑을 받지만, 본질적으로 그리스도의 몸을 이루는 지체이자 영적인 교제를 나누는 성도 공동체의 일원이다. 또한 일부 훈련은 본디 사회적이다(예. 예배와 축제).[26] 우리의 경건은 서로 격려하는 지역적·역사적 형태의 교회 공동체 안에서 성장하고 활성화된다. 이 책의 첫 장은 토마스 아퀴나스가 어떻게 내가 겁이 많고 소심한 자신의 모습을 직면하도록 도와주었는지에 관한 이야기로 시작했고, 이 장은 사막의 "암마"(amma) 또는 "아바"(abba)와 같이 위로의 말을 건네는 나의 영적 지도자의 지혜의 말씀으로 시작했다. 우리는 이미 금식과 잔치가 어떻게 집단적으로 전개될 수 있는지를 살펴보았다. 학생들과

---

26 예를 들어 다음을 보라. Richard Foster, *Celebration of Discipline: The Path to Spiritual Growth*, anniversary ed. (San Francisco: HarperOne, 2018).

매 수업을 시작할 때마다 함께 3분간 침묵하는 것을 실천할 때 상호관계에 대한 역학관계가 바뀌었고, 그 이후의 토론도 달라졌다. 자기 성찰에 필요한 분별력과 훈련을 실천하는 데 필요한 지침에는 본보기, 롤모델, 멘토, 파트너, 격려자, 사랑하는 친구로 구성된 공동체가 필요하다. 그 과정에서 우리가 서로를 얼마나 필요로 하는지는 결코 과소평가될 수 없다.

한 동료 교수가 채플 강연에서 영적 생활의 리듬을 트램펄린에 비유한 적이 있다.[27] 처음 몇 번 튀어 오를 때는 약간만 내려갔다 올라갔다 한다. 그러나 점점 탄력을 받으면 체중이 아래로 내려가는 힘으로 점점 더 내려가고 용수철의 탄력에 의해 점점 더 높이 올라간다. 그는 이러한 역학관계를 우리 죄의 깊이를 직시하는 것과 비교했는데, 이는 하나님의 자비의 높이를 파악하기 위해 더 높이 뛰어오르는 발판 역할을 한다. 마찬가지로 더 높은 데서 떨어질수록, 즉 하나님의 은혜롭고 사랑스러운 품의 무한함을 더 잘 인식할수록, 하나님께서 수면 아래의 점점 더 많은 죄의 층을 드러내실수록 우리는 더 낮은 곳으로 내려갈 수 있다. 이것은 위대한 성도들 중 일부가 자신의 마음을 그토록 어둡게 보는 동시에 신뢰와 기쁨으로 가득 찬 아름답게 성화된 사람처럼 보이는 이유를 설명하는 데 도움이 될 수 있다. 그리스도 안에서 자신이 사랑받는다는 깊은 깨달음 때문에 참회의 깊이도 깊어질 수 있다.

이 책에서 소개하는 자기 성찰은 평생에 걸친 여정의 시작에 불과하

---

27 나는 이 은유를 알려준 칼빈 대학교 명예 신학 교수인 David Crump 박사에게 감사한다.

다. 우리가 판단이 아닌 사랑의 눈으로 자신의 내면을 계속 들여다보면 우리 자신을 더 진실하게 바라보는 법을 계속 배우고, 더 참된 거룩함을 갈망하는 법을 배우게 될 것이다. 하나님께서 우리를 사랑하는 자라고 부르시는 말씀에 익숙해지고 그 말씀 안에서 우리의 정체성을 확보할 때 우리는 우리의 우상, 결점, 고질적인 약점, 잘못된 집착, 최악의 수치심을 가진 상태에서도 그분을 신뢰하게 될 것이다. 위대한 의사의 보살핌 아래서 우리는 치유되고 온전해지며 건강해질 수 있다. 우리의 영적인 건강과 풍요로운 삶이야말로 그분이 추구하시는 선이다. 우리가 영적으로 온전해질 때 우리는 비로소 기쁨과 감사, 희망과 평화를 가지고 하나님과 그의 나라 사역에 우리 자신을 더 온전히 드릴 수 있다. 그 비전과 소명을 가지고 그분의 은혜와 자비를 의지하면 우리는 성령의 능력을 통해 악덕과 직면하면서 새로운 삶을 발견할 수 있다.

이집트 사막에서 악덕에 이름을 붙이고 이에 저항하는 훈련을 하는 것은 이 프로젝트의 첫 단계에 불과했다. 악덕의 왜곡에서 해방된 그곳의 그리스도인들은 다른 사람들을 포함한 모든 피조물을 창조주의 영광을 반영하는 투명한 존재로 바라볼 수 있게 되었다. 이것이 두 번째 단계였다. 마지막으로 그들에게는 어떤 방해물이나 매개체 없이 하나님 자신과 친밀하고 직접적인 교제를 나누는 것이 목표였으며, 그것이 마지막 단계였다. 그들은 이것을 "평화"와 "순수한 기도"(그리스어로는 *hēsychia*)라고 불렀다. 우리도 초기 사막 교모들과 교부들처럼 세상과 자신을 너무 사랑하고 주 안에서 기뻐하는 삶을 충분히 갈망하지 못하는 영적인 위험에 직면해 있다. 따라서 무질서한 사랑으로부터 분리하는 훈련이 일반적으로 우선시된다. 그러나 우리의 악덕을 직접 마주하는 일은 우리를 자신의 것으로 부르시고 사랑의 품으로 이끄시는 하나님에 대한 열망에서 비롯된, 생명을 주는 더 광범위한 영성 형성 프로그램에 항상 포함되어야 한다.

당신의 노력이 해결책이 아니라는 것을 반드시 알아두길 바란다. 그분의 은혜가 당신에게 길을 열어줄 것이다. 이 책은 당신 안에서 선한 일을 시작하신 하나님께서 당신의 유익과 그분의 영광을 위해 그 일을 완성하실 것을 확신하며 그분과의 더 친밀한 관계를 향한 여정을 시작하도록 당신을 초대한다.

더 깊이 성찰하기

1. 악덕의 나무 이미지로 돌아가 보자. 각각의 악덕이 교만에 어떻게 뿌리를 두고 있는지 말할 수 있는가? 이전 장들에서는 어떤 악덕들이 당신의 삶 속에서 드러났는가? 당신은 그 열매를 식별할 수 있는가?

2. 악덕은 우리의 욕망과 행동을 형성하는 마음과 생각의 습관이다. 당신은 영성 훈련을 어떻게 정의하는가? 당신에게 가장 친숙한 훈련은 무엇인가?

3. 이 훈련은 자조(自助, "행위 의")와 종교적인 안일함("값싼 은혜") 사이에서 어떻게 중간 길을 제시하는가? 당신에게는 어느 극단이 더 큰 위험인가?

추가로 읽을 만한 자료

John Ortberg, *The Life You've Always Wanted: Spiritual Disciplines for Ordinary People*, expanded ed. (Grand Rapids: Zondervan, 2002). 『평범 이상의 삶』, 사랑플러스 역간.

James Bryan Smith, *The Good and Beautiful Community* (Downers Grove, IL: InterVarsity, 2010). 『선하고 아름다운 공동체』, 생명의말씀사 역간.

____, *The Good and Beautiful God* (Downers Grove, IL: InterVarsity, 2009). 『선하고 아름다운 하나님』, 생명의말씀사 역간.

____, *The Good and Beautiful Life* (Downers Grove, IL: InterVarsity, 2009).

에필로그

탐욕, 탐식, 정욕, 시기, 교만은 사랑이 있어야 할

빈자리를 채우려는 슬픈 노력에 지나지 않으며,

분노와 나태는 이 일곱 가지가 모두 가장 치명적이지 않다는 것을

알게 될 때 일어날 수 있는 두 가지 악덕에 불과하다.

프레드릭 비크너, 『어둠 속에서 휘파람을 불다』

당신이 죽었다고 잠시 상상해보라. 친구와 가족들이 당신의 죽음을 슬퍼하고 당신을 기억하기 위해 모였다. 그들은 당신에 관해 어떤 대화를 나눌까? 그들은 당신에 대한 어떤 추억을 공유할까? 그들이 당신의 추도사를 낭독한다면 당신을 어떤 사람으로 묘사할까?

 장례식은 우리가 한 인간의 삶을 전체적으로 숙고하고 한 사람의 인격을 총체적으로 요약하기 위해 잠시 멈추어 서는 몇 안 되는 장소 중 하나다. 은퇴나 졸업과 같은 기념일이나 축하 행사에서는 일반적으로 누군가의 구체적인 업적이나 성취를 축하한다. 하지만 이는 고인의 인격을 추모하는 것과는 다르다. 장례식에서 던지는 진짜 질문은 "이 친구나 가족이 어떤 위대한 일을 해냈는가?" 또는 "그 사람이 어떤 주목할 만한 업적이나 성공을 이루어냈는가?"가 아니다. 그보다 우리는 "그는 과연 어떤 사람이었는가?",

"우리는 그 사람의 삶을 어떻게 특징지을 수 있을까?"라고 질문한다.

내가 오늘 죽는다면 사랑하는 사람이 나에 대해 어떤 글을 쓸지 10분 정도 적어보는 것도 가치 있는 일이 될 수 있다. 그들은 나의 성격적인 특징을 언급할까? 그들은 알고는 있지만 예의상 어떤 특성을 언급하기를 **자제하지 않을까**? 동료, 교인, 가족들 사이에서 당신이 어떤 사람인지를 논할 때 주로 어떤 이야기가 나올까? 그들은 과연 진실성, 유머 감각, 관대함, 친절함, 인내심과 같은 자질을 언급할까? 당신의 짜증이나 고집 또는 충동성이 그들의 대화에 포함될까? 당신의 인생에서 당신의 가장 좋은 모습과 가장 나쁜 모습을 드러내는 순간을 가장 잘 보여줄 수 있는 이야기는 무엇일까?

나는 철학과 학생들에게 이 연습 과제를 정기적으로 내주고 있다. (사실 나 자신도 해마다 이 연습을 하는 것이 도움이 된다고 생각한다.) 학생들이 이 글을 작성하고 나면 나는 두 번째 글, 즉 자신의 장례식에서 누군가가 해주었으면 하는, 자신이 되고 싶었지만 아직 그렇게 되지 못한 사람에 대한 연설문을 써보라고 한다. 당신은 자신의 어떤 추한 성격을 극복하거나 버렸으면 좋겠다고 생각하는가? 만약 당신에게 시간이 더 있거나 다시 살 수 있다면 당신의 묘비에 어떤 성격적인 특징이 새겨지길 원하는가?

당신도 나와 같은 사람이라면 두 연설의 내용, 즉 실제 연설과 누군가가 해줬으면 하는 연설 사이에 다소 안타까운 괴리가 있음을 금방 발견하게 될 것이다. 이 격차는 단순히 지금의 나와 내가 되고 싶은 사람 사이에 성격 차이가 있음을 인정하는 것이다. 그것은 우리 자신에 대한 성찰을 시작하고 진정한 변화로 나아갈 수 있는 계기를 제공한다.

우리의 죽음을 묵상하는 **메멘토 모리**(*memento mori*)는 과거를 되돌아보고 자신이 누구이며 어디에 있었는지 솔직하게 평가하도록 유도한다. 그러나 이러한 성찰은 종착점이 아니라 출발점이 되어야 한다. 사막 교부들과 교모들은 이 연습을 두 가지 방식으로 활용했다. 첫째, 옛 자아와 그 습관을 버리는 과정의 일환으로서 악덕에 대한 고백과 참회를 유도했다. 둘째, 자기 성찰을 위한 연습으로서 기도하는 마음으로 새롭게 거듭난 자아의 습관을 따라 살아감으로써 자신이 무엇을 할 수 있고 또 어떻게 될 것인지 의도와 소망을 가지고 앞을 내다볼 수 있도록 준비시켰다. 우리 또한 그들의 모범을 따라 후회로 가득 찬 생각에 잠기거나 자기도취적인 생각에 빠져서는 안 된다. 오히려 우리는 오늘부터 우리가 보는 것을 활용하여 그리스도를 닮은 성품으로 더욱 온전히 살아가는 프로젝트를 시작할 수 있다.

이 책은 근원적인 악덕의 나무—교만에 뿌리를 두고 더 많은 악덕과 죄의 가지를 뻗어 나가는—를 이러한 성찰을 위한 유용한 도구로 제시한다. 이전 장에서 살펴본 이 7대 악덕은 인간의 고질적인 약점이자 교만이 제공하는 행복 프로그램의 전형적인 모습을 나타낸다. 악덕을 연구할 때 우리는 우리 자신을 연구하게 된다. 거울을 자세히 들여다보면 당신은 무엇이 보이는가? 그리고 자신을 더 명확하게 보게 될 때 당신은 어떤 사람이 되고 싶은 마음이 생기는가?

오래 전 기독교 사상가들처럼 나는 우리가 우리의 성품이 기형화되는 모습을 살펴봄으로써 보다 분명한 시각으로 고결한 성품을 지닌 사람, 훌륭한 삶을 사는 사람, 그리스도를 닮은 사람으로 나아갈 수 있고 또 그렇게 해야 한다고 믿는다. 그럼에도 당신은 십자가 밑에 엎드려 있는 자신을 먼저 발견할지도 모른다. (당신은 그러한 악덕이 자신에게도 있다는 생각에 가슴이 철렁 내려앉는 기분으로 각 장을 읽었는가? 이 책을 쓰면서 어떤 기분이었을지 상상해 보라!) 마음을 다잡으라. 하나님은 우리의 마음과 삶이 악덕에 사로잡혀 있다고 해서 우리를 혼자 내버려 두지 않으신다. 기독교 전통에서는 우리에게 필요한 변화가 인간의 열망이 아니라 성령의 힘으로 이루어진다. 동시에 성령에게 의지한다고 해서 방황하거나 아무것도 하지 않아도 된다는 것도 아니다. 우리는 의도적이고, 성찰적이며, 전략적이고, 구체적이며, 열정적으로 성령이 이루어가시는 사역에 동조하려고 노력해야 한다. 아우구스티누스처럼 악덕이 우리의 삶을 흐트러뜨리는 방법을 되돌아보면 우리는 앞날을 위해 기도할 수 있는 용기를 얻게 된다. "내 안에 사랑의 질서를 세워주소서."[1] 악덕과 파생 악덕들, 그 해결책은 전통적으로 우리가 하나님의 도우심으로 적극적으로 저항해야 할 욕망을 어지럽히는 원인을 확인하고 추적할 수 있는 언어를 제공했다. 제자도는 구부러진 것을 바로잡고 우리의 역량을 재훈련하고 강화하며 우리를 구속하는 결박을 풀기 위해 은혜와 성령의 능력에 힘입은 훈련을 요구한다. 은혜에 힘입은 훈련은 그리스도를 닮은 미덕의 아름다움으로 열매를 맺는다.

악덕에 관한 본서의 연구에서는 한 가지 주제가 그레고리오 1세의 목

---

1 Augustine, *City of God* 15.22, trans. Marcus Dods (New York: Modern Library, 1950). 이 주제에 대한 Peter Brown의 통찰력 있는 분석은 다음을 보라. *Augustine of Hippo* (Berkeley: University of California Press, 1967), 27장, 특히. 325-26.

회적인 본능과 아우구스티누스의 신학을 확증하면서 계속 수면 위로 떠올랐는데, 그것은 바로 교만이 7대 악덕의 뿌리라는 것이다. 이 책의 모든 장이 교만과 관련이 있기 때문에 나는 교만이라는 악덕에 대해서는 별도의 장을 할애하지 않았다.[2]

우리 집 뒷마당에 있는 단풍나무를 제거할 때 제거 작업반은 가장 위쪽 바깥 가지부터 시작해서 가장 큰 가지에 이를 때까지 점점 더 많은 가지

---

[2] 정확히 말하자면 이것은 영어 용어 pride(교만)의 여러 가지 의미 중 하나다. 내가 교만이라는 악덕을 언급했지만, 영어 사용자들은 이 용어를 완전히 긍정적인 의미(자부심)로 사용하는 경우도 많다. 예를 들어 우리는 자녀에게 자랑스럽다고 말하거나 힘들게 이룬 성취에 대해 자부심을 표현한다. 특히 이 책 전체에서는 교만의 파괴적인 발자국만 추적했기 때문에 어떤 종류의 교만인지 설명하는 것이 중요하다.

아퀴나스는 두 가지 교만—일반적인 교만과 특정한 교만—을 구분한다. 일반적 교만은 내가 이 책에서 이야기한 종류의 교만을 말한다. 이는 모든 죄의 기본 패턴으로, 선에 대한 하나님의 그림에서 눈을 돌려 우리의 그림을 선호하는 것, 즉 신적 선하심 대신 더 낮은 것을 선호하는 것이다. 모든 악은 창조주보다 피조물을 더 사랑하는 교만한 패턴을 따른다. 반면에 특정한 교만은 내가 이 책에서 허영과 간략하게 구분한 것 외에는 달리 설명하지 않았다. 이는 부정직함, 비겁함 등과 함께 악덕의 목록에 포함될 수 있는 특정한 악덕을 나타낸다. 부정직함은 진실에 관한 것이고 비겁함은 우리를 두렵게 만드는 위협에 관한 것이므로, 교만은 탁월한 것을 가지려는 욕망에 관한 것이다. 교만이 악덕이 되는 이유는 대상에 대한 욕망이나 태도가 비정상적이기 때문이다. 우리가 교만을 나에게 속한(또는 어떻게든 "내 것"으로 여겨지는) 어떤 우수함에 대한 욕망이나 기쁨으로 정의한다면 우리의 자녀나 나의 업적에 대해 자부심을 갖는 것은 잘못된 것이 아니다. 우리는 우리에게 속한(적어도 어떤 의미에서 "내 것"으로 여겨지는) 탁월한 것을 당연히 욕망하거나 기뻐할 수 있다. 하지만 이러한 욕망이 지나치거나 잘못된 대상에 집착할 때, 즉 이 책에서 살펴본 악덕에 대한 분석에서 익숙한 주제가 될 때 문제가 된다. "최고의 기준에 도달하기 위해 노력하는 것"이 아니라 "당신보다 더 낫다는" 탁월함의 측면에 너무 집중하거나, 어떤 탁월함이 내 것이라는 기쁨이 단순히 멋진 것을 가진 것에 대한 기쁨이 아니라 지나친 소유욕일 때, 무언가에 대한 자부심이 장애가 되고 특정 악덕으로 간주된다. 이런 종류의 교만은 모든 죄의 배후에 있는 패턴과 동일하지 않으므로 일반적인 교만과는 구별된다. 예컨대 다음을 보라. Robert C. Roberts, "Pride" in *Faith and Philosophy* 26, no. 2 (2009): 119-33.

를 잘라냈다. 그다음 그들은 나무의 몸통을 조금씩 잘라냈다. 나무를 제거해본 사람이라면 누구나 알겠지만, 나무의 가지는 얼마든지 잘라낼 수 있지만 결국 뿌리까지 모두 파내지 않으면 그루터기에서 끊임없이 새순이 나오고 새 가지가 자라날 것이다. 땅속에 묻힌 뿌리는 나무에 계속 자양분을 공급하고 생명을 공급한다. 마찬가지로 교만도 다른 7대 악덕의 자양분이 된다.

교만은 여러 가지 위장된 모습으로 나타날 수 있지만, 여기서는 7가지 공통점만 확인했다. 각각의 악덕을 주의 깊게 살펴보면 결국에는 하나님을 대신할 수 있는 것, 즉 쾌락, 인정, 부, 가치, 권력, 지위 등 우리가 스스로 행복을 제공하려는 익숙한 교만의 패턴을 발견할 수 있다. 우리는 하나님이 통제하시도록 내버려 두려 하지 않기 때문에 이러한 것들을 제 위치에 두지 않고 하나님의 선물로 받아들이기를 거부한다.

우리는 스스로 모든 일을 잘 처리할 수 있다고 생각해서 하나님께 복종하기를 거부하는 사람, 자신에게 무엇이 좋은지 가장 잘 안다는 이유로 조언과 충고를 무시하는 사람, 다른 사람에게 의존하는 것을 불필요한 약점으로 여기며 피하는 사람 등 교만의 오만한 형태를 쉽게 알아볼 수 있다. 이러한 오만한 형태의 교만은 스스로 공급하고 통제하려는 탐욕스러운 욕망이나 사적으로 복수하려는 분노에 찬 욕망과 같은 악의적인 반응으로 나타날 수 있다.[3]

---

3   소설 속의 전통적인 악당은 주로 이 패턴에 들어맞는다. J. K. Rowling의 볼드모트가 전형적

하지만 두려움이 어떻게 우리를 악덕으로 몰고 갈 수 있는지도 알아야 한다. 하나님의 공급하심과 통제를 신뢰하지 못할 때 우리는 더 안전하고 스스로 행복을 추구하고 싶은 유혹을 받거나 자신의 힘이 부족하다고 느낄 때 불안한 마음에서 자신을 보호하려고 할 수도 있다. 따라서 나의 겁쟁이 성격처럼 각각의 악덕은 자신이 인지하고 있는 취약성을 통제하려고 함으로써 이를 보완하는 모습을 보여줄 수도 있다.[4]

필요한 것을 얻지 못할까 봐 두려워하거나 무언가 부족할까 봐 걱정할 때 우리는 더욱 움켜잡고 계속 더 많은 것을 원하게 된다. 이것이 바로 탐욕이라는 악덕이 작동하는 방식이다. 정의가 실현되지 않을 것 같거나 우리가 나서서 일을 바로잡지 않으면 정당한 대가를 받지 못할까 봐 두려워할 때는 분노의 악덕이 내면에 자리를 잡는다. 다른 사람들에게 인정받지 못하거나 그들의 기대에 부응하지 못할까 봐 두려워 거짓 평판 뒤에 숨는다면 허영의 악덕이 우리를 사로잡고 있는 것이다. 다른 사람보다 낫지 않으면 아무런 가치도 없다고 두려워하고, 불안감 때문에 상대방이 무너지는 것을 안도하는 마음으로 바라볼 때는 시기의 악덕이 이미 우리를 그 악의의 표적으로 삼은 것이다. 우리가 항상 공허함을 느낄까 봐 두려워서 잠시만이라도 만족감을 주는 쾌락으로 자신을 채우려고 할 때 우리의 허기진

인 예다. 미국 액션 모험 영화 주인공의 자급자족 및 자립과 같이 인본주의적인 도덕적 이상을 가지고 있는 많은 영웅들도 교만의 형태를 보여준다.

[4] 두 목록 사이의 연관성에 대한 자세한 논의는 다음을 보라. Richard Rohr and Andreas Ebert, *The Enneagram: A Christian Perspective* (New York: Crossroad, 2016), 6-14, esp. 10.

마음은 이미 탐식의 악덕이 주는 달콤한 거짓된 약속을 삼켜버린 것이다. 사랑받지 못할까 봐 두려워서 자신의 희생을 감수하지 않고 사람들을 이용해 자신을 만족시키는 것으로 보상하려고 할 때는 정욕의 집요한 수작이 발동한 것이다. 사랑에 대한 헌신이 너무 많은 대가를 치르게 할까 봐 두려워서 모든 사람, 심지어 하나님까지 무관심하게 대할 때는 아케디아의 악덕이 이미 우리의 마음을 닫아 버린 것이다.

이러한 성찰의 거울을 통해 우리는 교만에 뿌리를 둔 악덕의 나무가 여러 가지 악한 형태로 인간의 본성 속에서 계속 살아 숨 쉬며 성장하고 번성하는 우리 자신의 슬프고도 어두운 자화상을 볼 수 있다. 그러나 죄의 역학관계와 우리 내면에서 활동하는 죄의 결합된 힘의 복잡한 연결망을 더 많이 이해할수록 우리의 변화를 도우시겠다고 약속하신 하나님의 은혜와 능력을 더 놀랍게 발견하게 될 것이다. 기독교 전통은 우리의 악덕이 미덕으로 변화할 수 있다는 희망과 약속을 수 세기에 걸쳐 증언하고 있다. 또한 기독교 전통은 이 어렵고도 보람된 과정에 참여하는 방법과 수단에 대한 훌륭한 지침을 제공한다. 비록 사막의 은둔자들의 조언과 중세 신학자들의 묵상으로부터 오랜 세월이 흘렀지만, 그들의 증언과 지혜는 대부분 오늘날에도 여전히 설득력이 있다.

우리는 방금 우리의 죽음과 우리의 장례식에서 우리의 성품을 기억하며 낭송될 만한 추모의 글을 상상해보기 위해 뒤를 돌아보았다. 이제 우리는 우리의 변화와 미래로 나아갈 수 있는 길을 상상하기 위해 앞으로 나아가고자 한다. 이것은 지도와 여행의 동반자, 노련한 가이드가 함께하는 여정이다. "악덕에서 벗어나는 것이 미덕의 시작이다"라고 호라티우스는 말했다.⁵ 그렇다면 미덕의 끝은 어디일까?

> 육신의 고독 속에서 나는 그것을 축복으로 여깁니다
> 오직 주님만이 내 마음을 보실 수 있다는 것을
> 열정의 어둠이 내 마음을 찢어놓고
> 자아의 폭풍과 불안의 폭풍우로
> 그러나 당신의 사랑은 어둠을 뚫고 나와 빛으로 터져 나옵니다
> 우리들은 서로를 갈라놓지만 당신은 하나로 묶습니다
> 새벽에는 우리 모든 파편들, 몸과 마음과
> 영혼이 하나가 되어 밤에 맞서 대항합니다
> 당신의 사랑으로 부패와 타락이 치유함을 받고
> 온전하게 변화되어 우리는 낮의 빛을 맞이합니다.⁶

---

5   Horace, *Epistles* 1.1.41, ed. O. A. W. Dilke (London: Methuen, 1954).
6   Madeleine L'Engle, "Within This Quickened Dust," in *The Ordering of Love: New and Collected Poems of Madeleine L'Engle* (Colorado Springs: Shaw Books/Waterbrook, 2005), 66.

더 깊이 성찰하기

1. 잠시 시간을 내서 위에서 설명한 메멘토 모리("당신의 죽음 추모")를 연습해보라. 미덕과 악덕의 언어를 사용하여 자기 삶의 패턴과 인격의 여러 면모를 표현해보라. 당신의 생각을 기록하라. 이 연습과 다음 연습을 일 년에 한 번씩(예를 들어 새해 전날) 반복하면서 하나님께서 당신의 인격을 어떻게 변화시키고 계시는지를 기록하라.

2. 이 책에서 다루는 영성 훈련을 생각해보라. 성령의 역사에 의도적으로 당신의 삶을 열어 드리는 새로운 방법 한 가지를 결단해보라. 또는 더 깊이 들어가기 위해 "삶의 규칙"을 만들어보라.

추가 참고문헌 목록[7]

미덕 전통에 관한 일차 자료

Aristotle, *Nichomachean Ethics*, trans. T. Irwin (Indianapolis: Hackett, 1999).

Augustine, *Confessions*, trans. Henry Chadwick (New York: Oxford University Press, 1991).

John Cassian, *The Institutes of the Monastic Life*, trans. Boniface Ramsey, OP, Ancient Christian Writers 58 (Mahwah, NJ: Newman, 2000).

---

[7] 학술 자료를 포함한 추가 자료는 각 장의 각주 및 추가로 읽을 만한 자료를 보라.

Evagrius of Pontus: The Greek Ascetic Corpus, trans. and ed. Robert E. Sinkewicz (Oxford: Oxford University Press, 2003).

The Sayings of the Fathers: The Alphabetical Collection, trans. Benedicta Ward, SLG (Kalamazoo, MI: Cistercian Publications/Liturgical Press, 1975).

Thomas Aquinas, *On Evil* (The Disputed Questions on Evil), qq. VIII-XV, trans. Richard Regan, ed. Brian Davies (New York: Oxford University Press, 2003).

____, *Summa theologiae*, part II-II [on the virtues and vices], trans. Fathers of the English Dominican Province (New York: Benziger Brothers, 1948; repr., Westminster, MD: Christian Classics, 1981).

미덕에 관한 이차 자료

Julia Annas, *Intelligent Virtue* (Oxford: Oxford University Press, 2011). Michael Austin and R. Douglas Geivett, eds., Being Good: Christian Virtues for Everyday Life (Grand Rapids: Eerdmans, 2012).

Josef Pieper, *The Four Cardinal Virtues* (Notre Dame, IN: University of Notre Dame Press, 1966).

Robert C. Roberts, *Spiritual Emotions: A Psychology of Christian Virtues* (Grand Rapids: Eerdmans, 2007).

영성 형성에 관한 이차 자료

Ruth Haley Barton, *Sacred Rhythms: Arranging Our Lives for Spiritual Transformation* (Downers Grove, IL: InterVarsity, 2006). 『영적 성장을 위한 발돋움』, 살림 역간.

Adele Ahlberg Calhoun, *The Spiritual Disciplines Handbook* (Downers Grove, IL: InterVarsity, 2005).

Richard Foster, *Celebration of Discipline: The Path to Spiritual Growth*, anniversary ed. (San Francisco: HarperOne, 2018). 『영적훈련과 성장』, 생명의말씀사 역간.

James Bryan Smith, *The Good and Beautiful Community: Following the Spirit, Extending Grace, Demonstrating Love* (Downers Grove, IL: InterVarsity, 2009). 『선하고 아름다운 공동체』, 생명의말씀사 역간.

____, *The Good and Beautiful God: Falling in Love with the God Jesus Knows* (Downers Grove, IL: InterVarsity, 2009). 『선하고 아름다운 하나님』, 생명의말씀사 역간.

____, *The Good and Beautiful Life: Putting on the Character of Christ* (Downers Grove, IL: InterVarsity, 2009).

Dallas Willard, *The Divine Conspiracy* (San Francisco: HarperSanFrancisco, 1998). 『하나님의 모략』, 복있는사람 역간.

____, *The Spirit of the Disciplines* (San Francisco: HarperSanFrancisco, 1990).

____, *Renovation of the Heart* (Colorado Springs: NavPress, 2002). 『마음의 혁신』, 복있는사람 역간.

매혹적인 악덕들
치명적인 7대 죄악과 그 치유책에 대한 새로운 관점

Copyright ⓒ 새물결플러스 2024

1쇄 발행 2024년 9월 6일

지은이 레베카 코닌딕 드영
옮긴이 홍수연
펴낸이 김요한
펴낸곳 새물결플러스

편 집 왕희광 정인철 노재현 이형일 나유영 노동래
디자인 황진주 김은경
마케팅 박성민
총 무 김명화 이성순
영 상 최정호
아카데미 차상희

홈페이지 www.holywaveplus.com
이메일 hwpbooks@hwpbooks.com
출판등록 2008년 8월 21일 제2008-24호
주 소 (우) 04114 서울시 마포구 신촌로28가길 29
전 화 02) 2652-3161
팩 스 02) 2652-3191

ISBN 979-11-6129-289-2 93230

책값은 뒤표지에 있습니다.